SILENCIO

Thomas Perry

Silencio

Traducción de Mireia Terés Loriente

Umbriel Editores

Argentina • Chile • Colombia • España
Estados Unidos • México • Uruguay • Venezuela

Título original: *Silence*
Editor original: Harcourt Books, New York
Traducción: Mireia Terés Loriente

Copyright © 2007 *by* Thomas Perry
   Published by arrangement with Houghton Mifflin
   Harcourt Publishing Company.
   All Rights Reserved
© de la traducción 2009 *by* Mireia Terés Loriente
© 2009 *by* Ediciones Urano, S.A.
   Aribau, 142, pral. – 08036 Barcelona
   www.umbrieleditores.com

ISBN: 978-84-89367-66-1
Depósito legal: B. 26.852 - 2009

Fotocomposición: Ediciones Urano, S.A.
Impreso por Romanyà Valls, S.A. – Verdaguer, 1 – 08786 Capellades (Barcelona)

Impreso en España – *Printed in Spain*

Para Jo, Alix e Isabel,
con gratitud a Robert Lescher

1

Ya había apagado el pequeño rótulo de luces de neón en el que podía leerse BANQUE. Wendy Harper conectó la alarma, apagó las luces y dejó el salón a oscuras, salió, cerró la enorme puerta y echó el cerrojo. Fuera estaban David, el barman, y tres ayudantes de cocina, apoyados en los pilares de la entrada del antiguo banco y charlando mientras la esperaban.

—Gracias a todos —dijo Wendy—. Eric y yo os agradecemos mucho el trabajo que habéis hecho esta noche.

Victor, Juan y Billy, los tres pinches, murmuraron unas tímidas respuestas y se alejaron hacia sus coches, pero David se quedó y la acompañó hasta el otro extremo del aparcamiento, donde había dejado el coche. A Wendy la sorprendió la calidez de la noche, a pesar de que eran más de las tres de la madrugada. Las hojas de las altas y esbeltas palmeras que bordeaban el aparcamiento del Banque estaban totalmente inmóviles, y parecía como si el asfalto estuviera desprendiéndose del calor que había ido acumulando durante el día.

Wendy entró en el coche, encendió el motor y cerró las puertas con el seguro. Salió marcha atrás de su plaza, esperó a que David estuviera en su vehículo, se despidió con la mano y se marchó por La Ciénaga camino de Sunset. Miró por el retrovisor con frecuencia, y a veces con cierta brusquedad. Siempre que adelantaba a un coche que salía despacio de una calle secundaria o se incorporaba a La Ciénaga, no le quitaba el ojo de encima hasta que giraba y desaparecía.

Agradecía mucho la paciencia del equipo del restaurante. Todos parecían estar pendientes de ella por la noche. «Eric y yo os agradecemos... —pensó—. Eric y yo.» Ése era uno de los principales cambios. Desde que Banque abrió sus puertas…, en realidad, desde que ella empezó en el mundo de la restauración, Eric y ella habían vuelto juntos a casa. A Wendy nunca le había importado si eran las tres de la tarde o las tres de la madrugada, porque él siempre estaba allí. Sin embargo, esa noche lo había visto marcharse a medianoche.

La cocina ya había cerrado, pero la barra todavía estaba llena cuando ella había cruzado el salón para controlar el servicio de los últimos platos. Uno de los ayudantes de camarero mantuvo la puerta abierta para que entrara un compañero que venía con una bandeja cargada de platos. Wendy vio a los ayudantes con el uniforme blanco y a Victor, el friegaplatos, empezando a limpiar las mesas y la parrilla. También vio a Eric. Ya se había quitado la chaqueta blanca y se había puesto una camisa azul de manga corta.

Cuando lo miraba, aunque fuera desde lejos, notaba una sensación física, como si la hubiera tocado. Casi podía sentir su pelo rubio, muy corto pero suave como el de un gato, algo húmedo después de una noche de calor, sudor y esfuerzo. Era un hombre atlético y fuerte y un palmo más alto que los demás chicos que trabajaban con él en la cocina. Lo vio alejarse. Cuando pasó junto a Victor y Juan, les sonrió y les dio un golpecito en el hombro a modo de afectuoso saludo y les dijo algo. Wendy no pudo leerle los labios, pero sabía qué les había dicho. A pesar de que Eric se estaba convirtiendo en un afamado cocinero, no hacía tantos años que había empezado como ayudante de camarero, y era demasiado pronto para olvidarlo. La puerta se cerró.

Mientras conducía hacia su casa, empezó a ponerse cada vez más nerviosa. Dejó Sunset y subió por las estrechas, oscuras y laberínticas calles de las colinas y empezó a buscar el peligro sin saber qué forma adoptaría. ¿Era posible que un coche la siguiera por esa zona con las luces apagadas? Durante las dos últimas semanas había vuelto a casa por caminos diferentes y había salido del restaurante a horas distintas. Seguramente, era culpa de Olivia. Había estado a su lado desde la inauguración del restaurante y se habían hecho amigas, pero había perdido los nervios. No dejaba de recordarle lo que podía pasar, lo fácil que sería y lo difícil que sería de evitar. Se había marchado de la ciudad hacía quince días.

Mientras pasaba frente a las casas de su vecindario, las estudió una a una, intentando localizar pequeños cambios. Era una zona donde todas las casas eran distintas; algunas tenían tres plantas y estaban colgadas de la colina, mientras que otras eran prácticamente invisibles detrás de los enormes setos. Cuando encaró la última curva, ya vio la casa que Eric y ella se habían comprado hacía menos de un año. Una de las cosas que más le habían gustado era la sensación de robustez que desprendía, aunque ahora ya no le parecía un lugar tan seguro. Esta noche le parecería grande y vacía, y estaría casi toda a oscuras. Pero no tenía otro lugar dónde ir.

Redujo la velocidad y condujo el coche por el camino de acceso al garaje. Hacía poco que había instalado unas luces automáticas en la parte delantera y lateral de la casa que se encendían cuando anochecía, pero no había conseguido el efecto deseado. Los potentes halos de luz dejaban espacios entre ellos que parecían todavía más oscuros. Se dijo que mañana tendría que hacer algo al respecto. Quizá la solución era instalar más luces, o bombillas con menos potencia y mejor distribuidas. Se dijo que era una estúpida por seguir cambiando cosas. Eric y ella habían planeado quedarse en esa casa para siempre, pero eso ya no iba a pasar.

Aparcó en el garaje y se dirigió hacia la puerta lateral. Le encantaban las maderas estilo japonés que salían de los aleros del tejado. Había adoptado ese diseño a imagen y semejanza del jardín cerrado que había detrás del restaurante. El jardín era su pequeña sorpresa para los clientes que accedían al restaurante por las columnas corintias de la entrada y cruzaban el suelo de mármol del vestíbulo del banco.

Mientras caminaba hacia la puerta de casa bajo las ramas del jazmín, entró en la zona invadida con su perfume y percibió el aire cargado de un intenso aroma. Bajó la cabeza para separar la llave de casa de las demás y, cuando volvió a levantarla, vio al hombre.

Cuando el tipo salió de las sombras que ofrecía el oscuro cenador, vio que llevaba algo en la mano; el hombre torció el cuerpo y el movimiento permitió a Wendy descubrir que lo que llevaba era un bate de béisbol. Levantó los brazos en un acto reflejo para protegerse la cara, pero el tipo no la golpeó allí.

Wendy sintió una fuerte explosión de dolor en el muslo izquierdo justo encima de la rodilla y la fuerza del golpe la tiró al suelo. Cayó sobre la cadera izquierda, pero intentó arrastrarse y alejarse de aquel individuo. El segundo golpe le dio en el antebrazo. Cuando lo notó, supo que le había roto algún hueso.

Ahora pudo ver al hombre, de espaldas anchas, la cazadora deportiva oscura y la cara como la de una estatua en la oscuridad.

—¿Qué…? —preguntó ella—. ¿Qué quieres?

El bate volvió a golpearla, esta vez justo debajo de la cadera. El dolor provocó una mancha roja en su visión, pero luego desapareció. El golpe eliminó por completo su incredulidad, la sensación de que aquello no podía estar pasando. Sabía que quería inmovilizarla y que, con un golpe más, lo habría conseguido. Estaría a su merced y, entonces, la mataría. El tipo volvió a levantar el bate. En un esfuerzo sobrehumano, Wendy consiguió ponerse en pie e intentó correr, pero sólo consiguió cojear torpemente presa de un inmenso dolor. A los tres pasos, el hombre la sujetó del brazo con fuerza y la hizo retroceder.

Ella intentó zafarse, pero él le sujetó con más fuerza la blusa a la altura del hombro. Todavía llevaba el bate en la otra mano, pero la obligó a darse la vuelta en un movimiento rápido. La blusa se rasgó, el hombre se quedó con la manga en la mano y la fuerza del movimiento la hizo caer al suelo. Esta vez, quedó tirada en medio de un halo de luz de uno de los focos que había bajo los aleros del tejado.

El hombre se arrodilló, le puso el bate contra el cuello y con la mano libre le dio cuatro puñetazos en la cara. Ella quedó casi inconsciente. Tenía sangre en la boca, pero no parecía tener fuerzas suficientes para escupirla. Notaba un cálido e intenso dolor. Tenía ambos brazos débiles e inutilizados.

Sólo podía distinguir la silueta del atacante, que ahora volvía a levantar el bate. Cuando empezó a bajarlo, Wendy se estremeció y logró apartarse. El bate golpeó contra el cemento junto a su cabeza con un golpe seco, rebotó y le arrancó un mechón de pelo de la parte trasera de la cabeza. Esta vez, el tipo se colocó con una pierna a cada lado de su cabeza y volvió a levantar el bate. Wendy sabía que ese golpe le destrozaría el cráneo.

El mundo estalló y brilló con una nueva luz. El hombre, el bate, la casa y el cemento que tenía junto a la cara quedaron iluminados como si se hubiera hecho de día. Aquel desconocido levantó la cara, miró hacia la calle y desapareció de su campo de visión. Oyó sus pasos, que se alejaban corriendo. Oyó cómo se abría una puerta de coche, luego otra, y luego voces.

2

Jack Till se colocó bien la corbata mientras observaba a los *paparazzi* al otro lado de la calle. Habían estado tranquilos durante un buen rato, mirando de vez en cuando hacia el hotel, pero ahora ya habían salido de los coches y paseaban por la calle con los ojos fijos en la entrada. Jack se fijó en que se observaban los unos a los otros. Eran competidores y sabían que una fotografía no valía nada si también la tenían otros diez fotógrafos. Till tenía suerte de que Marina Fallows hubiera asistido esa noche a la gala benéfica en el hotel. Había destacado en pequeños papeles en dos grandes producciones de cine y las caras nuevas siempre eran las presas preferidas de la prensa amarilla. Se preguntó qué dirían que había estado haciendo esa noche.

Los fotógrafos se quedaron inmóviles un segundo, como si hubieran oído algo. Entonces, se movieron todos a la vez hacia la puerta principal del hotel, donde un par de miembros de seguridad del establecimiento se habían unido al portero y a los aparcacoches. Al cabo de unos segundos, aparecieron un par de limusinas oscuras y se detuvieron delante de la entrada.

Seguro que la gala donde estaba Marina Fallows había terminado y ahora empezaba el espectáculo en la calle. Las puertas se abrieron y apareció la preciosa joven, vestida con un vestido largo y negro palabra de honor y unas sandalias que resplandecían bajo los focos. Iba acompañada de un joven de su edad con traje oscuro al que parecía que habían elegido para que completara la fotografía perfecta a su lado. Los flashes se dispararon y Till se sorprendió una vez más por lo pequeñas que eran algunas actrices en persona, casi como niñas. Los destellos de los flashes eran tan continuos que parecían una luz estroboscópica, y los fotógrafos se hacían un sitio a codazos para intentar acercarse un poco más, disparando las cámaras en ráfagas de tres fotos por segundo. Dos de ellos se colocaron delante de la primera limusina para impedir que avanzara mientras sus colegas corrían hacia la pareja y les pegaban la cámara a la cara hasta que los jóvenes se metieron en el coche y cerraron la puerta.

Till no apartó la vista de la puerta. Vio que salían dos parejas, y luego una tercera, todos vestidos de gala. Se llevó la mano al bolsillo interior de la chaqueta, sacó una hoja de papel, estudió unos segundos la imagen en color impresa en ella, empezó a caminar mientras la guardaba y metía la mano en el bolsillo lateral.

Till medía metro ochenta y cinco, tenía cuarenta y dos años, era ancho de espaldas e irradiaba vigor. Llevaba traje oscuro, con lo que parecía que había asistido a un evento en cualquiera de los salones del hotel. Cuando se acercó al edificio, los *paparazzi* y los miembros del equipo de seguridad parecieron percibir que era mejor para ellos suponer que no tenía nada que ver con su tarea y fingieron no verlo.

Till pisó el bordillo de la acera mientras la tercera pareja esperaba que el aparcacoches les trajera su vehículo. Eran cuarentones; la mujer era muy delgada y rubia, con tantas pecas en los hombros y el escote desnudos que parecía que estaba morena del sol. El marido era alto y atlético, tenía cara de adolescente y unas cejas que, bajo la luz de las farolas de la calle, parecían casi blancas. Cuando su Mercedes apareció, Till se fijó en el cuello de la mujer.

Sacó una diminuta cámara digital del bolsillo de la chaqueta y les hizo una foto.

El hombre rió y levantó la mano.

—¡Eh! ¡Que nosotros no somos famosos!

—Lo siento. Disculpen —dijo Till, y siguió caminando.

Mientras se alejaba vio que la mujer se volvía y susurraba algo a su marido con cierta urgencia, cubriéndose el cuello con la mano. Till aceleró el paso.

El marido corrió tras él y le dio unos golpecitos en la espalda.

—Lo siento, amigo, pero me temo que voy a tener que pedirle que me dé las fotos.

—Yo también lo siento —respondió Till—. No puedo hacerlo.

—Muy bien, pues se las compro. A mi mujer no le gusta que le hagan fotografías y, además, usted sabe que no puede venderlas. No somos actores —sacó un pequeña y suave cartera y extrajo un billete—. ¿Cien dólares serán suficientes?

—No —dijo Till—. Puede decirle que he velado el carrete o lo que quiera, pero no puedo aceptar su dinero. En la cámara tengo fotos personales que quiero conservar, así que no puedo ayudarle.

—Tiene que hacerlo —el hombre intentó sujetarle la mano para arrebatarle la cámara.

Till levantó la mano izquierda tan deprisa que parecía que la tenía preparada para interceptar el golpe. Agarró la del hombre y se la retorció.

—Suélteme. ¡Suélteme!

—De acuerdo —Till se guardó la cámara en el bolsillo y luego lo soltó.

Cuando Till se había alejado un par de metros, el hombre dio media vuelta y volvió corriendo hacia el hotel con su mujer. Había sacado el móvil y estaba hablando con agitación. A través de las puertas de cristal, Till vio que varias parejas también vestidas de gala se arremolinaron alrededor del matrimonio. Tres de los hombres salieron y empezaron a caminar hacia Till, pero parecía que no sabían muy bien qué hacer. Su amigo no necesitaba que lo ayudaran y Till no había salido corriendo. Volvieron hasta la puerta del hotel, miraron a su amigo y, después, otra vez a Till.

El coche de policía llegó al cabo de unos cuatro minutos, estacionó detrás del Mercedes del matrimonio y le dio un pequeño golpe en el parachoques. Del coche salieron dos jóvenes agentes, un hombre y una mujer. La mujer era bajita y llevaba el pelo oscuro recogido en un moño y, con el chaleco antibalas puesto, parecía muy robusta, mientras que el hombre era alto y esbelto como un jugador de baloncesto.

—Señor —dijo el agente—, ¿es usted el señor Mason?

—No, me llamo Jack Till. George Mason está dentro del hotel. Es el alto y rubio que está muy bronceado.

—¡Agente! ¡Agente! —George Mason salió del hotel como una exhalación, seguido de su mujer y sus amigos—. Este hombre me ha atacado. Nos hizo una fotografía y luego me retorció la muñeca.

—Todo el mundo tranquilo —dijo la agente—. Hablaremos con todos —se volvió hacia su compañero y le dijo—: Toma declaración al señor Mason. Yo hablaré con este caballero.

La mujer se llevó a Till a varios metros del hotel y se detuvo.

—¿Es usted el Jack Till que antes era policía?

—Sí —respondió él. Sacó su identificación y se la enseñó, pero la mujer no la miró.

—Su cara me sonaba. Estuve en la comisaría de Hollywood cuando usted estaba en el departamento de homicidios. Me llamo Becky Salamone. Sé que no me recuerda, así que no tiene que fingir.

—Encantado.

—¿Qué ha pasado?

—Desde que me retiré, he estado trabajando como investigador privado. Llevaba una semana siguiendo a la señora Mason. Ella y George, su marido, hace dos años que denunciaron el robo de un collar. Aquí tiene la circular de la compañía de seguros —desdobló una hoja de papel y se la entregó.

La agente Salamone la miró.

—Zafiros y diamantes. Muy bonito.

—Sí —añadió Till—. McLauren Life and Casualty les pagaron trescientos cincuenta mil dólares. La señora Mason lo lleva esta noche.

—Oh —Salamone miró a su alrededor—. ¿Dónde está?

Till se volvió hacia la entrada del hotel.

—Ha debido de entrar en el hotel. Le hice una fotografía, se enfadó y el marido me pidió el carrete. Primero quiso comprármelo, pero, ante mi negativa, quiso quitármelo a la fuerza. Y no podía permitírselo —Till sacó su cámara—. Es digital. Usted misma puede ver la fotografía —encendió la cámara para que la agente pudiera ver la fotografía de los Mason junto a su coche.

Salamone la comparó con la imagen en la circular de la compañía de seguros.

—Buena foto.

—He sacado también el coche para que se vean el modelo y la matrícula —añadió Till—. Ese coche no se fabricaba cuando denunciaron la desaparición del collar. Es nuevo.

Desde la entrada del hotel, George Mason gritó:

—¡Deténgalo! Quiero denunciarle.

La agente Salamone devolvió a Till la cámara y la circular, se acercó al grupo, se llevó a su compañero a un aparte, le susurró algo y luego regresaron.

—¿Dónde está la señora Mason?

La aludida avanzó un poco.

—Lo he visto todo. Este hombre estaba…

La agente Salamone dijo:

—Señora Mason, ¿no llevaba un collar esta noche?

—¿Perdón?

Till sujetó la fotografía de la compañía de seguros y la desdobló.

—Éste.

La señora Mason empezó a palidecer.

—No. No lo llevaba. No tengo ningún collar como ése. ¿Qué tiene eso que ver con que usted haya atacado a mi marido? ¡Es ridículo!

Till se dirigió a los demás miembros del grupo.

—¿Alguien ha visto a la señora Mason con collar esta noche?

Ninguno de ellos parecía entender la pregunta. Por sus expresiones, parecía que Till les había hablado en una lengua que jamás habían oído. Él se volvió hacia la derecha y guiñó el ojo derecho a la agente Salamone.

—Supongo que no queda otra opción. Tendrán que registrarlos a todos y arrestar a la persona que lo tenga encima.

La expresión de la agente Salamone era totalmente hermética. Asintió de forma breve.

Till volvió a dirigirse hacia el grupo.

—Que nadie intente huir. Están en camino más unidades para trasladarles a la comisaría para que los agentes les tomen declaración bajo juramento y procedan a los registros. La mayoría de ustedes quedarán libres dentro de varias horas.

Todos estaban horrorizados, pero una de las mujeres empezó a temblar, y luego se echó a llorar. Miró a la señora Mason:

—Lo siento, Brenda, pero no puedo hacerlo. Ni siquiera por ti —abrió el bolso, sacó el collar de la señora Mason y se lo entregó a la agente Salamone como si fuera una serpiente venenosa.

Al día siguiente, Jack Till fue a su despacho. Casi siempre aparcaba el coche delante del edificio de apartamentos donde vivía, en la accra este de Laurel Canyon, e iba a pie hasta el despacho, que estaba en Ventura Boulevard. La distancia era de unos ochocientos metros y le gustaba ir caminando mientras miraba a su alrededor y pensaba.

Esa mañana se sentía bien. La compañía de seguros ya había reaccionado ante la noticia de que había recuperado el collar. Le pagarían lo suficiente como para garantizar que, ese año, su agencia de detectives no perdería dinero, y eso que sólo estaban a mitad de año. Y la noche anterior, al llegar a casa, escuchó los mensajes del contestador y había uno de Dan Mulroney, un detective de la comisaría de Hollywood, donde le decía que le había dado su dirección a una clienta que posiblemente se pasaría por su despacho al día siguiente. Era su segundo año como investigador privado y puede que ya empezara a obtener beneficios.

Se detuvo frente al quiosco de la esquina, compró *Los Angeles Times*, se lo dobló debajo del brazo y continuó su camino por la calle mientras el sol le daba en la espalda. Se detuvo en el Starbucks y compró un café para llevar, y luego continuó el camino hacia el despacho. Era un edificio de dos plantas con una enorme tienda de antigüedades en los bajos y otras tres tiendas que vendían ropa, regalos y gafas para mujeres. La pequeña entrada estaba entre la tienda de antigüedades y la de ropa, con un panel de fieltro negro en la pared con los nombres de las empresas protegido con un cristal y una escalera que subía al segundo piso, compuesto por un pasillo con despachos a ambos lados.

El de Till era el primero de la derecha, una única habitación con un teléfono, una mesa, dos archivadores y un sofá, todo de la liquidación de una tienda de material de oficina en Sherman Way. En el lado izquierdo del pasillo había tres despachos de tres chicos jóvenes que trabajaban jornadas maratonianas y que constantemente se rebautizaban como una productora de televisión nueva. Till subió las escaleras con el periódico y el café en las manos y se encontró con una mujer joven apoyada en su puerta.

Era delgada y rubia, con el pelo liso y brillante como el de una niña, pero tardó un poco en asimilar su aspecto real porque tenía la cara llena de moretones y deformada por varios golpes. Lo primero que se le ocurrió fue que parecía una de las muchas víctimas de homicidio que había visto a lo largo de su carrera. En cuanto ella lo vio, se apartó de la puerta y se apoyó en el bastón que Till todavía no había visto. Se sirvió de él para apartarse y dejarlo abrir.

—Buenos días —dijo—. ¿Ha venido a verme… a ver a Jack Till?

—Sí.

—Entonces, pase —con sólo verla, estaba seguro de que conocía su historia. Debía de haber sufrido un accidente de coche. Seguro que había una denuncia de por medio y quería contratarlo para investigar a la otra parte. Dejó el periódico y el café en la mesa y señaló el sofá.

—Siéntese, por favor.

Ella miró el sofá con escepticismo.

—¿No tiene una silla? Tengo la espalda muy mal para sentarme en el sofá.

Mientras Till cruzaba la habitación para ofrecerle una silla, ella se acercó a la mesa y, al principio, él creyó que estaba mirando los archivos que había encima de ella, pero luego se dio cuenta de que estaba mirando por la ventana que daba a Ventura Boulevard. Vio cómo sus pupilas hacían movimientos rápidos, fijándose en todas las personas de la calle. Estaba aterrada.

Entonces se dio cuenta de que no había sufrido ningún accidente de tráfico. Dejó la silla frente a la mesa.

—¿Quién le ha hecho esto?

Ella levantó los brazos como si le estuviera enseñando el vestido que llevaba, pero, en realidad, Till comprendió que el gesto significaba su cara destrozada y su cuerpo golpeado.

—Un hombre. Bueno, en realidad, fueron dos. Quieren matarme.

—¿Quiénes son?

—No lo sé.

—¿Y qué quiere usted que haga? ¿Que la proteja? ¿Que los encuentre?

—Quiero que me ayude a huir.

Seis años después, Jack Till todavía recordaba ese momento en su despacho, el día en que vio a Wendy Harper por primera vez. Cuando escuchó su historia, reaccionó como si todavía fuera policía. Intentó convencerla de que hiciera lo correcto, que acudiera a la policía y dejara que ellos la protegieran. Ella tenía una respuesta para todas sus sugerencias, un motivo por el que la única esperanza de mantenerse con vida era intentar empezar de cero en otra parte. Ya había ido a la policía después de la paliza, y ellos le habían dicho que acudiera a Jack Till. Al final, Jack cedió. Le enseñó lo que necesitaba saber acerca de los métodos de la policía para localizar fugitivos, basándose en la teoría de que cualquiera que la buscara no sería tan bueno como los profesionales. Cuando terminó de aleccionarla y las heridas más visibles desaparecieron, la dejó en la puerta del aeropuerto de otra ciudad.

Durante el primer año estuvo preocupado y no dejó de buscar noticias de ella en los periódicos, esperando leer que habían encontrado su cuerpo en algún sitio. Pasaron cinco años más y nunca supo nada más de Wendy Harper.

Esperaba que ese silencio significara que había conseguido mantenerse con vida.

3

—¿Vas a hacerlo? —preguntó ella.

—Lo harás tú —respondió él.

Paul y Sylvie Turner avanzaron por Broxton Avenue con la pausada gracia de un par de aves de patas largas. Los dos eran altos y esbeltos y su postura los hacía parecer todavía más altos. Sylvie era guapa, con la piel suave, los ojos grandes y el pelo castaño, que le caía sobre los hombros, le brillaba bajo el sol de la tarde. Ambos llevaban grandes gafas de sol, pantalones de algodón color caqui y americanas oscuras. Cuando pasaron por delante de una librería, sólo Paul volvió la cabeza para observar su reflejo en el escaparate. Le gustaba el barrio de Westwood, porque estaba lleno de estudiantes de UCLA que apenas prestaban atención a una pareja de mediana edad. Llegaron a un cruce en una de cuyas esquinas el edificio principal era un viejo cine llamado Regent.

Hablaron como solían hacerlo las parejas como ellos: sin mirarse a los ojos.

—¿Por qué quieres que lo haga yo? —preguntó ella.

—Porque sí. Es tu turno y me parece que te sentirás mejor si lo haces. Sólo lo hago por ti.

—Sí, ya —dijo ella—. Te gusta mirarme.

—Bueno, quizá.

Cruzaron la calle y Paul compró dos entradas para la película que iba a empezar en cinco minutos. Un joven acomodador les cogió las entradas, las rompió y entregó las mitades a Paul. Sin hablar, él y Sylvie se separaron en el vestíbulo y fueron a los servicios. Ella se recogió el pelo en una cola de caballo y lo ató con una goma. Cuando volvieron a encontrarse en el vestíbulo, los dos se habían quitado las gafas de sol y las americanas. Se entretuvieron mirando los carteles de próximos estrenos.

Al cabo de unos minutos, las puertas de una de las salas se abrieron y un centenar de personas, muchas de ellas parejas de la misma edad y aspecto que los Turner, cruzaron el vestíbulo en dirección a la calle. Esperaron a que los primeros salieran al sol y empezaran a encender los móviles o a buscar el resguardo del aparcamiento. Entonces, se dejaron arrastrar por el grupo. Siguieron con todos hasta el aparcamiento, donde pasaron por delante del BMW negro con el que Paul había llegado. Caminaron hasta el segundo coche, el BMW negro de Sylvie.

En el recibo de las entradas de cine aparecía el número de tarjeta de crédito con que las habían pagado y la hora. Por dieciocho dólares, habían comprado dos horas de tiempo. Paul y Sylvie se habían convertido en unos expertos en fraccionar y moldear el tiempo en pequeñas porciones. Él guardó las dos entradas del cine en la cartera mientras ella sacaba el resguardo del aparcamiento y se lo daba.

Paul se detuvo junto al cubículo del vigilante mientras Sylvie miraba hacia el otro lado, aunque no era necesario porque, cuando volvieran, habría otro vigilante que no la habría visto nunca. Paul condujo por Wilshire Boulevard hacia la autopista de San Diego. Después tomó la que iba a Santa Monica, salió por la calle Cinco y dejó el coche en un aparcamiento. Paul y Sylvie se unieron al grupo de peatones que cruzaban el paseo de la calle Cinco hacia el muelle de Santa Mónica pero, cuando llegaron a la esquina, se quedaron rezagados y tomaron Ocean Avenue. Paul miró el reloj por segunda vez, pero Sylvie le acarició el antebrazo.

—Se está convirtiendo en un hábito nervioso —le dijo tranquilamente.

—Lo siento.

—No pasa nada. Mira qué atardecer tan bonito sobre el océano. Tenemos tiempo de sobra y, si no dejas de mirar el reloj, la gente empezará a mirarte para saber qué esperas.

—Tienes razón —respondió él—. Es que no estoy muy seguro de que sea el mejor lugar ni el mejor momento.

—Es lo mejor para él —dijo Sylvie—. Es el único momento en que estamos verdaderamente seguros de que está solo. Él se encargará de todo por nosotros. Ella vive allí. En el tercer bloque, el cuarto balcón empezando por el final del cuarto piso. ¿Lo ves?

—La ventana está abierta. Quizá también está mirando la puesta de sol desde detrás de esas cortinas blancas —dijo Paul—. ¿Acaso no lo has pensado?

Ella sonrió con mucha paciencia.

—No. La ventana es del dormitorio. Está allí, está con ella y la puesta de sol no le interesa en lo más mínimo.

—También puede que se haya ido ya.

—Nunca se marcha hasta que ha anochecido.

—Puede que esta vez sí.

—No, nunca —repitió ella—. Tienes que recordar que no se trata de él. Se trata de ella. Tiene una reputación. Tiene un marido.

—Supongo que tienes razón. Es un caballero.

—Tú sí que eres un caballero —dijo ella. Se aferró a su brazo con ambas manos, lo atrajo hacia ella y lo miró a los ojos. Estaba intentando comprobar si Paul se había dado cuenta de que sabía que tenía ganas de mirar el reloj y por eso le estaba sujetando el brazo.

—Gracias. —Él entrecerró los ojos por el sol, que apenas empezaba a rozar el océano por la derecha de la bahía orientada hacia el sur—. Deberíamos ponernos en marcha. Saldrá por la parte de atrás —el sol parecía blando y relajado, como una yema de huevo sobre el horizonte plano.

Ella también miró el sol.

—Tienes razón. Ya empieza a ser la hora.

—¿Lo tienes todo preparado? Si tuvieras que hacerlo ahora, ¿podrías?

—Sí.

—¿Estás nerviosa?

—Sí. Siempre. Da igual cuántas veces lo haga.

—Vamos a buscarlo.

Se alejaron del océano y giraron por un callejón que estaba detrás del edificio al oeste del muelle. Iban despacio y se detenían de vez en cuando en huecos oscuros donde los últimos rayos de sol no llegaban.

Lo vieron salir por una puerta trasera del edificio contiguo, detenerse en el último escalón un segundo y luego girarse hacia ellos. Sylvie disfrutó del placer de notar la mano de Paul en la espalda, la firme caricia que sentía cuando bailaban. Se dejó empujar y dio un paso hacia delante.

Y ya estaba sola.

Jimmy Pollard caminaba con la cabeza baja mientras miraba el desigual y gastado pavimento del callejón. La gente insistía en tener perros en la ciudad y había un determinado grupo de personas que no querían pasearlos por la calle, donde tenían que obedecer las ordenanzas y recoger las defecaciones. Los sacaban a pasear por los callejones, con lo que todo el mundo tenía que mirar por dónde pisaba.

Esa idea sumergió a Jimmy Pollard en uno de esos momentos, que antes eran ocasionales pero que ahora se habían convertido en frecuentes y le preocupaban, en que salía de su cuerpo y se veía a sí mismo desde algún lugar elevado, tal y como lo vería cualquier observador objetivo. Su pasado estaba expuesto y lo había llevado hasta allí, hasta ese momento.

Salía a hurtadillas por la puerta trasera del bloque de una mujer al anochecer y caminaba por un callejón. Era la hora en que otros hombres entraban por la puerta principal, de regreso de sus trabajos, abrían la puerta y veían a las mujeres por las que trabajaban, incluso algunos olían el aroma de la cena. Sin embargo, quizás eso sólo era una imagen de infancia que su cerebro había preservado. Quizá ya nadie lo hacía. En general, las mujeres también estaban fuera todo el día, porque ya nadie tenía hijos. Y los que tenían, los dejaban en algún sitio durante todo el día y los recogían sobre esta hora. Quizá todo el mundo salía a hurtadillas de callejones como ése. Nada más.

Jimmy tenía mujer, tres hijos y un trabajo. Con los años, Connie y él se habían ido distanciando y eran como dos compañeros de piso que tenían cosas que recriminarse mutuamente. Sin embargo, Emma, Ben y Melissa estaban en su mente cada segundo. Pensar en ellos lo hacía feliz, pero también se sentía horrible y perdido. Y allí estaba.

Oyó el ruido de unos pasos, levantó la vista en la penumbra y reconoció una figura femenina…, las caderas, la cintura estrecha, los hombros. Contuvo el aliento. ¿Connie? ¿Vendría hasta allí?

Los pasos de la mujer la acercaron cada vez más a él y, cuando atravesó el halo de luz solar que entraba por un espacio entre dos edificios, quedó iluminada unos segundos. No. A pesar de la distancia, supo que no era Connie. Gracias, Señor. Sabía que algún día tendría que decírselo, pero no aquí ni ahora. Todavía tenía tiempo. Sin embargo, incluso mientras lo pensaba sabía que, aunque tuviera cincuenta años por delante, no lo haría. Jamás volvería a ser un marido fiel. Jamás terminaría esa historia amorosa ni utilizaría el indulto para acudir a Connie y decírselo todo. Se recordó la lista de motivos, entre los que figuraban los hijos, la casa, el trabajo y el dinero.

Sorprendentemente, en la lista apareció algo nuevo; un momento de claridad involuntaria. Uno de los motivos por los que esas tardes con Sally eran tan irresistibles era porque eran prohibidas y secretas.

Jimmy bajó la cabeza, decidido a que la mujer no le viera la cara. Las mujeres no iban solas por los callejones y, si estaba paseando al perro, no había visto al animal. Seguramente, sería una vecina que había bajado a tirar algo al contenedor. Quizás era amiga de Sally y, si lo veía, podría reconocerlo en cualquier otra ocasión. Sin embargo, no pudo resistir el impulso de mirarla.

Levantó la mirada y enseguida volvió a bajarla, pero la impresión que captó fue favorable. Era alta, demasiado para él, pero muy delgada y elegante, como una bailarina. Si podía permitirse un piso en primera línea de mar en Santa Mónica, era más que una bailarina. Seguramente, sería una amante de las fiestas que vivía con un tipo rico. Volvió a mirarla y descubrió que no quería apartar la vista de ella. Empezó a pensar en ella. En realidad, no era tan alta, lo que ocurría era que caminaba con la espalda muy recta.

Estaban a tres metros de distancia cuando sus miradas se cruzaron y él sonrió con respeto.

—Hola —dijo, con lo que él creía que era la combinación perfecta de amabilidad y educación para tranquilizar a una mujer sola en un callejón que se cruzaba con un hombre.

Ella metió la mano en el bolso, seguramente para buscar el aerosol de pimienta, pero sonrió. ¿Era una sonrisa pícara?

—Hola, Jimmy —dijo Sylvie.

Él se detuvo en seco. ¿Quién era? La mujer sacó la mano del bolso. Tenía una pistola. Él sabía que no tenía tiempo para dar media vuelta y retroceder, así que siguió caminando. Si se había asustado, dentro de unos segundos vería que él no suponía ningún peligro. Oyó cómo quitaba el seguro de la pistola, sintió pánico y echó a correr. Corrió con todas sus fuerzas hacia la mujer y pasó por su lado. Volvió a oír la pistola, pero todavía podía moverse, todavía podía poner una pierna delante de la otra y correr hacia la calle. Allí habría gente. Podría gritar y montar una escena.

Entonces, apareció un hombre entre las sombras, apuntándolo con una pistola.

Jimmy supo que nunca llegaría a la calle.

4

Paul y Sylvie Turner entraron en el abarrotado ascensor y subieron hasta el octavo piso del enorme edificio de oficinas blanco y gris en Wilshire Boulevard. El edificio acogía a ocupados abogados, contables y médicos, de modo que los Turner tuvieron que colocarse al fondo del ascensor, abrirse paso cuando llegaron al piso correspondiente y cruzarse con varias personas en el pasillo enmoquetado. Entraron por la puerta con el cartel DOLAN, NYQUIST Y BERNE. ABOGADOS.

La sala de espera estaba vacía. Detrás del cristal de la recepción había una mujer con un traje de falda y chaqueta de color gris muy elegante. Ofreció su sonrisa de profesional a los Turner cuando entraron.

—Señores Turner, buenas tardes —echó un vistazo a la hoja de visitas que tenía encima de la mesa y añadió—. Pasen — apretó un botón y Paul y Sylvie oyeron el clic del pestillo de seguridad de la puerta de madera.

Paul la abrió, la sujetó para que pasara Sylvie y luego dejó que se cerrara tras él. La mujer le dijo a Sylvie:

—Está en la cuatro.

Los dos siguieron avanzando por el pasillo y pasaron por delante de varias puertas con un número hasta que llegaron a la cuatro, una sala de conferencias con cenefas de madera auténtica, retratos antiguos que parecían reales en las paredes y una mesa alargada con doce sillas alrededor. Michael Densmore estaba sentado en una de ellas.

Densmore era muy presumido. Los pantalones del traje eran color gris marengo, pero la chaqueta estaba colgada en la silla de al

lado para que los hombros no perdieran la forma y las mangas ca
yeran de forma natural, como si fuera un espantapájaros sin cabeza.
Llevaba una camisa blanca impecable, con el cuello almidonado,
y una delicada corbata de seda con un discreto dibujo de cuadros
azules. Cuando Sylvie entró en la sala, Densmore se levantó. Tenía
un poco de barriga, lo que provocaba que continuamente hiciera
nerviosos e ineficaces intentos por tapársela con la camisa. Tenía
una sonrisa juvenil, pero las arrugas alrededor de los ojos y en la
frente eran visibles. Cerró la puerta tras ellos y echó el pestillo que
estaba debajo del pomo de latón.

—Sylvie, estás preciosa —la tomó de la mano y luego hizo lo
mismo con Paul—. Es un placer volver a veros —se sentó y la tripa
quedó escondida por la mesa—. ¿Todo bien?

—Sí —respondió ella.

—Ha ido muy bien —asintió Paul—. Seguro que lo has visto en
el periódico.

—Sí. Estaba muy interesado por la noticia.

—Nuestras preciosas treinta y dos milímetros. Pim, pam, pum
—dijo Sylvie.

Densmore levantó la mano.

—No me deis detalles, por favor. No quiero saber nada. Represento a la viuda y tendré que hablar con la policía. No quiero que,
durante una conversación, se me escape algo y descubra que me he
incriminado a mí mismo.

—Lo siento —dijo Sylvie—. Olvida lo que he dicho. Murió de
infidelidad. ¿La señora Pollard nos ha dejado algo?

—Sí, lo tengo aquí mismo —Densmore levantó un maletín, lo
abrió y descubrió varios fajos de billetes a sus colaboradores.

—El dinero está limpio, ¿verdad? —preguntó Paul.

—No es suyo. Yo mismo ingresé su cheque y saqué el dinero
de varias de mis cuentas, como siempre, de modo que es imposible
que estén marcados ni nada de eso —sonrió—. Yo también tendré
mi parte, puesto que le cobraré de más para arreglar todo lo del
patrimonio.

—Seguro que lo tienes todo controlado —dijo Sylvie.

—¿Y qué hay de ella? ¿Supone algún problema? —preguntó Paul.

—No.

—¿Qué le has dicho?

—Las advertencias habituales. Sabe que si ella y yo vamos a la cárcel, sus hijos se quedarán solos y vosotros estaréis aquí fuera. No sabe quiénes sois.

—Perfecto. Siempre es un placer hacer negocios contigo —Paul se levantó, cogió el maletín y alargó el brazo para darle la mano a Densmore.

Sin embargo, éste no se levantó.

—No os vayáis todavía —deslizó una carpeta por la mesa y la abrió para que Paul y Sylvie vieran dos juegos de documentos—. ¿Podéis firmármelos, por favor? Son duplicados de los testamentos que firmamos hace dos años, pero con una nueva fecha. Necesito algo para añadir al archivo y evitar así que el personal se haga preguntas sobre vuestra visita. Pero de paso, ya que estáis aquí, me gustaría hablaros de otro asunto si tenéis tiempo. ¿Sí?

Sylvie se encogió de hombros, se acercó la carpeta y firmó en el espacio destinado a ello. Paul volvió a sentarse y firmó. Mantuvo el maletín en el regazo todo el tiempo.

—Tengo otro trabajo y me preguntaba si os gustaría participar en él —abrió la carpeta que tenía junto al codo y sacó una fotografía—. Se trata de esta mujer.

Sylvie cogió la fotografía y la colocó en la mesa entre Paul y ella.

—Es guapa, ¿verdad, Paul?

—No lo sé.

—Sí que lo sabes. Es guapa.

—Sí, pero no es nada especial. No es como tú, por ejemplo.

Densmore observó al matrimonio en silencio. Sylvie Turner era diez años mayor que la mujer de la fotografía. Siempre que la veía, pensaba que era muy atractiva. Sin embargo, en comparación con la otra mujer, los rasgos de Sylvie parecían ordinarios y destacaban las imperfecciones de su piel. Tenía una cara alargada, con la nariz y la boca ligeramente proyectadas hacia delante y un brillo cruel en los ojos que incomodaba bastante a Densmore.

—¿Quién es? —preguntó Sylvie.

—Se llama Wendy Harper. Era la copropietaria de un restaurante llamado Banque. ¿Os suena?

—¿Banque? Claro —respondió Paul—. Hemos ido un par de veces. Una sala grande y espectacular, supongo que realmente había sido un banco antes, y la comida y el servicio eran muy buenos. Si me das un minuto, intentaré recordar el nombre del chef. Eric algo. ¿Fuller?

—Exacto. Fuller.

—Vaya —dijo Sylvie—. Yo también lo recordaba, pero me has ganado —miró a su marido—. Paul siempre me deja en evidencia en los asuntos domésticos. Es mejor ama de casa que yo, ¿no crees?

Los ojos de Paul se convirtieron en dos puntos negros. Densmore se preguntó qué diablos hacía Sylvie. Él jamás se habría atrevido a decir nada que ofendiera a Paul Turner.

—Abrieron el restaurante juntos hará unos diez años. Él era el chef y ella llevaba el negocio. Fue un éxito desde el principio.

—¿Y? —preguntó Sylvie.

—Me han dicho que eran pareja. Y, en algún momento, dejaron de serlo. El amor es temporal, pero un negocio con éxito es para siempre. Se separaron, pero mantuvieron la sociedad y siguieron trabajando juntos. Al cabo de cuatro o cinco años, ella desapareció.

—Qué extraño —comentó Sylvie—. Imagínate la sorpresa de él.

—La policía pensó lo mismo hace seis años. Tenían una sociedad muy clara. El acuerdo estaba escrito a mano por ambos y firmado ante notario. Eran copropietarios de todo y, si uno moría, el otro se quedaba con todo. Tenían seguros de vida idénticos en los que el beneficiario de todo era el otro socio. Habría sido lógico que el seguro de él fuera más alto, porque era el chef, pero no lo hicieron

así, seguramente porque asegurar a mujeres jóvenes es barato. P
bueno, ella desapareció, él cobró y se quedó con el restaurante. L
policía no encontró nada.

—Gracias a Dios que, cuando he ido a Banque, sólo he pedido
marisco —dijo Sylvie.

Densmore era lo suficientemente cauteloso como para reírles
las bromas. Al cabo de unos segundos, dijo:

—La situación real es más complicada que eso. Un cliente mío
la quería ver muerta. Lo intentó hace seis años, falló y no ha vuelto
a saber de ella desde entonces. Y sigue queriéndola ver muerta.

—¿Quiere contratar a alguien para que lo haga ahora, después
de que la chica hace seis años que desapareció? —preguntó Paul.

—Me ha pedido que cierre el trato. Estamos hablando de una
cantidad de dinero importante. Llevo algún tiempo dándole vueltas
y he llegado a la conclusión de que mi única esperanza de éxito sois
vosotros.

—¿Nosotros? —preguntó Sylvie.

—Sí —respondió Densmore—. Existe una posibilidad de encontrarla, pero puede salir mal y podría ser peligroso. Sois los únicos en quienes confío para hacerlo. Dejad que os enseñe lo que tengo —se levantó, salió de la sala y enseguida regresó con una bolsa
de nailon de un metro de largo y con dos asas. La dejó en la mesa.

—¿Qué es eso? —preguntó Sylvie—. ¿Tu bolsa de mago?

Densmore la miró y asintió.

—Podríamos llamarla así —la abrió y sacó un bate de béisbol y
un pedazo de tela blanca manchada de sangre seca.

—¿Se supone que tenemos que hacer algo con eso? —preguntó
Paul.

—Enterrarlo. Y luego esperamos unos meses y lo sacamos a la
luz.

5

«Chef acusado de asesinar a su socia.»

Jack Till se sentó en su despacho y se quedó mirando el periódico durante un buen rato, intentando descifrar mentalmente las frases para tratar de encontrar la información que había provocado que un detective de homicidios detuviera a Eric Fuller y que un fiscal del distrito lo acusara. El artículo sólo decía que Eric Fuller era un reconocido chef, que Wendy Harper había sido su socia y que, cuando hace seis años ella desapareció, él se hizo mucho más rico.

Till dejó el periódico en la mesa, cerró los archivadores con llave y guardó la pistola en la caja fuerte. Bajó las escaleras y caminó por Ventura Boulevard hasta su piso en Laurel Canyon para coger el coche y condujo por la autopista de Hollywood.

Dejó el auto en el aparcamiento subterráneo de Spring Street y fue a pie hasta el edificio de la fiscalía del distrito, en el número 210 de West Temple. Cuando pasó por delante de los tribunales, descubrió que quizá debería haber llamado antes y averiguar a cuál de los 938 fiscales asistentes se había asignado el caso, haberlo llamado y haber concertado una cita. Sin embargo, no se le ocurrió, igual que tampoco habría pensado en llamar al hospital si hubiera transportado a una víctima de un paro cardíaco. Era el tipo de visita que eliminaba totalmente las lentas y cuidadosas palabras que se utilizan en esos casos.

Entró en la recepción del edificio de la fiscalía del distrito con impaciencia, esperó su turno en la cola y luego le enseñó su cartera a la mujer de mediana edad que estaba detrás del mostrador. A un lado tenía la identificación no oficial que demostraba que era policía retirado y, al otro, la licencia de investigador privado.

—Me llamo Jack Till —dijo—. Necesito saber qué fiscal lleva el caso de homicidio contra Eric Fuller. ¿Puede ayudarme, por favor?

—El pueblo contra Eric Fuller. No aparece en la lista —respondió la mujer—. ¿Ha dicho homicidio? ¿Cómo se llamaba la víctima?

—Harper, Wendy A.

La mujer buscó en un directorio y luego marcó cuatro números en el teléfono que tenía delante.

—Soy Nell —dijo con suavidad—. ¿Puedes darme el nombre del fiscal que lleva el caso de homicidio de Wendy Harper? Gracias —colgó. Cogió un trozo de papel y un bolígrafo, buscó en una libreta, escribió un nombre y un número de despacho en el papel y se lo dio—. Sabe moverse por el edificio, ¿verdad?

—Sí, señora. Veinte años en el cuerpo. Muchas gracias —pasó el arco detector de metales y luego esperó en la cola de los ascensores mientras intentaba descifrar la nota. El fiscal se llamaba Gordon algo. No. Gordon era el apellido. Linda Gordon. Subió por las escaleras y avanzó por el largo pasillo de oficinas de otros fiscales asistentes que trabajaban en otros casos. Conocía a algunos, pero cada año eran menos, porque se iban jubilando o aceptaban ofertas de bufetes de abogados privados. Cuando encontró el despacho que buscaba, vio que la puerta estaba cerrada, pero, por la rendija de abajo salía luz y oyó la voz de una mujer, así que llamó.

Unos segundos después, una joven con el pelo largo y rubio, aunque parecía que antes hubiera sido castaño, abrió la puerta. Se sorprendió al verlo.

—¿Sí?

—¿Es usted Linda Gordon?

—Sí —parecía impaciente. Till vio que había dejado el teléfono encima de la mesa. Reconoció la expresión. Estaba esperando que le entregara una citación. La mitad de los pleitos eran denuncias de convictos contra abogados y policías.

—Me llamo Jack Till. Necesito hablar con usted un minuto. Veo que estaba hablando por teléfono. Puedo esperarme aquí fuera hasta que termine.

Ella lo miró con suspicacia.

—¿De qué quiere hablar? ¿Quién es usted?

—Soy investigador privado y tengo información de vital importancia sobre el caso de homicidio contra Eric Fuller.

—Espere un segundo —se acercó deprisa al teléfono y lo levantó—. ¿Carl? Tengo que dejarte. Te llamo luego. No sé, dos, tres minutos. Lo prometo —colgó—. Pase.

Till entró en el diminuto y abarrotado despacho y buscó un lugar donde sentarse. Había una silla, pero parecía ser el lugar de archivo permanente de varios documentos. Ella siguió la dirección de su mirada y se dirigió hacia la silla, pero él levantó la mano y la detuvo.

—No se preocupe. Sólo me quedaré unos minutos. He leído el periódico y he venido para hacerle saber que ha habido un error. No puede acusar a Eric Fuller, ni a nadie, del asesinato de Wendy Harper.

Ella se mostró algo irritada.

—¿No?

—No. Wendy Harper está viva.

Linda Gordon se apoyó en la pared que había detrás de su mesa con los brazos cruzados.

—Siga.

Till reconoció el gesto. Inconscientemente, se estaba protegiendo... ¿de él? No estaba dispuesta a creerse lo que le estaba diciendo. Lo único que podía hacer era seguir intentándolo.

—El motivo por el que no tienen un cuerpo es porque ella todavía lo está usando.

—¿Ha hablado ya con la policía?

—Todavía no. He venido aquí directamente.

—Pues le comunico que, cuando uno tiene información, el procedimiento normal es acudir primero a la policía. El detective encargado del caso es el sargento Max Poliakoff, del departamento de homicidios en el Parker Center. Si quiere…

—Le conozco. Fui yo quien lo formó en el departamento de homicidios de Hollywood.

—¿Lo formó? ¿Es usted policía?

—Retirado.

—¿Y quiere facilitarme esa prueba?

—Sí. Pero, si lo prefiere, puedo ir a hablar primero con Max Poliakoff.

Ella se lo quedó mirando un segundo y Till comprendió que estaba intentando pensar en todas las consecuencias.

—De acuerdo. En este punto, debo detenerlo. Quiero grabar lo que diga. ¿Tiene algún inconveniente?

—No.

Sacó una pequeña grabadora del bolso, introdujo una cinta nueva y apretó un botón.

—Fiscal asistente del distrito Linda Gordon y estoy entrevistando a un caballero que ha acudido a mi despacho el miércoles, trece de mayo. Son las ocho cincuenta y tres de la mañana. ¿Su nombre? —le acercó la grabadora como si lo estuviera desafiando a huir corriendo.

—John Robert Till.

—¿Puede deletrearlo?

—T-I-L-L.

—Muy bien, no está bajo juramento, pero me ha dicho que es un policía retirado, de modo que sabe muy bien que mentir a un agente de la ley sobre un caso de homicidio es un crimen. Lo sabe, ¿verdad?

—Sí.

—Entonces diga lo que ha venido a decir.

—He venido para aconsejarle que no siga adelante con la acusación por asesinato de Wendy Harper contra Eric Fuller porque sé que Wendy no está muerta.

—¿Cómo lo sabe? ¿La ha visto?

—Recientemente, no. La vi hace seis años, después de la última vez en que se la pudo ver en Los Ángeles.

—Entonces, usted fue la última persona que la vio con vida, ¿no es así?

—En absoluto. Pero fui el último que la vio aquí. Soy investigador privado. Me contrató. Una noche, cuando volvía de su restaurante, un hombre la atacó. La golpeó de una forma que, a mi modo de ver, pretendía inmovilizarla para luego matarla.

—¿Cómo puede saber qué pretendía hacer ese hombre?

—Utilizó un bate de béisbol. Empezó por las piernas y los brazos, y luego fue a por la cabeza, pero un par de coches lo interrumpieron y no pudo darle el golpe de gracia.

Till vio que la descripción había provocado una expresión de puro asco en la fiscal Gordon y que ella había hecho muchos esfuerzos para que no se le notara. La fiscal dejó la grabadora en la mesa y recuperó la posición de brazos cruzados, con la mesa entre los dos.

—¿Cuál era el objetivo del ataque?

—Creo que era matarla y hacer que, en lugar de un homicidio, pareciera un ataque no planeado y oportunista. Alguien la perseguía, y ella lo sabía.

—¿Quién la perseguía?

—Dijo que una amiga, una mujer que a veces trabajaba en su restaurante, tenía un novio que creía que podía ser peligroso.

—¿En qué sentido?

—La mujer le había explicado algunas cosas, cosas que el novio le había hecho.

—¿Por qué iba a perseguir a Wendy?

—Una noche, después de cerrar, Wendy estaba fuera del restaurante. Vio al hombre cuando vino a recoger a su amiga, y él la vio. A los pocos días, la amiga había desaparecido. Dejó de ir a trabajar. Su piso estaba vacío. Wendy creía que estaba muerta.

—¿Cómo se llamaba el novio?

—No lo sé.

—¿Cómo se llamaba la camarera?

—No lo sé.

—¿Por qué no lo sabe? ¿Acaso no se lo preguntó?

—Sí, pero no me dijo cómo se llamaba su amiga y comentó que no sabía el nombre del chico.

—¿Y ya está? ¿Eso es todo? ¿Lo dejó así?

—Ya no era policía y no podía obligarla a que me explicara nada. Un agente la había entrevistado la noche del ataque y un detective habló con ella después, en el hospital. Si hubiera tenido un mes, quizá la habría podido convencer de que si me explicaba más cosas estaría más a salvo, pero, en ese momento, estaba demasiado asustada como para escucharme. Quería irse de Los Ángeles de inmediato. Estaba convencida de que, si se quedaba aquí el tiempo suficiente para que el novio de su amiga la encontrara otra vez, moriría.

—¿Y tenía razón?

—Sinceramente, no lo sé. No sé quién era el novio de su amiga ni quién era el tipo a quien contrató para darle una paliza. Me ofrecí a protegerla, a actuar como intermediario para conseguirle guardaespaldas o para poner vigilancia en su casa y el restaurante. Pero si ese hombre tenía tantas ganas de verla muerta...

—¿Y qué hizo?

—Le ofrecí la ayuda que me pidió, la ayuda que estaba dispuesta a aceptar.

—¿Cuál?

—La llevé a un hotel a Solvang, donde la escondí durante varios días. Nos pasamos casi todo el tiempo en su habitación mientras le explicaba qué haría para encontrar a una persona que no quería que la encontraran.

—Explíquese.

—Le expliqué los métodos que los profesionales utilizarían para encontrarla y le enseñé cómo evitarlos.

—Y después, ¿qué?

—Se marchó.

—Así, sin más. Se marchó. Y nunca la volvió a ver ni a saber nada de ella.

—No. Ésa fue una de las cosas sobre las que la advertí. Si tienes contacto con personas que solías conocer, te pillan. No le dijo a nadie que iba a contratarme, pero si alguien la estaba vigilando, seguro que lo sabía. Estoy convencido de que nadie nos siguió hasta Solvang. Sin embargo, un potencial asesino podría haber interceptado mi correo o haberme pinchado el teléfono y esperar a que ella me escribiera o llamara.

Por lo visto, a Linda Gordon le resultaba exasperante el relato claro y objetivo de Till.

—Déjeme hacerle una pregunta: ¿qué pruebas puede aportar de que lo que me está explicando realmente sucedió o de que llegó a conocerla?

—Intenté asegurarme de que no hubiera ninguna prueba. Mantenerlas la habría podido poner en peligro. Y si usted no hubiera acusado a alguien de asesinarla, ahora mismo no estaría aquí explicándole todo esto.

—¿Eric Fuller sabía que ella había decidido desaparecer de forma voluntaria?

—No. Ella quería que pensara que estaba muerta y que siguiera con su vida. Wendy creía que no ganaría nada diciéndoselo. Pensaba que, si Eric lo sabía, intentaría encontrarla y, seguramente, conseguiría que los mataran a los dos.

—Creí que estaba enamorada de él. Es la historia que nos han explicado. Estoy segura de que la defensa del señor Fuller se agarrará a ese argumento. ¿Espera que me crea que ella lo dejaría así como así?

Jack Till la miró al tiempo que su optimismo empezaba a desaparecer. No lo estaba escuchando. Sencillamente, estaba planteando argumentos en su contra.

—Cuando llegaron a Los Ángeles, eran pareja. Fueron a la universidad juntos y se hicieron buenos amigos. En distintos momentos, la amistad adoptó miles de formas diferentes. Eran compañeros de piso y estaban prometidos, y empezaron un negocio común. Cuando la relación amorosa terminó, lo demás permaneció igual. Seguían siendo la persona más importante para el otro y se tenían plena confianza. Siguieron como socios y el restaurante fue de maravilla.

—¿Tanto como para que él se planteara asesinarla para quedarse con su parte?

—He venido a decirle que Eric Fuller no la mató, ni él ni ninguna otra persona. Yo la envié lejos.

—Quizá sí. Eso fue un día, un momento determinado. Pero usted mismo admite que no sabe qué fue de ella a partir de ese día, hace seis años, ¿verdad?

—Sí. No la he visto. Ni lo he intentado. Le enseñé cómo esconderse, y luego la envié lejos para que se escondiera.

—¿Y cree que una semana de lecciones con usted fue tan eficaz? ¿Me está diciendo que ella atendió a sus consejos y consiguió permanecer escondida desde entonces?

—No es tan sencillo como eso. Nadie empezó a buscarla hasta un mes después de su desaparición. Le dijo a Fuller que se iba de viaje para recuperarse de la paliza y nadie más se preocupó de saber dónde estaba. Cuando no regresó, él intentó localizarla y empezó a llamar a amigos comunes, pero ellos tampoco sabían nada. Cuando la policía se implicó en el caso, no tenían por dónde empezar a buscar.

—¿Y eso también lo planeó usted?

—Sí. Le enseñé lo que sabía y eso bastó para que empezara de cero. Pero ahora ya lleva seis años escondida y, seguramente, sabe mucho más que yo. Es una mujer brillante.

Linda Gordon se impulsó contra la pared y se acercó a la mesa. Till vio que bajaba la vista un segundo y supo que estaba mirando si quedaba suficiente cinta en la grabadora sin tener que recordarle que estaba grabando la conversación. Ella se apoyó en la mesa.

—Sabe que tendrá problemas serios por explicarme esto, ¿verdad?.

—Lo sé.

—Ha admitido formar parte de un fraude a una empresa de seguros, que ayudó a una persona a conseguir una identificación falsa y no sé qué más. Usted era policía. Sabe que la lista será larga.

—Tenía dos opciones. Irme a la cama los treinta años siguientes sabiendo que Eric Fuller iba a pasar una noche más en la cárcel o irme a la cama sabiendo que fui quien lo evitó.

—Podría ir a la cárcel.

—Las opciones no siempre son buenas.

—Muy estoico. Deje que le enseñe algo —rodeó la mesa hasta la silla llena de archivos, pasó algunos a la mesa, encontró el que buscaba y lo abrió. Había varias fotografías de veinticinco por cuarenta centímetros en color. Cogió una y se la entregó a Jack Till.

Vio una tela blanca muy arrugada y llena de manchas oscuras. Estaba en una mesa de laboratorio. Vio la regla a un lado para poder saber la escala.

—¿Qué es esto?

—Es la blusa de Wendy, con manchas de su sangre —le dio otra fotografía.

—¿Y ésta? —preguntó él.

—Es un bate como el que usted ha descrito, también con manchas de sangre de Wendy Harper —lo miró—. Interesante, ¿no le parece?

—¿De dónde ha sacado todo esto?

—Lo han encontrado en casa de Eric Fuller.

—¿Dónde? ¿En el porche?

—No —respondió ella—. Estaba enterrado en el jardín trasero en una vieja caja metálica. Se produjo una fuga de gas y la empresa empezó a remover la tierra para encontrar la fuga.

—Qué casualidad.

—¿Qué insinúa?

—Lo han puesto allí para inculparlo. Puede que la tela fuera parte de una blusa, e incluso puede que fuera la blusa que Wendy Harper llevaba el día que la atacaron. Supongo que ha contrastado con un laboratorio que la sangre es de ella.

—Ella misma se sometió a unas pruebas genéticas para localizar un cáncer de mama dos años antes de que fuera asesinada. No hay ninguna duda de que las muestras de sangre coinciden, y eso significa que está muerta. Tengo una gran cantidad de su sangre en un trozo de tela y las armas homicidas.

—¿Armas? ¿En plural?

—También se encontró un cuchillo que formaba parte de un juego de cuchillos de cocina de Eric Fuller. Tenemos pruebas de que él mismo lo compró hace ocho años. Estoy convencida de que, cuando se celebre el juicio, podremos demostrar que el bate era de su propiedad.

—Las pruebas son falsas.

—No sé si me está diciendo la verdad sobre lo que hizo o no —replicó Linda Gordon—. Si me está diciendo la verdad y realmente la ayudó a salvarse, lo siento mucho por usted, pero, por lo visto, en algún momento de aquella época, Eric Fuller la encontró. Nadie la ha visto desde hace seis años. ¿Cómo puedo tener esa blusa y ese bate con su sangre y permanecer de brazos cruzados?

6

Jack Till salió del despacho de Linda Gordon y fue hasta su coche pensando en los motivos que la fiscal tenía para no creerle. No tenía manera de explicar a una joven y ambiciosa abogada por qué un antiguo inspector de homicidios tomaría la decisión que él tomó: por qué iba a ayudar a Wendy Harper a desaparecer y por qué iba a presentarse en el despacho de la fiscal del distrito seis años después para admitirlo. Sencillamente, Linda Gordon todavía no había vivido lo suficiente.

Entró en el coche, sacó el móvil y marcó el número de su antiguo despacho en la comisaría de Parker Center.

—Quisiera hablar con el sargento Poliakoff, por favor. Soy Jack Till.

Al cabo de unos segundos, Poliakoff dijo:

—¿Jack?

—Hola.

—¿Cómo estás?

—Por tu tono, veo que ya te has enterado. ¿Acaba de llamarte Linda Gordon?

—Sí. Quería saber si eras de los buenos o de los malos. ¿Ya te has decidido? —Till se lo imaginaba sentado en la vieja mesa de metal abollada que había heredado de él. Era casi ocho centímetros más alto que Till, de modo que tenía que bajar la silla y sentarse con las piernas cruzadas para caber.

—Después de que le dijeras que era el mejor entre los mejores, ¿te ha dado la sensación de que retirará los cargos?

—Lo siento, Jack. Tal y como yo lo veo, a menos que Wendy Harper se presente en su despacho, no tienes ninguna posibilidad.

Cree que le has dicho la verdad, pero tu versión no es el problema. Opina que te equivocas cuando relatas lo que sucedió cuando la dejaste sola.

—Tenía que preguntártelo.

—Lo sé. Por ahora, coincido con ella, pero uno de los dos se va a llevar una sorpresa, y es perfectamente posible que sea yo. Quizá podríamos compartir pistas, como en los viejos tiempos.

—¿Puedes ayudarme a encontrar a Wendy Harper?

—No. Hablando con la fiscal, has quemado esa bala. La defensa tendrá que pagarte para hacerlo.

—¿Quién es el abogado de Fuller?

—Jay Chernoff de Fiske, Chernoff, Fein y Toole. Te daré su número.

Till anotó el número y dijo:

—Gracias, Max. Nos vemos.

Llamó al bufete y luego atravesó Beverly Hills y aparcó al final de Brighton, donde se cruza con Little Santa Monica. Pasó por delante de las tiendas que abarrotaban la calle hasta que encontró el edificio de ladrillo rojo donde estaban las oficinas de Fiske, Chernoff, Fein y Toole. Entró al vestíbulo y observó el directorio de empresas que estaba colgado en la pared, luego atravesó las impolutas puertas de latón del ascensor y apretó el botón para subir al tercer piso.

El bufete estaba decorado con diplomas enmarcados y tenía las paredes forradas con arce, de modo que la atmósfera era muy parecida a la de un tribunal. Se dirigió hacia la recepción, ocupada por una mujer y que estaba en medio de la sala de espera, para presentarse, pero, antes de que pudiera llegar, detrás de la mujer se abrió una puerta y apareció un señor bajito, de mediana edad, pelirrojo y con unas considerables entradas en la frente que dijo:

—¿Señor Till? Soy Jay Chernoff —alargó la mano y Till lo saludó—. Gracias por venir.

—Gracias por recibirme —dejó que Chernoff lo acompañara dentro, donde giraron una esquina y entraron en un despacho. Una vez dentro, Chernoff separó una silla de la pared, la colocó delante del sofá e indicó a Till que se sentara en el sofá. Éste se sentó y esperó hasta que Chernoff se hubo sentado en la silla con los codos apoyados en las rodillas.

El abogado rompió el hielo:

—Dice que tiene información sobre el asesinato de Wendy Harper, ¿verdad?

—Sí. No se trata de ningún asesinato. El motivo por el que he venido es porque Wendy no está muerta.

—¿No está muerta?

—No —Till sacó la cartera del bolsillo del pantalón y le enseñó la licencia de detective privado y la identificación de policía retirado—. Hace unos seis años, ella quería desaparecer y yo la ayudé a hacerlo.

—¡Dios mío, no me lo puedo creer! —parecía eufórico. De hecho, se reclinó en la silla y se rió—. ¿Ha hablado con la policía?

—Esta mañana, cuando he llegado a mi despacho y he visto en el periódico que Eric Fuller estaba acusado del asesinato de Wendy Harper, he ido directamente a la fiscalía del distrito para hablar con Linda Gordon. Vengo de allí.

—¿Ha visto a Linda Gordon? ¿Y qué le ha dicho?

—Ha grabado mi declaración y luego me ha enseñado unas fotografías de lo que cree que es la blusa ensangrentada de Wendy Harper y un par de armas homicidas que pertenecen a su cliente. Todavía no sabe si creer o no que realmente ayudé a Wendy a huir de la ciudad. Dice que, si lo hice, es posible que Fuller la encontrara y la matara.

Chernoff respiró hondo y soltó el aire con decepción.

—Debería habérmelo imaginado. ¿Por qué ayudó a Wendy Harper a huir de la ciudad?

—Alguien le había dado una paliza. Creía que estaba relacionado con un hombre que había salido con una de las camareras del restaurante. La chica en cuestión desapareció y Wendy creyó que él la había matado. Empezó a investigarlo y una noche, cuando volvió a casa, había otro hombre esperándola en la puerta con un bate de béisbol. Cuando salió del hospital, vino a verme.

—Eric me comentó lo de la camarera y la paliza, y que Wendy había estado en el hospital. Durante todo este tiempo, ha creído que ese hombre lo había vuelto a intentar y que la había matado. ¿Cómo es que Eric no sabía que había decidido irse de forma voluntaria?

—Así es como ella lo quiso. Pensaba que él no podría hacer nada para protegerla, pero que igualmente lo intentaría, y que seguramente también acabaría muerto.

—Después del ataque, se redactó un informe policial, pero no vi nada en él sobre el segundo hombre que Wendy creía que estaba implicado. ¿Por qué no? —la frustración de Chernoff empezaba a ser evidente.

—Wendy pensó que era lo más práctico. Y, en cierto modo, tenía razón. Si no lo conocía, la policía no sabría por dónde empezar a buscar, y quedarse en casa era darle otra oportunidad para matarla. Wendy creyó que la única salida era huir.

—De modo que la víctima está viva y yo tengo un cliente inocente.

—Sí.

—¿Y las pruebas en el jardín de Eric? ¿Tiene alguna teoría de cómo fueron a parar allí?

—El hombre que la atacó se quedó con el bate, y seguro que el trozo de tela se lo arrancó de la blusa. No sé por qué lo conservó. Quizá se suponía que tenía que matarla y, ya entonces, implicar a Eric Fuller. Quizá lo enterró todo y se acordó después. Apostaría a que lo han enterrado en su jardín en los últimos meses, con el tiempo suficiente para que la tierra no se viera removida.

—¿Tiene algún modo de demostrar lo que hizo?

—No. Hace seis años, intenté no dejar ninguna prueba de que había visto a Wendy Harper. Nos trasladamos en coche, y casi siempre de noche. Sacaba dinero de los cajeros cuando podía y quemé todos los resguardos. No quería que, algún día, alguien rebuscara en mi despacho y encontrara documentos que delataran dónde la había llevado. Le enseñé cómo conseguir un nombre nuevo, pero me aseguré de no saberlo. Cuando la dejé, no permití que me dijera dónde iba.

Chernoff apretó los labios y apartó la mirada de Till durante unos segundos.

—¿Qué cree que deberíamos hacer?

—Linda Gordon tiene pruebas físicas y yo no tengo nada para contrarrestarlas. La fiscal sólo retirará los cargos si Wendy Harper se presenta en su despacho.

—¿Cree que volvería?

—Creo que, si se entera de lo que está pasando, intentará salvar a Eric Fuller. Hace seis años, estaba muy preocupada por él. Pero recuerde que la única persona que puede haber escondido las pruebas en el jardín de Fuller es la persona que las tenía en su poder. Creo que el hombre que trató de matarla hace seis años está intentando atraerla a Los Ángeles.

Chernoff parecía preocupado.

—No podemos esperar que la fiscalía del distrito nos ayude. Han acusado de asesinato a Eric Fuller.

—Max Poliakoff, el detective a cargo del caso, es un viejo amigo mío, pero no puede ayudarnos. Tendremos que seguir adelante sin ayuda —dijo Till.

—¿Seguir adelante para qué?

—Para conseguir que, como sea, Wendy se entere de que Eric Fuller la necesita y para intentar mantenerla con vida cuando vuelva.

7

Till echó un vistazo a los anuncios mientras salía de la oficina de Jay Chernoff. «Eric Fuller ha sido acusado del asesinato de Wendy Harper. Rogamos a quien tenga información sobre este asunto que se ponga en contacto con el abogado del señor Fuller, Jay Chernoff en la siguiente dirección: Fiske, Chernoff, Fein y Toole, 3.900 Brighton Way, Beverly Hills, CA 90210.»

El segundo anuncio era un intento de utilizar el nombre de Till para que Wendy supiera que no era una trampa. «Wendy Harper, después de seis años Eric te necesita. Ponte en contacto con Jack Till Investigations, 11.999 Ventura Boulevard, Studio City, CA 91604.»

El tercer anuncio se suponía que lo había escrito Eric. «Para Wendy Harper. Me han acusado de tu asesinato. Llámame para poder demostrar que estás viva. Te quiero, Eric.» Wendy se acordaría del teléfono y la dirección, porque también había vivido en esa casa. Este anuncio era en parte un fraude, porque Eric no sabía nada al respecto.

Lo complicado había sido decidir dónde publicarlos. Hacía seis años, Till se había dado cuenta de que Wendy Harper era una de esas personas que leía el *New York Times* en Nueva York o en Solvang, California. A lo largo de los años, había descubierto que los fugitivos no suelen cambiar esos pequeños hábitos que les dan seguridad. Por lo tanto, los anuncios aparecerían en el *New York Times* en días distintos dentro de dos días.

A Till le pareció que otra opción lógica sería *Los Angeles Times*. Wendy Harper había formado parte del mundo del ocio de Los Ángeles y el restaurante que tenía con Eric estaba en su mejor momento. Supuso que compraría ese periódico de vez en cuando para leer las críticas o informarse sobre conocidos. Jay Chernoff también sugirió publicarlos en el *Chicago Tribune*, únicamente porque era el principal periódico del centro del país. Eric y ella habían ido a la universidad en Wisconsin, de modo que igual había vuelto a esa zona, porque ya la conocía.

Dentro de dos semanas, los anuncios también aparecerían en las revistas gastronómicas *Gourmet* y *Saveur*, aventurando que alguien que se ganaba la vida en el mundo de la restauración todavía leyera sobre el tema. Till también recordó que Wendy había mencionado algo que había leído en el *New Yorker*, de modo que añadió esta revista a la lista.

Los anuncios iban a salir terriblemente caros, pero Till había convencido a Chernoff para que los incluyera en las costas de la defensa de Eric Fuller. Y, a menos que pudieran demostrar que Wendy Harper estaba viva, no había defensa.

Till se había pasado casi todo el día en el despacho de Chernoff y ahora se encontró con que era hora punta y tuvo que sufrir las caravanas mientras se dirigía hacia el norte y luego hacia el este. Esa tarde, todavía tenía que ir a otro sitio, y era una visita que deseaba y al mismo tiempo temía. Mientras conducía, pensó que ojalá visitara Garden House por un motivo distinto.

A Till siempre le había hecho ilusión creer que a Holly se le había ocurrido el nombre porque así era como funcionaba su mente. No siempre estaba alegre, porque su vida no había sido fácil, pero le gustaban las cosas buenas o bonitas. Les ponía nombres y las enseñaba a los demás cuando las veía.

Garden House era una residencia de dos pisos en South Pasadena, una casa de madera con un gran porche y un antiguo y viejo jardín lleno de magnolias en flor y un rosal trepador. El césped siempre estaba algo descuidado, pero porque siempre hacían algo al aire libre; por ejemplo, habían tenido una red de bádminton durante toda la primavera y, antes de eso, uno de los chicos decidió que era un espacio perfecto para jugar a las herraduras. Till se recordó que no podía llamarlos «chicos» en voz alta, porque Holly se enfadaba.

Eran adultos. Holly ya tenía veintiún años, cocinaba, conducía y hacía casi tres años que era prácticamente independiente. Era mucho más de lo que él había conseguido en sus tres primeros años como detective privado.

Siempre que iba a Garden House, daba una vuelta a la manzana, miraba hacia atrás para asegurarse de que no lo habían seguido y aparcaba el coche en un lugar distinto cada vez y al menos a una manzana de distancia e iba a pie. Había trabajado en homicidios mucho tiempo y ahora solía aceptar casos que provocaban que una de las partes estuviera enfadada con él. Siempre había temido la posibilidad de guiar a alguien hasta Garden House y sabía que, a partir de ese día, tendría que tomar precauciones adicionales. Se acababa de asegurar de que un asesino potencial supiera su nombre. Echó un último vistazo hacia atrás mientras se acercaba al porche por la acera y llamó a la puerta. A pesar de que Till y los padres de los otros cinco chicos habían creado un fondo para pagar Garden House, desde el principio la idea fue que la casa era de los chicos y los padres eran los invitados.

Se abrió la puerta y apareció Bob Driscoll, con una amplia sonrisa.

—Hola, Jack —dijo, en un tono fuerte y alegre—. Pasa —abrió la puerta del todo y Till lo siguió hasta el salón.

—Hola, Bob. ¿Qué tal?

—Genial. Perfecto. He conseguido un nuevo trabajo. Me pagan mucho más que en el túnel de lavado de coches. Ahora estoy en una tienda de hortalizas orgánicas de Foothill que se llama Darlene's Farm. Pasa, pasa. Has venido a ver a Holly, claro.

—Pues sí. ¿La has visto por aquí?

—Hace un rato que no la veo. Marie y ella han ido a hacer la compra. Y Nancy, quizá también. Sí. Creo que han ido las tres. Holly, Marie y Nancy. ¡Oye! ¿Por qué no te quedas a cenar? Han ido a comprar algo para hacer una cena italiana.

—No, no creo que me quede, gracias. Sólo he venido a verla. Ya sabes que necesito saber cómo está mi pequeña.

—Está bien, Jack. Ya lo verás —se sentó y se quedó callado unos segundos—. ¿Y tú qué tal? ¿Cómo estás?

—Bastante bien, creo. Como siempre. ¿Cómo están tus padres?

—Los vi la semana pasada. Se están haciendo viejos, pero son felices.

Mientras miraba a Bob Driscoll, no pudo evitar fijarse en los rasgos distintivos de una persona con síndrome de Down: la cabeza y el cuerpo redondeado, los ojos ligeramente salidos y la nariz pequeña. Los jóvenes que vivían en Garden House se parecían más a sus compañeros de piso que a sus familiares. Era como si Garden House fuera una familia. También parecía que compartían algunas cosas más fundamentales, ciertos gestos y peculiaridades que copiaban de los demás y una actitud que provocaba que a menudo le parecieran niños insensatos e inocentes. Pero ya no eran niños.

Había nacido en diciembre. Durante el embarazo, Rose había decidido que, si era niño, se llamaría Christopher y que, si era niña, se llamaría Holly. La ginecóloga no vio ningún motivo para hacer la amniocentesis, porque todo iba muy bien, Rose era una persona sana y tenía veinticuatro años. Nadie les dijo que había sucedido algo con el cromosoma veintiuno y que Holly tenía síndrome de Down.

En diciembre del año siguiente, Rose ya los había abandonado y Till organizó sus primeras fiestas navideñas para su única hija, Holly. Su primer cumpleaños, el 10 de diciembre, había sido una celebración tranquila de dos personas, aunque Holly se durmió a las siete de la tarde. A partir de ese día, Till decidió que las celebraciones nunca más serían tranquilas. Cada cumpleaños y cada Navidad eran una gran fiesta con la casa llena de gente. Till había comprobado, con satisfacción, que las tres fiestas de cumpleaños que Holly había organizado en Garden House habían sido largas, escandalosas y caóticas.

Oyó el coche en la entrada y cómo se cerraban un par de puertas. Se levantó para mirar por la ventana. Holly y las otras dos chicas iban hablando y riendo como siempre, pero, como si hubiera sentido su mirada, su hija se volvió y miró hacia la casa.

—¡Papá!

Till salió al porche.

—¡Hola, Holly! ¿Te ayudo con las bolsas?

—Encantada. Esperaba que Bob y Randy salieran a ayudarnos, pero ya veo que se han escondido y no saldrán hasta que esté todo hecho.

—Los hombres son así —dijo él—. Ya te lo advertí.

—Tú no eres así, Jack —dijo Marie.

—Pero eso es porque a mí me educó Holly.

—Hola, Jack —dijo Nancy—. Cuánto tiempo sin verte.

—Vine el miércoles, Nancy.

—Ya, pero es que me gusta decir eso.

—Ah, vale —cogió varias bolsas de comida, entró con las chicas y las dejó en la encimera de la cocina.

Ya sin las bolsas, Holly se abalanzó sobre él y compartieron su habitual y exuberante abrazo.

—¿Te quedas a cenar?

—Esta noche no. He empezado con un caso complicado y tengo que hacer varias cosas. Pero gracias. Sólo he venido a hablar contigo un rato.

—¿En serio? ¿Y eso?

—Porque me gusta hablar contigo.

—Eso es porque me quieres —dijo ella—. Y me gusta.

—Lo sé.

—Vamos —dijo Holly—. Demos un paseo mientras hablamos.

—De acuerdo.

Se asomó al pasillo vacío y gritó:

—No te quedes ahí, Bob. Puedes poner agua a hervir mientras hablo con papá.

Bob apareció en el pasillo sin inmutarse.

—Vale.

Till y Holly salieron al porche, bajaron las escaleras hasta la acera y empezaron a caminar por la calle y a pasar por delante de casas igual de viejas que Garden House, aunque las habían restaurado durante los últimos años.

—¿Cómo va todo esta semana, Holly? Sé que la semana pasada no fue demasiado bien.

—Mejor. El trabajo es más divertido desde que conseguí que contrataran a Nancy. Hemos hecho limpieza para prepararnos para las rebajas de verano. Incluso puede que pintemos la tienda. La señora Fournier y yo nos lo estamos pensando.

—Es un plan muy ambicioso.

Holly miró por encima del hombro.

—Ya estamos suficientemente lejos de la casa para hablar. ¿Qué pasa?

—Es este caso.

—¿Te lo han dado hoy?

—En realidad, no. Es algo que pasó hace seis años. Tú tenías unos quince años. No sé si lo recordarás. Me fui unos diez días y tú te quedaste con la abuela.

Ella se encogió de hombros.

—No sé. Recuerdo haberme quedado con la abuela varias veces. Normalmente, era porque tenías novia y dormías con ella.

Till dibujó una sonrisa incómoda. Eso también formaba parte de su personalidad. Para Holly, no había categorías de cosas que no se podían comentar.

—Es posible —admitió él—. Pero esto fue distinto. Estuve fuera más de una semana. Se trataba de una chica que estaba herida y tenía miedo. La llevé lejos y le enseñé a esconderse de unos hombres malos.

—Muy bien, papá. ¡Eres el mejor!

—Bueno, pues puede que me meta en algún lío por haberla ayudado. He descubierto que han acusado a un hombre inocente, que fue novio de esta chica, de haberla matado. De modo que tuve que acudir a la fiscalía del distrito y admitir que la ayudé a huir y que ahora vive en alguna otra parte.

—¿Por qué?

—Para que la fiscal diga a la policía que suelte a ese hombre.

—¿Y no podías decírselo tú? Te conocen.

—No. Se ha complicado demasiado. Habrá un juicio.

—Pero si les has dicho que es inocente. ¿Cuál es el problema?

—Que puede que, debido a todo esto, sea yo quien tenga que desaparecer. Lo que hice para que a esa chica no la encontrara nadie no fue del todo legal. La ayudé a conseguir una identidad falsa. La ayudé a mentir.

—¿Irás a la cárcel?

—No lo sé.

—¿Y cuándo lo sabrás?

—Tardarían mucho en enviarme a la cárcel. Tendrían que acusarme y luego celebrar un juicio, y allí podría explicar al juez por qué lo hice y demostrar que no pretendía engañar ni hacer daño a nadie.

—En tal caso, todavía no tienes de qué preocuparte.

—Exacto. Puede que nunca se dé el caso. Te lo digo porque siempre ha sido nuestro pacto: nos decimos las cosas en cuanto las sabemos.

—¿En qué puedo ayudarte?

—De momento, en nada. Quizá, si tengo que ir a la cárcel, podrás guardarme algunas cosas.

—Y también iría a visitarte. Y te escribiría cartas.

—Gracias, cariño. Sabía que podía contar contigo y que se te ocurriría algo bonito que podrías hacer por mí.

Estaban dando la vuelta a la manzana y Till vio el jardín trasero de Garden House entre otras dos casas. Vio cómo Holly la miraba, como si estuviera decidiendo qué plantar o de qué color pintarla.

Se preguntó qué pensaría su madre si la viera o la escuchara. Era obvio que Holly era una persona con síndrome de Down, pero también era una chica preciosa y fuerte. Ojalá Rose hubiera podido contemplar la posibilidad de que una persona podía ser todo eso al mismo tiempo. Ya llevaba veinte años viviendo en Florida y llevaba dieciocho casada con el doctor Timothy Zyrnick. A Till siempre le pareció muy extraño que se hubiera casado con un médico. Nunca había sabido si el doctor Zyrnick conocía la existencia de Holly. En las cartas que Till le envió a Rose, normalmente una al año, nunca se lo había preguntado y, en sus respuestas, ella nunca comentaba nada de su vida privada con su nuevo marido. Al principio, Till le incluía varias fotografías de Holly, pero, un día, en una de sus cartas Rose le pidió que no lo hiciera. Al cabo de unos años, Rose le pidió que no le escribiera más y que la dejara continuar con la nueva vida que había empezado. También le dijo que, si ella y su marido se mudaban, lo mantendría informado por si la necesitaba para algún trámite legal o médico. Desde entonces, se habían mudado tres veces, siempre a un barrio con un nombre más elegante que el anterior en las afueras de Naples. No había tenido más hijos.

Caminó junto a Holly, giraron la última esquina y sintió una profunda tristeza. Tenía que hacer muchas cosas, pero detestaba estar sólo diez minutos con su hija, mantener una rápida conversación y luego marcharse.

Ella lo miró con picardía.

—Hacemos espaguetis. Y siempre se pueden añadir unos cuantos más para invitar a alguien.

Till le rodeó los hombros con el brazo y la apretó.

—De acuerdo. Ahora que me has convencido, será un placer quedarme a cenar.

8

Esa misma noche, más tarde, Jack Till estaba en su coche en Vignes Street, vigilando la zona iluminada delante de la verja de la cárcel del condado. A pesar de que ya era más de medianoche, en las diminutas ventanas del edificio de cemento se veía luz y, fuera, había al menos cuarenta personas en coches o de pie esperando. Parecía que estaban en el puerto a la espera de la llegada de un barco. Había mujeres jóvenes con niños que eran demasiado pequeños para estar despiertos a esas horas y señoras mayores que, obviamente, estaban esperando a sus hijos. En la calle había tres coches tuneados, pintados con colores chillones y mucho cromo, pegados el uno al otro. Los chicos que habían venido en ellos caminaban inquietos de un lado al otro de la calle, hablando y agitando los brazos llenos de tatuajes. Desde donde estaba, Till no podía identificar a qué banda pertenecían por los colores de los tatuajes, pero sabía que, de acercarse, reconocería los símbolos. Los había visto mil veces en cadáveres y en sospechosos. El amigo al que esperaban debía de ser muy popular para haber congregado a un convoy para acompañarlo a casa.

La puerta del edificio se abrió y un grupo de presos salió a un patio cercado por la verja. La cárcel superaba su capacidad y no había suficiente personal, así que los guardias solían trasladar a los prisioneros en grupo. Till vio algunos brazos que saludaban y cómo varias personas de los coches salían y se acercaban a la verja. Un guardia la abrió y dejó salir a los presos uno a uno.

Till descendió del coche y localizó al preso al que esperaba: Eric Fuller, treintañero, era de estatura similar a la suya y llevaba el pelo muy rubio tan corto que costaba distinguir dónde terminaba la frente y empezaba el cuero cabelludo. Tenía la cara colorada y bastante arrugada para su edad, como si se hubiera pasado mucho tiempo entrecerrando los ojos. Cuando traspasó la verja, Till se le acercó.

—Hola, señor Fuller. Soy Jack Till.

—Jay Chernoff me habló de usted. Por cierto, ¿dónde está? Creía que vendría a buscarme.

—Le pedí que no viniera, por si hubiera periodistas o algo peor esperándolo. Decidimos que yo lo llevaré a su casa, porque también quiero hablar con usted. ¿Le parece bien?

Fuller miró la oscura calle. Los demás presos puestos en libertad ya se habían marchado.

—No tengo otra opción.

Siguió a Till hasta el coche de éste y se sentó en el asiento del copiloto. Abandonaron el lugar.

—Sé que está en su derecho de estar enfadado conmigo.

Fuller lo miró.

—Me alegra saber que Wendy está viva, y supongo que debería darle las gracias por ello y por admitirlo todo ahora. Pero eso no significa que me caiga bien. Se llevó a Wendy y dejó que creyera que había muerto durante seis años. Ella era… es la persona más importante en mi vida. He pensado en ella cada día desde que desapareció. A veces he deseado haber muerto con ella. Y hace unas veinticuatro horas me detuvieron, me arrastraron hasta aquí y me encerraron en una celda que apesta a orina y vómito, y me acusaron de asesinarla. Supongo que también tengo que darle las gracias por eso.

—Intentaba salvarle la vida. Le pido perdón por las consecuencias que todo esto ha comportado para usted. En cuanto lo supe, fui a hablar con la fiscal del distrito.

—Sé que no quería perjudicarme. ¿Por qué hizo Wendy algo así? Yo la quería. ¿En qué diantre estaba pensando?

—Creía que ustedes dos habían roto.

—¿Roto? Esa expresión no se aplica a nosotros. Llevábamos tanto tiempo juntos que casarnos parecía el paso más lógico. Cuando nos dimos cuenta de que no funcionaría, admitimos que nos habíamos sentido atraídos por otras personas desde el principio, pero no habíamos hecho nada porque no entendíamos la vida el uno sin el otro. No nos enfadamos. No fue para que no me dijera lo que pensaba hacer. ¿Por qué no me lo dijo?

—Creyó que era la única forma de protegerlo. Creía que su tiempo aquí se había terminado. Pero el de usted no. Le había ayudado a abrir el restaurante y a convertirlo en un negocio rentable, pero usted era el auténtico motor. Un día dijo: «Nadie acude a un restaurante porque la gerente sea buena».

—Eso no es motivo para hacerme creer que estaba muerta.

—También pensaba que intentaría protegerla, quizá perseguir a los que trataban de matarla.

—Fue una estupidez. Habría podido ayudarla y, en lugar de eso, me acusan de matarla.

Till respiró hondo y soltó el aire muy despacio. No había ningún motivo para guardarse nada y, además, no tenía ningún derecho a hacerlo.

—También creía que, en algún momento, sus vidas tenían que separarse. Usted nunca habría encontrado a una mujer que tolerara que tuviera a alguien como ella en su vida. Si estaba cerca de ella, ni siquiera buscaría otras opciones. Y a ella le pasaba lo mismo. La razón por la que se marchó fue el peligro, pero el asesino no era lo único de lo que necesitaba huir.

Eric Fuller guardó silencio unos segundos, con el cuerpo inclinado hacia delante y la mirada fija en el salpicadero. Till tenía la sensación de que, en cualquier momento, se le echaría encima. Cada vez estaba más colorado y parecía casi hinchado y Till vio cómo se le humedecían los ojos.

—Ni siquiera se tomó un tiempo para pensárselo y prepararse. Lo dejó todo…, su mitad del restaurante, su mitad de la casa, todo lo que habíamos construido juntos.

—Le parecía que usted tenía más derecho a quedárselo que ella, y sabía que era imposible seguir aferrada a esas cosas y desaparecer. Sé que ahora está enfadado con ella, pero le garantizo que se preocupó por usted y quiso asegurarse de que sus problemas no lo destruyeran.

Fuller se reclinó en el asiento, cerró los ojos y se frotó la frente.

—Dios. Lo siento. Es que se ha juntado todo. Para serle sincero, tengo miedo. Estoy en libertad bajo fianza. Nadie ha retirado los cargos. No quiero pasarme la vida en la cárcel. Jay me ha comentado lo de los anuncios. Y me pregunto qué pasa si Wendy no los ve. ¿Y si está viviendo en otro país? Podrían condenarme por asesinato y ella jamás lo sabría. Podrían sentenciarme a muerte.

Till condujo en silencio durante unos segundos.

—Ése es uno de los motivos por los que quería hablar con usted. Necesito saber todo lo que pueda decirme para ayudarme a localizarla.

—No sé. Cuando desapareció, llamé a todos nuestros conocidos y removí la casa y el restaurante buscando alguna pista sobre dónde podía haber ido.

—¿Alguna vez le habló de otra ciudad en la que le gustaría vivir?

—No. Quería vivir en Los Ángeles. Fue ella quien escogió esta ciudad para abrir el restaurante.

—¿Hay algún lugar al que siempre quiso ir de vacaciones, pero nunca fueron?

—Dios mío, a todas partes. Cuando éramos más jóvenes, no teníamos dinero para ir a ningún sitio y, cuando nos hicimos mayores, estábamos demasiado ocupados. Hubo una época en que quiso ir a Francia, pero básicamente para que yo entrara de aprendiz en un buen restaurante. En la universidad, en Wisconsin, solíamos hablar de ir a Tahití en invierno y a las Rocosas en verano. Aunque nunca lo dijimos en serio. Podría estar en cualquier parte.

Till dijo:

—Le dije que, si quería permanecer escondida, nunca debía intentar ponerse en contacto con nadie que conociera de antes. Pero no es algo sencillo. Si hubiera tenido un momento bajo y hubiera decidido hablar con alguien, ¿a quién habría llamado?

Fuller se encogió de hombros.

—Seguro que me habría llamado a mí.

—Es lo que me imaginaba. Y es el otro motivo por el que quería hablar con usted esta noche. Tiene que entender que, hace seis años, personas como yo dieron muchos consejos sensatos a Wendy e intentaron convencerla de que no hiciera lo que hizo, pero ella tenía razón, realmente había unos hombres dispuestos a matarla. La única persona que ha podido enterrar las pruebas en su jardín para inculparlo es la que atacó a Wendy. Están intentando que vuelva. Y, cuando lo hagan, volverán a tratar de matarla. Le estarán vigilando y, si así consiguen llegar a ella, también le matarán a usted.

Llevó a Eric Fuller a la casa que un día compartió con Wendy Harper. Cuando Eric bajó de coche, Till le entregó su tarjeta.

—Si le llama, le escribe o intenta ponerse en contacto con usted, como sea y cuando sea, ya sea de día o de noche, llámeme de inmediato. Y si nota que alguien lo vigila, vendré y lo comprobaré. Quizá sólo sea la policía, pero, si se trata de otra persona, le daré una sorpresa.

—¿Por qué iba a arriesgar su vida para ayudarme?

—Quizá no le ayudo a usted. Quizá la ayudo a ella.

Después de esa noche, Till esperó un mes para ver si obtenía algún tipo de respuesta a raíz de los anuncios que Jay Chernoff y él habían publicado en los periódicos y revistas. A finales de mes, fue a Garden House a pesar de que no era el día de la semana en que solía ir. Pasó por delante de la casa cinco veces en intervalos de diez minutos, aparcó junto a un supermercado y caminó el medio kilómetro que había hasta la casa, vigilando cada detalle del barrio mucho más a conciencia que nunca. Por la noche, llevó a Holly al cine, tuvo una conversación muy larga y seria con ella y la dejó en la puerta de casa.

Cuando llegó a la suya, llamó a Chernoff.

—Jay, Wendy no va a venir. Ha llegado el momento de que vaya a buscarla.

9

A Sylvie le encantaban las noches en el estudio de danza. Desde el exterior éste engañaba. Tenía una de las mejores salas de baile de la ciudad, pero en la manzana en la que se encontraba había una sala de exposición de grifería y varias viviendas de familias de clase media. La academia en sí estaba ubicada en la segunda planta de un edificio de apartamentos, a la que, tras subir las escaleras, se accedía por un largo pasillo que daba a la calle.

Esa noche estaba dedicada al tango, y a Paul y a ella se les daba particularmente bien. Hacía ocho años habían ido a Buenos Aires y se habían pasado dos meses estudiando con la reconocida profesora Renata Gómez La Paz. La profesora apenas superaba el metro y medio de altura, era muy delgada y se rumoreaba que ya había cumplido los setenta, pero vestía leotardos negros y llevaba tacones altos y una falda roja, dispuesta a enseñar los pasos a sus discípulos. Iba muy maquillada, con pintalabios rojo pasión y los ojos con sombra oscura. El pelo teñido de negro se lo recogía en un moño. De las orejas le colgaban unos aros dorados enormes y, en cada mano, lucía tres anillos de diamantes. Sylvie se dijo que, teniendo en cuenta la edad de la señora, seguramente los diamantes serían de los que ya no se encontraban en las tiendas.

Cuando la señora Gómez La Paz hablaba, mordía las palabras enseñando los dientes. Aunque Sylvie no hablaba el castellano demasiado bien, entendió que había dicho que bailaba como una vaca. Paul le había mentido al respecto, pero a ella no le importaba. Formaba parte del baile, ¿no? El tango no consistía en abrazarse. Los bailarines se mantenían en tensión. Era un baile basado en la lujuria, los celos y la rabia contenida.

La experiencia les había otorgado cierta autoridad en el estudio de danza. Habían aprendido a bailar tango con una de las profesoras más legendarias de Buenos Aires, no con alguna jovencita de Van Nuys que lo había aprendido como crédito opcional en la Universidad de Oklahoma.

Paul aparcó el BMW negro alejado de los demás coches. Luego se acercó a Sylvie en la penumbra del vehículo y la besó. Ella también se acercó y dejó que el beso se alargara. Fue un beso intenso y apasionado. Entonces, Paul descendió, rodeó el coche y le abrió la puerta. Le ofreció la mano para ayudarla a salir y ella la aceptó, acariciándosela suavemente al tiempo que salía.

Mientras Sylvie se dirigía al edificio, oyó a Paul cerrar la puerta, tras lo cual la alcanzó y entonces notó su mano en la cintura. Ya estaba acalorada, preparada. Al empezar a subir las escaleras oyeron la música proveniente de detrás de la puerta del final del pasillo. En los últimos metros, Paul se adelantó ligeramente, abrió la puerta y Sylvie entró. Le encantaba hacer una entrada espectacular. Avanzó por el suelo de parqué y dejó el chal en una silla con cierto desdén, consciente de que los demás la estaban mirando y observando cómo Paul se acercaba a ella muy atento, quizás incluso posesivo. Ella se mantuvo recta, para así destacar su altura y delgadez cuando se colocó junto a Paul, porque él era unos centímetros más alto. Para las clases de tango, se vestía igual que la señora Gómez La Paz y sabía que, en ella, ese vestuario resultaba elegante y exótico.

Hizo un repaso visual a los demás bailarines mirando el enorme espejo de la pared donde Mindy estaba haciendo ejercicios de estiramiento en la barra de ballet. Mindy colocó una pierna encima de la barra y bajó la frente hasta la rodilla. La chica levantó su rubia cabeza y dibujó una resplandeciente sonrisa, acompañada de una mirada de bienvenida, en el espejo, pero parecía que sus ojos no estaban mirando a donde debieran. Sylvie volvió un poco la cabeza para seguir la trayectoria de la mirada, que iba hacia Paul. Apoyó un pie en la silla donde había dejado el chal y comprobó que llevaba los zapatos bien abrochados, como si no hubiera visto nada.

Mindy había cometido un error estúpido. Tenía un cuerpo pequeño y bonito que mantenía en forma a fuerza de trabajar como profesora de aeróbic durante el día. Tenía la cara redonda, los ojos azules y grandes, los dientes blancos y el pelo muy rubio. Seguro que muchos hombres maduros casados la miraban cada día, pero al fijarse en Paul había calculado mal. Mindy no tenía ni idea de quién era Paul. No tenía ni idea de quién era Sylvie.

Paul tenía una cintura muy estrecha, unos rasgos delicados, una complexión delgada y los ojos grandes con unas pestañas infinitas. Seguro que Mindy se sentía atraída por esa mirada. Era como una de esas adolescentes que se enamoran platónicamente de cantantes que parecen adolescentes. Paul parecía un hombre dócil y amable. Era de los que abrían la puerta a las niñas escoltas, les compraba galletas y hacía que las pequeñas se fueran a casa encantadas. Pero Paul también era otras cosas.

Mientras pensaba en el error de Mindy, Sylvie sonrió levemente y sus celos desaparecieron. Notó la música de calentamiento en el estómago y en la columna vertebral, bajó el pie al suelo y empezó a hacer unos pasos sola. Paul los reconoció, se colocó junto a ella y comenzaron a bailar una rutina que les había enseñado la señora Gómez La Paz.

Varias parejas se les acercaron y se quedaron observando, mientras otros se detuvieron e intentaron aprender los pasos imitándolos. Paul sujetó a Sylvie y la hizo girar. Ella se fijó en Mindy, que fingía terminar el calentamiento y no prestarles atención.

Sylvie giró hacia el otro lado y vio a sus admiradores. Casi todos eran matrimonios de entre treinta y cinco y cuarenta y cinco años, como los Turner, aunque había unas pocas parejas que superaban la media de edad. Todos habían tomado clases y varios incluso habían competido, por lo que el grupo era de nivel avanzado. Eran hombres y mujeres de negocios o profesionales autónomos y muchos llegaban cada uno en su coche, a pesar de que la clase empezaba a las ocho y media.

A las ocho y media en punto, Mindy apagó la música de calentamiento y dijo:

—Buenas noches, señoras y señores. Veo que habéis recordado que hoy es la noche de tango y os habéis preparado a conciencia —observó al grupo de veinte personas y dio tiempo a las mujeres para que se fijaran en la vestimenta de las demás, que básicamente era roja y negra, con medias negras de rejilla—. Esta noche tenemos mucho trabajo, porque quiero enseñaros tres pasos que acabo de aprender. Éste es el primero. Hago la parte de la mujer —puso la música y bailó un lento y majestuoso pasaje, hizo un giro cuando la música cambió y avanzó—. ¿Veis? Cuatro pasos, una procesión. Luego la pirueta y después la leona, de caza, avanza —lo repitió tres veces y después observó cómo las mujeres del grupo lo ensayaban tres veces. A menudo se acercaba a una de ellas y le corregía la postura y le levantaba más el brazo.

Después enseñó la parte del hombre y observó que los caballeros intentaban imitarla. Eran menos convincentes que las mujeres y sus movimientos sirvieron para que Sylvie recordara que todos ellos, menos Paul, se pasaban el día encerrados en un despacho. Mindy dijo:

—Ahora unimos los dos movimientos y hacemos magia.

Se oyeron algunas risas y las parejas indecisas se acercaron y se agarraron.

Mindy dijo:

— Por cierto, deberíamos dar la bienvenida a los Turner. Han estado en Europa más de un mes. Siempre es un placer verlos, sobre todo la noche de tango, porque son nuestros expertos. Paul, ¿quieres ser mi pareja en esta demostración?

Él sonrió, miró a Sylvie y se acercó a Mindy. Le rodeó los hombros con el brazo mientras se colocaron delante del grupo. Ella se volvió y le agarró la mano izquierda con su derecha. Justo entonces recordó que tenía que poner un cedé en el aparato reproductor, de modo que su movimiento se convirtió en un dramático descenso.

Los alumnos rieron o chasquearon los dientes, pero Sylvie apretó la mandíbula. Y la mantuvo apretada mientras observaba a Paul y Mindy practicar el nuevo paso. No se detuvieron y siguieron bailando. Mindy tenía la vista clavada en los ojos de Paul y no dejaba de sonreír al tiempo que bailaba con unos movimientos muy exagerados los siguientes cinco compases.

Sylvie notó que alguien le daba unos golpecitos en la espalda, aunque no parecieron de una mano, sino de algún diminuto animal que pretendiera subírsele al hombro. Se estremeció y se volvió con un gesto de repugnancia involuntaria cuando vio la sonriente cara de Grant Rollins. Sabía que era un abogado que vivía en Tarzana. Medía un metro setenta y pesaba, al menos, cien kilos. Cuando se quitaba el abrigo, siempre tenía las axilas empapadas en sudor .

—Hoy Phyllis se retrasa. ¿Podemos bailar juntos?

Sylvie asintió, boquiabierta. Grant Rollins y ella se unieron a los demás y, cuando empezaron a bailar, él la pisó.

—Perdón.

Lo miró y, en lugar de la cara, se encontró con su cabeza. Se estaba mirando los pies.

Sylvie tuvo la penosa y dolorosa certeza de que debía de estar ridícula a su lado. Le sacaba una cabeza. Estiró los brazos y lo alejó de ella. Grant bailaba dubitativo, sin seguir el ritmo e impasible ante la pasión de la música. Ella odiaba esa situación. Cuando llegaron a la pirueta, Sylvie tuvo que inclinarse hacia atrás ligeramente, con un movimiento mecánico, para evitar que el pequeño Grant intentara levantarla y no lo consiguiera. No estaba dispuesta a terminar en el suelo con él encima.

Por fin, la demostración terminó; su suplicio había acabado. Paul regresó a su lado con una expresión de lástima. Sylvie apenas se atrevía a mirarlo. Mindy bailó el resto de la clase con Grant. Él era un poco más alto que ella, de modo que sólo parecían dos generaciones distintas, no dos especies distintas.

La música se detuvo y Mindy les enseñó el siguiente paso; primero la parte de la mujer y después la del hombre. Cuando los alumnos aprendieron el movimiento, dijo:

—Sylvie, ¿puedo volver a robarte a Paul para la demostración?

—No —Sylvie no fue consciente de que fuera a decir eso, pero, una vez la palabra salió de su boca, se sintió encendida, desafiante.

Mindy se lo tomó como una broma.

—¿Por favor?

—La próxima vez que Paul quiera hacer el amor, vienes y me ayudas. Entonces te dejaré bailar con él.

Mindy palideció, excepto las mejillas, que se le sonrojaron. Rió, a punto de desmayarse:

—Una oferta muy generosa, pero me temo que tengo novio.

—Entonces tráelo y que baile contigo.

El sonrojo era cada vez mayor y ya casi le llegaba al cuello.

—Muy bien. Grant, te ha tocado. —El abogado dudó un segundo, pero al final se le acercó. Ella lo tomó de la mano y se colocaron en posición—. ¿Preparado? Uno, dos…

Mindy continuó con la demostración manteniendo a Grant lo más lejos posible de ella. Cuando terminó y los alumnos empezaron a tomar posiciones, volvió a poner la música y dejó que todos bailaran como quisieran mientras ella se retiraba a la esquina más lejana y observaba en silencio. Cuando Phyllis Rollins llegó, aturullada y sin aliento, Mindy le enseñó los dos nuevos pasos. No les enseñó el tercero y no volvió a dirigirse al grupo hasta las diez, cuando detuvo la música, dibujó una sonrisa falsa y dijo:

—Habéis estado maravillosos. ¡Os lo habéis aprendido de maravilla! Recordad que el próximo martes toca samba. Buenas noches y tened cuidado con el coche —y entonces, caminó por delante del espejo hasta la parte trasera del estudio, donde estaba el vestuario y cerró la puerta.

Mientras los demás se iban marchando, Paul le preguntó a Sylvie.

—¿Era necesario?

Ella se volvió hacia él con las manos en jarras.

—Me ha hecho bailar con un gnomo. Parecía una giganta patosa.

—Sólo han sido dos minutos.

—Me ha humillado, y tú la has ayudado a hacerlo.

—Ha cometido un error inocente.

—Si fuera inocente, no sería un error —cogió el bolso y el chal de la silla mientras él la acompañaba hasta la puerta. Vio que los demás alumnos ya estaban en el otro extremo del pasillo, y que muchos ya estaban bajando las escaleras, y otros en sus coches o en la calle hablando. Estaban solos con Mindy. Sylvie se detuvo.

—Podría matar a esa putita.

—¡Genial, absolutamente genial! —Sylvie vio que Paul se estaba enfadando. No estaba segura de por qué su enfado la estaba excitando sexualmente, pero así era. Había sentido la emoción de bailar al apasionado ritmo de la música, y luego se había sentido totalmente sola y abandonada, y ahora disfrutaba de toda la atención de Paul. Sus ojos y su mente estaban únicamente concentrados en ella.

—Está sola —dijo.

—Veinticinco personas saben que estamos aquí, que somos los últimos y te han visto ponerte celosa. Has intentado hacer que pareciera una broma, pero todos se han dado cuenta de que no lo era —mientras hablaba, la sujetó por los brazos y se colocó a escasos centímetros de ella.

Sylvie levantó la cara y lo besó.

—Tienes razón. Es una mala idea —salió por la puerta y él la siguió. Cuando estuvieron fuera, Sylvie oyó el busca—. ¡Dios mío! —murmuró mientras metía la mano en el bolso y apartaba cosas a ciegas.

—¿Qué pasa?

—El busca. Está vibrando. Y no sé cuánto tiempo llevará así —lo encontró y miró el número que aparecía en la pantalla—. Vamos a una cabina.

Cruzaron el pasillo casi corriendo, con los tacones haciendo un ruido seco cada vez que golpeaban el suelo. Al cabo de un momento, estaban en la calle y dentro del coche.

Tres minutos después, Mindy todavía estaba encerrada en el almacén que utilizaba como vestuario con la oreja pegada a la puerta.

Quería estar segura de que todos los alumnos se habían marchado antes de salir. Esa noche no podría soportar verlos u oírlos otra vez. Ni siquiera se molestó en analizar aquella sensación. Sólo sabía que, por ahora, no quería saber nada más de ellos. Al cabo de varios minutos más de silencio, recogió la bolsa de deporte y el bolso, abrió la puerta unos centímetros y comprobó que se hubieran marchado todos. La puerta estaba abierta y el cálido aire de la noche, al invadir la sala, había activado el sistema automático de aire acondicionado, con lo que los ventiladores se habían encendido y en la estancia corría una brisa fresca.

A poco más de medio kilómetro de distancia, Paul estaba sentado en el coche con el motor encendido mirando los retrovisores mientras Sylvie estaba fuera, hablando por teléfono en la cabina de la gasolinera. No necesitaba mirarla directamente, porque sabía dónde estaba. Al cabo de unos segundos, la notó a su lado. Y luego ella cerró la puerta de golpe.

Paul la miró y vio su expresión extrañada y pensativa.

—¿Y bien?

—Jack Till se ha puesto en marcha. Densmore cree que va a ir a buscarla a algún sitio.

Paul sonrió mientras ponía la primera y arrancaba.

—Por fin —dijo.

10

Jack Till condujo muy rápido en la noche veraniega, como hacía cuando era policía, rozando el límite de velocidad lo suficiente para adelantar a los camiones que también lo rozaban, aunque dejando que los futuros donantes de órganos los adelantaran. A su izquierda estaba el oscuro e infinito océano, únicamente iluminado por las plataformas petrolíferas que llenaban el canal. A su derecha quedaban las grandes colinas arenosas que, durante el día, parecía que se mantenían en su sitio únicamente gracias a los solidagos y las flores silvestres, pero que, por la noche, sólo eran unas acechadoras sombras. Tenía el aire acondicionado muy fuerte para que en el interior del coche hiciera frío y así mantenerse alerta. Al cabo de veinte minutos, empezó a ver las salidas de Santa Bárbara. Salió por Storke Road y tomó el segundo paso elevado, hacia Sandspit Road. Cruzó la entrada del aeropuerto y siguió las flechas que indicaban dónde estaban las oficinas de las compañías de alquileres de coches. Se detuvo delante de la primera oficina.

Salió del coche, fue al maletero y cogió la maleta. Se entretuvo fingiendo buscar algo y se quedó mirando la carretera por donde había venido, esperando que apareciera otro vehículo. Cuando estuvo seguro de que no lo habían seguido, cerró el maletero y entró en la oficina de alquileres de coches, un edificio bajo y alargado.

Había conseguido cumplir el único horario que importaba. La oficina cerraría dentro de diez minutos, después de la llegada del último vuelo de la noche, a las once. Se acercó al mostrador y supo que el chico estaba tan contento de verlo como aparentaba. Estaba solo, y seguro que había tenido muy pocos clientes durante su turno.

Till le enseñó su tarjeta del club de alquileres de coches y un juego de llaves.

—He alquilado un coche en Los Ángeles y me gustaría cambiarlo por otro modelo.

—¿Qué tipo de coche quisiera, señor? —le preguntó el dependiente—. ¿Pequeño, grande, de lujo?

—¿Qué modelos de lujo tienes? ¿Cadillac y Town Car?

—Sí, señor.

—¿Tienes alguno que pueda llevarme ahora mismo?

—Sí, creo que sí.

—Me llevaré un Cadillac.

El chico empezó a escribir en el ordenador y miró la pantalla, sacó un formulario de debajo del mostrador y señaló dónde tenía que firmar Till, y luego fue a un armario y sacó otro juego de llaves.

—Aquí tiene, señor. Un Cadillac DeVille. Está en la segunda fila, el tercero por la derecha.

—Gracias —Till se dirigió al coche, metió el equipaje en el maletero y se marchó.

Ya llevaba siete años como detective privado y, antes de eso, había sido policía durante veinte años, así que sabía que este trabajo requería que se ocultara, que desapareciera de la superficie y saliera con otro aspecto. Tenía que formar parte del paisaje, pasar inadvertido y quizás incluso difuminarse un poco. Pero antes tenía que darse tiempo para comprobar que nadie lo vigilaba.

De camino a Santa Bárbara se había encontrado mucho tráfico, pero ningún vehículo pareció quedarse detrás de él demasiado tiempo. Y, cuando salió de la autopista, tampoco había visto a nadie detrás. Era desconcertante, porque esperaba que lo estuvieran vigilando. La persona que había conseguido que acusaran a Eric Fuller del asesinato de Wendy Harper había obligado a Till a salir a la superficie. Desde el momento en que su nombre apareció en los anuncios debían de haberlo estado siguiendo.

Su intento de camuflar su salida de Los Ángeles había sido muy calculado, porque quería saber quién lo seguía. Esa noche les había dado oportunidades de sobra para darse a conocer, pero todavía no había visto nada. Se había parado a tomar un café y, después, a cambiar de coche, pero ningún otro vehículo se había detenido con él.

Tomó Hollister Avenue y regresó a Santa Bárbara. Giró por algunas calles estrechas, aparcó y esperó unos minutos, pero no vio ningún coche siguiéndolo. Volvió a Hollister y siguió conduciendo. Hollister se convirtió en State Street y lo llevó hasta el centro de Figueroa. Aparcó cerca de la comisaría.

Till accedió al edificio por la entrada principal, se acercó al mostrador y se dirigió hacia la joven agente que estaba allí sentada:

—Soy Jack Till. Creo que el sargento Kohler ha dejado algo para mí.

—¿Me permite ver su identificación, por favor?

Till sacó su carné de la policía de Los Ángeles y se lo mostró a la chica con el dedo índice encima de la palabra «Retirado».

Ella miró la fotografía, luego lo miró a él y dijo:

—Acompáñeme —salió de detrás del mostrador, abrió una puerta oscilante y, volviéndose hacia un compañero que estaba sentado en una mesa, dijo—. Ahora vuelvo.

Till la siguió hasta una sala con cinco mesas, donde algunos agentes vestidos de paisano estaban trabajando. La chica se detuvo junto a una mesa, sacó un sobre de una carpeta y se lo dio.

—El sargento dice que, si quiere, puede mirarlo aquí mismo. Puede utilizar su mesa.

—Gracias —respondió. Se sentó, abrió el sobre y sacó unos papeles. El título de la primera página era: «Southwest Airlines Vuelo 92. Salida desde Santa Bárbara a las 7.05 horas, llegada a San Francisco a las 8.35». Cada página recogía los datos de un vuelo distinto. Kohler había pedido la lista de todos los vuelos que habían salido de Santa Bárbara el 30 de agosto de hacía seis años.

Till conocía un poco a Kohler de los viejos tiempos. Era uno de los detectives jóvenes que empezaban en el departamento y Till apenas había hablado con él un par de veces, pero le había causado muy buena impresión.

Recordaba que era un chico corpulento, con una expresión amable y una reputación de trabajador incansable. Cuando Till llamó a Max Poliakoff para pedirle la lista de pasajeros, éste le dijo que Kohler estaba ahora en Santa Bárbara y que una petición de listas de pasajeros suscitaría menos preguntas si venía de un policía de la ciudad. Till decidió aprovechar la ocasión.

Mientras repasaba la lista de pasajeros recordó algo que Wendy Harper le preguntó el día que entró en su despacho por primera vez: «¿Por qué dejó el cuerpo de policía?» Y él le respondió: «Por dinero».

Sin embargo, lo que realmente había sucedido era que una madrugada Till había levantado la vista del cadáver de un chico de catorce años que yacía en el suelo, se había preguntado cuántos cuerpos como ése había visto ya y se había dicho que era hora de dejarlo. No se lo había dicho a Wendy Harper, pero recordarlo entonces le había ayudado a entender la decisión que ella estaba tomando. No sólo creía que irse de Los Ángeles era algo necesario, sino que, en cuanto empezó a plantearse esa opción, había descubierto que era hora de hacerlo. Ese capítulo de su vida estaba cerrado.

Acabó de repasar las listas de pasajeros. Había separado todos los vuelos que habían despegado antes de mediodía porque a esa hora la había dejado en el aeropuerto. Analizó los últimos vuelos: tres a San Francisco, tres a Las Vegas y cinco a Los Ángeles. Todos eran posibilidades reales porque, desde allí, habría podido enlazar con un vuelo a cualquier parte del mundo. Si había hecho un enlace, se habría tenido que quedar en la zona de los controles de seguridad sin tener que bajar a los mostradores de embarque, que era lo más peligroso. Till le había enseñado que, si tenía que esperar en un aeropuerto, lo mejor era que se escondiera en los servicios para mujeres porque lo más probable era que quienes la persiguieran fueran hombres.

El problema que Till tenía ahora era que también le había enseñado varias formas de conseguir una identificación falsa que no era exactamente falsa. McArthur Park se llenaba cada tarde de gente que, por doscientos dólares, podía falsificar un permiso de conducir de California bastante decente, aunque quizá la licencia era algo rudimentaria para alguien que quería empezar a usar una nueva identidad. Wendy necesitaba documentos auténticos.

Till la había acompañado a sacarse una licencia de matrimonio. Luego le enseñó a falsificar el apellido de su marido para darle, a él y a ella, el apellido que quisiera. Casi nadie se fijaba en los nombres de esas licencias, de modo que era muy fácil cambiarlos. Después ella sólo tuvo que ir a la jefatura de tráfico con el permiso de conducir y la licencia de matrimonio y pagar para hacerse un nuevo permiso con el apellido del marido. En cuanto estuviera establecida en otra ciudad, podría cambiar el permiso de California por uno del nuevo estado. Allí podría repetir el proceso y conseguir así otro apellido. Cualquier trampa podía ser descubierta, pero era poco probable que una investigación sobre Wendy Harper, tras su paso por dos estados y tres cambios de nombre, condujera a quien la persiguiera hasta su nueva identidad.

El número de la seguridad social fue igual de sencillo. Tuvo que conseguir un certificado de nacimiento auténtico, cambiar el apellido y la fecha de nacimiento y solicitar un número para una hija recién nacida con un nombre que fuera una variante del suyo propio. Como en el carné no aparecía la fecha de nacimiento, podría usarlo.

Till le había explicado que cuando tuviera los documentos principales, había cientos de formas de reforzar su nueva identidad: abrir una cuenta bancaria, alquilar un piso, pagar los recibos y facturas durante un mes… Después de hacer eso sería una nueva persona. Solicitar una tarjeta de la biblioteca, hacerse socia de un gimnasio y contar con varias tarjetas más acabaría de completar su identidad. No tenía que engañar a ningún agente del FBI, sólo al chaval del Blockbuster Video o a la mujer que trabajaba a media jornada en la tienda de regalos.

Till todavía veía su expresión incrédula.

—¿Así de fácil?

—La clave es evitar la resistencia.

—¿Qué clase de resistencia?

—No tengas prisa por solicitar tarjetas. Espera a que alguien te lo proponga y entonces firmas. Espera esas cartas que llegan al buzón y dicen: «Aceptación garantizada». No lo está, pero se mueren de ganas de que les pagues. Acude a gente que esté encantada de dejarse engañar.

—Y luego, ¿qué? ¿Voy a tener que esconderme y salir sólo por la noche? ¿Llevar una especie de vida secreta?

—Al principio tendrás que esconderte. No será agradable ni fácil. Al cabo de un tiempo, te sentirás lo suficientemente segura como para estar con gente. Aléjate de los restaurantes y los bares de moda. Ve donde nadie iría a buscarte; consigue un trabajo que te mantenga encerrada durante el día, acude a clases nocturnas. Desde el primer día tienes que tener una historia y debes ceñirte siempre a ella. Cuando tengas uno o dos amigos, ellos te ayudarán a estar a salvo. Irás con ellos en lugar de ir sola, y eso te hará ser diferente. Te presentarán a sus amigos y les explicarán tu historia, y se la creerán porque se la han explicado ellos, no tú.

Till se aseguró de no saber el nombre falso que había elegido en la primera licencia de matrimonio, de modo que ahora no tenía ni idea de a qué nombre había comprado el billete de avión. Se sentó en la mesa que le habían dejado en la comisaría de Santa Bárbara y analizó las listas de pasajeros de vuelos que habían despegado entre las 12.01 y las 23.59 horas. Empezó por tachar los nombres de hombres y chicos, y así eliminó a más de la mitad. Después volvió a repasar las listas y tachó los nombres de mujeres o niñas que tenían el asiento junto a otra persona con el mismo apellido. Otro tercio fuera. Los nombres restantes pertenecían a mujeres que viajaban solas.

No había ninguna Wendy. Esperaba encontrar alguna. El método que le había enseñado era cambiarse el apellido de casada, pero no el nombre de pila. Mientras volvía a repasar las listas, por si se le había pasado algo, se le ocurrió otra posibilidad. Cogió el móvil, miró la tarjeta que llevaba en la cartera y llamó a Jay Chernoff a casa. Cuando escuchó su voz al otro lado diciendo «¿Diga?», preguntó:

—¿Cuál es su segundo nombre?

—¿Qué?

—Siento llamarte por la noche —dijo Till—. Pero es que nunca supe su segundo nombre o, si me lo dijo, lo he olvidado.

—Estará en alguno de los papeles de la fiscalía. En la acusación, sin ir más lejos. Voy a buscar el maletín —desapareció durante un minuto largo y luego volvió a levantar el teléfono—. Ann, sin e.

—A-N-N. Gracias, Jay. Intentaré no volver a molestarte en un tiempo.

—¿Dónde estás?

—Prefiero no decírtelo por teléfono, por si te han interceptado la línea. Que se lo trabajen.

—Muy bien. Pues que tengas suerte.

—Gracias.

Till colgó. Mientras hablaban ya había empezado a buscar alguna Ann en la lista. Sabía que había acertado. Habría podido utilizar el apellido que hubiera querido, pero el permiso de conducir seguiría a nombre de Wendy Ann. Podía hacerse llamar Ann y utilizar el permiso como identificación para subir al avión. Había mucha gente que odiaba los nombres que sus padres les habían puesto y utilizaban el segundo nombre.

Encontró a tres mujeres llamadas Ann que habían despegado ese día desde Santa Bárbara y que viajaban solas. Había una Ann Mercer, que había volado a San Francisco. Luego había una Ann Wiggett, que había volado a Los Ángeles, y la última era Ann Delatorre, que había ido a Las Vegas.

Intentó meterse en la piel de Wendy. El nombre Ann Wiggett encajaba con el aspecto de Wendy Harper, que era rubia, con el pelo liso y la piel tan clara que a veces parecía transparente. Era el tipo de mujer que podía perfectamente haber tenido antepasados con el apellido Wiggett o Hemsdale. Pero ¿habría elegido Wendy ese nombre?

Ann Mercer parecía un nombre muy práctico. Era un apellido lo suficientemente habitual para no sorprender a las personas que conociera a partir de entonces y tenía el mismo número de letras que Harper, con lo que era fácil introducirlo en los documentos que quisiera cambiar.

Giró la silla y miró al agente que tenía detrás, un joven detective que leía algo que, desde la distancia, parecía un informe de una autopsia. Till dijo:

—Perdón. Soy Jack Till, de Los Ángeles. Kohler me está ayudando en un caso.

—Lo imaginaba —contestó el chico—. Yo soy Date Cota.

—¿Tienes algún listín de teléfonos?

—Sí. Está encima de esa mesa.

—Gracias —Till había ocultado que era investigador privado. Se levantó y hojeó el listín. Hacía años que los listines normales no servían de nada porque mucha gente pagaba por no aparecer en ellos. Tuvo que recurrir al listín especial de la policía, donde aparecían todos los ciudadanos. Empezó la búsqueda por Wiggett.

Había tres números, todos a nombre del señor Howard Wiggett. Till marcó el primero y respondió un hombre, seguramente Howard Wiggett.

—¿Puedo hablar con la señora Ann Wiggett, por favor? —dijo.

—Lo siento —respondió el hombre—. La señora Wiggett ya se ha acostado. ¿Puedo ayudarle yo?

Till decidió ir hasta el fondo.

—Llamó de United Airlines. En uno de nuestros documentos veo que la señora Wiggett voló de Santa Bárbara a Los Ángeles el treinta de agosto de hace seis años. ¿Sabe si perdió una maleta en ese trayecto?

El hombre se quedó callado unos segundos.

—¿Seis años? Ha pasado mucho tiempo. Es probable que estuviera en ese avión, porque solía visitar a sus padres, que vivían en Nueva York, y los aviones de vuelta solían hacer escala en Los Ángeles. Pero no recuerdo que perdiera ninguna maleta. ¿Puede dejarme su número y le llamaremos mañana?

—Claro —dijo Till—. Ochocientos-quinientos cincuenta y cinco-cero-seiscientos. Dejaré constancia de nuestra conversación en una nota. Gracias —colgó.

Lo intentó con Mercer. Había cuatro personas con ese apellido, incluida una Ann. Marcó y, cuando respondió una mujer, dijo:

—¿Es la señora Ann Mercer?

—Sí, yo misma.

—Le llamó de Southwest Airlines para una pequeña comprobación. Si no lo recuerda, lo entenderemos. El treinta de agosto de hace seis años, ¿cogió usted un avión de Santa Bárbara a San Francisco?

—Vaya, hace mucho tiempo. Vamos. Seguramente, sí. Voy a San Francisco un par de veces cada verano. ¿Hay algún problema?

—Ninguno, señora. Estamos comprobando el sistema de reservas para introducirlo en el sistema de seguridad, y estamos utilizando datos de vuelos antiguos como prueba. Muchas gracias por su cooperación.

—Pero ¿qué…?

Till colgó. Llamó a un servicio de información telefónico de Las Vegas y solicitó el número de Ann Delatorre. Le salió una grabación: «Lo lamentamos, pero el número solicitado no aparece en los registros».

Se levantó, guardó la lista de pasajeros, se despidió del inspector Cota y salió de la comisaría.

Estaba orgulloso de Wendy Harper. Lo había hecho muy bien.

11

Sylvie Turner llevaba dos horas observando la luz que se movía en la pantalla del portátil, la línea de puntos azules que describía el camino que debían seguir, y empezaba a notar los ojos cansados. Los cerró durante un segundo y luego volvió la cabeza para observar a Paul conducir. Se seguía sintiendo afortunada siempre que lo miraba. Era alto, esbelto y elegante, pero también era fuerte, el compañero de baile perfecto y, para Sylvie, el baile era la señal y la expresión física de todas las relaciones complejas entre un hombre y una mujer. Era el flirteo, la timidez, la adulación, el afecto, la celebración, el compartir, el requerir, el cumplir e incluso la posesión a la fuerza. El baile proyectaba todos sus sentimientos y le permitía exteriorizarlos. Y eso también se lo debía a Paul. Ella había perdido el baile, pero él lo había devuelto a su vida.

Mucho antes de conocerlo había sido una buena bailarina. Su madre la inscribió en una escuela de ballet a los tres años y bailó hasta los dieciséis. Le encantaba, pero la disciplina era inhumana, era un ejercicio que en lugar de construirle el cuerpo parecía castigarlo. Las zapatillas de punta le deformaron los pies y luego estaba la imagen. Una bailarina no era una personalidad, sino una ficción que encajaba con la idea de perfección. Nadie le había dicho nunca que si comía no podía ser bailarina, pero era obvio, incluso para una niña pequeña, que no debía comer demasiado. Se mantuvo siempre tan delgada que no tuvo la primera menstruación hasta los quince años.

No le importó demasiado. El pecho plano le daba más aspecto de bailarina. Nunca dejó de entrenar, ensayar y bailar. A esa edad ya había cambiado de escuela de baile cuatro veces, siempre para mejorar, y cada vez tenía que ir más lejos de casa. Ya hacía casi un año que, al salir de clases, su madre la llevaba cada día en coche desde Van Nuys hasta Santa Mónica para estudiar en la mejor academia cuando madame Bazetnikova sometió a las chicas a su examen anual.

Las primeras que entraron en el despacho de madame Bazetnikova salieron entre llantos y risas, se abrazaron y luego soltaron toda la tensión. Aquélla era una mujer complicada. Había sido bailarina en Rusia, aunque no en el Ballet Kirov, sino en una compañía más pequeña en Minsk. Su carrera profesional terminó en la década de los sesenta y, cuando desertó, sólo era una bailarina secundaria de una compañía de gira por Noruega, de modo que el gobierno ruso no se molestó en reclamar su extradición. Después se trasladó a Los Ángeles y enseguida tuvo una legión de seguidoras entre las madres de las niñas que estudiaban ballet. Cuando empezó a envejecer, comenzó a adquirir un aspecto dramático, el aspecto que se le suponía a una profesora de ballet. Cada año elegía a doce chicas y se las llevaba de gira por el estado durante las vacaciones navideñas. Representaban piezas de *El lago de los cisnes* y *El cascanueces*.

Después de hablar con casi todas las chicas en su despacho, llamó a Sylvie. A esas alturas, ésta esperaba que le dijera que sería Odette en *El lago de los cisnes* o Clara en *El cascanueces*. Las demás habían salido felices, pero ninguna había dicho que le habían dado el papel protagonista. Cuando madame Bazetnikova dijo: «Sylvie, ven aquí. Siéntate a mi lado», la joven estuvo segura. Madame nunca había sido tan amable, ni con ella ni con ninguna de las demás chicas. Siempre se había limitado a demostrar su satisfacción con un ligero movimiento de cejas. Esta vez habló con una voz suave y maternal:

—Sylvie.

—¿Sí, madame?

—Eres una chica seria y trabajadora. Has estudiado todos los movimientos, te has aprendido los pasos y has ensayado mucho —se la quedó mirando durante un segundo—. ¿Cuánto tiempo ensayas en casa cada día?

—Dos horas, a veces más.

—Seguro que casi siempre superas ese tiempo. Te he estado observando y lo sé. Y tú sabes que, cuando una chica cumple los quince años, tomo una decisión sobre ella. Tú ya los tienes, pero me he tomado un poco más de tiempo contigo. No obstante, ya me he decidido. Nunca serás una bailarina de ballet. Y no es culpa tuya. Lo has intentado tanto como cualquiera, pero no tienes el cuerpo apropiado. No tienes el aspecto de una bailarina. Sí, eres esbelta, pero también demasiado alta.

—Lo intentaré con más ganas —protestó ella—. Ensayaré. Dejaré de crecer y…

Pero madame movió la cabeza.

—No debes hacer eso. Deja de intentarlo. Baila por placer, por gusto. Come. O no comas y hazte modelo. Conozco el mundo del baile y puedo asegurarte que ya has tocado tu techo.

—¿Puedo seguir viniendo a clase?

—No.

—¿Por qué no?

—Porque eso nos haría infelices a las dos.

Sylvie salió del despacho muy despacio, se quitó las zapatillas con parsimonia, las guardó en la bolsa sin prisa y, durante todo ese tiempo, esperó que sucediera algo que evitara que tuviera que marcharse. Pero no ocurrió nada. Salió a la calle, se fue a un restaurante y, desde allí, llamó a su madre. Luego se sentó en una mesa a esperarla.

Durante el año posterior a ese día, Sylvie sólo fue al instituto e hizo los deberes. Comió y creció. En poco tiempo, dejó de parecer una chica escuálida y empezó a adquirir curvas. Creció y tuvo la primera menstruación. Por lo visto, el resentimiento y la sensación de duelo fueron lo que la convirtieron en una preciosa jovencita de más de metro ochenta de estatura.

Volvió a mirar a Paul. Conducía con su delicada agresividad, como siempre, adelantando a los demás coches aunque sin ponerlos nerviosos, sin llamar la atención de la policía porque su coordinación parecía justificar la velocidad. Conducía igual que bailaba. Cuando se conocieron, Sylvie llevaba diez años sin bailar.

Se graduó en el instituto de Van Nuys y empezó a trabajar como recepcionista en una tienda que vendía azulejos para baños y cocinas. Seguía saliendo con su novio del instituto, Mark Karsh. Estaba enamorada de él desde los dieciséis años. Mark tenía el pelo negro y rizado y unos ojos marrones que prometían inteligencia. Decidió no ir a la universidad porque tenía un tío que era editor de cine. Después de la graduación, el tío de Mark movió algunos hilos y le consiguió un trabajo en una empresa que creaba efectos especiales mediante programas informáticos para series de televisión. Después de pocos días, Mark se quedó de piedra: se suponía que tenía que empezar desde el escalón más bajo de una estricta jerarquía. Lo único que su tío le había proporcionado era la oportunidad de aprender unas habilidades técnicas complicadas y demostrar su valía trabajando más duro y más horas de las que le pagaban.

Sylvie aceptó su queja de que sus superiores lo estaban explotando. Si realmente apreciaran su valía, ya lo habrían ascendido y su carrera en el mundo del cine ya habría empezado. Sin embargo, al cabo de unos meses, todavía no había aprendido a utilizar los programas y se había vuelto descuidado y vago, así que lo echaron. Sylvie pagaba lo que se tomaban en las citas mientras él buscaba otro trabajo, aunque sin demasiado éxito. Al final, aceptó el trabajo que ella le había conseguido en la fábrica de azulejos.

Una noche, después de casi un año trabajando en la fábrica, Mark la invitó a cenar a Il Calamari. Le dijo que deseaba celebrar algo que quería que fuera una sorpresa. Ella siempre había querido ir a ese restaurante y había esperado mucho tiempo a que Mark la llevara a una cita de verdad, la invitara a cenar, la llevara en coche y pagara. Le estuvo tomando el pelo toda la cena y no quiso decirle cuál era la sorpresa. Después de la cena, la acompañó a casa. Ella se esperaba alguna noticia de una nueva oportunidad para Mark y, aunque no quería hacerse ilusiones, también imaginaba un anillo para ella.

Ya en casa, él le dio la noticia.

—No vas a creértelo. Cuando trabajaba en el estudio de edición digital, conocí a varias personas de la industria del cine. Uno de ellos era un tipo llamado Al Molineri. Es muy conocido en este mundo —Mark era especialista en quitarle importancia a las cosas—. No es un pez gordo ni nada de eso. Sólo es un tipo con contactos. Ha escrito algunos guiones, ha editado la imagen y el sonido de alguna peli y ha producido un par de largos. Reconoció el nombre de mi tío y me presentó a varias personas que se dedican a hacer películas. Les gusté. Mientras estaba allí, les enseñé tu fotografía.

Sylvie notó que le costaba respirar. Le estaba ocultando algo, algo que debía de ser muy gordo, y temía saber de qué iba a ir todo aquello.

—¿Qué foto?

—Bueno, al principio sólo les enseñé la que llevo en la cartera, pero luego saqué algunas más —pasó de puntillas por aquella información y volvió a la gran noticia—. Se mostraron muy interesados. Quieren vernos y contratarnos para una película.

—¿Qué les enseñaste?

Él se encogió de hombros.

—No lo recuerdo. ¿Qué más da? ¿No has oído lo que te he dicho? Vamos a hacer una peli.

—Les enseñaste las fotos que me hiciste ese día, ¿verdad? Las que dijiste que jamás enseñarías a nadie —se echó a llorar.

Él puso los ojos en blanco.

—A menos que hagamos algo, nos pasaremos la vida trabajando en esa mierda de fábrica de azulejos. Intento conseguir un futuro mejor para los dos.

—¡Es una película pornográfica!

—Hay una escena de amor. Hay una en cada película. No es nada que no hayamos hecho millones de veces y de lo que tengamos que avergonzarnos.

—Entonces hazlo con otra persona.

—Nos quieren a los dos, no a uno de nosotros. A los dos. Mira, ven conmigo. Mañana por la noche vamos a un restaurante, cenamos con ellos y escuchas lo que tienen que decirnos. Ya está. Si crees que es una mala idea, diremos: «No, gracias».

Quedaron con los dos productores en una cafetería de Reseda que estaba bastante cerca del barrio de Van Nuys donde Sylvie había crecido. Los productores eran un hombre cuarentón llamado Eddie Durant con una barba tan corta que parecía que había olvidado afeitarse, y una mujer llamada Cherie Will. Estaban sentados juntos en una mesa en el fondo, con una taza de café delante y revisando un montón de papeles que habían sacado de un maletín.

Cuando Sylvie y Mark se acercaron a la mesa, Eddie Durant no se levantó ni les dio la mano, pero Cherie Will les sonrió y alargó la mano por encima de la mesa. A Sylvie no le pareció especialmente atractiva, porque le doblaba la edad y tenía arrugas en la frente y, por extraño que parezca, en el labio superior. En cambio, parecía atlética y tenía unos tersos y jóvenes pechos que parecían demasiado altos. A Sylvie le dijo «Hola, cielo» y a Mark le llamó «Tío».

Sylvie se quedó totalmente fascinada por Cherie Will, que la miraba a los ojos cuando hablaba.

—¿Por qué no pedís algo de comer?

Sylvie y Mark pidieron algo y comieron, pero a Eddie y a Cherie la camarera sólo les traía más y más café. El hombre dijo:

—La historia va de que tú eres una joven esposa que discute con su marido antes de ir a trabajar.

—¿El marido es Mark?

—No. Todavía no sabemos quién será. Pero será otro chico de tu edad. Te enfadas mucho. Los dos os vais a trabajar. Tú trabajas de recepcionista en una oficina.

—Trabajo de recepcionista en una oficina, de verdad.

—Entonces, no te va a costar demasiado. Un repartidor, interpretado por Mark, llega. Viene a traer una caja de papel o una cosa por el estilo. Te gusta, así que te ofreces a enseñarle dónde está el almacén. Lo acompañas, cierras la puerta y hacéis el amor. Después vuelves con tu marido y ya no estás enfadada.

Cherie sonrió.

—Es una historia antigua y sencilla, pero siempre funciona. Los hombres fantasean con que la joven recepcionista se los tirará en el almacén y las mujeres fantasean con devolvérsela a su marido follándose al repartidor, que sí que las valora. Yo misma la he protagonizado unas cuarenta veces, con una variante u otra.

Mark Karsh dijo:

—¿Cuánto cobraríamos?

Eddie Durant respondió:

—Mil dólares cada uno por día —sonrió—. Si os gusta el trabajo y se os da bien, el sueldo sube. Hay mucho trabajo. El Valle es la capital del mundo del cine para adultos. Alrededor del ochenta por ciento de películas que se ven en todo el mundo se ruedan a cuatro kilómetros de donde estamos.

Mark miró a Sylvie, intentó adivinar qué le estaba pasando por la cabeza, pero no lo consiguió.

—Creo que primero tenemos que hablarlo.

—Muy bien. Empezamos a rodar pasado mañana a las ocho en punto. Llamadme mañana al mediodía —le dio la mano a Mark. Mientras ambos caminaban hacia la puerta, dos chicas de unos veinte años entraron y se quedaron en la entrada, bloqueándoles el paso al tiempo que estiraban el cuello buscando a alguien. Sylvie no pudo evitar sentirse celosa. De forma instintiva, se acercó a Mark y lo cogió de la mano, a pesar de que estaba muy enfadada con él.

Cuando salieron, se volvió y miró hacia el interior de la cafetería a través del cristal. Vio que las dos chicas se dirigían hacia la misma mesa del fondo. Leyó los labios de Cherie cuando las saludó y dijo: «Hola, cielo» y, esta vez, Eddie Durant, se medió incorporó para darles la mano.

Más adelante, Sylvie rememoró el momento y se dio cuenta de que lo que realmente la había empujado a tomar la decisión no fue nada que Mark le dijera para convencerla. Estaba enfadada con él y no estaba dispuesta a hacer nada extremo para contentarlo. Ni tampoco fue nada de lo que Eddie Durant o Cherie Will habían dicho. Había sido por las dos chicas.

Una de ellas era bajita y rubia, con los ojos azules, una talla treinta y ocho, pechos bonitos, cintura estrecha y nalgas perfectamente redondeadas. Las chicas como ella siempre habían sido muy crueles con Sylvie porque no era como ellas. La otra era alta y delgada como ella, y eso la enfureció, porque parecía disputarle el mismo espacio en el universo. Mientras miraba a través del cristal de la cafetería, se dio cuenta de que tenía que conseguir el trabajo, sencillamente porque aquellas dos chicas también lo querían.

Torturó a Mark un par de horas con su silencio antes de anunciarle que lo haría. Todavía recordaba, después de tantos años, que parecía que le había tocado la lotería. Estaba convencido de que con la aparición en esa película para adultos los cazatalentos lo descubrirían. Lo único que tenía que hacer era apretar los dientes y sonreír durante un día como una estrella del porno para luego ser una estrella de verdad.

Al día siguiente, Sylvie y Mark llegaron al lugar donde se iba a filmar a las siete y media de la mañana. El estudio era un pequeño almacén que Cherie y Eddie habían insonorizado e iluminado con fluorescentes. Ella ya los estaba esperando.

—Tenemos que haceros las pruebas.

Sylvie creyó que se refería a las pruebas de cámara. Subieron al coche de Cherie, un Mercedes negro con la tapicería de los asientos sucia y bastante gastada. Mark se sentó delante, en el asiento del copiloto, y Sylvie se sentó detrás sola. Cuando Cherie detuvo el coche y salieron, Sylvie la siguió hasta un pequeño despacho de lo que parecía una clínica.

—¿De qué son las pruebas? —preguntó.

—Análisis de sangre —respondió la mujer—. Si queréis trabajar en esta industria, tenéis que pasar las pruebas de las enfermedades venéreas cada treinta días.

Sylvie se quedó sentada en la butaca mientras una enfermera le pinchaba una vena en la parte interior del codo, llenó varias ampollas de sangre y, enigmáticamente, dijo:

—Ya les informaremos.

Cuando le hicieron lo mismo a Mark, Cherie los llevó de vuelta al almacén.

Sylvie entró justo cuando Eddie Durant terminaba de rodar una escena para otra película. Ella suponía que habría una pareja en una habitación y quizás algún cámara, pero no había ninguna habitación, sólo un sofá con un par de paredes falsas aguantadas con puntales de madera. Había hombres ajustando luces y ángulos de cámara, mientras que los demás estaban en pequeños grupos charlando y bebiendo café, o haciendo anotaciones en guiones y horarios. Eddie Durant vio a Cherie entrar con Mark y Sylvie y los acompañó a otro lugar para conocer a un chico de unos treinta años con el pelo tan negro que Sylvie estuvo segura de que se lo teñía. Era Bill. Llevaba vaqueros, camiseta y chanclas.

—¿Megan? —llamó, y apareció una mujer de veintipocos años con vaqueros y una enorme sudadera de Winnie the Pooh, y con un cigarro en la boca.

Cherie dijo:

—Ahora ya tenemos a los cuatro protagonistas. Bill es el marido de Sylvie y Megan es la novia del marido. Vamos algo justos de tiempo, así que tendremos que darnos prisa. Eddie rodará las escenas de Bill y Megan aquí esta mañana. En lugar de desaprovechar el escenario con el sofá, lo convertiremos en el salón de Megan. Yo rodaré las escenas de Mark y Sylvie en las oficinas de la empresa. Cuando hayamos terminado, volveremos aquí y rodaremos el resto con el escenario de la casa de Bill y Sylvie. ¿Entendido?

Cherie se llevó a Sylvie y a Mark a un rincón del estudio de sonido, donde una mujer con una gran melena los maquilló, les preguntó qué talla usaban y les dio dos colgadores con ropa. Acompañaron a Sylvie hasta las oficinas de la empresa donde un hombre alto y delgado llamado Daryl había colocado una enorme cámara de vídeo en un trípode en la zona de la recepción y una gran pantalla circular de tela blanca reflectante para difuminar la luz de la lámpara. Sylvie se puso la ropa de recepcionista, una falda pensada para una mujer más bajita y una camisa pensada para una más alta.

A base de repetirlo, consiguió aprenderse su texto mientras estaba sentada en la mesa de la recepción, a pesar de que el teléfono sonó dos veces, tuvo que responder y pasárselo a Cherie. Tenía que decir: «¿Un paquete? Ven al almacén y te diré dónde ponerlo». Entonces Cherie desconectó el teléfono y empezó el rodaje. Había tres tomas: un primer plano de Sylvie, otro de Mark y otro de los dos juntos.

Las siguientes tomas fueron en el almacén. Cherie les explicó la escena:

—Muy bien, Sylvie. La escena la llevas tú. Estás cabreada con tu marido y has traído a este chico tan guapo hasta el almacén. Ahora tienes que conseguir que no se arrepienta de haber venido.

—¿Cómo quieres que lo haga?

—Quiero que parezca natural. Real. Entráis, cierras la puerta y hacéis lo que haríais en la vida real. Si quiero cambiar algo, gritaré «Corten» y os diré que lo hagáis de otra forma.

Sylvie había sido bailarina de ballet doce años. Estaba acostumbrada a que la gente la observara muy de cerca y de forma impersonal, como un cuerpo que adoptaba posturas, de modo que para ella quitarse la ropa no fue un trauma. Durante todos esos años, había aprendido a moverse, a colocar el cuerpo en posiciones cómodas y bonitas y a poner expresiones que transmitieran sentimientos y actitudes que no necesariamente estaba sintiendo en ese momento. Era todo lo que necesitaba para actuar.

Mark era su novio y estaban acostumbrados el uno al otro. Lo único que la desconcertó fue cuando Cherie los detuvo para que cambiaran de posición o cuando Daryl, el cámara, entraba en su campo de visión y le recordaba que no estaban solos. Cuando Cherie decidió que ya tenía suficiente material, dijo:

—Corten —entonces se llevó a Sylvie a su despacho, se lo dejó como vestuario y añadió—: Tienes un don, cielo. Va a ser una buena película dentro de nuestro mercado, y tú vas a recibir muchas ofertas de trabajo.

—Gracias. —Sylvie todavía estaba sin aliento y algo aturullada, e intentaba concentrarse en lo que había pasado y lo que le estaba pasando.

—No es un cumplido —dijo Cherie—. Te estoy diciendo que te vas a hacer rica.

Mientras volvían al estudio de sonido, Sylvie preguntó:

—¿No esperamos a Mark?

—No. Él no aparece en las siguientes tomas y vamos muy mal de tiempo. —Cuando Sylvie llegó, vio el nuevo escenario de la casa y el picardías que la chica de vestuario y maquillaje tenía en un colgador, lo entendió todo. La escena con su marido Bill no iba a limitarse a una pelea durante el desayuno antes de ir a trabajar. Se suponía que también tenía que acostarse con él.

Sylvie se lo pensó mientras la maquilladora la preparaba. Se miró al espejo. Miró de reojo a Bill varias veces mientras este hablaba con Eddie Durant. Podía levantarse y marcharse. Nadie la detendría y seguramente tampoco la culparían. Era una chica de veinte años a la que habían convencido para hacer algo. No había ningún motivo para continuar. Todo aquello era por las ambiciones de Mark, no por las suyas. Había cientos de chicas como ella esperando esa oportunidad.

—¿Sylvie? —la llamó Cherie.

Se miró en el espejo. Se veía preciosa con esa luz. Ella jamás habría conseguido que su piel pareciera tan radiante ni que sus ojos parecieran tan grandes. Tenía el pelo brillante. Estaba increíble.

—¡Sylvie!

—Voy —se levantó, corrió para unirse al grupo y le preguntó a Cherie—. ¿Dónde empezamos?

Esa noche, la producción terminó a las nueve y Sylvie salió para buscar a Mark. El coche no estaba donde ella recordaba. Volvió a entrar en las oficinas y se encontró con Lily, la recepcionista. Volvía de los despachos, donde Eddie Durant había firmado los cheques del día. Lily empezó a buscar entre los cheques y le dio uno a Sylvie.

—¿Mark? Hace horas que se ha ido. ¿Dónde vives? Si quieres, te llevo.

Cuando Sylvie llegó a casa, esperó la llamada de Mark, pero no la recibió. A las diez y media, lo telefoneó. Él respondió al cabo de varios tonos. Ella le dijo:

—¿Dónde estabas?

—¿Dónde estabas tú? Te he esperado dos horas.

—Tenía que rodar unas escenas más.

—Eso me han dicho.

Aquellas palabras supusieron el final. Las experiencias del día le habían cambiado los planes. No iba a ser una estrella. No se alegraba de haber ido al estudio ni de haber llevado a Sylvie. No pensaba volver a verla.

Ella tenía otra llamada, así que le dijo:

—Estoy cansada. Ya hablaremos en otro momento —aunque sabía que no lo harían. Apretó el botón de la llamada en espera y respondió—. ¿Sí?

—Sylvie, soy Eddie Durant. Cherie y yo acabamos de revisar las cintas de hoy y tengo que decir que no hemos podido apartar la vista. Nos gustaría incluirte en una película que empezaremos a filmar pasado mañana.

—Vaya, nunca me había planteado algo así; además, acabo de llegar a casa y...

—Te pagaremos dos mil dólares, el doble que hoy, por un día de trabajo.

—¿Puedo pensármelo?

—Claro. Llámame más tarde. Estaremos aquí editando lo que hemos rodado hoy hasta la una o las dos.

Aquello fue el principio. El jueves, fue al estudio y Cherie Will le explicó el guión en los cinco minutos que tardó en maquillarse y peinarse. Luego se pasó el día haciendo el amor con tres hombres distintos a los que no había visto nunca en su vida.

Durante el mes siguiente, Eddie y Cherie la hicieron trabajar tres días a la semana. Sylvie se decía que tenía que llamar a la empresa de azulejos para comunicarles que había encontrado otro trabajo, pero no lo hizo. No quería decirle a Martha, la jefa del departamento de administración, una mujer de mediana edad, que era actriz. Martha enseguida entendería qué tipo de películas hacía y se iría de la lengua. No quería que todos los hombres de la empresa corrieran al videoclub a buscar una película donde apareciera ella en la carátula. La empresa todavía le debía trescientos dólares, pero no valía la pena volver para recoger el cheque.

De eso habían pasado ya casi veinte años y Sylvie se sentía tan distinta que casi no podía recordar los sentimientos de aquella jovencita. Muchos de los rostros se habían difuminado y habían desaparecido de su memoria. Mientras miraba por el parabrisas y pensaba en el pasado lejano, algo la sorprendió. Algo había cambiado en la pantalla del ordenador portátil.

—¡Paul! El coche está ahí delante. Y no se mueve.

La idea de seguir a Jack Till había sido suya. Sabía que las empresas de alquiler de vehículos habían instalado unidades de localización por satélite en los coches para denunciar a los clientes que incumplían los contratos al superar el límite de velocidad o salir del estado. Paul había ido a la empresa donde Till había alquilado el coche y le había dado mil dólares a un mecánico para que le enseñara cómo localizar un automóvil perdido. Sencillamente, entraban en la dirección de Internet que controlaba el sistema, introducían un código, y la posición del coche aparecía en la pantalla del ordenador. El código para el coche de Till les había costado otros mil dólares.

Parecía que el investigador privado había aparcado al final de Castillo Street, en el muelle de Santa Bárbara. Paul entró en el aparcamiento y buscó el sedán azul; avanzó por cada uno de los pasillos fingiendo buscar una plaza. Sylvie fue quien localizó el coche.

—Allí. Cerca de la entrada.

—Ya lo veo —dijo él. Se colocó en el pasillo contiguo para cortarles el paso si Till y Wendy Harper aparecían y se acercaban al coche—. Sal y date una vuelta por el muelle y las tiendas.

Sylvie bajó del coche y se dirigió hacia el muelle. Allí había varias tiendas que vendían kayaks, trajes de neopreno o ropa cara para los clientes de los hoteles de playa cercanos. Dentro, no había ninguna persona que se pareciera remotamente a Jack Till, ni siquiera desde la distancia. Salió y se detuvo junto al embarcadero donde los pesqueros descargaban la pesca. Una grúa eléctrica sacaba de las bodegas de los barcos pesadas y grandes cajas de madera que apilaba en las camionetas de los compradores de las capturas de ese día.

Vio a un niño rubio muy aburrido y tan bronceado que el blanco de los ojos brillaba como si estuviera mirando a través de unos agujeros hechos en una máscara. Estaba sentado en la parte trasera de una de las camionetas escuchando la radio y esperando la llegada del siguiente barco. Sylvie contempló la posibilidad de que en ese barco también viniera Wendy Harper, pero enseguida descartó la idea. Siguió caminando por el embarcadero y observó la hilera de barcos, todos con las redes recogidas en un enorme tambor giratorio cerca de popa. Algunos parecían abandonados, viejos y sucios, como si llevaran años sin salir del puerto, pero suponía que esos mismos síntomas indicaban que salían a pescar cada día. Era posible que Till recogiera a Wendy Harper en alguno de los cien yates que estaban amarrados en el puerto, o en los que estaban fondeando en la zona, pero, si era así, no se veía ninguna lancha motora acercándose o alejándose de ninguno.

Regresó al aparcamiento y se subió al coche en el que Paul esperaba.

—No lo he visto. Quizá se haya reunido con ella en un barco. He mirado en todas partes. Podrían estar en la playa, pero me ha parecido mejor volver.

—Bien pensado —dijo Paul—. Esperaremos, y cuando se marche, le seguiremos.

De nuevo, por la diezmilésima vez, Sylvie se preguntó si, cuando por fin Till apareciera y se subiera al coche, ¿levantaría la cabeza, la vería y reconocería su cara de alguna de las películas que había hecho? Hacía dos años, le había pasado en dos ocasiones en un supermercado y una vez en el banco, y se había sentido terriblemente humillada. Si le sucedía algún día mientras trabajaban, podía supo-

ner que los descubrieran. Miró a Paul para decirle lo que estaba
pensando, pero al final no dijo nada. Sacó la Beretta de nueve milímetros del bolso, verificó que estaba cargada y volvió a colocar el
cargador en su sitio; luego comprobó que el seguro estaba puesto.
Ordenó los objetos del bolso de modo que el fino pañuelo apenas
cubriera el arma.

—¡Mierda! —exclamó Paul—. ¡Mierda!

—¿Qué? —Sylvie miró a través del parabrisas y vio a un hombre con una protuberante barriga y de unos treinta años; llevaba
una camisa hawaiana y unos pantalones cortos de color beis. Lo vio
abrir las puertas del coche de alquiler de Till. Sylvie vio la etiqueta
blanca con el nombre de la empresa de alquiler de vehículos col-
gando del llavero—. Oh, no —y entonces, del lado del edificio donde estaban los baños, salió una mujer con dos niños de unos cinco y
ocho años. Los pequeños subieron al coche y su madre se arrodilló
y les embadurnó la cara con más protección solar. Sylvie susurró—.
¿Cómo hemos podido seguir al coche equivocado? ¿Cómo?

—No nos hemos equivocado. Till ha debido devolverlo y esta
gente lo ha alquilado.

—Pero ¿cómo?

—Por favor, deja de preguntar cómo. Seguramente, cuando
anoche se detuvo en el aeropuerto, lo devolvió. Allí lo limpiaron,
llenaron el depósito y se lo alquilaron a esta familia.

Sylvie y Paul observaron cómo los padres subían al auto y el padre, con cuidado, salía del aparcamiento marcha atrás. Salió y giró
hacia Cabrillo Boulevard. La madre estaba mirando hacia el asiento
de atrás. Parecía obligar a los niños a que miraran el inmenso azul
del Pacífico, pero la niña golpeó a su hermano y luego fingió que
había sido él y se echó a llorar.

12

Jack Till se reclinó en el asiento del Cadillac y vio pasar los kilómetros de carretera ante él. El día en el desierto era ventoso y no había ni rastro de ninguna nube. El cielo era de un intenso y monótono azul oscuro y el sol se reflejaba en cualquier superficie metálica como si fuera el flash de una cámara. Desde que había entrado en el estado de Nevada, había tenido tiempo de sobra para contemplar el vacío y ver nubes de polvo levantándose en la distancia.

Mientras conducía, recordó los días previos a la desaparición definitiva de Wendy Harper. Había intentado no saber mucho de ella. Y, cuando la chica había confesado algo de forma voluntaria, apenas la había escuchado porque no quería tener ninguna pista de dónde estaría y no poder quitarse esa información de la cabeza durante los siguientes veinte años.

Sin embargo, hubo una pregunta que le hizo en repetidas ocasiones:

—¿Quién es el hombre que viste con la camarera? Trabajé en el cuerpo de policía de Los Ángeles. Todavía conozco a casi todo el mundo en el departamento especial de homicidios, y a mucha gente en Hollywood. Si la mató él, podemos detenerlo. Lo encarcelarán.

—No he dicho que fuera camarera. Y sólo lo vi con ella una vez, por la noche. No me hizo nada. Creo que contrató al tipo que me dio la paliza, pero éste en ningún momento me dijo para quién trabajaba.

—Conoces la identidad de una persona que ha desaparecido y que, seguramente, está muerta, puedes describir al sospechoso y has podido ver a un atacante que probablemente trabaje para él.

Podríamos hacer mucho con eso, es muy posible que pudiéramos relacionarlos y meterlos en la cárcel.

—No dejé de pensarlo mientras estuve en el hospital. No tengo suficientes datos para identificarlo, y mucho menos para conseguir que lo detengan, pero él cree que vale la pena pagar a alguien para que me mate. Me quedaré sin sangre antes de que él se quede sin dinero. Así que desapareceré.

—Creo que sabes más de lo que dices. Un nombre me basta. Puedo pasárselo a los de homicidios sin mencionarte.

—Pero es que eso es lo gracioso. No sé su nombre. Ella nunca me lo dijo.

—Entonces, ¿cómo sabes que él está detrás de todo esto?

—Cuando lo vi con ella en el aparcamiento, intentó esconder la cara. Se comportaba de una forma extraña y se quedó en la parte más oscura del lugar, donde la sombra del edificio lo protegía. Mientras lo miraba, fue hasta el coche a comprobar algo en el interior, pero no abrió la puerta para que la luz no lo iluminara. ¿No lo ves? Son cien pequeños detalles en dos o tres minutos, y ahora ya he olvidado sesenta. Todo ha degenerado hacia una intuición, y una intuición no basta. Lo único que puedo hacer es desaparecer.

—Desaparecer es una acción extrema —dijo él—. Significa abandonar tu carrera y a todas las personas que te quieren.

Y entonces ella dijo lo que más sorprendió a Till:

—En cierto modo, es lo mejor. Mi vida aquí ha llegado a una especie de parálisis.

—¿Y desaparecer solucionará todos tus problemas personales?

Ella sonrió.

—Yo no pedí esto. Me han roto dos costillas con un bate. Sólo digo que cuando sucede algo así, te cambia la vida…, toda la vida.

—¿Eres una de esas mujeres que cuando se pone enferma piensa que es bueno porque adelgaza?

—No. No he dicho que el cambio vaya a ser a mejor y, si lo fuera, el esfuerzo no habría valido la pena. Sé que estoy cambiando los viejos problemas por problemas nuevos. Lo que quiero decir es que jamás habría tenido el valor de alejarme de esta vida a menos que algo grande y feo me persiguiera. Soy copropietaria de un restaurante de éxito, con inversores animándonos a abrir sucursales en otras ciudades. Vale millones de dólares, pero no puedo venderlo. También soy propietaria de la mitad de una casa de un millón de dólares que comparto con Eric, pero tampoco puedo venderla. No tengo una carrera profesional. Mi trabajo es ocuparme de Eric Fuller, asegurarme de que siga siendo productivo, solvente y de que tenga productos frescos y manteles limpios.

—¿Quieres abandonarlo para siempre?

—Dejar a Eric es la parte que más odio de todo esto, pero es lo que debería de haber hecho hace tiempo. Eric ya no me necesita. Es un gran chef y cuenta con la lealtad de un gran equipo al que reclutamos y formamos. Ahora tiene una reputación nacional. Está arriba de todo. Pero, si no me voy, va a dejar escapar la oportunidad de tener una auténtica vida personal. Y si me quedo con él, yo también perderé esa oportunidad.

Jack Till luchó contra la niebla de los años y empezó a recuperar detalles. Le había dicho que su madre estaba muerta. Y, por lo visto, su padre había desaparecido cuando ella era pequeña. ¿Estaría muerto también? Eric y ella habían crecido al norte del estado de Nueva York, en Poughkeepsie. Y después fueron a la universidad… ¿Dónde era? En Wisconsin.

A juzgar por cómo había conseguido un nuevo nombre, Till se dijo que era demasiado lista como para volver al lugar donde se crió o donde fue a la universidad con Eric. Sabía que habría personas que la conocerían bien…, profesores, vecinos, amigos y los padres de los amigos, médicos… Aunque hubiera estado segura de que no quedaba nadie que la conociera, habría personas que la conocerían de vista o de nombre. Intentaría mantenerse lejos de las ciudades donde había vivido previamente.

Mientras atravesaba el desierto, no dejaba de recordarla, de escuchar su voz en su memoria. Era una sensación muy incómoda porque, hacía seis años, Till descubrió que sentía una fuerte atracción hacia ella. Entonces, se dijo que tenía que esconder el afecto que sentía por ella porque Wendy quería desaparecer para salvar su vida y él no podía acompañarla. Cuando todo aquello hubo pasado, pensó en ella a menudo, siempre muy a su pesar y con cierta sensación de pérdida. Sin embargo, pensar en ella ahora le hacía estar casi seguro. Wendy Harper se había cambiado el nombre por el de Ann Delatorre y había volado a Las Vegas el 30 de agosto de hacía seis años.

Las Vegas era estridente, vulgar y extravagante. Estaba llena de gente que creía que las reglas del universo cambiarían en cualquier momento y que los propietarios de los casinos despertarían al día siguiente con resaca. Wendy Harper no era aficionada al juego. Había ahorrado casi todo el dinero que había ganado y, durante años, había trabajado siete días y seis noches a la semana. El ambiente de Las Vegas no encajaba en absoluto con sus gustos, pero había acudido a Jack Till para que le enseñara a dejar de ser Wendy Harper. Ahora era Ann Delatorre. ¿Quién conocía los gustos de Ann Delatorre?

Cuando Till tomó la salida de la carretera 15 en el complejo Mandalay Bay, una vez más se quedó sorprendido por el tráfico. Hacía diez o quince años, Jimmy DeKuyper y él habían venido a Las Vegas en numerosas ocasiones a buscar fugitivos extraditados al departamento de homicidios de Los Ángeles. Siempre había tomado esa salida para poder recorrer toda la calle principal de la ciudad y no recordaba haber encontrado tráfico nunca. Ahora, recorrer un par de manzanas era un sueño. Decidió alojarse en un hotel, dejar el coche y coger un taxi que lo llevara a su destino.

Condujo hasta la entrada del MGM Grand y vio que el aparcacoches se acercaba para recoger las llaves. Salió y fue como si hubiera abierto la puerta de un horno. El viento cálido y seco pareció deshidratarle la piel y secarle los ojos. Entró en el hotel, se acercó al mostrador de la recepción y se colocó el último de la cola. Había unas veinticinco mujeres con uniformes grises detrás del mostrador registrando a clientes lo más deprisa que podían, pero la cola crecía muy rápido. Till había mantenido, conscientemente, sus movimientos lo menos planificados posible, decidiéndolo todo en el último minuto y casi por intuición, y ahora se preguntaba si había cometido algún error. Sin embargo, cuando le llegó el turno, la chica le pidió el número de reserva y no pareció extrañarle que él le dijera que no tenía; se limitó a darle una pequeña carpeta con dos llaves magnéticas.

Subió la maleta a la habitación y se fue a trabajar. La compañía de teléfonos le había dicho que el número de Ann Delatorre no aparecía en el listín, de modo que tendría que encontrarla de otra forma. Llamó a las sedes de los sindicatos y a todas las empresas grandes que pudo encontrar en el listín. Cuando no encontró nada, volvió al listín y buscó anuncios de investigadores privados de la zona.

Encontró muchas agencias que parecían honestas y fiables: «Todos nuestros investigadores son antiguos policías con licencia en regla» u «Oficinas en Nueva York, Dallas y Chicago». Till no quería eso, así que siguió hojeando el listín. Encontró una que estaba en el segundo piso de un edificio con una dirección que parecía un centro comercial. El anuncio, pequeño y barato, rezaba: «DETECCIÓN DE FRAUDES, INVESTIGACIÓN MARITAL, COBRO DE DEUDAS».

Paró un taxi y le dio la dirección. El edificio estaba en una parte de la ciudad que Till llamaba Las Vegas Diarias. Los altísimos hoteles se levantaban como dedos en la distancia, pero, detrás, sólo había estructuras cuadradas de uno o dos pisos con las paredes laterales estucadas y cristales tintados que el ojo humano no podía atravesar. La dirección que buscaba estaba en un edificio con una tienda de ropa con grandes descuentos, un estudio de tatuajes, un centro de quiropráctica y un pequeño centro donde se daban clases de taekwondo. En el segundo piso había una puerta con un cartel: «Servicios de Reclamación Lamar».

Till la abrió, escuchó un timbre electrónico y esperó junto al mostrador en la pequeña zona de recepción. Miró a su alrededor y vio tres sillas de plástico de jardín y una pequeña mesa con viejas revistas de coches. Al cabo de un segundo, oyó ruidos en una de las salas del fondo y apareció una mujer de unos cuarenta años con el pelo de un color rojo intenso. La mujer apoyó las manos en el mostrador y Till vio diez largas uñas pintadas de azul con flores blancas.

—¿En qué puedo ayudarle? —preguntó ella sin demasiado entusiasmo.

Till sacó su identificación.

—Me llamo Jack Till. Soy investigador privado en Los Ángeles. Estoy buscando a una antigua clienta. Quisiera saber si vive en Nevada.

Ella se encogió de hombros.

—Somos buscadores de pistas. Podemos hacerlo.

—Se llama Ann Delatorre.

—No ha mencionado que representa a una empresa a la que la chica debe dinero, o si pretende entregarle dinero que la compañía le debe a ella. Hay ciertas leyes.

—¿Me he olvidado de decirlo? Me contrató y no me pagó. ¿Qué me cobrarán?

—Depende. Descubrir que la tenemos frente a las narices son cuarenta dólares. Eso incluye una búsqueda en las dos principales bases de datos. Si quiere que le reclamemos el dinero por usted, entonces ya estamos hablando de una cantidad superior.

—Creo que empezaré por lo fácil. De momento, me conformaría con una dirección y, si es posible, un número de teléfono.

—Muy bien —la mujer le acercó una pila de papeles y un bolígrafo—. Escriba el nombre. Cobramos por adelantado. Puede volver dentro de una hora.

Till sacó dos billetes de veinte y escribió el nombre.

—Puedo esperarme aquí.

—Como quiera.

La mujer se levantó, se fue y volvió al cabo de diez minutos con una hoja que acababa de imprimir. La dejó en el mostrador y se dirigió hacia el fondo del local. Por encima del hombro, dijo:

—Ahí lo tiene.

Till se levantó de la silla de plástico y cogió la hoja de papel. Vio el nombre de Ann Delatorre, una dirección y un número de la seguridad social. En la casilla de profesión, ponía: «Ventas», y la empresa para la que trabajaba era «Karen's», en Paradise Road. A Till se le ocurrió que era posible que Wendy Harper hubiera encontrado la forma de conseguir otra identidad. Podía ser Ann la dependienta y también Karen, la dueña ausente que la había contratado, le pagaba el suelo y había verificado su identidad.

—Gracias —dijo Till, pero la mujer de las uñas azules ya había desaparecido.

Mientras salía a la calle y sacaba la tarjeta de la empresa de taxis, miró el reloj. Todavía era temprano. Seguramente, Karen's todavía estaría abierto. Llamó a un taxi, fue a Paradise Road y descubrió que la dirección era un código postal que alquilaba buzones. Se recordó que Wendy Harper había conseguido ser invisible durante seis años. Suponía que lo habría hecho bien.

13

Sylvie avanzó por el pasillo del avión y se sentó al lado de la ventanilla. Luego levantó el apoyabrazos que la separaba de Paul mientras él se sentaba y se abrochaba el cinturón de seguridad. Sylvie acercó las caderas a él hasta que tocó su cuerpo y él bajó la mirada y sonrió.

A ella le resultaba muy interesante ver cómo Paul iba de un extremo a otro de su personalidad. Hacía una hora estaba hablando con el chico de la empresa de alquiler de coches y le estaba sonriendo con la misma calidez que ahora. Le había dicho:

—Te agradecería mucho que me ayudaras en este asunto. Jack es mi mejor amigo y el hermano de mi mujer. Tenemos que localizarlo lo antes posible.

El chico no le había devuelto la sonrisa. Sencillamente, se había limitado a fingir ser un dependiente sin sentimientos.

—Lo siento, señor. Las normas de la empresa nos prohíben utilizar el localizador de un coche sencillamente porque otra persona nos lo pida.

—Pero es que se trata de una emergencia. La madre de mi mujer está muy enferma, la madre de Jack. Creemos que podría ser el final. Es una anciana muy dulce y ha preguntado por él. Con la ayuda de sus compañeros en la oficina de Los Ángeles, conseguimos seguirle el rastro hasta Santa Bárbara. Sabemos que llegó hasta aquí y que luego devolvió el coche. Tenemos que saber si alquiló otro vehículo y todavía está en la ciudad o si tomó un avión. No veo por qué no puedes decírnoslo. Te recompensaré por las molestias.

—Lo siento, señor.

—¿Qué cobras por un día de trabajo? Te daré lo mismo por una pequeña ayuda.

—No lo sé, señor. Me pagan mensualmente.

—Muy bien. Entonces, la paga de una semana. Divide tu sueldo entre cuatro.

—Lo siento, señor. Normas de la empresa —el chico levantó las manos mientras se encogía de hombros.

Paul alargó sus largos brazos y, antes de que el joven pudiera reaccionar y retroceder, lo agarró por la muñeca derecha, le dio la vuelta y le retorció el brazo en la espalda. Paul era igual de rápido y grácil en el jujitsu que en el baile. Sujetó el brazo del chico sin ningún esfuerzo aparente. El muchacho estaba agachado, con la cabeza casi pegada al mostrador, los ojos llenos de lágrimas y retorciéndose de dolor. Ladeó un poco el cuerpo mientras Paul lo alejaba del mostrador y lo colocaba en medio del local.

—¿Me haces el favor de darle trescientos dólares? —le dijo a Sylvie.

—Claro —Ella abrió el bolso, sacó tres billetes de cien, los sujetó como la asistente de un mago, los dobló por la mitad y los metió en el bolsillo de la camisa del chico.

Paul aplicó algo más de presión a la llave y el muchacho apoyó una rodilla en el suelo.

—Lo haré. De acuerdo. Pare, pare.

Paul lo soltó y dijo:

—Gracias.

Contempló al chico mientras apoyaba la mano buena en la rodilla y se levantaba. La mano que Paul le había sujetado estaba pegada al estómago, como si la sostuviera un cabestrillo invisible. Fue al otro lado del mostrador y Paul lo acompañó. Con la mano buena, tecleó una orden en el ordenador mientras lo vigilaba de cerca. Paul cogió un bolígrafo y anotó en un mapa el código para localizar el coche de Till y la matrícula.

El chico dijo:

—Lleva una Cadillac DeVille blanco. Está en Las Vegas, aparcado en el MGM Grand.

—Gracias. —Paul sacó su cartera y añadió doscientos dólares más al bolsillo de la camisa del chico.

Ahora Sylvie estaba sentada a su lado en el avión y se acurrucó contra él, aunque luego se sentó recta para el despegue.

—Me gustan Las Vegas.

—A mí también. Es una lástima que vayamos por trabajo.

—Me da igual. Es emocionante. Me encanta ir a Las Vegas contigo.

Y era la verdad. Paul le había cambiado la vida de la forma en que ella soñaba que lo haría un hombre cuando era niña. Su madre se pasó gran parte de su vida sin un hombre, aunque siempre lo intentó y flirteaba con muchos en el supermercado o en las fiestas escolares. Incluso invitaba a compañeros de trabajo a cenar a casa. Sylvie todavía recordaba estar sentada en un extraño silencio mientras su madre hablaba con uno de esos hombres. Era una conversación falsa, alegre y rápida, la voz de su madre era más aguda a medida que pasaban los minutos. Al cabo de un rato, todos encontraban la forma de marcharse. Ninguno le pareció especialmente prometedor, pero, en otras ocasiones, había observado que su madre no era una estúpida. Estaba desesperada por tener un hombre, sí, pero tenía claro que ese hombre tenía que valer la pena.

Cuando Sylvie fue obligada a abandonar el mundo del ballet y se convirtió en una chica con un aspecto mucho más saludable, empezó a compartir ese interés con su madre, a pesar de que tuvo algunas experiencias decepcionantes con chicos. Al principio, era muy alta y los chicos que le gustaban eran un palmo más bajos que ella. Un día, en un baile, mientras esperaba que alguien se acercara y la sacara a bailar, vio a dos chicos hablando. La música no permitía oír sus voces, pero uno de ellos dijo «bicho raro» y los dos la miraron. Ella no tuvo tiempo de apartar la mirada y ellos vieron que los estaba mirando. En el colegio, lo único que obtuvo de los chicos fue desprecio. Sin embargo, después del colegio trabajaba en una farmacia en Sepúlveda, y los hombres que entraban la veían con otros ojos. Parecían dar por sentado que era mayor y más sofisticada de lo que era. En el primer mes, dos chicos de veinte años la invitaron a salir.

Conoció a Mark el tercer año de instituto. Era uno de los pocos chicos que eran más altos que ella y era tan guapo que, mientras lo miraba sin que él se diera cuenta, le venían ganas de abalanzarse sobre él y tocarlo. Cuando por fin él se acercó a ella en el pasillo, junto a su taquilla, Sylvie apenas pudo articular palabra. Sonrió, se sonrojó y miró al suelo durante gran parte de la conversación, pero al final aceptó ir al cine con él. Una semana después, la invitó a una fiesta.

La fiesta era en casa de un amigo de Mark que ella no conocía, y era algo que odiaba y deseaba al mismo tiempo. Le encantaba salir, ser la pareja de Mark. Sin embargo, la música ensordecedora le dañaba los oídos, había mucho alcohol y el humo de la marihuana le irritaba los ojos y la peste le impregnaba el pelo. Las chicas que había eran de un grupo muy popular de segundo año que, a pesar de ser un año más jóvenes que Sylvie, la miraban con desdén. Bailaba mejor que ellas, pero, como a Mark no le gustaba bailar, ni siquiera tuvo la oportunidad de ponerlas celosas.

Sin embargo, los efectos secundarios de la fiesta fueron sorprendentes; al cabo de una semana, percibió que su situación había cambiado notablemente. De repente, chicas que nunca antes le habían dirigido la palabra se sentaban a su lado y le hablaban de sus problemas con sus parejas o con otras chicas rivales, que eran los dos únicos temas de conversación que trataban. En clase de educación física, siempre había sido una de las que daban vueltas a la pista de atletismo bajo el ardiente sol mientras las chicas populares estaban sentadas a la sombra peinándose. Sin embargo, ahora ella estaba en la sombra, sentada bajo un árbol, mientras Charlotte McClellan le hacía una trenza francesa.

Estaba muy agradecida a cómo Mark había transformado su vida, pero, por primera vez, estaba constantemente preocupada o ansiosa, tenía miedo de que desapareciera y su vida volviera a ser como antes. Un viernes por la noche, esperó a estar en su coche y lejos de casa para decirle:

—¿Mark? —quería decir más cosas, pero no sabía qué. Abrió el bolso para que él pudiera echar un vistazo—. Esta tarde, mientras estaba en la farmacia, he cogido esto —tenía una caja de preservativos—. No sé, por si algún día queremos...

Y Mark quería. Fueron a una calle recién asfaltada en la parte norte del valle, donde empezaban las montañas. Había ocho o nueve casas en construcción, con las planchas de madera blanquecinas que brillaban bajo la luz de la luna, y pilas de contrachapado detrás de una verja metálica. Mark la llevó hasta casi el final de la calle, dio la vuelta para aparcar de cara a la autopista e hicieron el amor.

A Sylvie no le gustó demasiado. El asiento trasero del coche de Mark era estrecho e incómodo, y no esperaba que le doliera. Pero a él le gustó mucho, de modo que decidió que había tomado una decisión razonablemente buena. Ahora, Mark ya no la dejaría por nadie. Tenía garantizada la nueva vida hasta la graduación. Mientras estaba sentada junto a él, viendo cómo conducía de vuelta a Van Nuys, se sorprendió de lo fácil que había sido.

Las cosas continuaron de forma satisfactoria incluso después de la graduación, y durante el último verano, donde los chicos que iban a la universidad cortaron los lazos con los que se quedaban trabajando, y durante el año siguiente.

El día que Mark la llevó al rodaje de la película porno y su relación terminó, desapareció de su mundo y su memoria, igual que el trabajo en la empresa de azulejos. Al poco tiempo, ganaba entre cuatro mil y seis mil dólares a la semana en la empresa de Cherie Will: Ma Cherie Seductions. Una de las otras chicas le dijo que podía ganar incluso más dinero si abría una línea 1-900 y cobraba a los admiradores que quisieran hablar con ella. Las llamadas no le importaban. Cuando el teléfono sonaba por la noche, quitaba el sonido de la televisión y la miraba en silencio mientras hablaba. Al cabo de un par de semanas, el novio de esa misma chica fue a su casa y le hizo tres docenas de fotografías desnuda para que luego las vendiera a los admiradores por teléfono.

Un año después, un promotor le dejó un mensaje. Ella lo llamó y aceptó verlo en un restaurante de Burbank. Se llamaba Darren McKee. No era como se lo había imaginado por teléfono. Le había parecido la voz de un camionero cincuentón que había conocido en la empresa de azulejos, pero cuando entró en el restaurante, descubrió que tenía treinta y nueve años y que era muy atractivo. Tenía el pelo rojizo y hecho un remolino, y una sonrisa de niño que cautivó a Sylvie. La acompañó hasta una mesa y pidieron algo de beber.

Él dijo:

—Has pasado mi prueba.

—¿Qué prueba?

—Saber si pagaría por estar en una habitación contigo.

—¿Qué quieres decir? —Sylvie estaba en el extremo de la silla y con el bolso en la mano, dispuesta a marcharse.

—Eres incluso más guapa en persona que en las películas. Tienes un don que muy poca gente tiene, y ahora te estás haciendo famosa. Tienes que encontrar las máximas vías posibles para capitalizar tu éxito mientras estás en lo alto de la ola.

—Las cosas me van bien.

—Las estrellas de cine para adultos se ganan muy bien la vida durante un periodo de tiempo limitado. Pero con el paso de los años ya no sirven. Algunas, como Cherie Will, tienen la capacidad de hacer algo más después. Se alió con Eddie Durant y empezó su propio negocio. Pero eso es algo tan poco habitual como que un piloto de carreras retirado cree su propia escudería. Y las posibilidades de que tú lo hagas son escasas.

—No estés tan seguro.

—Trabajé con Cherie hace unos años. Cuando el director empezaba a rodar una escena con otros actores, ella se levantaba de la cama en la que estaba, desnuda, y contemplaba la imagen a través del visor de la cámara. Otras veces, después de que cuatro o cinco tíos se la hubiesen follado durante todo el día, se sentaba con el editor toda la noche para aprender a montar las escenas.

—Vale, es más lista que yo. ¿Qué quieres que haga?

—Me gustaría organizarte una gira por doce ciudades para que actuaras en los mejores clubes para caballeros del país.

—¿Hacer estriptis? No lo he hecho nunca ni quiero hacerlo —se acercó más al extremo de la silla y se levantó—. Pero gracias por la oferta de todos modos.

—¿Y si te garantizo diez mil dólares por noche?

Sylvie volvió a sentarse.

—¿Sólo por quitarme la ropa? ¿Nada más?

—Exacto. No eres una chica cualquiera que se desnuda, eres una estrella de cine, eres famosa. Aunque los clientes no hayan oído hablar de ti, esa publicidad marca la diferencia.

Ella lo miró y lo escuchó. La voz seguía siendo un misterio. Parecía un hombre mayor que llevara toda la vida fumando. No pudo tomar una decisión, pero le dio permiso para que investigara a ver qué podría conseguir y después se fue a casa. Cuando se vio sola otra vez en ese pequeño piso, a medio amueblar, se preguntó por qué no había rechazado directamente la oferta. No le apetecía pasearse por clubes quitándose la ropa. Le gustaba el dinero, aunque no estaba muy segura de por qué. Se seguía comprando la misma ropa barata de siempre y el resto lo guardaba en cuentas bancarias. Sin embargo, sabía que las cantidades crecían muy deprisa y los dólares eran la única forma que tenía de medir los días que pasaban o la vida que estaba gastando.

Cuando fue a trabajar el lunes, habló con Cherie Will de Darren McKee. Ella se la quedó mirando un instante y luego dijo:

—No sé qué decirte. Muchas chicas actúan en clubes. Supone mucho dinero y, casi siempre, en efectivo. Cuando me empezaron a llegar ofertas como ésa, las acepté durante un año o dos. Hice tres giras. Odiaba los viajes, que no son en primera clase, por cierto, y odiaba los clientes, el ruido y el humo. Aunque supongo que ya no se podrá fumar en esos sitios. Pero lo demás seguro que es igual:

varios centenares de tipos salidos y borrachos babeando en las mesas mientras intentas ignorarlos y escuchar el ritmo de la música por encima de todo el ruido. ¿Bailas?

—No —mintió, y se preguntó por qué lo había hecho.

—Bueno, supongo que puedes aprender lo necesario. La clave de todo esto es ganar dinero e invertirlo. Cómprate una casa. Ábrete un plan de pensiones, si es que todavía no lo has hecho. Y con el resto, compra acciones y bonos. Por eso yo tengo mi propio estudio de cine con Eddie Durant, mientras que las chicas de mis días que eran más guapas y mejores actrices están... bueno, donde quiera que estén. Asegúrate de informarme siempre de tus compromisos.

Sylvie se tomaba en serio todo lo que Cherie decía, de modo que con ese asunto hizo lo mismo. Había estado ahorrando el dinero que ganaba, pero ahora empezó a invertirlo. A finales de la semana siguiente, McKee volvió a llamarla.

—Hola, nena —dijo con su extraña voz rota—. Estás a tope. Iremos a quince ciudades en tres semanas.

El primer club fue en San Diego. La primera noche se colocó detrás del telón y observó a los hombres del bar mientras las luces todavía estaban encendidas. Descubrió que no daban miedo. No le provocaban nada. No tenían nada que ver con ella ni con lo que iba a hacer en el escenario. Cuando salió, la sala estaba demasiado oscura como para ver sus caras de forma definida. Empezó a bailar. Estaba iluminada por un foco azul y, mientras movía el cuerpo, el baile dejó de ser personal, era la misma Sylvie impersonal que adoptaba posturas de ballet.

Cada noche al terminar la función estaba cansada y empapada en sudor, pero los hombres le tiraban tantos billetes al escenario que cada vez que su número terminaba formaba pilas de dinero en el camerino. Darren McKee no se separaba de ella, y le pedía a uno de los porteros del club que llevara el dinero al hotel donde se hospedaban para que no la robaran.

Darren se portó mucho mejor de lo que ella esperaba. Durante toda la gira, la acompañó para que no tuviera que preocuparse de los vuelos ni de negociar con los propietarios de los clubes. Sylvie llegó a la conclusión de que, antes que ella, había habido otras chicas que habían llegado tarde o se habían perdido y Darren estaba decidido a que eso no volviera a pasar. Hablaba con ella mientras la llevaba de ciudad en ciudad, le explicaba anécdotas divertidas sobre gente del negocio y sobre otras personas que había conocido en hoteles. Cuando estaban en los restaurantes, le pedía comida sana e incluso le daba las vitaminas después de las comidas. Reservaba habitaciones contiguas en los hoteles y se aseguraba de que apagaba la televisión y las luces a tiempo para dormir ocho horas cada noche. Era una persona fiable, fuerte y lo controlaba todo; Sylvie se sentía segura y protegida.

Viéndolo desde la distancia, pensaba que lo que había sucedido era, en parte, culpa suya. Estaba de gira porque había participado en dos docenas de películas porno, y el motivo de la gira era quitarse la ropa encima de un escenario. Habría sido una estupidez cerrar las puertas e intentar esconderse de Darren. Le habría dado vergüenza vestirse sólo por el hecho de que él estuviera delante.

La parte de culpa atribuible a Darren era que había tomado el control de su vida. Ella nunca había pensado que casi tenía veinte años menos que él. No pensaba que él tenía la edad de su madre, porque tampoco lo aparentaba. Ella sólo creía que Darren era mayor y más sabio y que, por lo tanto, era lógico que se encargara de todo. Siempre iba de su habitación a la de ella, y al revés, llevándole ropa, o la maleta, o lo que fuera. Por lo tanto, al cabo de unos días aquello era algo tan habitual que, en una ocasión, cuando entró, ella salía de la ducha y ni siquiera se molestó en taparse, y él empezó a hacerle el amor. Lo aceptó sin plantearse el cambio que aquello supondría en su relación como lo habría hecho un año antes. Se había acostumbrado a los hombres, y a Darren, y había supuesto que todo lo que él hacía era por su bien, y esto seguramente también lo era.

Aquello eliminó la ambigüedad de la relación y ahora ella sabía cómo comportarse: cómo interpretar sus caricias y cómo responder a cosas que él decía o hacía por ella. No eran jefe y empleada, o estrella y mánager, o bailarina y agente. Eran un hombre y una mujer.

Sylvie sabía cómo manejar esa situación. Nunca antes había viajado con un hombre, pero le gustaba. Le gustaba vivir con alguien que le prestaba atención.

Al final de la gira, mientras conducían hacia Los Ángeles, Darren dijo:

—Has ganado mucho dinero en esta gira.

—Sí —respondió ella—. Más del que jamás me hubiera imaginado.

—Creo que los clubes no son buenos para ti.

—No es divertido —dijo ella—. Pero me gusta viajar contigo, y es mucho más seguro que hacer películas con Cherie y Eddie. Quitándome la ropa no voy a pillar ninguna enfermedad que pueda matarme.

—También quiero que dejes lo de las películas. Sobre todo eso.

Ella se lo quedó mirando unos segundos.

—No lo entiendo. ¿Por qué te crees con derecho a exigir?

—Porque te quiero. En cuanto lleguemos a casa, quiero que te cases conmigo.

Sylvie lo miró y estudió la oferta. Pensarlo significaba darse permiso para reconocer lo que había decidido no sentir, que odiaba su vida. Había habido ciertos momentos de humillación, dolor y asco que siempre había sabido que, si los dejaba entrar en su mente, sentiría el deseo de suicidarse, así que se había bloqueado. Ese día, sentada en el coche junto a Darren McKee, empezó a recordarlo todo.

—Sí —dijo—. Me casaré contigo.

Ahora, mientras recordaba ese momento, se dio cuenta de que fue la última gran decisión que tuvo que tomar.

El avión empezó a coger velocidad y el piloto habló por el altavoz. Sylvie miró a Paul, le dedicó una rápida y superficial sonrisa, le apretó la mano y se volvió hacia la ventana para ver las rocas marrones que dejaban atrás. En pocos minutos estarían camino de Las Vegas. Sólo tenían que encontrar el coche de Jack Till y dejar que los llevara hasta Wendy Harper. Cuando la mujer estuviera muerta, quizá Sylvie convenciera a Paul de que se quedaran varios días en la ciudad.

14

Ya era tarde cuando Jack Till cogió un taxi hasta el MGM Grand y subió a su habitación. Se duchó, abrió la maleta, se puso ropa limpia y reunió las distintas partes de su pistola. Era una Beretta M92 negra de nueve milímetros como el arma reglamentaria que había llevado siendo detective de homicidios. La había desmontado de modo que la corredera, el cañón, el cargador y la armadura estaban en distintas partes de la maleta. Las dejó todas encima de la cama y la montó. Había escogido esa arma en concreto porque tenía la presencia correcta. Era potente y era el modelo que los civiles como Wendy Harper habían visto colgada del cinturón de los policías miles de veces. Esperaba que aquello la hiciera sentirse segura.

Tenía que conseguir que sintiera que estaría protegida porque, si no, no aceptaría ir con él. También estaba el hecho de que el miedo del cual huía no era imaginario. Los tipos que habían enterrado el bate ensangrentado en el jardín de su mejor amigo intentaban atraerla a la ciudad.

Till sacó de la maleta todo lo que había llevado. Tenía una peluca de mujer de color castaño de excelente calidad, hecha con pelo natural, con un corte de pelo corto y ondulado, muy distinto al largo y liso pelo rubio de Wendy Harper. Recordaba que estaba muy delgada y el chaleco antibalas que había traído la haría parecer diez kilos más gorda. También le había escogido dos pares de gafas: unas con los cristales oscuros para cuando fueran en coche y las otras con los cristales transparentes para cuando entrara en la oficina de la fiscal y en la comisaría. Till estaba seguro de que tendría que llevarla a esos dos sitios. La fiscal del distrito Linda Gordon estaría predispuesta a creer que la estaban engañando, y querría tomarle las huellas, hacerle una fotografía e identificarla. Till se dijo que tendría que preparar a Wendy para la hostilidad y las sospechas con las que se encontraría. Sin embargo, el hecho de que nadie, excepto él, estuviera planeando protegerla una vez llegaran a Los Ángeles era algo que, por ahora, se guardaría para sí mismo.

Rebuscó por la maleta y encontró un transmisor con pilas, lo encendió y utilizó el receptor para comprobar la carga de las pilas. Tenía planeado dejarlo en casa de Ann Delatorre y conectarlo para escuchar a cualquiera que entrara después de que él se la hubiera llevado.

Se metió el receptor en el bolsillo de la chaqueta y la pistola en la funda que llevaba colgada del cinturón en el lado izquierdo, donde Ann Delatorre podría verla si él apartaba la chaqueta. Después metió algunos de los artículos sobre la detención de Eric Fuller en un sobre y volvió a cerrar la maleta.

Bajó al casino, se abrió paso entre la multitud que se agolpaba frente a una enorme jaula de cristal donde una familia de leones africanos se tendía sobre unas rocas de aspecto muy natural, entró en una tienda y compró un plano de Las Vegas y alrededores. Fue hasta la entrada principal, se dejó acariciar por el cálido aire de la noche mientras el aparcacoches le traía su vehículo. Tardó muy pocos segundos en trazar una ruta para llegar a casa de Ann Delatorre, pero mantuvo la cabeza ladeada hacia el mapa durante un minuto mientras, a través de las gafas de sol, miraba a su alrededor. Desde la entrada se veían las ventanas del hotel San Remo, coches y peatones cruzando Tropicana Boulevard y, si miraba a la derecha, veía el atasco permanente en la calle principal de Las Vegas. Ahora mismo, había unas mil personas en su campo de visión, pero no había ninguna forma de localizar a nadie que lo pudiera estar vigilando.

Se subió al coche de alquiler, salió de Tropicana hacia Rainbow Boulevard, después giró a la derecha en Charleston Boulevard hacia Jones Boulevard y luego tomó dirección hacia el norte por Cheyenne Avenue, siempre con la mirada puesta en los coches que lo seguían. Aparcó frente a un supermercado, observó durante varios minutos los vehículos que pasaban por la calle y entró a comprar una botella de agua y algo de comer para el viaje de vuelta a Los Ángeles. Se quedó en la puerta del supermercado para comprobar si alguno de los coches que había visto detrás de él por el camino había aparcado allí mismo o en alguno de los demás aparcamientos que veía desde la puerta, pero no observó nada extraño.

Volvió a subir al coche y condujo sin rumbo concreto durante varios minutos, intentando localizar a algún perseguidor y esperando a que anocheciera. Y la noche llegó de una forma que ya había olvidado: el cielo azul y rosado se tornó rojizo mientras las infinitas luces que se movían se unían a las pantallas gigantes de las calles que proyectaban imágenes de mujeres preciosas, mesas llenas de comida y copas llenas de burbujeante champán para combatir la oscuridad.

Jack Till avanzó por Cheyenne Avenue, dio media vuelta y volvió a aparcar. Salió, entró en un enorme bloque de pisos y salió por el otro lado; rodeó el edificio y volvió al coche. Opinaba que para evitar que lo siguieran, la solución no sólo era intentar localizar a los perseguidores, sino ofrecerles una posible destinación falsa y llevarlos allí.

Cuando estuvo seguro de que nadie podía haberlo seguido hasta allí, cruzó Las Vegas hacia Boulder Highway. Condujo en dirección sur, se alejó de los enormes hoteles y se adentró en la parte plana de la ciudad, y luego se dirigió hacia Henderson, donde vivía Ann Delatorre. Mientras conducía, se repetía lo mismo una y otra vez: puede que Ann Delatorre no sea Wendy Harper. La había escogido de entre todas las mujeres que habían despegado de Santa Bárbara el 30 de agosto de hacía seis años, pero eso no significaba que tuviera razón. No sería la primera vez que, a partir de un razonamiento lógico basado en las pruebas más evidentes, se hubiera equivocado.

La dirección correspondía a una casa en una calle tranquila, ancha y limpia, con una larga hilera de viviendas de una planta. Cada una tenía un pequeño y bien cuidado jardín con un garaje para dos coches al lado. Después de pasar por delante de varias, observó una alternancia de estilos, entre mediterráneo, sureste y colonial, de modo que ninguna era igual a la de al lado.

Pasó por delante de la casa que buscaba, redujo la velocidad y observó qué luces estaban encendidas. Aquella calle de las afueras parecía un entorno poco probable para la Wendy Harper que había conocido, y aquello le provocó una incomodidad nueva. Habían pasado seis años desde la última vez que Wendy lo vio. Quizá no lo reconociera. Siguió por esa misma calle un buen tramo antes de dar media vuelta. Si todavía estaba nerviosa y vigilaba cada coche que pasaba por la calle, tenía que intentar no asustarla. Tendría que haberla llamado para avisarle de que iba a ir a su casa, pero no había forma de saber si alguien tenía pinchada la línea o incluso su móvil. Detuvo el coche de alquiler en una esquina cerca de la casa, se acercó hasta la puerta y llamó al timbre. Oyó pasos.

Se mantuvo frente a la entrada y con la cabeza alta, para que la luz lo iluminara y ella tuviera tiempo de reconocerlo. La puerta se abrió dos o tres centímetros y luego se detuvo. En el suelo había otro pestillo y Ann lo había cerrado. Till miró a través de los pocos centímetros de abertura y vio que la cara que lo estaba mirando era negra.

—¿Puedo ayudarle en algo? —la pregunta de la mujer era un desafío, un mensaje muy educado que transmitía que no le gustaba tener a un extraño en la puerta.

—Sí —respondió él—. Me llamo Jack Till y he venido a ver a Ann Delatorre. ¿Vive aquí?

Se produjeron unos segundos de duda en los que él supo que la respuesta era afirmativa.

—¿Qué puedo hacer por usted? —ahora la vio mejor, porque ella movió la cabeza de un lado a otro para comprobar si había venido solo. Debía de rondar la treintena, y tenía una cara bonita y los ojos marrones y grandes.

—Soy un investigador privado que la ayudó una vez hace unos años. Sé que querrá verme.

—Ya le veo —dijo la mujer—. Yo soy Ann Delatorre.

—Vaya, lamento mucho haberla molestado. Buscaba a otra persona —se dio la vuelta como si ya se marchara, pero entonces se detuvo—. Perdone, una cosa más. ¿Conoce a algún otro Delatorre en esta zona? Ése es su apellido de casada. El de soltera es Harper.

—No conozco a nadie más. Buenas noches —cerró la puerta y Till oyó el ruido de un pestillo, y luego de otro.

Se alejó de la puerta, fue hasta la esquina de la casa y la rodeó por un lado. Cuando llegó a la primera ventana, miró dentro. Era el salón, pero, a través de la ventana, vio que la mujer todavía estaba frente a la puerta, con el ojo pegado a la mirilla. Entonces se dio la vuelta y Jack Till se agachó y siguió avanzando. Se detuvo debajo de la siguiente ventana y se asomó con cuidado. Era la cocina.

La mujer estaba al otro lado, junto al teléfono. Él sabía que seguramente iba a llamar a la policía para decirles que había alguien merodeando por los alrededores de su casa, pero tenía que quedarse. Marcó once números: larga distancia. Till buscó en el bolsillo y encontró el pequeño micrófono que había esperado dejar en el interior de la casa. Buscó un agujero en la pared y encontró un saliente redondo que sobresalía unos centímetros, de unos siete u ocho centímetros de diámetro, y que tenía una tapa metálica. A juzgar por la posición encarada hacia arriba y por el lugar de la cocina donde estaba, supuso que sería el conducto de ventilación de la campana de extracción de humos. Miró a su alrededor para ver sobre qué podía subirse y vio tres cubos de basura de plástico con ruedas. Colocó el más grande debajo de la abertura, se subió, alargó el hilo al que iba enganchado el micrófono y lo dejó en el conducto de la ventilación de la cocina.

Aquel espacio parecía amplificar los sonidos. Oyó a la mujer caminar, unos pasos secos y fuertes, mientras escuchaba a alguien al otro lado de la línea. Y entonces dijo:

—Ha dicho: «Me llamo Jack Till. He venido a ver a Ann Delatorre. ¿Vive aquí?» —se quedó escuchando—. No, no lo ha dicho de entrada. Ha sido después, cuando estaba a punto de marcharse.

Me ha preguntado si conocía a alguien más que se llamara Delatorre, que era tu apellido de casada…, que tu apellido de soltera era
Harper.

Jack Till se acercó la muñeca a la cara. La llamada se había producido a las 20.07. Era 20 de julio.

La mujer continuó:

—Es bastante alto. Metro ochenta y tres o ochenta y cuatro. Está
en forma. No sé. Sí, podría tener cuarenta años, supongo. Dijo que
te ayudó hace seis años. ¿Es verdad? Quiero decir si es cierto. ¿Dice
la verdad? —Jack Till reconoció la frustración en la voz de la mujer.
En cuanto colgó, quedarse allí habría sido demasiado arriesgado.
Abrió la tapa del conducto y, muy despacio, recogió el micrófono y
se lo guardó en el bolsillo. Bajó del cubo de basura, lo colocó donde
estaba, volvió al coche y se dirigió al hotel.

Durante el camino, Till tuvo unos minutos para pensar. Ver
cómo la puerta se abría y encontrarse con otra mujer lo había decepcionado. Sin embargo, la sorpresa había llegado a los pocos segundos, cuando había descubierto que la decepción dolía porque
era algo personal, no profesional. Se había vuelto a permitir pensar
en Wendy Harper, recordar su cara y su voz, pero no se había dado
cuenta de la cantidad de emoción que había acumulado ante la idea
de volver a verla. En su mente, siempre había sido la mujer que
había conocido en el mal momento y en las circunstancias equivocadas; su oportunidad perdida.

Quizá la sorpresa había sido un correctivo. Tenía que comprobar lo que estaba pasando, no lo que él quería que pasara. Subió a
la habitación y miró el papel que le habían dado en la agencia de
investigación de Las Vegas, donde encontró el número de cuenta y
su compañía telefónica. Llamó al departamento de facturación de
dicha compañía y dijo:

—Llamo porque quisiera cancelar nuestro servicio de llamadas
a larga distancia. Vamos a trasladarnos a otra ciudad. Todavía no
tenemos la nueva dirección. Primero nos instalaremos en hoteles, de
modo que no puedo darle una dirección donde transferir el núme-

ro, pero me gustaría recibir la factura final para poder encargarme de todo lo antes posible. ¿Cuándo cree que podría tenerla? Vaya, genial. Gracias.

Al día siguiente, Till volvió a Henderson. Por el camino se encontró a la cartera; la adelantó un par de veces para controlar por dónde iba hasta que la vio entregar el correo en la manzana de Ann Delatorre. Miró el reloj: la una y cuarto. Se pasó el resto del día y la noche sentado en el coche observando si aparecía Wendy Harper, pero no vio señales de la llegada de ninguna visita. Volvió a acercarse los dos días siguientes, pero no vio ningún coche desconocido en el barrio.

A las dos y cuarto del tercer día, aparcó frente a la casa de Ann Delatorre, se acercó a la puerta y, mientras con una mano fingía que llamaba a la puerta, con la otra sacó del buzón el recibo telefónico que había solicitado y se lo guardó en el bolsillo interior de la cazadora. Al cabo de unos segundos, dio media vuelta, caminó hasta el coche y se marchó.

Aparcó en Crown Pointe Promenade, abrió el sobre del recibo y repasó la lista de llamadas. El 20 de julio, a las 20.07, Ann Delatorre había llamado a un número con el prefijo 415. Pertenecía a la zona de San Francisco. Anotó el teléfono en una libreta, rompió el recibo y lo tiró en un contenedor de basura del centro comercial. A las ocho y media de la tarde, volvió a casa de Ann Delatorre.

Aparcó delante de la entrada y llamó a la puerta. Esta vez, la puerta no se abrió unos centímetros, sino que se abrió del todo, y de golpe, y vio a Ann Delatorre frente a él, con un revólver en la mano apuntándole al pecho. El cañón era corto y, desde donde él estaba, la boca parecía una cueva.

—Vuelvo a ser yo. Jack Till. Si aprieta el gatillo, su entrada quedará llena de trocitos de mi corazón y pulmones —dijo.

—Lo sé. Y me alegra saber que usted también lo sabe —dio tres pasos hacia atrás—. Pase y cierre la puerta.

Él la miró a los ojos fijamente. Era un riesgo entrar en una casa con una mujer apuntándole directamente al pecho. No estaba seguro de cómo funcionaban las leyes en Nevada, pero en California, si un extraño como él aparecía muerto en casa de una mujer, era muy probable que el jurado decidiera que se trataba de un homicidio en defensa propia.

—Sé lo que está pensando —dijo ella—. Pero si quisiera matarle, me daría igual si estuviera dentro o fuera. Me iría de la ciudad.

Till dio un paso adelante, sin quitarle los ojos de encima, y ella retrocedió otro paso para mantener la distancia entre ellos. Él miró el revólver. Vio las relucientes puntas de las balas en la recámara, esperando.

Cerró la puerta y ella movió la pistola, de modo que ahora apuntaba a un lugar indeterminado a la izquierda de su pecho.

—Gracias —dijo él—. Me aterroriza verla caminar hacia atrás con eso apuntándome.

—Todavía puedo matarle.

—Sí, pero ahora, al menos, tiene que querer hacerlo.

—Por ahí, al salón —señaló con la mano que tenía libre—. Siéntese en el sofá.

Till entró en el salón y se sentó, se reclinó con los brazos estirados y se quedó quieto. Quería que Ann viera siempre dónde tenía las manos.

Ella se sentó en una silla a tres metros de él y apoyó el revólver en uno de los brazos de la silla, de modo que estaba preparada para actuar, pero sin cansarse.

—Dijo que era investigador privado. ¿Para quién trabaja?

—No trabajo para nadie. Encontrarla era algo que se tenía que hacer, así que en ello estoy.

—¿Me busca a mí?

—No. A usted no la conozco. Busco a una mujer que se llama Wendy Harper.

—¿Por qué?

—Acudió a mí porque la estaban persiguiendo. La ayudé a desaparecer. Ahora el hombre que fue su novio está acusado de asesinarla.

—¿Y si realmente está muerta?

—Si estuviera muerta, no creo que me hubiera dejado entrar en su casa y estuviera hablando conmigo. Intento hacer saber a Wendy que Eric Fuller está metido en un lío por lo que hicimos.

—¿Qué quiere que haga ella?

—Quiero que vuelva a Los Ángeles conmigo y se quede allí el tiempo suficiente para demostrar a la fiscalía del distrito que está viva. Retirarán los cargos contra Eric Fuller y ella podrá volver a dondequiera que esté.

—Eso, si está viva. Y si sigue viva después de ir a Los Ángeles.

Jack Till recurrió a la táctica que había utilizado como detective de homicidios: intentar convertirse en el amigo que entendía y perdonaba.

—Mire, estoy con ella. Estoy seguro de que, si usted sabe algo de lo que pasó entonces, ya lo sabrá. La mantuve viva una vez. Y veo que usted también está de su lado. Sé que está asustada, y que aun así intenta protegerla y hacer lo mejor para ella. Yo también, pero proteger a alguien puede ser duro y peligroso. No se equivoca al estar preocupada —meneó lentamente la cabeza, como si estuviera pensando en amenazas concretas que ella todavía desconocía.

—Continúe.

El revólver no es mala idea. Aunque no es suficiente. Si los dos pudiéramos cooperar en esto, creo que todos estaríamos más a salvo. Sé que llamó a alguien justo después de que me marchara la otra noche. ¿Llamó a Wendy?

—No. Llamé a mi madre.

Till hizo evidente su decepción. Al cabo de unos segundos, dijo:

—Le enseñé a esconderse. Creí que eso bastaría para mantenerla a salvo, pero las cosas han cambiado. El hombre del que huyó parece que ha puesto sobre la mesa mucho dinero para que la atrapen. Eso significa que asesinos profesionales tratan de dar con ella. ¿Por qué no quiere ayudarme?

—Estoy en deuda con ella.

—En tal caso, debería querer lo mejor para ella.

—Es lo que quiero. Pero no sé qué es lo mejor, y dudo de que usted lo sepa.

—¿Hace cuánto que la conoce?

Ella lo miró en silencio, pensativa, y luego se encogió de hombros.

—Muy bien. No hay ningún motivo por el que deba ocultárselo. La conocí hace seis años. Debió de ser unas dos semanas después de que usted la dejara en el aeropuerto de Santa Bárbara. Caminaba por el pasillo de mi rellano. Estaba llorando, de modo que tenía la visión ligeramente nublada; giré una esquina y choqué con ella. Nos miramos y vi que ella también estaba llorando. La escena era tan estúpida que nos quedamos allí y nos echamos a reír.

—¿Ella también vivía allí?

—Sí. Era un lugar horrible, un edificio lleno de perdedores y gente que huía de algo. Estaba a un par de kilómetros al norte de la ciudad y nadie hablaba con nadie, pero, a partir de nuestro encuentro, nos hicimos amigas.

—¿Qué hacía usted allí?

Ella entrecerró los ojos un momento, pero luego pareció que cambiaba de idea.

—Problemas con mi novio.

—¿Qué tipo de problemas?

—Me estaba buscando. Me marché y él quería que volviera.

—¿Dónde fue eso?

—En otra ciudad. A menos que haya venido a hacerme daño, a usted no le incumbe en qué ciudad pasó eso. Dice que no quiere hacerme daño, pero, en cualquier caso, no voy a decirle nada que le dé el poder para hacerlo. Lo conocí y me fui con él. Mi madre era muy creyente. Metió todas mis cosas en una maleta, me las dejó en la puerta de casa y cerró con llave. Tuve que quedarme con Howard y fue muy duro. Quería mucho de mí, y yo se lo di. Cociné para él y sus amigos y me encargué de la casa. Él se dedicaba a vender droga a coches que se acercaban a la esquina de casa. Yo guardaba el dinero, la droga y su pistola. Si te pillan, no pueden juzgarte como a un adulto hasta que cumplas los dieciséis.

—¿Se lo dijo él?

—Sí.

—¿Le dijo también que no le dispararían?

—No hablaba de esas cosas, pero usted tiene razón. Era de ésos. Él se quedó con el dinero y yo con los problemas.

—¿Qué problemas?

—Howard se peleó con el tío que le vendía la droga. No era una de esas peleas en las que te escondes durante un tiempo y luego vuelves a tu vida. Era de las que ni siquiera vuelves a casa a por tus cosas. Te marchas de la ciudad.

—¿Fue entonces cuando le propuso que se prostituyera?

Se le relajaron los músculos faciales, de modo que le quedó una cara totalmente inexpresiva.

—Sí —lo miró para intentar reconocer algún tipo de reacción que debía de haber visto antes, pero no vio nada. Continuó, muy despacio—. Me dijo que sólo sería una vez y que estaríamos a salvo, que me estaría agradecido para siempre. Era una ciudad en la que no habíamos estado y nadie me reconocería, así que, una vez lo hiciera, todo habría terminado.

—¿Y fue así?

—¿Usted qué cree?

—Que no.

—Seguimos durante una semana más, hasta que tuvimos el dinero suficiente para irnos a otra ciudad, una ciudad más grande. Pero Howard no pudo hacer ningún contacto. El tipo que se suponía que tenía que estar en esa ciudad y ayudarlo a instalarse se había ido. Tuvo que salir y gastarse el dinero en conocer gente que le presentara a las personas que tenía que conocer —suspiró—. Y el dinero se acabó.

—Y volvió a pedirle que ejerciera la prostitución.

Ella asintió.

—Esa vez fue distinto. La primera vez, estábamos los dos fuera, y yo iba arreglada y maquillada y, cuando veíamos a alguien, Howard me preguntaba si me gustaba y yo decía: «Por favor, con ése no», o bien «Vale». Si aceptaba, se acercaba al hombre, se lo proponía y acordaban un precio. Luego yo iba a hablar con el hombre y me lo llevaba a nuestra habitación. Howard nos seguía y se quedaba fuera para evitar que me pasara algo malo. Esta vez, en cambio, todo fue distinto. Tuve que ir sola a la calle donde los hombres iban a buscar chicas. Estaba helada. Y asustada de los hombres y los policías, y de las otras chicas que estaban allí con pinta de querer pegarme una paliza o echarme en cualquier momento.

»Howard me dijo que, si no me iba con nadie que no tuviera un buen coche y fuera bien vestido, no tendría ningún problema. Rechacé algunas ofertas, pero entonces llegó uno en un Jaguar. Debía de tener unos sesenta años y llevaba una cazadora negra y vaqueros. Cuando sujetó el volante con la mano izquierda, la manga de la cazadora subió un poco y vi un reloj de los buenos. Se acercó para hablar conmigo a través de la ventana del copiloto. Dijo: "Señorita, ¿trabaja esta noche?". Recuerdo que era muy educado. Me sorprendí ante mi suerte. Podía subirme al coche y salir de allí sin tener frío ni miedo durante un rato. Estaba tan aliviada que realmente sentí algo por él; poco, pero algo. Subí al coche y me llevó hasta mi casa. Cuando llegamos, esperaba ver a Howard por allí, pero no estaba. Tuve que abrir la puerta y encender las luces antes de entrar. Pero Howard había estado en la habitación, mirando por la ventana y esperando. Nos oyó acercarnos por el pasillo, me oyó sacar la llave de la puerta y se escondió. Cerré la puerta y empecé a hacer mi trabajo, lo que le había prometido al viejo.

»De repente, Howard salió del armario, con un cuchillo en la mano. Amenazó al hombre, le robó la cartera, el reloj, las llaves del coche y lo dejó allí atado. Me llevó con él y fuimos a la siguiente ciudad. Destrozó el coche y lo dejó abandonado, utilizó las tarjetas de crédito durante varias horas para comprar cosas y se quedó el dinero en efectivo. La noche siguiente, cuando alquiló una habitación y me volvió a enviar a la calle, salí y me fui.

—¿Huyó a Las Vegas?

—Al principio, no. Me marché de esa ciudad y fui a otra. Conseguí trabajo en una tienda de ropa para mujeres. Al cabo de un par de meses, volví a casa una noche y vi que las luces de mi piso estaban encendidas. Lo vi en la ventana, esperando. Estaba seguro de que era tan estúpida como para subir. Pero no lo era.

—¿Qué quería? ¿Lo descubrió alguna vez?

—A mí. A veces creía que quería volver conmigo y, otras veces, pensaba que se presentaba al cabo de un par de meses porque sabía que, en ese tiempo, habría ahorrado algo de dinero y podría quitármelo.

—Parece que no la ha vuelto a encontrar desde entonces. ¿Qué pasó?

—Ann Delatorre. Nos hicimos amigas. Nos lo explicamos todo. Al cabo de un año, me hizo un regalo.

—¿El nombre?

—Es más que un nombre. Es una vida. Se quedó en aquel bloque de pisos unos meses. Cuando la conocí, ya había dado una paga y señal para esta casa. Estaba preparándose para la mudanza. Y me trajo con ella.

—¿Así sin más?

—Sabía que necesitaba vivir en algún sitio donde Howard jamás me buscara. Ésta es la casa de Ann Delatorre. Las dos sabíamos que, si descubría que estaba en Nevada, no me buscaría en un tranquilo barrio residencial a las afueras de Henderson. Creería que estaría en las sucias calles de la ciudad ganándome la vida como pudiera.

—¿Y cómo salieron adelante?

—Utilizó el nombre de Ann Delatorre durante un tiempo, compró la casa y dejó que me quedara a vivir con ella. Empezó un negocio de ventas de excedentes de ropa de marca por Internet. Yo trabajaba con ella, me encargaba de los paquetes y los envíos y de atender los pedidos que llegaban por correo electrónico. Nunca dijimos que sería algo permanente, pero las dos sabíamos que mantenernos a salvo implicaba escondernos y que, cuanto más tiempo viviéramos tranquilas en este barrio al frente de un negocio de ventas por Internet, menos posibilidades había de que nos encontraran.

—Y un día decidió dejarlo todo, ¿verdad?

—¿Acaso creía que no lo haría?

—Sé que lo haría. Ya lo había hecho antes.

—Creo que se puso nerviosa, empezó a preocuparse por si no se había escondido o alejado lo suficientemente bien. Me lo dio todo: el certificado de nacimiento, las tarjetas de crédito, la escritura de la casa, los documentos del negocio. Sacó todo el dinero de la cuenta del negocio y me ayudó a abrir una cuenta nueva en la que yo aparecería como Ann Delatorre. Luego me acompañó a Nuevo México para que solicitara un permiso de conducir con el nuevo nombre. Y después se marchó.

—¿Dónde está?

—No lo sé.

—Le dio su nombre. Sabe que hay alguien que la persigue, ¿verdad?

—Claro. Nos lo contábamos todo.

—Y, sin embargo, usted mantuvo el nombre... Ann Delatorre. Era parte del trato, ¿no es cierto? Podía quedarse con la casa y el negocio, pero tenían que estar a nombre de Ann Delatorre. Usted es el sistema de alarma. Si venía alguien a buscarla, lo más probable es que lo hiciera como lo hice yo, siguiendo el rastro del cambio de nombre y luego localizando esta dirección. Si se presentaba alguien, usted tenía que avisarla.

—No es así. Ninguna de las dos creía que se fuera a presentar nadie.

—No quiero hacerle daño a nadie. Sólo intento evitar que juzguen a su mejor amigo por su asesinato.

Ann Delatorre lo miró desafiante.

—Él ya no es su mejor amigo. Ahora su mejor amiga soy yo.

—Entonces tiene que dejarme hablar con ella. ¿Dónde está?

—No lo sé.

—Lo sabe o no habría podido avisarla de mi visita. Está aquí para eso. Tiene algo. ¿Sólo tiene un teléfono?

Ann Delatorre lo miró con perplejidad.

—Es muy listo, pero no tanto.

—¿Ah, no?

—Si alguien viene a buscarla, me matarán o los mataré yo. En cualquier caso, saldrá en los periódicos, ¿no? Ella sólo tiene que buscar el nombre Ann Delatorre en Internet cada día y ver si ha pasado algo.

Till la miró. No había soltado el revólver. No lo estaba apuntando al corazón, aunque tampoco se alejaba demasiado.

—No va a confiar en mí.

—No puedo.

—Voy a levantarme —se echó hacia delante y se levantó sin hacer ningún movimiento rápido o brusco. Ann Delatorre también se levantó y se colocó detrás de la silla, para que hubiera algo entre los dos. Mientras caminaba hacia la puerta, Till dijo:

—Es una buena amiga. Está claro. Pero hay alguien más buscándola. El hombre que la está persiguiendo contrata a gente para que le solucionen los problemas. Son profesionales de modo que, mientras pueda pagarles, no dejarán de buscarla. Tarde o temprano, le seguirán la pista hasta aquí. Espérclos.

Mientras abría la puerta, se volvió para mirarla. Todavía lo estaba apuntando con el revólver.

—Ya lo hago.

15

Eran casi las diez cuando Paul Turner detuvo el coche en la esquina de la calle donde vivía Ann Delatorre.

—Ya se ha ido. Ha estado en esa casa dos veces hoy —dijo Paul—. Apuesto a que lo organizó hace seis años: si alguna vez necesitaba ponerse en contacto con Wendy Harper, vendría aquí y Ann Delatorre sabría dónde estaba.

—Till es increíble —dijo Sylvie—. Nunca dijo a nadie que había conocido a Wendy Harper, y mucho menos que la había ayudado a desaparecer. Pero se molestó en buscar a una mujer de la que nadie había oído hablar para que hiciera de intermediaria.

—Esa casa podría ser el punto de encuentro, pero no podemos darlo por sentado.

—¿Qué hacemos?

—Es como mirar un truco de magia. Miras la mano que sujeta la bola e ignoras lo demás —se volvió hacia el portátil que Sylvie tenía sobre las rodillas y observó los puntos azules que aparecían en el mapa—. Seguiremos el coche de Till.

Salió de la curva y se dirigió hacia la Boulder Highway camino de Las Vegas. Cuando llegó a la ciudad y giró a la izquierda hacia la calle principal, un poco más adelante vio los focos y la maquinaria de construcción. Realizó tres rápidos cambios de carril para intentar evitar el tráfico. Y luego hizo un gran giro. Las Vegas estaba llena de zonas en obras para construir, cambiar o renovar calles. Estaban ampliando la calle principal para acoger la expansión de un hotel, pero esa noche las grandes máquinas amarillas que vomitaban asfalto o levantaban nubes de polvo sólo dejaban libre un carril. Las manos de Paul siempre se mostraban seguras y firmes mientras conducía.

Sylvie no estaba preocupada por alcanzar el coche de Till. Observó los oscuros ojos de Paul, brillantes con la mirada perdida al frente, y supo que él también estaba anticipando acontecimientos. Estaba pensando en los detalles.

—Vamos a necesitar los dos treinta y ocho y el rifle. Asegúrate de que estén cargados y en un lugar donde podamos cogerlos con facilidad y disparar.

—Vale. —Sylvie se quitó el cinturón de seguridad, se arrodilló en su asiento y alargó la mano para buscar entre las cosas que tenía detrás de su asiento. Con cuidado, colocó el rifle SKS entre los dos asientos delanteros. Lo cubrió con la chaqueta porque los conductores de camiones y de las máquinas niveladoras que pasaban por su lado podían verlo desde arriba.

A Sylvie le gustaban los calibre treinta y ocho que habían comprado al vendedor de armas de Paul. Los revólveres eran sencillos y las diferencias entre ellos eran básicamente cosméticas. Sin embargo, el SKS tenía un perfil muy feo, como una avispa negra, con una culata metálica doblada y una empuñadura de pistola lo suficientemente corta que facilitaba su manejo dentro de un coche. El SKS era ruso, así que las letras que no se habían eliminado no significaban nada para ella, y la acción le parecía tensa e impredecible. Las partes móviles que funcionaban con muelle le pinchaban los dedos. Sujetó el rifle con cuidado debajo del abrigo y alargó el brazo para buscar en la bolsa de la munición.

—¿Quieres que ponga una bala en la recámara de esta cosa?

—Perfecto.

—Vale. Para que sepas que está cargada —encajó la bala, sujetó el rifle por la empuñadura y sacó la válvula del cargador. Verificó el seguro y dejó el rifle entre su asiento y la puerta, con el cañón hacia arriba, de modo que cualquier disparo accidental sólo provocara un agujero en el techo del coche de alquiler. Luego abrió la guantera y sacó los dos calibre treinta y ocho, con cuidado de no rozar con nada las bocas de los cañones. Comprobó la recámara de los dos revólveres y los colocó en su regazo.

El SKS podía atravesar la carrocería de un coche. Los revólveres no tenían la misma fuerza de penetración, pero eran letales disparados a través de un cristal a corta distancia. Seguro que Paul estaba planeando atrapar a Till y Wendy Harper en el coche del investigador y matarlos a los dos a la vez, sin ningún tipo de preliminares. Siempre parecía saber qué quería y cómo conseguirlo. Era una de las cosas que siempre le habían gustado de él.

Cuando se conocieron, ella todavía estaba casada con Darren Mckee. Después de tanto tiempo, le costaba recordar cómo había sido estar casada con Darren. Era bajo; le llegaba a la oreja. Recordaba que, al abrazarlo, notaba su pelo en el lóbulo de la oreja. Todavía recordaba lo mucho que picaba su bigote en su piel, aunque ya no era una sensación, sólo era información. Ya no podía recordar su voz, su olor o el tacto de sus manos en su cuerpo. Ya no ocupaba ni una célula de su memoria.

Darren la mimaba y la controlaba. Le dejaba comprarse toda la ropa que quería, pero siempre se la revisaba cuando volvía a casa y, si no le gustaba, se la hacía devolver a la tienda. Le programaba los días, de modo que tenía dos horas de ejercicio y luego una hora para que la peinaran y la maquillaran. Le parecía que era beneficioso para ella que saliera de casa por la tarde, así que, de una a cinco, tenía tiempo para comprar, quedar con amigas o ir al cine. También tenía móvil, pero casi nunca lo utilizaba. Darren la llamaba varias veces al día para ver si estaba cumpliendo con el horario. Si no lo cumplía, le reorganizaba las actividades para darle más tiempo.

El dinero había sido una gran sorpresa para ella. En aquel entonces, ya hacía quince años que Darren se dedicaba a gestionar las giras de las estrellas de cine pornográfico. Como grupo, sus clientes requerían ingentes labores de gestión, puesto que las había drogadictas, con pocas luces o perezosas, pero se les daba de maravilla atraer la atención masculina. Darren ejercía de productor. El club pagaba por un espectáculo y él pagaba sueldos a las chicas. De modo que, en lugar de quedarse con el diez o el quince por ciento que habría ganado como mánager, se quedaba un sesenta y dejaba que las chicas se hicieran ricas a base de propinas.

Antes de que ella descubriera que Darren tenía dinero, él la había convencido para firmar un acuerdo prematrimonial.

—Cariño —dijo—, es para proteger tu dinero y mi orgullo. No puedo permitir que la gente del negocio crea que me he casado con una atractiva y joven estrella para aprovecharme de su dinero. Es frustrante. Si firmamos el acuerdo, nuestros patrimonios quedan separados. Puedo decir que apoyo a mi mujer y que no he tocado ni un céntimo de su cuenta.

Sylvie firmó. Al cabo de poco tiempo, descubrió cómo Darren había conseguido seguir siendo rico después de tres matrimonios, pero no le importó.

Lo que sí que empezó a molestarle un poco fue que ella tenía veintiún años y él cuarenta. Se aburría. Él siempre estaba ocupado, obsesionado con los negocios, y no era divertido. Y un día, cuando terminó la clase del gimnasio que Darren le había programado y se fue al vestuario, pasó por delante del tablón de anuncios y vio una hoja de papel. Decía: «CLASE DE BAILE: BAILES DE SALÓN». Ponía que se haría en la sala de aeróbic esa tarde, así que se quedó para mirar a través del cristal.

En cuanto escuchó la música y vio a la profesora enseñar los pasos, Sylvie empezó a moverse al ritmo de la canción que sonaba, imitando de forma inconsciente los pasos. Pero la profesora, que hacía unos segundos que se había presentado como Fran, la vio y la invitó a entrar.

Sylvie no vio a Paul. Entró en la sala y, sin apartar la vista de la profesora, empezó a dar los primeros pasos de la samba, y de repente allí estaba él, a su lado bailando con ella. Y así fue. Se convirtieron en compañeros de baile. Cuando la clase terminó, Paul se quedó con ella unos minutos en la sala grande, llena de bicicletas estáticas, cintas de correr y máquinas de remo. Se presentaron e intercambiaron las versiones cortas de sus vidas, esas que la gente se construye y lleva siempre encima como tarjetas de presentación. Luego ella dijo:

«Tengo que irme» y él respondió: «Espero verte el jueves», y mientras Sylvie se alejaba, se dio cuenta de que la versión de su vida que le había dado era nueva. No había mencionado que estaba casada.

El jueves, sencillamente entraron en la sala cuando terminó la clase de aeróbic y se colocaron juntos, aunque algo separados de los demás alumnos, y esperaron a que la clase empezara. En clase, Sylvie llevaba el pelo recogido en un moño, igual que durante todos los años que había bailado ballet. Fran, la profesora, era una vegetariana delgada de mediana edad que antaño había sido profesora de educación física. Se movía como un antropólogo demostrando los bailes de una cultura tribal. Los pasos estaban copiados con gran exactitud técnica, pero no había sabido captar la pasión y la elegancia de los bailes. Tenía que expresarlo con palabras y recurrir a los buenos bailarines para complementar las cualidades que le faltaban, y los mejores bailarines eran Paul y Sylvie. Él era el tipo de hombre que madame Bazetnikova llamaba *un danseur noble*. Sin embargo, igual que en el ballet, el baile no giraba en torno a él, sino a ella.

Cuando bailaba con Paul, Sylvie se sentía bella, salvaje y en cierto modo triunfante. Después de años sin hacer nada, estiró la espalda y, aun así, él seguía siendo más alto. Desde el instituto había intentado parecer pequeña para pasar desapercibida. Ahora quería que la vieran, que la admiraran. Se sentía ligera y elegante, como si pudiera volar un palmo por encima del suelo.

Cuando la música terminó, Fran se puso su enorme suéter, se marchó y el resto de la clase la siguió. Paul colocó la mano en la parte baja de la espalda de Sylvie y ejerció la misma presión que cuando bailaban. Hablaron mientras caminaron, básicamente sobre baile, las partes que más les gustaban y lo que querían mejorar. Pero ella no estaba pensando en las palabras. Estaba pensando en la mano que tenía en la espalda.

Pensó en lo que querría decirle al poner allí la mano, y qué significaba que ella lo hubiera dejado hacerlo y que obedeciera a su presión y lo siguiera en lugar de irse al vestuario a cambiarse para la clase de gimnasia. La acompañó hasta el asiento de copiloto de su coche, abrió la puerta y la llevó a su piso. Por el camino, hablaron del tráfico, del calor del verano, de las casas de su calle, pero no de hacia dónde iban. Sylvie se dijo que era ridículo que, después de haber rodado tantas películas porno, ahora estuviera tensa y se dedicara a percibir la delicada ambigüedad de cada palabra, gesto o mirada.

Dejó que la llevara hasta el piso igual que la llevaba en el baile. Dejó que la desnudara y sintió, por primera vez, una sensación de certeza. Así era como siempre había querido que fueran las cosas. Más tarde, cuando terminaron, se quedó en la cama de Paul unos minutos, luego se incorporó, fue al salón y empezó a vestirse a medida que iba recogiendo su ropa del suelo. En el camino de vuelta, hablaron igual que antes, sobre las canciones que les gustaban y la clase de baile.

El martes siguiente, la historia se repitió y Sylvie se dio cuenta de que no había sido un acto aislado, un error cometido por ambos que los dos callarían para siempre. Ésa fue la mentira que ella se dijo. Pronto empezó a mentir a Darren sobre las clases de gimnasia que no hacía en el gimnasio y sobre sus compañeros de la clase de baile. A veces, le describía a hombres que estaban en la clase y, otras veces, como había más mujeres que hombres, le decía que ese día sólo había bailado con una chica.

Al cabo de unas semanas, le dijo a Paul que estaba casada. Él contestó:

—Vi la señal en tu dedo.

Dos meses después, él dijo:

—Deberíamos casarnos. Ya es hora de que te divorcies.

Ella le explicó lo del acuerdo prematrimonial.

—Si me divorcio, no tendré mucho dinero…, sólo lo que pude ahorrar antes de casarme.

—¿Él tiene dinero?

—Sí.

—Entonces ha cometido un error.

—¿Por qué?

—Porque sólo te ha dejado una opción para conseguir tu parte.

Sylvie no se hizo más preguntas. No preguntó: «¿Qué quieres decir?» No, no dijo nada. Durante dos meses, dio vueltas a lo que Paul había dicho. Sabía que había hablado bastante en serio, porque lo dijo con el tono jocoso propio de los hombres que fingen bromear, pero que no bromean, cuando la frase es más bien una pregunta. Reconoció en ella alguna sensación que no debería sentir. Le molestaba que Darren la hubiera conocido en un momento complicado y le hubiera propuesto matrimonio como la alternativa a la parte mala de su vida. Empezó a desear que estuviera muerto.

Sin embargo, Paul se encargó de Darren solo. Esperó a que saliera de gira con un par de chicas que, en sus últimas películas, se llamaron Ray-Lee y Kay-Lee. A todas las actrices de cine pornográfico les gustaba hacer escenas lésbicas porque eran mucho más fáciles y menos peligrosas y agotadoras que la penetración. Esas dos habían capturado de forma temporal la imaginación del segmento del público al que le gustaba ver esas cosas.

Paul voló a Nueva York, fue en coche hasta Filadelfia y esperó a que Darren y las chicas llegaran a la ciudad. Reservó una habitación en el mismo hotel y luego esperó hasta que, una mañana, las jóvenes salieron de la habitación contigua a la de Darren para ir al balneario del hotel. Paul se colocó frente a su puerta con una bolsa de la compra y llamó. Cuando Darren abrió, Paul lo empujó, entró y cerró la puerta. En la bolsa, llevaba un revólver calibre treinta y dos con una botella de plástico de agua encajada en el cañón para silenciar el ruido. Paul le disparó en el pecho, luego se le acercó y le disparó en la cabeza. Salió con el arma en la bolsa y cerró la puerta. Si alguien había oído los ruidos, no podía haberlos interpretado como disparos. Las chicas encontraron a Darren dos horas después, cuando Paul ya estaba en el aeropuerto esperando su vuelo.

Esa mañana, el timbre de la puerta despertó repentinamente a Sylvie y, cuando abrió, se encontró con dos agentes de policía. Puesto que sólo habían pasado cuatro horas desde la muerte de Darren, aquello eliminó para siempre cualquier sospecha de que lo hubiera matado ella. Ningún vuelo desde la Costa Este la habría traído a casa tan deprisa.

Aun así, cuando Paul le dio el pésame antes del funeral, le dijo que no podían llamarse, escribirse o verse en tres meses, porque la policía solía vigilar a los familiares de víctimas de asesinato. Noventa y un días después, se encontraron, aparentemente por casualidad, en el Ritz-Carlton de Chicago. Volvieron a Los Ángeles en días distintos, Sylvie volvió a ir a clase de baile y los dos empezaron un periodo de cortejo fingido.

Ella lo miró mientras conducía por las calles de Las Vegas y sintió un ligero mareo de emoción. No había nada más erótico en el mundo que estar con un hombre que había matado a tu marido para estar contigo. La sensación de no poder respirar seguía viva incluso quince años después. Sin embargo, mientras lo miraba, vio que su cara cambiaba y adquiría otra expresión.

—¿Qué pasa?

—Mira.

Sylvie miró hacia delante. Cuando lo hizo, un enorme avión con las alas rojas de la Southwest Airlines les pasó por encima y aterrizó en una lejana pista.

—¿Está en el aeropuerto?

—El coche está en el aeropuerto. Creo que lo ha devuelto.

—¿Y cómo vamos a saber dónde ha ido?

Paul caminó muy despacio en la oscuridad por la acera de la casa de Ann Delatorre, intentando no hacer ruido con los zapatos. No había ningún cartel de alarma en el jardín, ni pegatinas de empresas de seguridad, ni ningún aparato de detección del movimiento en las ventanas, y no le extrañó. La gente que huye no quiere mantener conversaciones con policías que acuden por falsas alarmas o por robos menores. Quieren que su vida sea tranquila y discreta. Y a él eso le gustaba. Lo que no le gustaba era que la mayor parte de esa gente compensa la ausencia de seguridad con armas propias.

Se asomó por un lateral de la casa y vio a Sylvie junto a la puerta trasera. En la oscuridad de aquella zona, sólo pudo verle la mano derecha junto al muslo, lo que significaba que tenía el revólver en la mano de forma que, si se encendía alguna luz, desde dentro no lo verían. Sylvie había enroscado los silenciadores a los cañones de las dos armas. Para trabajos como ése, a Paul le gustaba utilizar balas de calibre y velocidad menores. Si Ann Delatorre podía sentirse intimidada frente a un revolver, un treinta y ocho con silenciador la asustaría igual que un mágnum cuarenta y cuatro y, si no se impresionaba, el treinta y ocho la mataría igualmente.

Sylvie asintió en silencio y Paul se dirigió hacia la parte delantera de la casa. Estaba buscando la habitación donde dormía Ann Delatorre. Se había asomado a dos habitaciones que estaban a oscuras y sólo había las sábanas lisas y las almohadas intactas. Al fin encontró lo que estaba buscando. La tercera habitación tenía las cortinas corridas, pero se acercó a una esquina y adivinó la figura de un cuerpo dormido.

Se quedó quieto y escuchando unos segundos. En aquel barrio, la noche era muy tranquila. Sabía que la carretera 215 atravesaba Henderson, pero quedaba demasiado lejos para oír el ruido de los coches. Volvió a la ventana de una de las habitaciones con la puerta cerrada. Cualquier ruido accidental que hiciera al entrar era menos probable que despertara a Ann desde allí.

Paul utilizó un cortador de cristal para dibujar un semicírculo justo encima del seguro de la ventana. Pegó un trozo de cinta aislante en el corte, se puso los guantes de piel y golpeó el cristal. Sólo se oyó un golpe seco y el clic del cristal, que no cayó al suelo por estar enganchado a la cinta. Retiró la cinta aislante muy despacio y, con ella, el trozo de cristal, luego metió la mano por el semicírculo y abrió la ventana unos quince centímetros.

Metió la cabeza por la abertura y se quedó escuchando. Cuando no oyó nada más que el ruido del aire acondicionado, abrió la ventana del todo y entró. Se quedó agachado en el suelo unos segundos, hasta que sus ojos se adaptaron a la oscuridad. Paul había matado a varias personas mientras dormían en su cama y disfrutaba con ello. Se acercó a la puerta, se quedó quieto unos segundos, luego giró el pomo y abrió.

El golpe seco lo sorprendió y el halo de luz lo cegó. Se echó a un lado de forma instintiva, de modo que volvía a estar pegado a la pared, y se quedó allí. Oyó pasos que salían de la habitación al otro lado del pasillo, que pasaban por delante de su puerta y que se alejaban antes incluso de que pudiera sacar el revólver.

Paul abrió la puerta y disparó, pero sabía que llegaba un segundo tarde. Fue sólo una forma de combatir la parálisis de su cuerpo y hacer algo. Corrió por el pasillo sabiendo que, si lo estaba esperando para dispararle, apuntaría hacia la esquina. Dejó la esquina atrás, se metió por otra puerta y fue a parar a otro pasillo. Vio una puerta abierta y, más allá, la noche.

Había conseguido salir. Corrió hacia la parte trasera y oyó la voz de Sylvie:

—Tira el arma. Date la vuelta y entra.

La silueta de la mujer apareció en la puerta y, detrás, Paul vio la silueta más alta de Sylvie, que entró y cerró la puerta mientras él encendía la luz.

La mujer era negra. Iba descalza y llevaba unos pantalones de chándal y una camiseta blanca con el logo de la Universidad de Las Vegas. Paul la miró.

—¿Quién eres?

—Me llamo Ann Delatorre.

—¿Dónde está Wendy Harper?

—¿Quién es Wendy Harper?

Él se inclinó hacia delante y le dio un puñetazo en las costillas con la mano libre. Tuvo la sensación de que le había roto un par porque, cuando la mujer intentó levantarse, el dolor pudo con ella durante un segundo.

Paul la agarró por el pelo y la sacudió, y después tiró de ella hacia un lado hasta que su cabeza golpeó la pared.

—La conoces. Dilo.

—La conozco.

Sin soltarle el pelo, le levantó la cara para que tuviera que mirarlo a los ojos.

—Si nos dices dónde está, te daré diez mil dólares. Puedes subir a un avión y tomarte unas vacaciones y, cuando vuelvas, nadie sabrá cómo nos enteramos. Nunca más volverás a vernos.

—No sé dónde está.

Paul volvió a lanzarle la cabeza contra la pared, aunque esta vez con más fuerza. Después del golpe, la mujer resbaló al suelo inconsciente. Él esperó unos segundos, hasta que parecía que había recuperado la conciencia. Entonces le dio varias patadas.

Sylvie empezó a preocuparse. La mujer estaba recibiendo muchos golpes, quizás incluso quedara discapacitada, pero no parecía asustada.

—No la mates, o no podrá decirnos lo que queremos saber —susurró.

—Escucha, ¿entiendes lo que te digo? —preguntó Paul.

—Sí.

—Entonces piensa un momento. Quiero algo pequeño y fácil. Y te lo pagaré muy bien. Si no me lo dices, te haré sufrir. No me respondas enseguida. Escúchame y piensa —se volvió hacia Sylvie—. Ve a la cocina y tráeme un cuchillo grande.

Sylvie entró en la cocina. No quería encender otra luz, pero no vio ningún cuchillo en la encimera, de modo que tuvo que abrir los cajones. Oyó un grito…, no de dolor, sino de rabia y odio. Dio media vuelta y volvió corriendo al pasillo.

Cuando salió de la cocina, se quedó horrorizada. El ruido lo había hecho la mujer. De alguna forma, había tirado a Paul al suelo y estaba encima de él, arañándole y mordiéndole. Él la sujetaba con la mano izquierda y, con el antebrazo derecho, se protegía la cara, pero no podía agarrarla, de modo que ella seguía intentando quitarle el revólver y, cuando él apartaba la mano, iba a por sus ojos.

Sylvie corrió y pegó el cañón del revólver a la cabeza de la mujer.

—¡Basta! ¡Basta! —gritó, pero Ann Delatorre volvió la cabeza de golpe, con los ojos vivos, casi alegres de ver el arma de Sylvie.

Ésta le disparó a la cabeza. El cuerpo de la mujer cayó donde estaba, sentada a horcajadas encima de Paul en medio del pasillo mientras él estaba tendido de espaldas. La empujó, rodó por el suelo y se liberó del peso del cadáver.

—Mierda —dijo. Se levantó con cierta dificultad—. Joder, qué desastre.

Sylvie lo miró, horrorizada igual que cuando había oído el grito. Paul iba empapado con la sangre de la mujer, que también había salpicado las paredes del pasillo, e incluso había varias gotas de sangre en el techo, pero como Ann Delatorre había caído encima del pecho y el cuello de Paul, éste tenía la ropa empapada. Tenía tres heridas alargadas en la mejilla izquierda, donde la mujer lo había arañado, y un arañazo debajo del ojo derecho. Se separó la camisa del pecho, se desabrochó un par de botones y se miró la piel del pecho.

—¡Madre mía, te ha mordido!

—Sí. Me ha mordido y arañado, y ha intentado sacarme los ojos.

—Estaba loca.

—Sí. He apartado la vista un segundo cuando te has ido a la cocina. Supongo que lo estaba esperando —miró el cadáver—. Ojalá no la hubieras matado.

—¿Qué?

—Es lo que ella quería, no lo que yo quería. Sylvie, sabías que la necesitábamos viva para que respondiera a nuestras preguntas.

—¿Qué podía hacer? Te estaba haciendo daño.

—Da igual. Se ha terminado. No tiene sentido discutir.

—Pero ¿qué querías que hiciera?

—Podrías haberle disparado en cualquier otro sitio, no en la cabeza. La habrías dejado demasiado dolorida y débil para causarnos más problemas. Podríamos haberla mantenido viva y hacerla hablar.

Ella se fue a la cocina.

—Espera. ¿Dónde vas?

—No quiero pensar que eres un capullo. Voy a darte la oportunidad de dejar de comportarte como tal.

—Sylvie, no es el momento. Tenemos que buscar entre sus cosas. Tenemos que encontrar unos guantes de plástico y ponernos manos a la obra mientras me deshago de ella.

—¿Qué quieres que busque?

—Cualquier cosa que nos indique dónde puede estar Wendy Harper. El resguardo de un billete de avión, una agenda, una carta... Utiliza la imaginación.

Sylvie resistió el sentimiento de injusticia. Le había salvado la vida y ahora le echaba la culpa por no poder sonsacarle información a esa mujer. Abrió el armario de debajo del fregadero, encontró una caja de guantes de plástico y se puso un par. Abrió todos los cajones y armarios y los dejó abiertos para no mirar dos veces en el mismo lugar.

Pasó por la entrada junto al pasillo y se quedó mirando a Paul desde donde él no la veía. Estaba limpiándolo todo…, envolviendo el cuerpo con una manta. Siguió con sus cosas. Que lo hiciera él solo. Había matado a la mujer por él, y ni siquiera se lo había agradecido. Que le diera vueltas durante un rato.

Sylvie se paseó por la casa, abrió cajones y armarios, rebuscó entre montones de sábanas dobladas y apartó latas y botellas para ver si había algo escondido detrás. Encontró un cajón con facturas antiguas, pero ninguna parecía contener ningún tipo de información que pudiera servirle. En una de las habitaciones vacías, encontró una hoja impresa con nombres y direcciones, pero debajo había otra, y otra…, decenas de páginas. Parecía una especie de lista de clientes de algún tipo de negocio.

Encendió el ordenador e intentó acceder, pero tenía que introducir la contraseña. Había empezado escribiendo palabras tipo «Ann», «Ordenador de Ann» o «Ábrete Sésamo» cuando vio el bolso. Era de un color marrón rojizo con una pequeña hebilla plateada. Lo primero que le vino a la mente era que le gustaba, pero apartó esa idea y lo cogió.

Miró dentro y encontró una agenda. No tenía muchas esperanzas de que pusiera «Wendy Harper», pero quizás encontraba la contraseña del ordenador o algo más. Buscó en cada página, pero no vio nada que le pareciera de utilidad. Encontró el móvil de Ann, lo encendió y empezó a repasar los números guardados en la memoria, y luego las llamadas recientes. Todas eran locales.

Miró en la cartera. Había varias tarjetas de crédito, una tarjeta de la biblioteca y un par de tarjetas de empresas de Las Vegas. El carné de conducir parecía de verdad, pero no iba a nombre de Ann Delatorre, sino de L. Ann Delatorre. No encontró ningún pasaporte ni ninguna dirección de otra ciudad, pero, en el fondo, dio con algo que la hizo contener la respiración. Era una tarjeta de las que venían con la cartera. Ponía: «Si la encuentra, por favor llame al...» y, con letra de mujer, había un número de teléfono y la palabra «Recompensa».

Sylvie miró el último número marcado desde el teléfono fijo. Era un 702. Comprobó el móvil de Ann Delatorre. En la pequeña pantalla también apareció un 702.

Entendió a Ann Delatorre sin conocerla de nada. Era una mujer totalmente decidida a proteger a Wendy Harper. Ella jamás habría escrito el número. Lo había memorizado hacía mucho tiempo y no lo olvidaría jamás. Sabía que nunca perdería la cartera, pero también sabía que algún día podían matarla. La policía intervendría o, al menos, alguien que la encontrara y buscara en su cartera. Llamarían a ese número y, al otro lado de la línea, Wendy Harper sabría que Ann Delatorre había muerto.

—¿Paul? —dijo—. Estoy casi segura de que he encontrado su número de teléfono. Es un cuatrocientos quince. ¿Eso no es San Francisco?

16

Probablemente aquél era el último vuelo de la noche, pero lo que sí era seguro era que se trataba del último vuelo a San Francisco. El número que Ann Delatorre había marcado tenía el prefijo 415, y ahora Jack Till estaba en un avión mirando por la ventana la zona de mantenimiento del aeropuerto junto a la puerta de embarque de la aerolínea. Los aproximadamente diez minutos que esperó a que los asientos de su lado se llenaran siempre garantizaban un mínimo nivel de suspense. Los asientos en la Southwest no eran numerados, de modo que cualquiera podía sentarse donde quisiera, y en los vuelos nocturnos solía haber algunos asientos vacíos.

Till observó a varias mujeres atractivas avanzando por el pasillo, agarrando el bolso y tirando de la maleta con ruedas, mientras buscaban el que para ellas era el mejor asiento. A veces, Till se divertía cuando comprobaba sus elecciones. No solían sentarse junto a él.

Era alto y delgado y no tenía el físico contundente cuyos codos y rodillas invadían la zona del vecino. Cuando trabajaba, siempre vestía una americana decente y una camisa planchada, y viajar era trabajo. Sabía que no era feo, pero suponía que tenía el aspecto de lo que era: un policía retirado con los años de servicio reflejados en la cara.

Observó cómo la mirada de la siguiente mujer recorría las butacas, fijándose en las caras de los pasajeros. Miró de soslayo a Till; no precisamente asustada, y menos en un avión, aunque tampoco dio señales de estar demasiado cómoda cerca de él. Till supuso que, después de tantos años protegiendo a gente como ella, había adquirido la expresión de las personas de las que las protegía. Pero le daba igual. No le interesaba tener compañía.

A su madre le habría ofendido mucho ese comportamiento, pero había sido una mujer complicada que se ofendía con mucha facilidad. Se casó con su padre en un acto de especulación ,como quien compra una parcela de tierra barata con la idea de que cualquier pedazo de tierra del planeta debía de valer algo. Cuando lo conoció, a Ray Till ya lo habían reclutado para la guerra, y su madre se hubiera podido convertir en una viuda joven. Pero, un par de años después, regresó de Europa como capitán, con tres menciones especiales en el campo de batalla y una estrella de plata. Era un hombre tranquilo cuyos ojos azules escondían cierta dureza, y quizá fue esa dureza la que atrajo a su madre. Se hizo electricista y, durante el auge de la construcción, cuando se cortaron y quemaron campos de naranjos y limoneros para poder construir casas, no daba abasto en la zona del valle de San Fernando.

Los padres de Till prosperaron medianamente, pero había momentos en los que Helen Till era amargamente consciente de que su marido no era médico o abogado. Incluso un ejecutivo sin importancia del mundo del cine era mejor considerado que el dueño de una empresa de instalaciones eléctricas, independientemente de los hombres que enviara cada mañana en camiones a instalar calentadores en las piscinas o mecanismos de abertura automática de las puertas de la gente.

Cuando Jack decidió ingresar en la academia de policía, sus padres no lo entendieron porque nunca les había dicho que quisiera ser agente de la ley. Nunca aceptaron del todo su decisión, pero se acabaron acostumbrando. Helen y Ray vivieron lo suficiente para ver cómo su hijo se convertía en sargento, un puesto que implicaba menos riesgo de que le dispararan. Sin embargo, su madre opinaba sobre todos y cada uno de los aspectos de su vida.

Cuando Jack llevó a casa a una chica llamada Karen para que conociera a sus padres, su madre la saludó con afecto y luego se mantuvo a cierta distancia; aunque fingía estar acabando de arreglar la mesa, lo cierto es que estaba observando a Karen mientras hablaba con Jack y con Ray. No, había alguien más. ¿Quién era? Ah, sí. La tía Nancy, la hermana pequeña de su madre.

Jack recordaba haberlas visto hablando en la cocina, y entonces vio cómo su madre se encogía de hombros. Helen Till no era una mujer que se mantuviera mucho tiempo en un estado de incertidumbre. Cuando se encogía de hombros, nunca significaba «No lo sé». Siempre significaba «No entiendo por qué nadie lo sabe».

Tras la cena Jack se marchó con Karen. Habló con su madre al día siguiente, cuando volvió a su casa para darle las gracias por la velada.

—¿Y bien? ¿Qué te pareció Karen? —le preguntó.

—¿Como cita o como candidata a gobernadora? —fue su respuesta.

Y ya estaba, con eso lo dijo todo. Consiguió que Jack se olvidara de lo guapa que era Karen y de lo mucho que se había esmerado en vestirse y peinarse, y fuera consciente de lo hueca que tenía la cabeza.

Su madre lo miró a los ojos y dijo:

—Si te quiere, la chica más guapa e inteligente de la ciudad será igual que la mayor puta. Y te querrá de verdad.

Años después, cuando se casó con Rose, lo hizo sin pedir consejo a su madre. Sin embargo, a Helen le gustaba Rose y aprobó el matrimonio. Rose era alegre y siempre se estaba riendo, era de esas mujeres preciosas que tienen pecas del sol, un cuerpo atlético y esbelto y una especie de energía optimista. No le importaba que Jack fuera policía. Viéndolo ahora, seguro que pensaba que ser policía era un deporte, como ir de caza. El giro que adquirieron las cosas sorprendió tanto a la madre de Jack como al propio Jack. Él seguía creyendo que si lo que les hubiera caído encima hubiera sido otra cosa, como la ruina o una enfermedad crónica en lugar del problema de Holly, Rose habría aguantado, incluso se habría portado como una heroína. Pero no lo hizo. Huyó de Jack y de Holly. Dejó una nota diciendo que necesitaba pasar un tiempo sola y pensar y que se pondría en contacto con ellos en cuanto estuviera preparada. Jack se enteró de su nueva dirección cuando la leyó en los papeles del divorcio que un día se encontró en el buzón.

Después de Rose, Jack había tenido varias relaciones más, pero nunca se había atrevido a casarse otra vez. Tras algunos malentendidos y decepciones, desarrolló un sexto sentido para reconocer a las mujeres, principalmente a las viudas y divorciadas, que buscaban compañía masculina, pero que, como él, no pretendían casarse.

Holly era el centro de su vida. Nunca le había ocultado las mujeres con las que salía, pero tampoco había provocado un encuentro, y nunca había transmitido a su hija la sensación de que ninguna de csas mujeres fuera a quedarse con ellos demasiado tiempo. Sentía la imperiosa necesidad de proteger a Holly del sentimiento de pérdida. Pensó en ella y se preguntó qué estaría haciendo ahora mismo. Era tarde, así que supuso que estaría durmiendo plácidamente en la habitación que compartía con su amiga Nancy en Garden House. Dentro de unas horas se levantaría, iría a la cocina y se prepararía para pasar otro día en la tienda.

Till percibió cierta incomodidad en su interior. Miró por la ventana del avión y vio las redondeadas formas de otros cuatro aviones detenidos cerca de la terminal. Veía las luces de los hoteles y, al fondo, la oscuridad del desierto. Marcharse de Henderson parecía lo incorrecto. Había demasiadas cosas que no sabía, demasiadas preguntas que no había hecho, demasiadas posibilidades que había dejado en el aire. Todavía le daba vueltas a la llamada que Ann Delatorre había hecho a Wendy Harper después de su primera visita. Había oído las palabras de Ann, pero ¿qué había dicho Wendy? ¿Le había dicho a Ann que no le dijera a Till dónde estaba? ¿Le había dicho que buscara la forma de deshacerse de él?

Quizá Wendy se había enterado de lo que estaba pasando en Los Ángeles y ya estaba de camino. Eso tendría sentido. Si se había convertido en una experta del camuflaje durante los últimos seis años, quizás hubiera decidido que lo mejor que podía hacer era dejar que Jack Till fuera dejando pistas en los lugares en los que ella no estaba. Tal vez su plan era ir a Los Ángeles sola y a escondidas. Si era así, él se lo estaba estropeando. Estaba en un avión que lo llevaría justo hasta donde estaba ella.

No podía volar a San Francisco sin saber si eso la ayudaría o la perjudicaría. La única forma de averiguarlo era hablar una vez más con Ann Delatorre. Se levantó, abrió el compartimento del techo y sacó su maleta.

—¿Qué hace?

Till volvió la cabeza y vio que la asistente de vuelo se le había acercado.

—Me marcho. No volaré a San Francisco. Puede ceder mi asiento a otro pasajero.

—¿Por qué? ¿Pasa algo? ¿Está enfermo?

—No pasa nada. Es que he recordado que tengo que hacer algo antes de marcharme.

—Señor, no sé si la compañía le devolverá el dinero.

—Da igual —respondió él, con una tranquilizadora sonrisa—. Por cierto, sólo llevo esta maleta, así que nadie tiene que sacar nada de la bodega.

La asistente decidió creer que no era un terrorista ni estaba loco. Se colocó delante de él y se abrió paso entre los pasajeros que llegaban en ese momento.

—Disculpen, por favor. Disculpen —iba delante de él para abrirle paso y asegurarse de que podía salir. Cuando llegaron al final del pasillo y Till salió por la escotilla, la chica le dijo:

—Espero que todo le vaya bien.

—Seguro que sí. Ha sido muy amable. Gracias.

Atravesó la zona de embarque, avanzó por la cinta transportadora, llegó a la zona de recogida de equipaje y se dirigió hacia los mostradores de los coches de alquiler. Esta vez eligió una compañía distinta para despistar a cualquiera que pudiera estar siguiéndolo.

Salió del aeropuerto McCarran y tomó la 215 dirección sur hacia Henderson. Fue directo, aunque eso supusiera dar pistas a sus perseguidores, pero estaba seguro de que era lo correcto. Sabía que había pasado algo por alto en su conversación con Ann Delatorre. Había dicho que era la mejor amiga de Wendy Harper. ¿Qué haría la mejor amiga de Wendy si ésta estuviera en peligro? Quizá se iría con ella, o quizá la hiciera volver a Las Vegas. Quizás Ann lo había dejado entrar y había hablado con él para que se marchara antes de que Wendy llegara.

Till llegó a la calle de Ann Delatorre y buscó coches aparcados en la esquina que no hubiera visto antes. No había ninguno, pero decidió pasar por delante de la casa para ver si había algún cambio. Había una luz encendida en la parte trasera de la casa. Había pasado por allí varias noches y nunca había visto esa luz encendida.

Se detuvo y aparcó a cierta distancia de la casa, luego deshizo el camino a pie, se quedó junto al garaje, desde donde la visión de la vivienda era limitada. Cuando llegó junto a la casa, vio que la luz encendida era la del pasillo que unía el salón y la cocina. Respiró hondo y soltó el aire entre los dientes. Ann ya debía de haberse marchado. Había ido a buscar a Wendy Harper. Siempre que había vigilado la casa, a esas horas Ann ya había apagado todas las luces. Till supuso que se la habría olvidado o que, con las prisas, las había programado para que se encendieran y se apagaran a las horas equivocadas.

Se acercó a la parte trasera de la casa, donde había luz, y miró por el cristal de la puerta. Sacó el móvil y marcó el 911 mientras rodeaba la vivienda para mirar por las demás ventanas.

Al cabo de unos segundos, una voz femenina dijo:

—¿Cuál es la emergencia por la que llama?

—Acabo de encontrar el cuerpo de una mujer en el 93117 de Valerio Springs, en Henderson. Está envuelta en una manta en el suelo de la cocina de su casa. Se llama Ann Delatorre.

—¿Su nombre, por favor?

—Jack Till.

—¿Sabe con certeza que está muerta?

—Veo que le han disparado en la cabeza.

17

Eran más de las diez de la mañana. Ann Donnelly no se atrevía a volver a marcar el número de Henderson. Ann Delatorre le había dicho que volvería a llamarla esta mañana, pero no lo había hecho. Ann Donnelly había sospechado, desde el principio, que el hombre que se había presentado en la casa de Henderson no era Jack Till. Hacía seis años, cuando Jack Till le enseñó a escapar, le dijo que no quería saber dónde iba ni el nombre que pensaba adoptar.

Le había dicho:

—¿Sabes qué es un secreto?

—Dímelo tú.

—Es algo que sólo sabe una persona. Compartirlo con alguien es como pasar agua de tus manos a las de un amigo. Casi todo se derrama.

—¿Por eso no quieres saberlo? Pero si tú no vas a derramar ni una gota.

—Si la gente que te busca supiera de mi existencia, me vigilarían. Me vigilarían hasta que uno de los dos intentara ponerse en contacto con el otro. Ni tú ni yo revelaríamos el secreto. Es el espacio vacío entre nosotros.

—Ahora ya no pareces policía.

—Así es como lo he aprendido. Atrapé a varias personas vigilando a sus amigos y familiares. A más de varias. Eliminar cualquier tipo de comunicación con todo el mundo sólo está al alcance de personas muy especiales, porque va contra todos nuestros instintos. La mayor parte de la gente que lo hace con cierta facilidad no suele ser buena compañía.

Ella recordaba haber dicho:

—Habrá algunas personas con las que me costará más que con otras. Pensaré en Eric cada día. Echaré de menos a mis amigos de la Universidad de Wisconsin, y a los que nos han ayudado a levantar el restaurante.

—Todavía estás a tiempo de volver a Los Ángeles y ayudar a la policía a encontrar a esos tipos. Y aunque luego cambies de opinión, siempre puedes volver a casa.

—No creo que lo haga. —¿Cómo estaba tan segura? ¿Era porque había decidido que nada podía depender de los demás: sus decisiones, sus comentarios de lo que sentía o pensaba o era capaz de hacer? Había decidido pasar a la acción y no dejar nada en manos de nadie.

Después de aquella conversación, había mirado a Till y había experimentado una extraña tentación. Todavía recordaba la sorpresa, incluso después de seis años. No era para ella, no pegaban. Era mayor que ella, sus ojos ya estaban adquiriendo aquella pesadez que a primera vista parecía sueño, pero que luego resultaba ser tristeza y sabiduría. Era alto, delgado y fuerte, con las manos y los pies estrechos. Sin embargo, las manos eran parte del atractivo, porque no eran grandes y torpes como las de un policía. Eran largas y delgadas y, cuando se movían, parecía que tenían la elegancia y precisión de las de un pianista. Al mirarlas cuando Jack Till hacía cosas como escribir, recoger una llave o marcar un número de teléfono descubrías la inteligencia que las movía.

Lo había observado en la playa a su lado, fingiendo ser una pareja de turistas mientras esperaban. Quizás, al fingir ser una pareja, estaban pidiendo a esos sentimientos que se manifestaran. En la vida real, casi todo lo que sucedía entre las personas era a consecuencia de sus roles, y los roles eran fingidos. Por eso existían los médicos, los sacerdotes, los jefes y, sí, los policías. No era buena idea examinar cuánto amor era inducido por dos roles opuestos que dos seres humanos fingían interpretar cuando se emparejaban. Pero ya para entonces había descubierto que, a veces, el amor es así. La gente fingía hasta que se lo creía.

Se había acercado a Jack, le había rodeado el cuello con las manos y le había besado la mejilla. Luego se quedó abrazada a él y con la cara levantada por si quería volverse hacia ella, abrazarla y besarla. Eso habría bastado para tenerla, entonces o en cualquier momento posterior. Sin embargo, Jack Till había preferido malinterpretar el beso para preservar su conciencia o el orgullo de Wendy. Había sido el tipo de mujer indicada para que Jack la malinterpretara. Era muy abierta y besaba a todo el mundo en la mejilla, hombre o mujer, joven o mayor, cuando aparecían en una fiesta, y con mucho más motivo si le habían salvado la vida. En el restaurante, un día Eric le dijo que era un peligro para la salud, porque besaba a cincuenta clientes cada noche y transportaba los gérmenes de unos a otros.

Jack fingió no entender lo que ella había querido decirle, pero después dijo cosas que revelaron a Wendy que la había entendido perfectamente.

—Ahora estás en la peor parte del proceso —dijo—. Has saltado de un lado del abismo en el que estabas y tus pies todavía no han tocado suelo en el otro lado. Puedes sentirte algo sola y desesperada. Pero pronto estarás en un sitio nuevo con gente nueva, y empezarás a sentirte mejor.

Lo que él no sabía, porque ella no había dejado que lo viera, era que ella ya lo había tenido en cuenta. Había querido liarse con Jack para marcar de forma definitiva el final de su vida anterior. Era algo que Wendy Harper nunca habría hecho antes, pero Jack Till la había ayudado a dejar de ser Wendy Harper.

Suponía que Jack había adquirido esa resistencia por ser policía. Los policías estaban acostumbrados a ver a mujeres en los momentos más vulnerables y frágiles de sus vidas. En esos momentos, un hombre grande y fuerte que había jurado protegerlas era lo que algún lóbulo primitivo de sus cerebros ansiaba. Y eso era bastante fácil que sucediera con alguien como Jack.

Recordaba el momento en que, horas después, detuvo el coche frente al aeropuerto de Santa Bárbara y se quedó sentado junto a ella un rato. Ella volvió a besarlo, pero él permaneció impasible.

—Gracias por salvarme la vida, Jack —dijo.

¿Acaso añadió: «Si necesitas una amiga o hay algo que pueda hacer por ti…» o se lo estaba imaginando? Sí, lo había dicho. No podía existir la realidad a menos que fuera sincera con ella misma. Lo abrazó.

En respuesta, él dijo:

—Cuídate. Si me necesitas, ya sabes dónde estoy. Más adelante, si alguien llama o viene a buscarte, recuerda que no sé dónde estarás. No seré yo quien te busque.

No le había dejado otra opción.

—No te olvidaré nunca —dijo ella.

Salió del coche, cogió la pequeña maleta que contenía sus cuidadosamente seleccionadas pertenencias, la bolsa de mano donde llevaba setenta mil dólares en efectivo y se despidió de él por última vez. Entró en la terminal y subió a un avión.

Ahora, mientras Ann Donnelly volvía a hacer las maletas, estaba igual de asustada que entonces. Sus movimientos no parecían reales. Observaba cómo sus manos se movían de forma automática. Abrió el armario y seleccionó la ropa que sabía que utilizaría, y el resto la dejó donde estaba. Se dijo que lo que estaba haciendo en esos momentos era exactamente lo que Jack Till le había enseñado.

Ann Delatorre ya debería de haberla llamado. Tenía miedo. El hombre que Ann había descrito se parecía a Till, pero Jack Till nunca habría ido a buscarla. Ann tendría que haber llamado. Era el acuerdo que tenían. La única conclusión que podía extraer era que Ann Delatorre estaba muerta. Ann Delatorre no. Era un nombre falso. Se merecía que la recordara por su nombre real: Louanda Rowan.

Ann Donnelly se echó a llorar otra vez mientras acababa de hacer la maleta. Había llorado por Louanda varias veces, pero ahora tenía que controlarse. Cerró la maleta, puso el código de seguridad y miró a su alrededor. La habitación parecía cómoda y segura. La enorme cama con el cabezal de nogal y la colcha antigua parecía muy protectora. Se le hacía muy duro dejar esa habitación.

Cuando había huido de Los Ángeles, había buscado la oportunidad de inventar una Wendy nueva y mejor. Durante un tiempo se dedicó a cimentar la identidad de Ann Delatorre, pero luego se dio cuenta de que necesitaba otra capa de distancia entre el pasado y ella. Se le ocurrió la idea de dar a Louanda Rowan la identidad que se había inventado, el negocio que había creado y la casa que había comprado. Era una oportunidad para pagar a Louanda su amistad y ayuda. Y también era una forma de colocar a la dura y valiente Louanda entre sus problemas y ella. Tenía que admitirlo y aceptarlo. Se había hecho amiga de una mujer pobre y desesperada, la había utilizado como sustituta, como doble, y la había puesto en un terrible peligro. Jamás había soñado que el peligro fuera real, pero resulta que al final lo había sido. A medida que pasaban los minutos, cada vez estaba más segura de que Louanda estaba muerta y de que había muerto intentando proteger a Ann Donnelly.

Intentando. Esa palabra suscitaba otros problemas. Si Louanda estaba herida o hubiera conseguido escapar, la habría llamado y le habría dicho cómo ayudarla. Sin embargo, si no había podido huir de Henderson y no había podido ocultar su nombre y dirección a los asesinos, esperar su llamada era desperdiciar el poco tiempo que tenía para escapar.

Volvió a caminar por la casa. Mientras lo hacía, fue retocando cosas que estaban fuera de su sitio. Colocó bien la alfombra oriental del salón y, con el pie, arregló los flecos del extremo. Puso una pila de revistas sobre la mesita, recogió un camión de plástico con una Barbie encima, lo llevó a la habitación de los juegos y lo dejó en una estantería. Miró el reloj. Eran más de las once. Le había dado a Louanda todo el tiempo que podía. Regresó al pasillo, recogió la maleta y fue hacia la puerta trasera.

Era como si se hubiera despertado de golpe. En cuanto se había puesto en marcha, la locura de quedarse allí esperando a que llegaran sus ejecutores resultó obvia. Salió, miró a ambos lados de la calle buscando señales de una actividad extraña, cerró la puerta, entró en el garaje por la puerta lateral y guardó la maleta en el maletero de su Nissan Maxima beis. Encendió el motor, salió marcha atrás y vio la caja de fresas que había comprado hacía tres días, antes de la llamada de Louanda, pero que no había plantado. Cerró la puerta del garaje con el mando a distancia.

Condujo por su calle, giró varias veces para comprobar si alguien la seguía y fue a parar a una bonita calle arbolada con mucha sombra. Aparcó, marcó un número en el móvil y esperó.

Oyó la voz de Dennis, pero enseguida reconoció que era el mensaje del buzón de voz: «Soy Dennis Donnelly. En este momento no puedo ponerme, pero deja un mensaje y te llamaré en cuanto pueda».

—Den, soy Ann. Lo siento, pero lo que te dije que algún día podía pasar ha pasado. He dejado a los niños en… ya sabes dónde los he dejado, así que no voy a decirlo por teléfono. Les he dicho que tenía que irme varios meses por negocios, así que cíñete a esa historia. No intentes añadirle detalles. Sólo conseguiríamos contradecirnos. Ni se te ocurra llevarlos a casa. Tampoco quiero que vayas tú. En cuanto oigas este mensaje, di a tus socios que ha pasado algo y que te tienes que ir de viaje. Recoge a los niños y marchaos directamente. Seguro que te acuerdas de que en el maletero de tu coche te dejé todo preparado para este día. Te quiero —colgó y guardó el móvil en el bolso. Estaba llorando con tanta fuerza que pasó un minuto hasta que pudo secarse del todo las lágrimas para mirar por el retrovisor y asegurarse de que nadie la vigilaba.

18

Jack Till aterrizó en San Francisco y se dispuso a alquilar un coche. Mientras esperaba a que le dieran las llaves, volvió la cabeza constantemente de un lado a otro observando a la multitud de personas del aeropuerto e intentando localizar a alguna que no se moviera.

Ahora que Ann Delatorre estaba muerta, la búsqueda de Wendy Harper era distinta. Till no había podido quedarse en Henderson a esperar las conclusiones de la policía y los resultados de la autopsia, pero había visto suficientes cadáveres en su vida para saber que la habían golpeado antes de matarla. Seguramente, el asesino había intentado sonsacarle información. Todo había terminado con un disparo en un lado de la cabeza desde atrás y a menos de un palmo de distancia, lo suficientemente cerca como para chamuscarle un poco el pelo. Sólo esperaba que hubiera sido un disparo de rabia y frustración ante la imposibilidad de conseguir información.

El ángulo del disparo auguraba malas noticias: a juzgar por las manchas de sangre en la pared del pasillo y las marcas en la parte derecha de su frente, Till creía que la persona que la había golpeado lo había hecho con la mano derecha y contra la pared. Un disparo en el lado izquierdo de la cabeza implicaba a una persona sujetando un arma con la mano izquierda. Para Till, este detalle planteaba la posibilidad de que hubiera dos personas implicadas en el asesinato.

Tuvo que ir a las oficinas de reclamación de equipaje a recoger el estuche cerrado donde estaba la pistola antes de ir a buscar el coche de alquiler. Un día antes seguramente ni siquiera habría abierto el estuche, pero ahora todo había cambiado. Ahora que Ann Delatorre estaba muerta, sabía que el peligro no era teórico ni estaba lejos. Salió del aeropuerto por la autopista 101 y tomó la primera salida y se detuvo en el primer aparcamiento al aire libre que vio, cerca de un supermercado Costco. Abrió el estuche, cargó la pistola, la guardó en la cartuchera y se la colgó del cinturón.

Entró en San Francisco con el tráfico de última hora de la mañana. Había llamado a Max Poliakoff desde Las Vegas para que le diera la dirección de San Rafael a la que correspondía el número de teléfono de Wendy Harper. Esperaba llegar a la casa antes de que ella se fuera a trabajar o a lo que fuera que hiciese, pero eran más de las once, así que seguramente no la encontraría en casa.

Se dirigió hacia el norte y atravesó la ciudad, cruzó el puente Golden Gate hacia San Rafael. Después de que Max le diera la dirección, había utilizado un ordenador del hotel de Las Vegas para entrar en una página inmobiliaria de Internet, en la que había encontrado el nombre del propietario legal y la descripción de la casa. La habían comprado hacía cuatro años. Tenía cuatro habitaciones, cuatro baños y piscina. Su superficie era de cuatrocientos metros cuadrados y estaba situada en media hectárea de terreno.

Por lo visto, la suerte de Wendy Harper había mejorado. Había empezado desde abajo en Las Vegas, luchando por sobrevivir, viviendo en un bloque de pisos con gente que, básicamente, eran vagabundos y fugitivos. Había tenido suerte al conocer a la mujer a la que había rebautizado como Ann Delatorre, pero gran parte de su suerte había sido que no había conocido a nadie que hubiera querido hacerle daño o saber qué precio tenía traicionarla.

Till condujo por las calles de San Rafael buscando la de Wendy Harper. La página web decía que la casa pertenecía a Dennis Donnelly. Un giro que había dejado admirado a Till. Wendy Harper debía de haberse convertido en Ann Donnelly, había comprado una casa y se había inventado un marido que estaba demasiado ocupado en el trabajo para acercarse a la inmobiliaria para firmar los papeles, de modo que se los había tenido que llevar a casa para que los firmara y luego ir a un notario para que certificara la firma. O quizás había comprado la casa ella y había transferido la propiedad para que el marido inexistente fuera el dueño.

Jack Till encontró la calle y pasó por delante de la casa mientras lo observaba todo con sus expertos ojos sin apretar ni un segundo el freno, y luego estudió la imagen mental que había guardado. Era una casa alargada y de una planta, con muchos detalles en madera en los aleros, las ventanas y la puerta principal. Las grandes piezas de madera natural ofrecían un efecto entre rústico y japonés. Era el tipo de arquitectura que había caracterizado la casa que compartía con Eric Fuller y la parte trasera del restaurante, un patio de piedra con arbustos de hoja perenne, que era una prolongación del comedor, al cual estaba unido mediante una puerta de cristal. Eso era en Los Ángeles, donde el mal tiempo era casi teórico y el sol brillaba trescientos cincuenta días al año. Till suponía que aquí, en la bahía, la lluvia y el viento frío eran habituales y las puertas tenían que ser más consistentes.

También había visto dos carteles en el jardín y uno en la verja: «NATIONAL PACIFIC SECURITY – PROTECCIÓN ARMADA». Detuvo el coche en la esquina y llamó al 411.

—¿Qué ciudad, por favor?

—San Rafael.

—Dígame.

—¿Tiene el número de National Pacific Security?

Se produjo una pausa al otro lado de la línea.

—No aparece ningún número en San Rafarel. Ni en Marín. Ni en San Francico. Ni en Oakland. Puede probarlo en San José.

—Muchas gracias —Till colgó.

Si había alguna empresa de seguridad que respondía cuando saltaban las alarmas, tendría que tener una oficina cerca. El cartel era falso, uno de esos que la gente colgaba para engañar a los ladrones y hacerles creer que la propiedad estaba monitorizada cuando no era cierto. Todo lo que Wendy Harper hacía demostraba un mayor conocimiento de cómo mantenerse escondida. Colocar esos carteles seguramente le proporcionaba más protección que un sistema de alarma.

Till dejó el coche donde lo había aparcado, se acercó a la puerta principal y llamó al timbre. No hubo respuesta, ni se oyó ningún movimiento dentro, así que llamó un par de veces más y esperó. Siguió sin oír nada, de modo que fue a la parte de atrás. Había una verja de madera entre la casa y el garaje. Alargó la mano, abrió el pestillo y esperó unos segundos mientras miraba el jardín por si Wendy Harper tenía perro.

No había perro. Se sorprendió un poco. Wendy le había parecido el tipo de persona que consideraría que un perro era una forma de seguridad barata. Avanzó por el camino de piedra, miró la piscina y percibió su presencia; la había decorado con muchas piedras y una cascada falsa que volvió a recordarle a los jardines de la parte posterior del restaurante de Los Ángeles.

Se acercó a la puerta de cristal corredera de la parte trasera y echó un vistazo. Vio un piano con fotografías enmarcadas encima, y había más fotografías en la repisa de la chimenea. Entrecerró los ojos para intentar localizar la imagen de la dueña de la casa. Había varias fotografías de un hombre y otras de niños, pero la mujer no aparecía en ninguna. Supuso que el hecho de que no hubiera fotografías de ella confirmaba que era la casa de Wendy Harper. También era plenamente capaz de conseguir fotografías de un hombre y unos niños para intentar parecerse más a cualquier mujer de su edad.

Till vio algo más, y aceleró la respiración y tensó los músculos. Había un marco al que le habían retirado el cristal, que estaba al lado. Alguien se había llevado una fotografía. Till rodeó toda la parte posterior de la casa y miró por todas las ventanas y puertas. Esperaba con todas sus fuerzas no encontrar ningún cristal roto ni ninguna puerta forzada. Si todo estaba intacto, quizá la fotografía se la había llevado ella.

Sin embargo, lo vio en cuanto giró la esquina: una ventana rota que daba a la habitación principal. Habían abierto el marco y lo habían dejado tal cual. Se acercó un poco y miró primero hacia la cama y luego hacia el suelo. No había ningún cadáver. Sacó un pañuelo y se protegió los dedos para no borrar posibles huellas del cristal, abrió la ventana un poco más y entró en la habitación. Sacó la pistola y empezó a avanzar con cuidado, atento a cualquier ruido que indicara que los intrusos todavía estaban en la casa.

Quizás había sido poco realista con Ann Delatorre. No había podido resistir las palizas y había confesado la dirección. Fue de habitación en habitación, escuchando y observando. Había dos niños. Por las fotografías, la niña parecía tener siete años y el niño, cinco. También había un hombre, o sea que no era únicamente un nombre en una escritura, sino un hombre de verdad que dejaba las zapatillas en el suelo, abrigos en el armario y camisas en la cesta de la ropa sucia.

Los niños tenían el mismo pelo rubio que Wendy tenía hacía seis años, pero eran demasiado mayores para ser sus hijos biológicos. Miró la serie de fotografías que había encima del piano y encontró una en una enorme playa con rocas donde aparecía Wendy de rodillas, abrazada a los niños y riendo. Biológicos o no, eran suyos. Encontró una buena fotografía del hombre de pie delante de un Nissan Maxima beis que no debía de tener ni un año.

Lo del hombre lo pilló desprevenido. Cuando descubrió que Dennis Donnelly era real, sintió un inesperado peso en el estómago. Intentó convencerse de que lo que había hecho hacía seis años la había llevado a esta placentera vida y le había proporcionado una familia maravillosa. Fue inútil. Seis años atrás, Till no había querido aprovecharse de una mujer desesperada. No había querido arriesgar la seguridad de su hija Holly trayendo a casa a una mujer a la que perscguían unos asesinos. Tuvo que recordarse que Wendy Harper era su cliente. Seis años atrás, había contenido la fuerte atracción que sentía hacia clla por los mejores motivos, y desde entonces se había arrepentido miles de veces.

Sabía que Wendy le había dado muchas razones para no preocuparse por ella. Tenía datos de un posible asesinato, pero no quería decirle a nadie quién era el asesino, o la víctima. Till le había soltado la típica charla del policía sobre la responsabilidad hacia la comunidad al ayudar a atrapar a un asesino. Le dijo que, si ese hombre volvía a matar, parte de la culpa sería suya.

Ella lo había escuchado, estuvo de acuerdo con él, pero no quiso decirle nada. Dijo que no sabía el nombre del tipo ése, ni siquiera podía darles una buena descripción. Al final, Jack aceptó que tenía derecho a marcharse de la ciudad y reconoció que, si no lo hacía, seguramente la matarían. Ella no había hecho nada para atraer el peligro, y tenía derecho a librarse de él.

Till miró fijamente al hombre de la fotografía, a Dennis Donnelly. Era joven, quizá tendría treinta y uno o treinta y dos años, y tenía una mandíbula cuadrada y una cara amable que lo hacía parecer buena persona y alegre. Till intentó decidir si hubiera preferido que Donnelly fuera feo o estúpido, pero descubrió que no. Su deseo era que Wendy saliera adelante, que tuviera una vida feliz, y supuso que ese hombre era parte de lo que le había deseado.

Recorrió el resto de la casa, pero, excepto el marco vacío, lo demás parecía intacto. Sabía que los asesinos se habían llevado la fotografía para que les ayudara en la búsqueda. Evitó mover o tocar nada y salió igual que había entrado.

Los perseguidores habían llegado antes que él, pero Wendy Harper ya no estaba. Seguía viva.

19

—Lo siento, el señor Till no está en su despacho. Somos el servicio de recepción. ¿Desea dejarle algún mensaje?

—¿Sabe cuándo volverá? —Ann Donnelly intentó ocultar el miedo que sentía. Era casi mediodía. Quizá sólo había salido a comer.

—No, lo siento. Ha salido de la ciudad por trabajo.

Ann Donnelly respiró hondo un par de veces y pensó muy bien lo que estaba a punto de hacer.

—Me llamo Wendy Harper. El señor Till ha intentado ponerse en contacto conmigo.

—Sí —la voz de la mujer sonó distinta, como si acabara de despertarse—. Dejó un número de móvil para usted si llamaba preguntando por él. ¿Tiene algo dónde escribir?

—Sí.

—Apunte —y recitó el número.

—De acuerdo, muchas gracias. Lo llamaré ahora mismo.

Ann colgó el teléfono de la cabina y se alejó del muro exterior del supermercado 7-Eleven. No se había dado cuenta de hasta qué punto exponerse delante de un edificio la había puesto nerviosa. Jack le había dicho que los teléfonos públicos eran los más seguros, pero estar de pie al aire libre la estresaba.

Se dirigió al coche, subió y se marchó. Tenía tanto miedo de parar que marcó el número de móvil mientras conducía.

Oyó un tono, dos, y vio que estaba conteniendo la respiración. Y entonces escuchó:

—¿Sí?

Bastó aquella palabra para reconocer su voz y, de repente, todos los sentimientos hacia él inundaron su conciencia. Esa voz significaba fuerza, seguridad, esperanza.

—Soy Wendy. Me he enterado de que me estás buscando. ¿Es verdad?

—Sí. Escucha. Tengo que verte, en persona. No te acerques a tu casa. La gente que te busca ha estado allí.

—¡Dios mío! Me imaginé que sería lo siguiente. Ya he recogido mis cosas, pero hace apenas media hora.

—¿Tienes coche?

—Estoy conduciendo.

—¿Podemos vernos en algún sitio?

—Sí.

—Escoge el sitio.

—En el Muelle Treinta y nueve. Puedo llegar en media hora.

—Te estaré esperando.

Jack Till ya estaba en el puente Golden Gate, de modo que sólo tardó veinte minutos en llegar al Muelle 39 yendo por la autopista y luego por el Embarcadero. Dejó el coche en un aparcamiento público y se unió a la marabunta de turistas que abarrotaba las tiendas de recuerdos de la calle que bajaba hacia el muelle. Se mantuvo cerca de los grupos que bajaban de los autobuses turísticos cerca de los edificios donde vendían los billetes para los barcos a Alcatraz y las entradas para el acuario.

Controlaba el paso de los minutos. Había llegado incluso antes de lo que imaginaba, y ahora necesitaba encontrar una posición segura. Fue hasta el muelle, donde había dos niveles de tiendas y restaurantes que no diferían mucho de un centro comercial, excepto en que la vista desde las ventanas daba a un precioso y azul océano. Subió varias escaleras de madera hasta el segundo piso, donde se detuvo junto a la barandilla metálica y contempló la entrada y los aparcamientos cercanos. En la casa, había visto una fotografía de un Nissan Maxima beis, de modo que era el coche que buscaba.

Al cabo de cinco minutos, lo vio entrar en uno de los aparcamientos. Conducía una mujer, pero no tuvo tiempo de verle la cara, porque giró por un carril y la perdió de vista. Bajó las escaleras, se acercó al aparcamiento y la vio acercarse. Caminaba muy deprisa, y se agarraba con fuerza al asa del bolso.

Till no pudo evitar recordar que la última vez que la había visto cojeaba por un problema en la cadera, fruto de uno de los golpes que había recibido. Ahora andaba con pasos decididos y fluidos, y no corría porque no quería llamar la atención. Todavía tenía el pelo largo y rubio, igual que hacía seis años. Verla supuso recordar una oleada de sentimientos que la última vez había tenido que reprimir. Contuvo la tentación de correr hacia ella y, en lugar de eso, se quedó cerca de las tiendas entre el gentío. Apartó la vista de ella y miró la calle, el aparcamiento y el espacio detrás de ella para ver si alguien la observaba o por si veía alguna cara que le sonaba. No vio nada, pero sabía que la multitud de gente que evitaba que Wendy destacara podían ser enemigos protectores.

Dejó que ella se le acercara, pero, en voz baja, le dijo:

—Pasa de largo hasta la primera tienda de arriba y espérame dentro.

Esperó otros dos minutos para ver si alguien la seguía, pero no vio a nadie. No detectó movimientos extraños de nadie. Cuando estuvo más tranquilo, subió las escaleras y entró en la tienda.

Ella se le acercó enseguida.

—Hola —dijo, tranquila.

—Hola. Vámonos —salieron y Till aprovechó su altura para intentar detectar algo nuevo—. ¿Has visto si te ha seguido alguien?

—No sé cómo habrían podido seguirme. He salido de casa, me he parado en otra calle unos minutos, he ido a un Seven-Eleven a uno o dos kilómetros de casa y he llamado a tu despacho desde la cabina. Luego he vuelto al coche, te he llamado al móvil y aquí estoy.

—¿Por qué no me has llamado antes? ¿No viste los anuncios?

—¿Anuncios? ¿Qué anuncios? Supe que alguien había ido a Henderson preguntando por mí, pero, al principio, pensé que no podías ser tú. Dijiste que no vendrías nunca.

—Bueno, las cosas han cambiado. Ahora lo importante es estar seguros de que podemos llegar a Los Ángeles sin que nos vean.

—¿Llegar a Los Ángeles?

—¿No lo sabes? De eso se trata la operación.

Parecía asustada, casi mareada, y el miedo que la invadió la obligó a detenerse, como si no pudiera ordenar a sus piernas que se movieran.

—Sé que hay problemas. He accedido a verte. Pero no he dicho que vaya a volver a Los Ángeles.

Till la agarró del brazo con delicadeza.

—Wendy.

Ella le lanzó una mirada desesperada con los ojos entrecerrados.

Till insistió:

—Si lo hacemos bien, nadie te verás, excepto una fiscal asistente del distrito y unos pocos policías. No tardaremos ni un día.

—Es que no entiendo por qué tengo que hacerlo.

—Porque, si no lo haces, seguramente Eric Fuller será condenado por asesinarte con un cuchillo de cocina. Sólo tenemos que demostrar que estás viva. Nada más.

—¿Por qué iban a acusarlo de eso? No lo entiendo. Hace seis años que desaparecí.

Till la miró fijamente.

—No quiero entrar en una larga discusión mientras esta gente nos pisa los talones. Hablé con el abogado de Eric y la fiscal asistente del distrito que presentó los cargos. Las pruebas que tienen contra él no son demasiado sólidas, pero he visto gente condenada por menos.

—Entonces es que le han tendido una trampa.

—Lógicamente.

—Si lo sabes, ponle remedio a la situación.

—Estoy en ello.

—De otra forma.

—No hay otra forma.

—¿Cómo puede no haber otra forma?

—Ya le he explicado a la fiscal asistente del distrito lo que pasó; se lo he explicado todo: cómo te conocí, dónde te llevé, por qué te fuiste. Pero ella no…

—¡Madre mía!

—La verdad es que creo que quiere dictar sentencia para ayudar a todas esas mujeres que aparecen medio enterradas en cualquier lugar.

—¡Me parece muy bien que haga eso! Pero dile que yo todavía no soy una de ellas.

—Ya lo he hecho. Pero tienes que demostrárselo en persona. Siempre te preocupaste por Eric. En un momento de tu vida, fue la persona más importante del mundo para ti.

—Exacto. Lo fue, pero ya no lo es. Cuando me marché, lo dejé con todo lo que quería, y eso ya pasó. Ahora tengo una familia de verdad. Soy madre de dos niños pequeños. Ahora mismo, su padre los está recogiendo y se los va a llevar de la ciudad para que estén a salvo. ¿No lo ves? Mi primera preocupación tiene que ser ellos, no Eric Fuller.

—¿Ya se han ido?

—Sí.

—Entonces ya has hecho todo lo que podías por ellos. Ahora sólo tienes que hacer una cosa más.

—Lo sé. Sé lo que quieres. Y cualquiera diría: «¿Por qué duda?», pero es que no es tan fácil. Tengo niños pequeños, marido. Nadie puede asegurarme que Eric será condenado. Si lo absuelven, saldrá y no le pasará nada. Si lo condenaran, yo podría ir y demostrar que estoy viva. Y ahora me dirás: «¿Por qué hacerlo pasar por un juicio por asesinato en vano?», y yo te respondo: ¿Por qué poner en peligro a mi familia? ¿Por qué alterar sus vidas, darles identidades falsas, abandonar nuestra casa y destruir la carrera de mi marido si Eric va a acabar librándose de todos modos?

—Porque lo hicimos nosotros, tú y yo, y tenemos que hacer lo que esté en nuestras manos para arreglar las cosas. Eric es una víctima inocente.

—Y encima eso —parecía desesperada, como una persona nadando contra corriente—. Dices: «Claro que le han tendido una trampa». ¿Quién te crees que lo ha hecho? El hombre que no pudo matarme hace seis años. No ha podido encontrarme y ahora se ha inventado una forma de obligarme a salir a la luz. ¿Cómo puedes pedirme que vaya a Los Ángeles?

—Casi todo el daño está hecho ya. Los perseguidores han estado en tu casa. Se han llevado fotos; creo que una era tuya, pero me extrañaría que no se hubieran llevado más para identificar a tu marido y a tus hijos. Pase lo que pase, no vas a poder volver a esa casa. Tanto si salvas a Eric como si no, vas a tener que esconder a tu familia. Es posible que esta vez puedas entrar en el programa de protección de testigos de las autoridades. Si no, te ayudaré yo —vio que no lo estaba escuchando. Estaba intentando resistirse a la idea de que la vida que se había construido en San Rafael había terminado.

—¿Estás seguro de que ya saben dónde vivo?

—Sí.

—¿Cómo lo han descubierto?

Till esperó. Parecía que Wendy estaba mirando a su alrededor, a los edificios, el muelle, el trozo de mar donde los barcos que iban y venían de Alcatraz estaban amarrados, cargando y descargando pasajeros, como si nunca los hubiera visto.

Wendy dijo:

—No has dicho ni una palabra de Ann Delatorre.

—Tú tampoco.

—¿Es lo que me temo?

—Por lo que vi, se resistió. Seguramente no vio la pistola, y seguro que fue rápido.

Ann Donnelly cerró los ojos con fuerza y meneó la cabeza de lado a lado, como si estuviera diciendo que no, pero no lloró. Cuando los abrió, Jack Till dijo:

—Sabes lo que tienes que hacer.

Ella empezó a caminar. Él se dirigió al aparcamiento y, cuando fue hacia su coche, ella lo siguió.

20

—Te parece más guapa que yo, ¿verdad? —dijo Sylvie.

Paul la miró y luego fijó la mirada en el retrovisor lateral. Apretó el botón interno para dirigir el espejo hacia el hombre y la mujer.

—Imposible.

—La estás mirando.

—No la había visto nunca. Quiero fijarme bien.

—Siempre te han gustado esas mujeres menudas, con cuerpo de niñas, y a todos los hombres les gustan las rubias.

—Yo no estoy en el mercado. Y no a todos los hombres les gustan las rubias. De hecho, no a todos los hombres les gustan las mujeres.

Sylvie se rió.

—Eso es verdad. Pero a ti te siguen gustando, ¿no?

Paul apartó la mirada del retrovisor.

—Un comentario muy extraño por tu parte.

—No lo he dicho yo. Has sido tú.

Miró a Sylvie. Estaba sentada en el asiento del copiloto del todoterreno de alquiler, con el cuerpo girado, la espalda apoyada en la ventana y mirándolo a él, como si se estuviera preparando para esquivar un golpe. Con una paciencia exagerada, Paul dijo:

—Intento no quitarle el ojo de encima porque Densmore nos va a pagar mucho dinero por matarla, no porque tenga ningún interés personal en ella. Quiero asegurarme de que podemos matarla sin que nos atrapen —volvió a mirar hacia el espejo y no vio nada, miró por los demás retrovisores y luego se volvió.

Los vio caminando junto a una hilera de coches. Wendy Harper se alejó de su Nissan Maxima con una maleta y siguió a Till hacia otro pasillo. Los siguientes segundos eran cruciales. Paul tenía que ver a qué coche subían y asegurarse de que era el que ya habían visto, y no otro que Till hubiera traído para engañarlos. Estiró el cuello, pero los tapaba un todoterreno que era todavía más alto que el suyo. Aquello era un problema. No podía acercarse lo suficiente y permitir que Till le viera la cara, pero tampoco podía dejar que se marchara y perderlo de vista.

—Lo siento.

—¿Eh? —murmuró él.

—Digo que lo siento. Para que no te quedes ahí ignorándome en el más absoluto silencio durante las próximas horas como si fuera una criminal.

—Vale. No tenías que disculparte, pero acepto tus disculpas. Mierda. Tengo que ver a qué coche suben, pero no me atrevo a dejar que nos vea.

—¿Por qué no te colocas detrás de él, le bloqueas la salida y les disparamos?

—Porque hay miles de personas que se volverían y nos verían.

—Ésa es la idea. Cuando hay miles de personas, es como si no hubiera nadie. Habrá cientos de historias contradictorias, y la mitad verá a alguien más alejándose en un coche y dirá que han sido otros.

—Quizá sí, pero podríamos dispararles y quedarnos atrapados detrás de alguien en este aparcamiento sin poder salir —estaba empezando a irritarse. Giró la llave y encendió el motor, comenzó a salir de su espacio, pero una bocina a sus espaldas lo sorprendió.

Frenó en seco y el coche se le caló. Se volvió en el asiento. Era una pareja de adolescentes, el chico iba al volante y la chica miró desafiante a Paul cuando los pasaron.

Mientras retomaba la maniobra de salir del espacio del aparcamiento, pensó en la pareja. Podrían haberse esperado un momento a que saliera, pero esos chicos tenían la mentalidad agresiva que se estaba expandiendo como una epidemia. No sabían lo cerca que habían estado de la tumba. Incluso a él le costaba adivinar cuántas más provocaciones podría soportar antes de olvidar la cautela que hacía un momento le había recomendado a Sylvie y meterles una bala entre ceja y ceja a esos críos. Retrocedió y siguió al coche de los adolescentes hacia la salida.

Por encima del techo del pequeño coche, veía el final del pasillo, donde Jack Till había abierto la puerta del Lincoln beis para que Wendy Harper subiera.

Sylvie dijo:

—Ahí están.

Aquel comentario tan superficial era una ofensa al intelecto de Paul. Ya los había visto. El hecho de que Sylvie estuviera allí para verlos era gracias a él. Cuando habían entrado en casa de Wendy Harper y la habían encontrado vacía, Sylvie supuso que se marcharían enseguida para estar lo más lejos posible cuando se descubriera el robo. Pero Paul había insistido en aparcar al otro lado de la calle y vigilar la casa. Y, cuando vio que la primera persona que aparecía era Jack Till, sabía que había acertado. Y, cuando Till se había marchado, Paul lo había seguido hasta el Muelle 39 sin que lo descubriera. Contuvo las ganas de recordárselo.

—Ahora es cuando todo empieza —dijo—. Hemos conseguido seguirlo mientras localizaba a Wendy por nosotros, y todavía no nos han visto. Es genial.

—Vale —dijo Sylvie.

—Concéntrate en tener siempre la mirada puesta en el coche, en la matrícula y en la dirección hacia dónde van. Vamos a tener que salir antes y esperarlos fuera.

—De acuerdo.

—No le quites los ojos de encima a Till. Es un profesional y seguro que planea algo.

—He dicho que de acuerdo.

—¿Qué te pasa?

—No lo sé. ¿Puede que sea porque me tratas como a una mierda?

—¿Cuándo?

—No sé, veamos. Desde que nos fuimos a Las Vegas has estado gritándome.

—No es verdad. He intentado que nos concentremos en el trabajo. Tengo más experiencia, de modo que sí, quizá doy más órdenes. Pero ya está.

—Fuiste muy desagradable conmigo después de que le disparara a la negra. Oí el grito, corrí y la vi mordiéndote, arañándote e intentando dejarte ciego, así que disparé. Ya está. Y, desde entonces, no has dejado de herirme los sentimientos. ¿Lo haces porque esa mujer estaba a punto de ganarte y yo era testigo? ¿O porque soy mujer y te salvé el culo?

La mente de Paul dudaba entre el escozor de la acusación y cierta sensación de diversión ante tanta irracionalidad. Cuando pudo controlar sus emociones momentáneamente, dijo:

—Quería asustarla, no matarla.

—Y la asustaste.

—Si hubiera querido matarla, le habría disparado yo mismo. Tenía un arma. Y lo sabías.

—Lo sabía, y ella también. No quería que te la quitara y nos matara a los dos.

—Vale —dijo él—. Disparaste porque no confiabas en que pudiera mantenerla viva el tiempo suficiente para hacerla hablar. Y me tuve que pasar una hora limpiando y otra hora revolviendo la casa buscando lo que ella habría podido decirnos.

—Si estamos aquí, es porque yo encontré el teléfono.

—Sí, estamos aquí… casi una hora demasiado tarde para atraparla en casa mientras hacía la maleta y matarla antes de que llegara Jack Till. Parece que esas dos horas de Henderson van ganando en importancia, ¿no crees?

—Creo que, por fin, lo entiendo.

Era una batalla de aclaraciones. Sus peleas siempre eran así, la rabia de la pelea los obligaba a desvelar los resentimientos que habían decidido ocultar, pero acababan descubriendo que los necesitaban como munición. Algo le dijo que la pelea había llegado casi a su punto álgido y que pronto descubriría el auténtico motivo.

—¿Qué es lo que entiendes?

—No te has mostrado romántico desde que salimos de casa.

¿Estás enfadado conmigo por haberla matado o es que ya no te interesó?

—Claro que me interesas. Estoy contigo prácticamente todo el tiempo, ¿no? Quizá sea ése el problema.

—No me refiero a estar juntos. Me refiero a... ya sabes.

—¿Sexo? —a Paul siempre le habían sorprendido los apuros que Sylvie pasaba para pronunciar esa palabra, sobre todo teniendo en cuenta su pasado.

—Sí. Has estado muy frío y distante. Llevas una temporada muy poco interesado en mí.

—Hemos estado trabajando cada minuto. Estoy interesado, pero no sabía cuándo podía suceder algo. Cuando no estamos en un avión, estamos en un coche —apartó la mirada de los coches que tenía delante y que avanzaban muy despacio hacia la salida—. Te quiero. No olvides por lo que pasamos para estar juntos. Mira si te quería.

—¿Me querías?

—Te quiero.

Sylvie se le acercó, lo abrazó y le dio un suave beso en la mejilla.

—Matémoslos aquí mismo y vayamos a un hotel.

Oyeron una bocina detrás y Paul miró por el retrovisor. Esta vez era una mujer de mediana edad que había visto que el coche de delante de Paul había avanzado casi dos metros y él no se había movido.

—Mantén los ojos fijos en el vehículo de Till —dijo.

Todavía le dolía que Sylvie lo hubiera acusado de que la mujer negra de Henderson había podido con él. La había matado y lo había dejado sin opciones para defenderse de la acusación de debilidad. Cuando Sylvie llegó, histérica, y le disparó, él estaba a punto de reducir a la mujer. Conocía una docena de formas de inmovilizar a un oponente más pequeño como ella. Practicaba artes marciales desde que era un adolescente.

De pequeño, iba un poco desorientado. Le parecía que la gravedad que mantenía a la gente en un determinado camino no funcionaba con él. La gente de su alrededor, incluso sus hermanos, parecían tener un referente hacia donde dirigirse, una plantilla a la que amoldarse.

Paul tenía equilibrio, control y coordinación, así que se dijo que quizá sería un buen deportista, pero le costó mucho encontrar el deporte adecuado. Era alto y delgado, así que el equipo de baloncesto resultó una opción lógica, pero descubrió que las interminables horas tirando a canasta, cogiendo rebotes y volviendo a tirar que hacían mejorar a otros chicos a él lo aburrían. Lo intentó con el fútbol americano, pero era como el castigo por un acto prohibido que él ni siquiera había tenido el placer de cometer. Y un día, de camino a casa, descubrió una clase de kárate. Con este deporte podía sacar partido a sus brazos largos, las patadas altas, la coordinación, la energía, la rabia.

A los quince años ya era un chico peligroso. Tenía poco que ver con los demás muchachos del instituto, pero, cuando caminaba por el pasillo, la gente se apartaba a su paso, que era firme y decidido y, si alguien no lo había visto, lo empujaba y, a los que lo habían visto, los obligaba a hacerse a un lado. Una tarde, un chico le devolvió el empujón, y con fuerza. Con el impulso, Paul se dio media vuelta, agarró al chaval por el brazo y se lo rompió, y después empezó a darle una serie de golpes que lo dejaron en el suelo inconsciente y sangrando en medio del pasillo.

Esa tarde, después de que su madre volviera del trabajo, la policía se presentó en su casa y se lo llevó a comisaría. Le hicieron muchas preguntas y después lo encerraron en el calabozo. Su madre fue a la comisaría e intentó sacarlo, pero los policías todavía no sabían la gravedad de los cargos, así que lo dejaron encerrado. Al final, lo enviaron a un reformatorio en las montañas durante treinta días. Allí fue donde consiguió su primer trabajo remunerado.

Después de dos semanas y unas cuatro peleas en las que había vencido, se le acercaron tres chicos de North Valley y le explicaron que tenían un problema. Trabajaban en la calle pasando droga para un traficante de marihuana. Se habían visto implicados en una pelea con otros chicos que trabajaban para un traficante rival, y ahí se les había ocurrido algo. Robarían en casa de su jefe y cargarían el muerto a los otros chicos. Sin embargo, un vecino les había visto entrar en la casa. El traficante para el que trabajaban era aterrador. Tenía varias plantaciones en zonas remotas de bosques estatales, vigiladas por pequeños grupos de hombres armados. Recogían las cosechas, las embolsaban y las sacaban a pie de las plantaciones. El traficante tenía a muchos hombres que podían encontrarlos y matarlos si se enteraba de lo que habían hecho. Tenían que matar al vecino antes de que volviera a verlos y los reconociera, pero todavía les quedaban dos meses en el reformatorio.

Sabían que Paul salía en menos de dos semanas. Estaban dispuestos a decirle dónde habían escondido una pistola y a pagarle mil dólares cada uno por matar al vecino. Paul dijo: «De acuerdo». En cuanto salió del reformatorio, fue a la dirección que le habían dado, encontró la pistola, entró en casa del vecino y lo mató mientras dormía. Por fin Paul había encontrado su deporte.

Cuando conoció a Sylvie, ya llevaba años haciendo trabajos remunerados de ese tipo. Le resultaba increíble que ella pusiera en tela de juicio su competencia sólo para ganar puntos en una estúpida pelea. Se obligó a mantener la calma. Nadie había dicho nunca que las mujeres jugaran limpio y todo el mundo sabía que no razonaban con lógica.

Detrás de él, oyó el sonido de un claxon, y esta vez se alargó durante varios segundos.

21

Jack Till se volvió en su asiento para ver quién estaba tocando el claxon, pero sólo pudo determinar que venía de uno de los coches que estaban detrás de él. Un vehículo se había parado para dejarlo salir y ocupar su espacio de aparcamiento. El chico que iba al volante, con una gorra de béisbol negra, hacía sufrir a Till porque, en lugar de prestar atención, iba hablando con su novia, pero decidió dar marcha atrás y salir.

Salió del aparcamiento y giró hacia el oeste, alejándose del puerto. Quería llegar a la autopista que iba en dirección sur antes de la hora punta de la tarde. Sabía lo importante que era el tiempo para una testigo como Wendy Harper. Si las cosas se demoraban, ella empezaría a replantearse su decisión. Siempre que se veía obligado a detenerse por un semáforo en rojo o porque había caravana, la miraba y reconocía los gestos nerviosos que tanto temía: las miradas a los edificios y el pulgar acariciando el tirador de la puerta. San Francisco era territorio conocido. Todavía no la había sacado de la ciudad. En cualquier momento, podía abrir la puerta, salir y orientarse sin ningún problema.

—No estés nerviosa —la tranquilizó—. Has tomado la decisión correcta.

—La han tomado por mí.

—Pues mucho mejor. No tienes que cuestionarte tus decisiones.

—Lo que no sé es por qué no podías traer una cámara de vídeo y grabarme hablando y sujetando un periódico del día. O quizás extraerme una muestra de sangre para un análisis de ADN.

—Ya lo pensé —dijo él—. Sabemos que en el laboratorio tienen muestras de tu sangre. La fiscal asistente del distrito habría puesto pegas, pero creo que Jay Chernoff, el abogado de Eric, lo habría podido presentar como prueba válida en el juicio.

—Entonces, ¿por qué no lo hiciste?

—Porque, cuando por fin he podido hablar contigo, Ann Delatorre ya estaba muerta y los asesinos han estado en tu casa. Ahora ya no hay ningún secreto que proteger. La única opción era sacarte de la ciudad.

La expresión de impaciencia de Wendy transmitió a Till que ella misma había llegado a esa conclusión y oír lo mismo de su boca no la tranquilizaba.

—¿Ves ese edificio en Geary, cerca de Market?

—¿El grande y gris?

—No. El marrón más antiguo. Mi marido trabaja allí. Su despacho está en la cuarta planta, a este lado. Veo su ventana.

—¿En qué empresa trabaja?

—Pan-World Technical Commerce. Empezó como empresa importadora de componentes informáticos de Asia, pero ahora lo que genera más dinero es la parte financiera.

—Vaya, parece un buen trabajo.

—Es uno de los propietarios. Socio fundador. Tardó diez años en conseguirlo. Empezaron trabajando desde una casa en Oakland. Me parece terrible que vaya a perderlo todo por mí.

Till percibía la atracción que el edificio ejercía sobre ella mientras esperaban a que el semáforo se pusiera en verde. Wendy tenía la imperiosa necesidad de bajar del coche y correr hacia el interior del edificio. Till sabía que era imposible distraerla, de modo que intentó que siguiera hablando:

—Quizá podamos conseguir que los socios le compren su parte.

—No lo creo. Sospecho que, cuando sepan que tiene que liquidar su parte, mi marido aprenderá la siguiente lección del mundo de los negocios. Sus socios ignorarán su petición y él, finalmente, se verá obligado a marcharse y dejarles su parte.

—¿Harían eso?

—Así es como yo los veo, pero quizá soy más cínica y pesimista que la mayoría.

—Te diré algo. Intentaré contactar con algún abogado realmente bueno y yo actuaré de intermediario. Podemos vender su parte de la empresa, vuestra casa y los coches. Puedo encargarme de cobrar el dinero y hacerte una transferencia cuando tengas tu próxima identidad mediante intermediarios. Si quieres, te lo puedo entregar en efectivo.

Ella sonrió.

—Lo había olvidado. Tienes talento para eso.

—¿Para qué?

—Para hacer creer a la gente que todo va a salir bien. Habrías sido un buen general enviando a los pobres soldados a misiones suicidas. Es el juego de las apariencias.

—No te pediré que hagas nada que yo no pueda hacer.

Ella meneó la cabeza.

—Eres de los que salta al otro lado del abismo y luego se vuelve y nos dice: «Venga. ¡Puedes hacerlo!», pero los demás no podemos. O, al menos, la mayoría no puede.

El semáforo se puso verde y, en el cruce, sólo había un taxi bloqueando el paso. Jack Till aceleró y se colocó en el carril izquierdo para esquivarlo en el último momento. Siguió por Pine Street y giró hacia el sur por Van Ness para ir a la autopista 101.

—¿Vamos al aeropuerto? —preguntó ella.

—No estoy seguro.

—¿Por qué no?

—No he visto a nadie siguiéndonos. Si están ahí atrás, seguro que apuestan a que tomaremos un avión.

—¿Y?

—Y nos estarán esperando en el aeropuerto, así que no queremos ir allí.

—Pero una vez me dijiste que los aeropuertos eran los lugares más seguros. ¿Cómo podrían hacernos daño con tanta seguridad?

—El sistema está diseñado para detectar objetos que exploten o personas capaces de disparar contra la multitud. Hay muchas otras formas de matar a una mujer de cincuenta kilos y marcharse.

—¡Jesús! —dijo—. No puedo creer que, después de seis años, vuelva a estar igual: huyendo como el primer día.

—Si tienes algo nuevo que decirme, estaré encantado de escucharte.

—He tenido seis años para pensar, pero ¿sabes qué?, no lo he hecho. Quiero decir, no en un sentido útil. Seguía con mi vida y cada día pensaba en lo que tenía que hacer. Al cabo de unas semanas, conocí a Louanda y...

—¿Louanda? ¿Es Ann Delatorre?

—Sí. Se llamaba Louanda Rowan. Sin ella, dudo que hubiera llegado hasta aquí.

—Siento mucho que haya muerto. Si la hubiera podido convencer de que me dejara ayudaros, estaría viva. Alguien la encontró después de mí.

—No es culpa tuya. No sabías que existía. Si te hubiera abierto yo la puerta, como esperabas, eso jamás habría pasado. La han matado por mi culpa. Yo la puse ahí —se le empezaron a humedecer los ojos y las lágrimas le resbalaron por las mejillas. Sacó un pañuelo del bolso e intentó secárselas.

—Lanzar piedras sobre tu propio tejado no te deja tiempo para mucho más.

—¿Lo has hecho mucho?

—Por ahora, basta. —Till condujo con agresividad, como un policía en servicio, acercándose a los coches de delante y cambiando de carril para adelantarlos. Miraba continuamente por los retrovisores al tiempo que intentaba localizar otro coche que cambiara de carril para no perderlo de vista. Al cabo de unos minutos, dijo:

—¿Cómo estás?

—No demasiado bien. Tengo tanto miedo que apenas puedo respirar.

—Tenemos que estar asustados, pero sólo lo suficiente para estar alerta y hacer lo que podamos. Utiliza tu miedo. Cada dos minutos, mira hacia detrás y comprueba si el mismo coche está en el mismo sitio tres veces seguidas. Y habla conmigo para mantenerme alerta. Dime qué piensas ahora de lo que pasó hace seis años.

—Creo que, en estos seis años, he ido tomando conciencia de varias cosas. No de las importantes, como que un hombre va por ahí matando gente, sino de cosas más personales, cosas sobre mí. De modo que no vale la pena decirlas en voz alta.

—Sí que vale la pena. Me gustaría oírlo.

—¿Por qué?

—Porque tu vida, y la mía, pueden depender de ello. Podemos conducir deprisa e intentar pasar desapercibidos, pero eso no evitará que las personas que mataron a Louanda traten de matarte.

—No sé qué decirte.

Él no dijo nada. Al cabo de unos segundos, ella le preguntó:

—¿Por qué no me respondes?

—¿Te suena de algo ese todoterreno? El oscuro. Hace un rato se nos acercó, luego se quedó atrás y ahora vuelve a estar aquí.

Wendy lo miró a través del cristal trasero.

—No sé. Son todos iguales.

—No pretendo ser alarmista, pero ése me da mala espina. ¿Alguna vez has disparado una pistola?

Ella abrió los ojos como platos.

—No. Al menos, no en el sentido en que lo preguntas. En un campamento de verano del instituto, nos enseñaron tiro al blanco. Y una vez disparé la pistola de una amiga.

—Tenemos un problema. Si los que van en ese coche son los asesinos, se acercaran por tu lado y por detrás. Los primeros disparos te alcanzarán. Luego nos adelantarán para ir a por mí.

—¿Qué podemos hacer?

Till bajó una mano y sacó la pistola de la funda.

—Esto es el seguro. Si te lo digo, tienes que quitarlo con el pulgar sin tocar para nada el gatillo. Sujetas la empuñadura con fuerza y apuntas por la ventana con ambas manos. Disparas cuatro veces contra su parabrisas, dos contra el tirador y dos contra el conductor.

—¿Qué? —estaba sorprendida—. ¿Dispararles?

—Si le das a alguien, se ha terminado. Si sólo los asustas, seguramente pueda alejarme y perderlos.

Dejó que el vehículo oscuro se les acercara, miró las señales de la autopista y tomó la primera salida. Se deslizó por la rampa, giró a la derecha y entró en el primer aparcamiento que vio. Estaba justo delante de una tienda Home Depot que estaba llena. Avanzó hasta el final del primer pasillo, se detuvo y se volvió para mirar hacia la rampa. Esperó varios minutos, pero no vio el coche oscuro por ningún lado.

—¿Y ahora qué? —preguntó ella.

—Supongo que ya puedes devolverme la pistola —la cogió, la guardó en la cartuchera y volvió a taparla con la cazadora. Miró hacia la calle.

—Por aquí se va al aeropuerto, ¿verdad?

—Es uno de los caminos. Está a pocos kilómetros en ese sentido. Esta vía es paralela a la ciento uno.

—Entonces será una oportunidad más para confundirlos sobre nuestro destino. Alquilé el coche en el aeropuerto. Me gustaría devolverlo y alquilar otro.

—¿Sigues descartando la opción del avión?

—Cuando subes a un avión, la gente sabe exactamente adónde vas y a qué hora llegarás. Si vamos en coche, los obligaremos a esforzarse a seguirnos la pista, y tendremos la oportunidad de ver quiénes son.

22

Paul descendió del todoterreno negro y abrió la puerta de Sylvie para que bajara ella también. Mientras observaba cómo movía y estiraba sus largas piernas, cómo se deslizaba del asiento y saltaba al suelo, se dio cuenta de que aquella imagen le hacía quererla más. Desde que Sylvie había matado a Ann Delatorre, había estado furioso y los desagradables e irracionales comentarios que le había hecho en el aparcamiento del muelle habían empeorado mucho las cosas. Era estúpida, infantil y totalmente incapaz de pensar en otra cosa que no fuera ella misma. Sin embargo, la visión de esas largas piernas y el pequeño salto que había dado hasta el suelo disiparon su rabia.

Paul era un esteta. Algunas personas opinarían que su forma de reaccionar no estaba determinada por la estética, sino por la sexualidad, pero ese comentario sólo demostraría que esa gente no sabía nada. No entendían que ambas cosas eran lo mismo: la reacción de la mente humana ante la belleza.

Se volvió hacia el edificio de las empresas de alquileres de coche y tomó a Sylvie por el brazo, convencido de que estaba poniendo en práctica la estrategia correcta. Jack Till había salido de la autopista a varios kilómetros del aeropuerto. Le gustaba demostrar sus habilidades de camuflaje en los aeropuertos; algunas veces devolvía el coche y tomaba un avión y otras veces devolvía un coche y alquilaba otro. En cualquier caso, estaba seguro de que esa tarde lo vería en alguna de las empresas de alquileres de coches del aeropuerto.

—¿Por qué nos paramos aquí? —preguntó Sylvie.

—Tenemos que cambiar el coche. —Paul sacó las dos maletas y cerró el maletero.

—¿Por qué?

—Es una táctica. Como en el ajedrez. Me parece que Till nos ha visto siguiéndole. Y, aunque no etiquetara el coche como sospechoso, seguro que lo ha visto, así que es el mejor momento para cambiarlo. Y también neutralizaremos su siguiente paso.

—¿Qué paso?

—Alquiló el coche aquí. Salió de la autopista varios kilómetros atrás, de modo que le llevamos ventaja. Pero seguro que se dirige hacia aquí para devolver el coche. Puede devolverlo y tratar de tomar un vuelo a Los Ángeles, cosa que dudo, o puede alquilar otro coche.

—¿Y?

—Que él seguirá pendiente del todoterreno negro, pero nosotros sabremos qué coche elige.

Paul entró en el edificio y se dirigió a la empresa de alquiler. En el mostrador, sacó las llaves y los papeles que le habían dado cuando había alquilado el todoterreno.

—Quisiera cambiarlo por algo más pequeño, por favor —dijo a la joven del mostrador. Le recordaba a una chica llamada Beth con la que había salido hacía unos veinte años. Tenía el mismo pelo castaño rojizo, la misma piel clara y los mismos ojos azules. La chica podía ser familia directa de Beth. Quería decirle algo, pero Sylvie era demasiado quisquillosa y difícil ante los comentarios neutros sobre mujeres. Oírlos la hacía querer matarlas. La joven entregó las llaves a un hombre con un mono azul, que desapareció por la puerta trasera.

Mientras observaba cómo la chica se volvía hacia el ordenador para escribir algo, Paul estuvo tentado de decirle alguna cosa; pero había salido con Beth con su nombre real, así que no podía decir nada. Además, Sylvie estaba a escasos metros, junto al revistero, esperando a que el Lincoln beis de Jack Till apareciera delante del edificio.

Los celos de Sylvie eran ridículos. En realidad, parecían ser su forma de negar que había hecho lo que Paul la había visto hacer en al menos cincuenta películas y con al menos cien hombres distintos. Cuando la conoció, fingió no reconocerla y nunca dejó que el cine pornográfico apareciera en la conversación. Esperó pacientemente, y cuando ella le explicó de forma amable y gradual su carrera cinematográfica de dos años, él fue al garaje y volvió con una caja para demostrarle que ya había comprado una copia de todas sus películas. Le dijo que lo sabía y que a él no le importaba. Sylvie aceptó aquella fantástica afirmación como la verdad auténtica.

Sin embargo, la verdad era que su carrera cinematográfica lo había intrigado mucho y había aumentado la atracción que sentía hacia ella. Lo que le costó más de explicar fue su profesión. Durante un tiempo, intentó decirle que era empresario y que había ganado mucho dinero cuando había vendido una empresa de Internet de nueva creación, luego le dijo que era consultor y que, a veces, tenía que ir a otras ciudades a solucionar los problemas de los clientes.

Por aquella época, casi todos los clientes le llegaban a través de Bobby Mosca, el encargado del bar del restaurante Palazzo di Conti, en La Brea. El Palazzo era un lugar donde solía ir gente de renombre, en parte por la deliciosa comida italiana que servían y, en parte, porque tenía su reputación. Unos explicaban que servía de base para miembros de la familia Balacontano que habían venido a la Costa Oeste por negocios. Otros decían que Bugsy Siegel había sido el anónimo propietario durante años y que, cuando le dispararon en su bungaló al otro lado de la ciudad, una de las consecuencias imprevistas fue que los aparentes propietarios se convirtieron en los auténticos propietarios.

Una noche, el teléfono de Paul sonó, Sylvie contestó y se lo dio. Cuando colgó, levantó la mirada y la vio en la puerta.

—Lo sé —dijo.

Paul se reclinó en la silla con las manos cruzadas encima del estómago.

—¿Qué sabes?

—Sé quién es Bobby. Y cómo te ganas la vida.

Él asintió sin apartar la vista de sus ojos.

—Mataste a Darren para quedarte conmigo. Seguro que, al menos, esperabas que dedujera eso. Cuando vino la policía, me dijeron que había sido obra de un asesino profesional. Y, después de vivir meses contigo, ¿cómo iba a no saberlo?

—¿Y ahora qué?

—¿Me preguntas qué pienso hacer al respecto?

—No. Te pregunto qué te parece.

Sylvie se lanzó a sus brazos, hundió la cara en su pecho y luego lo besó con pasión.

—Te quiero.

Esa noche llevó a cabo el trabajo que Bobby le había encargado. Cuando volvió a casa, Sylvie lo estaba esperando despierta.

—¿Cómo ha ido? Explícamelo todo —dijo.

—¿Por qué? —preguntó él—. ¿Por qué quieres saberlo?

—¿De qué otra manera voy a aprender, si no?

Ahora, mientras la miraba, la perdonó por las discusiones, por estar estúpidamente a la defensiva y por su inseguridad. Ella era la mujer que siempre había querido tener a su lado. Si pudiera convencerla de ello, las cosas serían soportables. Oyó que la chica de la agencia estaba detrás de él y se volvió.

Aceptó las llaves del coche nuevo y miró la etiqueta. Era un Ford azul de cuatro puertas. Estaba bien; era distinto al todoterreno negro.

—Gracias —dijo. Se volvió y se dirigió hacia Sylvie, recogió las dos maletas y dejó que ella le abriera la puerta. Fue hasta el coche y metió las maletas en el maletero. Se alegró de que el mecánico ya se hubiera llevado el todoterreno negro a la parte trasera del edificio para limpiarlo y prepararlo para el siguiente cliente.

Sylvie y él subieron al Ford.

—¿Has estado vigilando si Till ha venido a entregar el coche beis?

—Claro. Sólo hay una entrada. Hasta ahora, han llegado catorce coches. Dos eran de color beis o marrón, pero ninguno ha aparcado frente a Cheapcars, y en ninguno viajaban Till y la chica.

—Perfecto —Paul recordó que acababa de considerarla estúpida, pero Sylvie no lo era para nada. Podía realizar todo tipo de cálculos y cómputos utilizando una parte mínima de su cerebro, y luego expresarlos como si fueran lo más evidente del mundo. Había sido un error dejar que la palabra «estúpida» cruzara su mente.

Sintió una oleada de amor hacia ella. Nunca podría separar lo que veía de lo que sentía o pensaba. Era preciosa, por lo tanto era atractiva, y por lo tanto la quería. La belleza en sí misma era todavía más complicada porque no era la perfección, Sylvie nunca sería un cuerpo perfecto, sino que dependía de un mohín de los labios, una mirada y una forma de moverse.

Paul entendía la atracción que sentía hacia ella, pero nunca había podido explicar del todo los momentos en que llegaba al otro extremo y sentía rabia. Eso teñía su percepción de Sylvie con un toque indeciso que lo incomodaba. Miró hacia la carretera, a ambos lados, y luego salió del aparcamiento.

—Ahí está —dijo ella. El Lincoln Town Car beis apareció en el retrovisor de Paul. Levantó el pie del acelerador y dejó que el coche fuera reduciendo la velocidad para así poder mantenerse donde estaban el máximo tiempo posible y ver cómo el Lincoln entraba en el aparcamiento de Cheapcars—. ¡Date prisa! Tienes que dar toda la curva por detrás de las terminales y volver a tiempo para ver qué coche cogen.

—Ya voy —respondió él—. Tranquila —aceleró y dejó atrás los aparcamientos llenos de vehículos de alquiler y se dirigió hacia el aeropuerto. Pasó por detrás de las terminales, maniobró pacientemente entre autobuses, coches y taxis, sin dejar en ningún momento el carril izquierdo, para volver a entrar a la rampa de las empresas de alquiler de automóviles. Cuando llegó, descendió la rampa despacio y avanzó lentamente hasta que pudo ver el aparcamiento de Cheapcars; entonces, aparcó y esperó. Vio cómo un empleado de mantenimiento salía y se hacía cargo del coche beis, encendía el motor y verificaba los indicadores.

De repente, Paul percibió un movimiento en su visión periférica. La sorpresa fue tal que se sobresaltó. Levantó la mirada y, en el retrovisor, vio el morro de un coche de policía.

No llevaba las luces rojas y azules encendidas. El policía descendió del coche, lo que significaba que todavía no le había ordenado quedarse donde estaba. El agente apareció al lado de la ventana de Paul. Tenía menos de treinta años y una cara de niño muy rolliza que no encajaba con el cuerpo atlético y el pelo negro cuyo nacimiento le poblaba la frente, como si fuera un gorro de punto. Paul se fijó en la forma cuadrada del pecho, lo que delataba el chaleco antibalas que llevaba debajo del uniforme.

Miró hacia delante a través del parabrisas. Era justo lo que no podía permitir que sucediera. Lo había hecho todo bien mientras que una persona menos lista habría hecho alguna maniobra prematura e impulsiva que habría alertado a Jack Till. Ahora, cuando por fin Till había encontrado a Wendy Harper, ese querubín vestido de policía venía a arruinarlo todo. Paul leyó el nombre que ponía en la placa que llevaba colgada en el bolsillo de la camisa: Rodeno.

El agente se apoyó en el coche para mirarlos.

—Buenas tardes.

—Buenas tardes —respondió Paul.

Con el rabillo del ojo, vio que Sylvie sonreía exageradamente al agente y oyó cómo su voz adquiría un tono musical y falso.

—Hola, agente.

Paul contuvo su irritación. Sylvie estaba intentando tomar el control de la situación como siempre le había funcionado, y seguramente estaba bien. Incluso un policía se ablandaba ante la dulce sonrisa de una mujer guapa, aunque fuera quince años mayor que él. Paul vio que, cuando el agente se acercó para hablar con ellos, relajó un poco la tensión de los brazos.

—¿Tienen problemas con el coche?

—No —dijo Paul—. No exactamente. Acabo de alquilarlo y he salido del aparcamiento, pero he tenido que parar para ajustar la posición del asiento y familiarizarme un poco más con los mandos antes de entrar en la autopista.

—Eso debería haberlo hecho en el aparcamiento antes de salir. ¿A qué compañía lo ha alquilado?

—A Miracle Rent-a-Car —volvió a mirar hacia delante. Vio que Jack Till y Wendy Harper salían de la oficina de alquiler. Los minutos pasaban y estaba perdiendo su oportunidad.

—¿Me enseña los papeles del alquiler, por favor?

Paul todavía no los había guardado, de modo que enseguida los sacó del compartimento de la puerta. El nombre que había utilizado para alquilarlo era William Porter. Imaginaba que, después de esto, tendría que olvidarse de ese nombre.

—Claro —los sacó por la ventana, casi rozando la cara del agente Rodeno—. Aquí los tiene.

El movimiento tan brusco asustó al policía. Cogió los papeles y se incorporó.

—El problema es que aquí no se puede detener para familiarizarse con los mandos del coche. Es una zona donde está prohibido pararse. Debería haber dado la vuelta y volver al aparcamiento de Miracle o haber ido hasta una calle donde está permitido pararse. Allí habría podido hacer todos los ajustes necesarios para la conducción.

—Lo siento— dijo Paul—. No me había dado cuenta de que no podía parar aquí. No he debido ver la señal —era totalmente consciente de todo lo que pasaba a su alrededor. Sintió que el coche se movió casi imperceptiblemente cuando Sylvie cambió de posición en el asiento. Sabía que estaba vigilando a Till y Wendy Harper, y desvió la vista al frente para ver qué la había puesto alerta.

En el aparcamiento de Cheapcars había un autobús del aeropuerto con las puertas abiertas. Varios clientes que acababan de devolver el coche subieron al autobús. Paul intentó localizar a Till y Wendy Harper entre ellos. Aquello era angustiante. ¿Se dirigían a la terminal?

—¿Me deja ver su carné de conducir, por favor?

Paul se volvió hacia el agente Rodeno.

—Mire, no he cortado el tráfico ni he herido a nadie. Estaba preparándome para marcharme cuando usted ha llegado.

—¿Me deja ver su carné, señor Porter? —repitió Rodeno.

Paul suspiró y sacó la cartera. Para alquilar el coche, había necesitado el carné a nombre de Porter, así que lo tenía a mano. Lo sacó y se lo entregó al agente.

El documento era auténtico. Hacía dos años, había comprado un carné de Arkansas a nombre de William Porter y lo utilizó como identificación para solicitar un carné de California. Cuando pensaba en lo que le había costado conseguirlo, la irritación que sentía iba en aumento. El agente Rodeno miró el carné y luego a Paul. Al cabo de unos segundos, se volvió y se dirigió hacia su coche. El agente iba a comprobar los datos de William Porter.

Paul percibió que Sylvie se movía en su asiento, y entonces notó cómo le ponía la pistola en la mano. Observó que había enroscado el silenciador. Se la escondió en el bolsillo interior de la cazadora, descendió del vehículo y siguió al agente Rodeno a su coche. El policía se sentó al volante con la puerta abierta mientras estudiaba el carné. Alargó la mano para coger el micrófono de la radio. Paul se acercó a la puerta abierta. Con su cuerpo bloqueó la vista de cualquier curioso y efectuando un movimiento diestro y veloz sacó la pistola y disparó. Oyó un chasquido, la cabeza de Rodeno se desplazó unos centímetros hacia un lado y luego cayó hacia delante, con el torso apoyado en el volante. Paul empujó el cadáver hacia el asiento del copiloto, entró en el coche y, con las piernas, acabó de apartar el cuerpo del agente. El motor estaba encendido, así que puso la primera y arrancó.

Ajustó el retrovisor y vio que Sylvie se había puesto al volante del Ford y lo seguía. Paul miró a su alrededor en busca de testigos, pero, para su tranquilidad, no vio a nadie mirando hacia allí. Nadie parecía darse cuenta de que la conversación entre policía y conductor había terminado o, al menos, que había terminado en asesinato. Disparar al agente y salir en su coche no le había tomado más de tres o cuatro segundos.

En lugar de tomar la curva para volver al aeropuerto, Paul accedió a la autopista, salió por la primera salida y dejó el coche de policía en un enorme aparcamiento delante de un Sears. Se tomó unos segundos para recuperar su carné de William Porter y los papeles del coche y limpiar el tirador de la puerta y el volante. Cuando hubo terminado, Sylvie se detuvo a su lado. Paul se sentó en el asiento del copiloto y no dijo nada durante varios segundos, mientras ella conducía.

—¿Qué pasa? —preguntó ella.

—No puedo creerme lo que ha pasado. ¿Sabes si han subido al autobús del aeropuerto?

—No, no han subido.

—¿Y dónde están?

—Han alquilado otro coche, como nosotros. Es un Lincoln Town Car, igual que el otro, pero esta vez es gris oscuro. He anotado la matrícula y, cuando nos hemos marchado, estaban a punto de irse. Podemos alcanzarlos en pocos minutos.

23

Jack Till condujo el Town Car gris entre el denso tráfico del aeropuerto, luego tomó la entrada de la autopista 101 en sirección sur sin dejar de mirar por los retrovisores con una atención nerviosa.

—¿Qué sucede? —preguntó Ann Donnelly—. ¿Has visto algo?

—Nada en especial. Es que es el momento en que podemos decidir. Si ahora no tenemos problemas, no los tendremos más adelante —cuando se mezcló en el tráfico de la autopista, volvió a mirar por el retrovisor—. Cerca del aparcamiento de las compañías de alquiler un policía paró a un coche para multarlo. A lo mejor hemos tenido suerte y el agente asustó a los que estaban tratando de seguirnos.

—Espero que no hubiera nadie a quien asustar.

—He de pensar que si esa gente estaba esta tarde en San Rafael es posible que ahora esté por aquí cerca.

Ella frunció el ceño.

—Aunque nos pierdan ahora, nos encontrarán en Los Ángeles…, o irán en avión y nos esperarán allí. Es lo que me asusta. Voy hacia ellos, y lo saben.

—Ojalá pudiera decirte que te equivocas, pero no es así. El truco es conseguir que se delaten.

—¿Cómo vamos a hacerlo?

—Haremos que les cueste encontrarnos y nos mantendremos alertas para ver si podemos descubrirlos. Ahora vamos a salir de la autopista para comprobar si alguien nos sigue.

—¿Es todo lo que podemos hacer?

—A menos que puedas darme algo a qué agarrarme.

—No sé a qué te refieres.

—Hace seis años hablamos de quién había intentado matarte. Entonces dijiste que no lo sabías.

—¿Me estás diciendo que no me creíste?

—Me creí los moretones y la cojera.

—Entonces, ¿qué quieres decir?

—Eso fue hace mucho. Quizás hay detalles que entonces no recordaste que han vuelto a tu memoria..., coincidencias o cosas extrañas. Quizás oíste algo que en ese momento no recordaste.

—Cuando me marché, tomé la decisión consciente de no pasarme la vida pensando en eso. Pensé en cómo quería que fueran las cosas en el futuro y qué pasos tenía que dar para hacerlas realidad.

—Pues ahora toma la decisión consciente de recordar. Piensa.

—¿En qué?

—Intenta recordar qué viste y oíste ese día, o qué sensaciones tuviste. ¿Has recordado alguna cosa del ataque en estos años?

—No. Lo expliqué todo a la policía, dos veces, y luego a ti. Un hombre que no conocía me estaba esperando cuando volví a casa del restaurante y me golpeó con un bate. Cuando llegaron otros coches, salió corriendo.

—Si volvieras a verlo, ¿lo reconocerías?

—No lo sé. Creo que lo habría reconocido justo después del ataque. Cuando llegaron los otros coches, los faros le iluminaron la cara un segundo. Pero estaba medio inconsciente y seis años son mucho tiempo. Podría haber cambiado mucho —cerró el puño y se golpeó la rodilla—. ¿Por qué me preguntas todo esto ahora? ¿No ves lo asustada que estoy?

—Claro que estás asustada —volvió a mirar por los retrovisores—. Y creo que lo que puede ayudarte más es intentar hacer algo al respecto.

—¿Qué cosa? ¿Acaso piensas que puede ayudarme recordar algo que sucedió una noche hace seis años?

—Ahora no —le había planteado la idea, de modo que ahora era el momento de retroceder y dejar que ella le diera vueltas—. De momento, intenta ver si alguien nos sigue. Dentro de un par de horas empezará a anochecer. Si nos siguen, me gustaría localizarlos antes de que todos los coches enciendan las luces. Una buena idea es hacerte una lista mental para seguirles la pista: camioneta blanca, Bug verde, Volvo gris, Ford azul, Cherokee rojo.

Wendy miró por el retrovisor.

—Ya los veo.

—A veces, cuando te siguen, lo hacen en equipo. Durante un rato tienes un todoterreno negro detrás. Luego desaparece y ya no vuelves a pensar en él. Pero entonces aparece un coche verde que no habías visto antes, porque estaba más atrás y ni siquiera te veía. Y no tenía que hacerlo, porque el del coche negro lo mantenía informado por el móvil. Y ahora le toca seguirte. Puede que, dentro de media hora, vuelvan a cambiar. Trabajo en equipo. Cuando era policía, nosotros lo hacíamos así.

—Sólo intentas distraerme, ¿verdad?

—No. No quieres que te cojan, ¿verdad? Si estamos atentos, tendremos ventaja.

—De acuerdo. Al menos haré algo —se volvió hacia el retrovisor y se apoyó en la puerta mientras vigilaba.

Till la miró y luego apartó la mirada de ella mientras por su mente desfilaban rápidamente ideas inconexas. En seis años, su atractivo había aumentado. Su mirada había adquirido más fuerza y sabiduría, y sus rasgos parecían más finos y definidos. Suponía que, quizá, cuando la había dejado en el aeropuerto de Santa Bárbara hacía seis años, todavía debía de tener la cara hinchada y desfigurada por los golpes.

Había cambiado algo más, pero quizás el cambio estaba en él. Hacía años, Wendy era una chica joven y guapa a la que habían hecho daño, estaba asustada y necesitaba su ayuda. Till se había dicho que estaba aturdida y desorientada y que seguramente no había visto nada.

Esta vez entendió que le había mentido entonces y que seguía haciéndolo ahora. Ella sabía algo que no había querido decir a nadie hacía seis años, y ahora tampoco estaba dispuesta a hacerlo.

24

Estaba anocheciendo y todos los coches tenían las luces encendidas. Sylvie se acercó a Paul, que conducía, y le acarició la mejilla, y luego dejó la mano en su muslo.

—¿Estás bien?

—¿Eh? Sí, ¿por?

—Cuando matas a alguien así, suele producirse una subida de adrenalina, el corazón te late con fuerza, sudas y te alegras mucho de estar vivo, pero luego siempre llega una sensación de incomodidad y el bajón. A mí me agota.

—No estoy agotado —dijo Paul—. Es que estoy intentando hacer cinco cosas a la vez. Tenemos que escuchar la radio, por si la policía ha empezado a buscar este coche. Tengo que saber dónde está el vehículo de Till, pero he de mantener cierta distancia para que no nos vea. Tengo que prestar atención a los coches de delante para no darle a nadie, y a los de detrás, para ver si la policía nos sigue.

Sylvie ascendió la mano unos cinco centímetros.

—Eso son cuatro cosas. ¿Quieres que te dé otra cosa en la que pensar, para que no te aburras?

—No creo que sea buena idea.

Ella se retiró a su lado del coche.

—Lo siento —dijo Paul—. No estoy enfadado. Intento… —se calló—. Mira. Quizá tienes razón. Quizá me ha venido un bajón por lo del policía. No tenía ninguna intención de hacerlo, ni lo había planeado. Es que apareció de la nada con su cara de buen chico y sólo me dejó dos opciones: o lo dejaba comprobar los datos de mi carné o lo mataba. Tal vez me puso de mal humor, pero no quiero que tú pagues el pato. Sólo estoy preocupado, nada más.

Ella se encogió de hombros.

—Sólo intentaba animarte. Deja que busque otra emisora.

—Gracias. Son casi y media, y quiero escuchar las noticias para ver si han identificado el coche.

Sylvie apretó un botón y la radio localizó una emisora donde estaban haciendo un anuncio sobre la «gigantesca tienda de coches» de alguien, y después encontró un canal de noticias. No dijeron nada de su coche, ni se refirieron al asesinato del policía. Habían pasado varias horas y todavía nadie había mirado dentro del coche de policía.

Sylvie estaba impresionada por el sentido de la oportunidad de Paul. Matar al policía un minuto antes habría sido una estupidez, porque todavía existía la posibilidad de que decidiera dejarlos marchar sin multa, y matarlo diez segundos después habría sido demasiado tarde.

Estaba a punto de sonreír, pero, de repente, algo interrumpió el gesto y alejó el afecto. Paul no se estaba portando bien con ella. Por la mañana, lo había provocado un poco para explorar la cuestión, pero todavía no había quedado satisfecha. Había aceptado su explicación sobre su frialdad y distanciamiento, pero la aceptación había sido temporal. Sólo eran palabras, pero ahora había vuelto a tener la misma sensación. ¿Acaso eran más reales las palabras conciliadoras de Paul que sus propias sensaciones? Lo quería, se había entregado a él durante todos esos años, y ahora él la rechazaba y la alejaba.

Le dolía. Tenía más de cuarenta años. La primera vez que había detectado un cambio, a peor, en su aspecto fue a los veinticinco. Hasta entonces, todos los cambios habían sido a mejor. Sin embargo, a los veinticinco, vio un ligero cambio en la textura de su piel. Todavía no tenía arrugas, pero fue como si la piel de alrededor de los ojos y de la frente hubiera perdido elasticidad.

Aquello había sido un leve y pequeño aviso de que el tiempo pasaba. Por aquel entonces, estaba casada con Darren y no se lo comentó. Necesitaba tiempo para reflexionar y ver si las cremas y las lociones podrían arreglarle la piel. Pensó que quizás era porque hacia demasiado deporte en el gimnasio y después se duchaba con agua caliente. El aire de Los Ángeles era muy seco y tal vez el jabón era demasiado agresivo.

Luego culpó a Cherie Will. Justo antes de que Sylvie dejara el cine porno, Cherie decidió rodar varias películas al aire libre. Recordaba que en una había una jira y la otra iba de vaqueros y vaqueras. Se había quemado con el sol, y eso era lo peor para la piel. Cherie le dijo a todo el mundo que estaba rodando tantas películas en un rancho porque los actores quedaban mucho mejor con luz natural. La verdad era que había comprado el rancho y cobraba a la productora las tasas de localización para poder pagarlo. Lo único que había necesitado para la escenografía fue un mantel a cuadros para la merienda campestre y dos fardos de heno para los vaqueros. También le había dicho que el maquillaje llevaba protector solar.

Entonces, Sylvie tenía veinte o veintiún años, y ahora tenía más de cuarenta. ¿Cómo podía haber envejecido tanto? Siempre había parecido más joven de lo que era, pero ahora los años estaban recuperando terreno. El baile y el ejercicio habían luchado contra el tiempo durante una temporada, pero ahora empezaba a notar algo de grasa en el culo a pesar del ejercicio. Quizás incluso la barriga había comenzado a perder firmeza.

Miró a Paul de reojo. Estaba enfadado con ella. Siempre que se enfadaba con ella era porque lo había molestado o porque había cometido un error, o eso decía él, pero en realidad era porque ella había descuidado su físico. Ser una mujer menos deseable implicaba ser menos respetada, menos querida. Durante las dos últimas semanas, Paul se lo había dejado ver cada vez más claro.

Sylvie percibió cómo una sospecha se abría camino en su cabeza. Con el paso de los años ella perdía atractivo, mientras que Paul se volvía más deseable. Los años le habían dado un aspecto bronceado y esbelto. Los voluminosos músculos de brazos y piernas habían perdido masa y ahora estaba delgado. Su tupido pelo negro mostraba canas en las sienes. Parecía distinguido y maduro. En ella, una cana era un pecado, un chivatazo de que su aspecto juvenil era falso.

Seguro que Paul la engañaba. Intentó pensar con quién y dónde. Podría ser con la profesora de baile, Mindy, esa mosquita muerta. Llevaba al menos un año flirteando con él, y últimamente no había tenido ningún reparo en separarlos y utilizar a Paul de pareja, casi como segundo profesor. Podía ser esa mujer o cualquiera. Él jamás lo reconocería. Se estaba separando emocionalmente de ella, y eso era lo importante.

¿Cómo podía ser tan desleal? También sabía la respuesta. Él creería que estaba justificado…, ya tenía la respuesta desde hacía años. Daba igual que Sylvie le hubiera sido totalmente fiel durante quince años, y hubiera compartido todos sus peligros y dificultades…, que hubiera matado por él. Seguro que él creería que, a causa de aquellos dos años de su vida en que era joven e inocente, no tenía derechos. El hecho de que hubiera dejado de hacer películas porno cuatro años antes de conocerlo y que ya fuera una respetable mujer casada sería irrelevante. Sencillamente, no tenía derecho a estar celosa.

Discutir con Paul era inútil. Cualquier justificación sería en vano. Él haría lo que quisiera. De hecho, ya lo hacía. Ella estaba envejeciendo, y eso era motivo suficiente. Cuando Paul hubiera encontrado a la mujer que él consideraba idónea para que asumiera su papel, la sustituiría.

Sylvie volvió a mirarlo mientras conducía por la oscura autopista. Tenía un perfil fuerte y atractivo. La curva de los labios y el arco de las cejas le aportaban una aspecto especial, la imagen del compañero perfecto. A ella siempre le había recordado a un bailaor de flamenco, sexualmente peligroso…, celoso, agresivo, quizás incluso propenso a la violencia.

Contuvo la respiración y se quedó así un momento. Soltó el aire muy despacio a través de los labios apretados, esperó un momento y volvió a inspirar, igual de despacio, para tranquilizarse. Volvió a mirarlo. Paul no era un hombre de negocios gordo y conformista. ¿Sería de los que pediría el divorcio y luego se esperaría seis meses a que los abogados de Sylvie lo despellejaran vivo?

Si Paul había tomado la decisión de que había terminado con ella, entonces Sylvie tenía un problema.

—Te quiero, Paul.

—¿Qué?

—Estaba pensando en lo mucho que me ha cambiado la vida desde que te conozco. Si todo terminara ahora, no me arrepentiría.

La miró. Parecía realmente descolocado, pero no se atrevía a mostrarse contento, como si estuviera esperando que ahora viniera la parte mala.

—¿A qué viene esto?

—No sé. Estar aquí contigo, supongo. Es que estaba pensando que, en la vida, incluso las cosas que parecen más estables son temporales.

Él le lanzó una mirada divertida.

—¿Quieres dejarme?

Ella se rió, aunque sin demasiada convicción.

—Claro que no. Sólo he dicho que te quiero. Pero, ya que has sacado el tema de dejar, hablemos de eso. Si algún día decides dejarme, te quiero demasiado para ponerte las cosas difíciles —había prestado mucha atención a su voz para ver si la mentira sonaba convincente, pero no estaba segura. Paul parecía confundido.

—¿Qué quieres decir?

—Ya sabes. Todas esas mujeres engañadas creen que tienen derecho a vengarse en los tribunales y a dejar a sus maridos sumidos en la pobreza. En los restaurantes, he oído reírse a esas harpías de lo mucho que les sacaron a sus maridos. Hablan del ex marido y de la otra e intentan sabotearlos como pueden —mientras hablaba, lo miraba fijamente—. Ya sabes, lo denuncian a Hacienda de no declarar ingresos y cosas así —con algún esfuerzo, dulcificó el tono—. Sólo quiero que sepas que yo no soy como ellas. Si quieres a alguien más joven y ya no me encuentras atractiva, no te castigaré por ello.

—Ah, era eso —Paul parecía cansado y molesto—. No tenía ni idea de qué estabas hablando. Supongo que debería habérmelo imaginado, pero no lo he hecho. Nunca he dicho que no fueras atractiva o que quisiera a alguien más joven.

—No. Por favor, no te enfades. No quiero que discutamos. Todo lo contrario. Intento decirte que he pensado en ti en muchos aspectos y que lo que siento es gratitud, básicamente. He pasado unos años increíbles contigo. He aprendido mucho… Me has enseñado a tomar decisiones que ahora tomo sin pensar.

—Vale —su voz sonó tensa, como si estuviera conteniendo la rabia. Estaba reaccionando como si ella hubiera dicho lo contrario a lo que había dicho.

Sylvie respiró hondo para hablar y luego contuvo el aire. Se estaba hundiendo a sí misma. Soltó el aire y guardó silencio mientras miraba las luces traseras de los coches. Estaban a punto de tomar una curva muy larga y pudo ver mejor los vehículos de delante. Las luces de un coche iluminaron el lateral del que le precedía, y distinguió la cara al conductor.

—Ahí. Ahí va Jack Till.

Sylvie se volvió en el asiento y miró qué coches tenían detrás. Cuando Paul empezó a tomar la curva, las luces de los de atrás se proyectaron hacia la izquierda y pudo verlos mejor. Le pareció que no había ninguno que pudiera causarles problemas. Había un todoterreno blanco con tapicería dorada, una furgoneta Volvo y dos coches japoneses que eran demasiado pequeños para ser de la policía. Volvió a mirar hacia delante.

—No creo que ninguno de esos coches nos esté buscando y tampoco creo que puedan ser unidades de apoyo de Till. Si yo fuera él, es lo que habría hecho. Haría que un coche con un par de policías me siguieran, por si acaso.

—Esto no es el séquito presidencial —dijo Paul—. Y Till ya no es policía. Sólo intentaba llevar a esa mujer a Los Ángeles en secreto y no lo ha conseguido.

Sylvie observó la expresión de concentración de Paul y cómo sus ojos iban de la carretera al retrovisor. Se le ocurrió que, de momento, no estaba en peligro. Paul era un experto estratega y sabía que su mayor ventaja sobre el adversario ahora mismo era ella. Con Sylvie, tenía el doble de armas, dos manos y dos ojos más, y un cerebro adicional.

—De acuerdo, allá vamos —anunció Paul—. Dejan la autopista por esa salida.

—Ya era hora. Me preguntaba si no tendrían que ir al baño —Sylvie sacó el silenciador del bolso y lo enroscó al cañón de su pistola.

—Prepárate.

Ella contuvo el impulso de decir: «¿Qué crees que estoy haciendo?» y dijo:

—Dame tu pistola.

Él la sacó del compartimento de la puerta y se la dio. Ella sacó el otro silenciador, lo enroscó, extrajo el cargador y lo miró.

—No la has cargado después de lo del poli.

Paul pareció ligeramente sorprendido, pero estaba demasiado ocupado intentando salir de la autopista a la velocidad correcta y guardando una distancia prudencial de Till. Sylvie comprobó que el otro coche estaba casi fuera de su campo de visión y que sólo alcanzaban a ver qué dirección tomaba antes de perderlo de vista. Till giró a la izquierda y tomó un paso inferior.

Sylvie necesitaba tiempo, y el tiempo volaba. Dejó las dos pistolas encima de su regazo, una en cada mano. Por un momento, se preguntó si no sería mejor esperar a que Paul saliera de la autopista, detuviera el coche y entonces dispararle con su propia pistola en la sien derecha. Luego podría ponerle la pistola en la mano derecha y marcharse. Podría coger un vuelo a casa y esperar la visita de los tranquilos y respetuosos policías. Las lágrimas serían reales. Ése era el problema de la idea.

Decidió que no. No actuaría ahora para evitar que él actuara más adelante. Mientras estuviera ocupado con este trabajo, no le haría nada. Comprobó que el seguro de la pistola estaba puesto y se la dio.

—Hay una bala en la recámara.

—Perfecto. Gracias. Piensas mejor que yo.

—Un bonito cumplido —se inclinó y le dio un delicado y húmedo beso en la mejilla y luego se acomodó en su asiento con la mirada fija al frente.

Paul siguió el coche de Till a cierta distancia, tanta que las luces traseras parecían un punto rojo en lugar de dos. El coche tomó el camino que conducía a un gran hotel en las colinas. En lugar de seguirlo hasta el aparcamiento, Paul se detuvo en una gasolinera que había en la misma calle. Se colocó junto a un surtidor, pero se quedó dentro mirando el coche.

—Ha aparcado frente al restaurante del hotel.

Jack Till salió del coche, estiró las largas piernas y movió el torso de un lado a otro. Sylvie vio que estaba alerta, con la cazadora abierta y la pistola al alcance de la mano mientras Wendy Harper salía y se dirigía hacia la entrada del restaurante.

Cuando hubieron entrado, Paul descendió del coche, entró en la gasolinera y le dio un billete al chico. Cuando volvió, introdujo la pistola del surtidor en la boca del depósito y lo llenó.

Sylvie apretó el botón para bajar la ventana.

—¿Por qué haces eso ahora?

Él se encogió de hombros.

—Cuando los hayamos liquidado, no quiero pararme a poner gasolina.

Ella meneó la cabeza en un gesto burlón de desaprobación.

—Espero que no hayas sonreído a la cámara de vigilancia, porque pretendo entrar en ese restaurante y cargármela allí mismo.

—¿No quieres cenar antes?

—En ese sitio, no. Si no te hubieras parado aquí, estoy segura de que ya la habría matado.

—No te emociones tanto. —Paul no estaba seguro de qué parte de la impaciencia respondía a querer acabar el trabajo y qué parte respondía a las ganas de matar a una mujer más joven y guapa que ella. El gatillo de la pistola del surtidor se bloqueó, Paul lo sacó de la boca del depósito del coche y lo colgó en su sitio. Miró en la pantalla los litros que había puesto, apretó un botón para indicar que no quería recibo y volvió al interior del coche.

—Quiero hacerlo bien, así que tendremos que ir con cuidado —encendió el motor, verificó que la flecha del combustible subiera al máximo, salió hacia la calle y dio media vuelta para aparcar entre el hotel y el restaurante. Encontró un espacio entre los coches de los clientes del hotel, lejos del de Till—. ¿Estás segura de que puedes hacerlo sola?

—Sí, si después puedes sacarme de aquí.

—Vale. Hazlo cuando esté en el baño. Si Till hace algo cuando salgas, le dispararé. Y luego saldremos con los demás en medio de la confusión.

—De acuerdo. Entremos antes de que me ponga nerviosa. —Sylvie respiró hondo un par de veces para tranquilizarse mientras iba hacia el restaurante. Vio a varias personas sentadas junto a las ventanas, pero entre ellos no estaban Till y Wendy Harper. No le extrañó que prefirieran sentarse lejos de las iluminadas ventanas. Seguro que hacía seis años que esa mujer no se sentaba cerca de una ventana. Se acercó a la puerta y percibió la emoción en su interior.

No tuvo tiempo para dudar frente a la entrada, porque enseguida notó el desplazamiento de aire a su derecha ante la aparición de la mano de Paul, que le abrió la puerta. Tenerlo cerca le daba seguridad. Era la certeza implícita que sentía cuando bailaban, el saber dónde estaba su cuerpo en relación con el suyo.

Sylvie entró y vio un cartel de imitación de madera que rezaba: «SIÉNTENSE DONDE QUIERAN». Echó una ojeada rápida al restaurante. Till y Wendy estaban sentados en el lado izquierdo al fondo, de modo que ella se dirigió hacia la derecha para sentarse lo más lejos posible de ellos. Escogió una mesa que había junto a una gran ventana que daba al hotel y al aparcamiento. Incluso veía la gasolinera donde se habían parado.

Paul se sentó frente a ella. Sylvie vio cómo sus ojos se desplazaban hasta donde estaban Till y Wendy. Se quedó mirándolos un buen rato, y Sylvie notó cómo la tensión de su cuerpo iba en aumento hasta que, por fin, Paul apartó la mirada. Entonces, ella inclinó la cabeza hacia abajo y fingió leer el menú mientras exploraba el comedor. Veía el mostrador y, detrás, la cocina. Había unos veinte metros entre ella y el final del mostrador, donde empezaba el pasillo que conducía a los servicios y los teléfonos públicos. Jack Till y Wendy Harper estaban sentados en ese lado del restaurante y calculó que el camino de Wendy hasta los servicios no superaría los nueve o diez metros.

Sylvie estaría alerta, y cuando la mujer se levantara y se dirigiera hacia los servicios, ella se levantaría y la seguiría. Entraría después que ella, le dispararía a la cabeza con el silenciador puesto, daría media vuelta y caminaría los veinte metros hasta la puerta, donde Paul la estaría esperando. A menos que Wendy viera la pistola y gritara, todo saldría bien.

Sylvie miró detenidamente a los hombres que estaban sentados en la barra. Cuando lo hubiera hecho, tendría que pasar junto a ellos. Normalmente, cuando mataban a alguien en un lugar público, la gente se quedaba boquiabierta, incapaz de hablar o pensar. Sin embargo, a veces había alguien que se daba cuenta de lo que había pasado y actuaba de inmediato. No podía disparar a Wendy y luego permitir que uno de los cuatro hombres corpulentos la detuviera. Tendría que llevar la pistola en la mano para disparar a quien intentara detenerla. La llevaría en la mano derecha, porque los taburetes de la barra le quedarían a la izquierda. Tendría que esconderla. Supuso que la única forma natural de esconderla era colocarse el abrigo encima del brazo derecho.

Al otro lado del restaurante, Wendy Harper echó la silla hacia atrás y se levantó.

—Se ha levantado —susurró Sylvie. Wendy colocó bien la silla, se volvió hacia el servicio de señoras y empezó a caminar entre las mesas—. ¿Estás preparado?

Sylvie se levantó, se colocó el bolso y el abrigo de modo que la mano derecha le quedara libre y empezó a caminar, pero Paul alargó la mano, la agarró del brazo y la hizo sentarse a su lado. Sonreía como si le estuviera tomando el pelo, pero tenía la cara muy cerca de ella, y le susurró:

—Mira. El aparcamiento. Cuidado.

Sin alejar la cara de él, se apoyó en su hombro y, con el ojo derecho, vio un coche de policía fuera, parado junto a su vehículo de alquiler. El el agente que había dentro tenía el micrófono de la radio pegado a la boca.

—¿Qué vamos a hacer?

—Tenemos que irnos antes de que vengan más. Deben de tener la matrícula.

—¿Cómo?

—Da igual. Alguien ha debido ver lo que ha pasado en el aeropuerto.

—Quicro decir que cómo salimos de aquí.

—Por el hotel.

Sylvie se volvió hacia la mesa de Jack Till, pero Paul la empujó con las caderas.

—Levántate y vámonos. Ahora —ella se levantó y se dirigió a la puerta. Paul la abrió y salió detrás de ella.

Se alejaron de la zona donde habían dejado aparcado el coche y se dirigieron rápidamente al hotel.

Paul le abrió la puerta de la entrada, ella entró y se volvió mientras él la seguía. Todos sus movimientos eran normales y tranquilos. No eran personas nerviosas que intentaran evitar a la policía. Volvían a ser bailarines, una pareja que se movía al unísono mientras regresaba al hotel después de cenar. Sylvie se obligó a controlar la ansiedad. Avanzó junto a Paul consciente del peligro que había detrás de ella. Seguro que ya venían más coches de policía en respuesta a la llamada del agente del coche.

Atravesaron una puerta y desembocaron en un pasillo con habitaciones a ambos lados. Paul avanzó por el pasillo y giró dos veces hasta que encontró la salida de incendios. Se acercó a la puerta, se asomó y llamó a Sylvie.

Ella vio varios coches de policía que venían de la autopista. Ya habían llegado tres, con las luces tricolores del techo encendidas. Paul apoyó las manos en los hombros de Sylvie.

—Quédate aquí —le susurró—. Si vienen policías, háblales en voz alta. Si vienen a por mí, dispárales. Estoy esperando un segundo para que los clientes del hotel puedan ver las luces de los coches patrulla —permaneció inmóvil, miró el reloj, y le dio un golpecito en la espalda—. Ya.

Avanzó por el pasillo, pegando la oreja a todas las puertas. Era primera hora de la noche y las primeras habitaciones parecían vacías. Al final, llamó a una. Se oyó una voz ahogada que Sylvie no pudo escuchar bien. Paul dijo:

—Policía. Abra —sujetó la cartera en la mano y la colocó un segundo al otro lado de la mirilla.

La puerta se abrió y Paul la empujó.

—¿Qué diantre...? —dijo la voz de un hombre, pero entonces Sylvie oyó el ruido seco del silenciador de la pistola de Paul. La puerta se cerró.

Se produjo una larga espera, pero luego la puerta volvió a abrirse y Paul la llamó. Ella corrió hacia la habitación y entró. A primera vista, parecía vacía, pero, al otro lado de la cama, vio los pies descalzos de un hombre. Se acercó y vio el cuerpo. Parecía una morsa, con el torso enorme y redondo tirado en el suelo.

—Ayúdame a encontrar las llaves de su coche. Deprisa —la conminó Paul.

Las luces de los vehículos de policía se veían a través de una pequeña abertura entre las cortinas, de modo que Sylvie las corrió y empezó a rebuscar en el montón de ropa sucia que había en el suelo del armario mientras él buscaba en la mesa de noche y los cajones del escritorio.

Sylvie levantó la cabeza para buscar entre la ropa que estaba colgada en la barra y vio que parte de la misma no pertenecía al hombre muerto.

—Paul —dijo. Alguien intentaba abrir la puerta.

—¡Mierda! —dijo él, entre dientes.

Sylvie meneó la cabeza y señaló el baño. Paul se escondió allí y cerró la puerta. Ella cogió el bolso, se lo colgó en el hombro izquierdo y guardó la pistola, de forma que la tenía a mano. Entonces abrió la puerta de la habitación.

Se encontró con una mujer de unos cincuenta años. Llevaba una pizza y un paquete de seis latas de cerveza en la mano y, del dedo, llevaba colgadas unas llaves.

—¿Ray? —dijo—. ¡Vaya! ¿Me he equivocado de habitación?

—No, señora. Pase, por favor —Sylvie la dejó entrar y cerró la puerta tras ella, pero se quedó allí, sin moverse, de modo que la mujer la tenía que mirar a ella y dar la espalda a la habitación.

—Soy agente de policía. ¿Es usted la mujer de Ray?

—Sí. He visto los coches fuera. ¿Qué ha pasado?

—Estamos buscando a unos fugitivos. ¿Me deja ver su carné de conducir, por favor?

La mujer dejó la pizza y las cervezas en la cómoda y abrió el bolso para sacar la cartera. De una funda de plástico sacó el carné y se lo entregó con la mano temblorosa.

Sylvie lo sostuvo en la mano para comparar la fotografía con la mujer. Pareció satisfecha, pero se quedó el carné.

—¿Puede decirme la marca y el modelo de su coche, por favor?

—Es un Toyota verde. Está aparcado junto a la puerta.

—¿Son ésas las llaves?

La mujer levantó las llaves para que Sylvie pudiera verlas, y ella se quedó con el carné y las llaves. Luego lo dejó todo encima de la cama y dijo:

—Gracias. Ahora quisiera que se diera la vuelta y separara los brazos del cuerpo.

La mujer se dio la vuelta y levantó los brazos como alas, en una estúpida postura de vuelo. Sylvie sacó la pistola del bolso y le disparó en la parte trasera de la cabeza. La mujer cayó al suelo.

Paul abrió la puerta del baño.

—¿Sylvie?

Ella respondió con calma:

—Sí, Paul —recogió el carné y las llaves de la cama—. Es un Toyota verde aparcado junto a la puerta.

Él miró el cuerpo de la mujer, asintió, se acercó a la puerta, la abrió para que Sylvie saliera primero, colgó el cartel de «NO MOLESTAR», cerró la puerta y limpió las huellas con la manga.

Salieron al aparcamiento. Ya había cuatro vehículos de policía y varios agentes estaban alrededor del coche azul que habían alquilado en San Francisco. Los policías los vieron caminar hacia el Toyota verde. Entonces Sylvie vio otro coche igual una hilera más allá. Apretó el mando a distancia que colgaba del llavero y vio cómo los intermitentes del segundo Toyota se encendían y los seguros de las puertas se abrían. Cuando llegaron junto al coche, Paul abrió la puerta de Sylvie y después rodeó el auto para entrar mientras los policías daban media vuelta y seguían con el coche azul.

Una vez que estuvo dentro, ella le dio las llaves. Encendió el motor y condujo muy despacio hasta la salida más cercana del aparcamiento. Cuando salió a la carretera, se echó a reír.

Sylvie también se rió, y luego descubrió que estaba temblando. Liberar la tensión le provocó un ligero mareo.

Paul entró con el coche en el aparcamiento del restaurante que acababan de dejar.

—¿Qué haces?

—Todavía están ahí dentro —dijo—. ¿Ves? Ahí está el coche de Till.

—¿No tenemos que largarnos de aquí?

—No hasta que ellos salgan. Este coche está limpio hasta mañana cuando toque dejar las habitaciones y, hasta entonces, no tenemos de qué preocuparnos.

25

Jack Till bebió otro sorbo de café y estudió a los clientes del restaurante. Todos tenían el mismo aspecto cansado de quien se ha pasado el día conduciendo. Seguro que habría quien pasaría la noche en el hotel que había al otro lado del aparcamiento, pero muchos se volverían a poner al volante en cuanto pagaran la cuenta. Seleccionó los que, a su experto parecer, podían ser asesinos potenciales. Escrutó sus rostros buscando señales de interés por Ann Donnelly y estudió su ropa intentando determinar dónde podrían ocultar armas.

—¿He cambiado mucho?

La pregunta lo sorprendió. La miró.

—No. No has envejecido lo más mínimo. Aunque tampoco has hecho demasiado por cambiar tu aspecto.

—Al principio, sí. Tiré las lentillas y llevaba gafas transparentes por la noche y de sol durante el día. Tenía el pelo corto y oscuro. Y vestía de forma distinta. En Las Vegas, solía pasarme horas junto a la piscina para broncearme.

—¿Cuándo dejaste de preocuparte por parecer una mujer diferente?

—En realidad nunca, pero hubo un momento en que empecé a asumir mi situación de forma distinta. Creo que ya llevaba varios meses viviendo en el Royal Palms Palace cuando empecé a descuidar el tinte y Louanda se fijó en las raíces. Para entonces, ya estaba bastante establecida como Ann Delatorre y nadie había preguntado por Wendy Harper. No había tenido ningún susto. De modo que, en cuanto nos trasladamos a Henderson, volví a recuperar mi imagen de antes.

Jack se encogió de hombros.

—¿Cómo ibas a saber si alguien peligroso se acercaba demasiado?

—¿Qué quieres decir?

—Me dijiste que no podías identificar al novio de la camarera y que el tipo del bate era un asesino a sueldo. ¿Cómo podías saber si estaban cerca?

Ella parecía irritada.

—Supongo que no podía. Quizás es que me resultaba muy difícil vivir teniendo miedo de todo el mundo siempre.

Till miró el reloj. Eran más de las ocho.

—Si estás lista, yo estoy preparado para volver a la carretera.

—Muy bien —dijo ella—. Supongo que lo estoy.

Se levantaron y él dijo:

—No salgas sola. Espérame mientras pago la cuenta.

Ann Donnelly se quedó a un metro de distancia de Till mientras él pagaba la cuenta en el mostrador. El investigador aprovechó para volver a echar un vistazo a su alrededor. Había mirado todas las caras cuando habían entrado, y ahora pensaba volver a hacerlo. Nadie parecía sospechoso.

Till guardó la cartera y se acercó a la puerta con Ann. Abrió y salió primero, para poder comprobar la zona antes de que saliera ella.

—Espera —dijo—. Hay muchos vehículos de policía. Me pregunto qué puede estar pasando.

—No puede ser por nosotros.

Cuando se acercaron a su coche. Till le dio las llaves.

—Llévalo al hotel.

—¿Para qué?

—Tú hazlo. Estaciona detrás del último coche aparcado en la calle y déjame salir. No apagues el motor.

Ella hizo lo que Till le dijo, y observó cómo desplegaba su largo cuerpo y se acercaba al policía que parecía estar al cargo de la operación, un hombre calvo de unos cuarenta y cinco años con una chaqueta de nailon negra y botas del mismo color. Ann apretó el botón para bajar la ventanilla y poder oír lo que Jack decía, pero la conversación se produjo en voz baja y terminó muy deprisa. Alcanzó a oírle decir:

—Buena suerte —y luego volvió al coche con grandes zancadas y entró—. Vamos a la autopista.

Wendy condujo hasta la salida del aparcamiento y, lentamente, aceleró.

—¿Y bien?

—Es un buen momento para marcharnos. Dentro de unos minutos, esto se llenará de gente. El coche azul que estaban mirando es el que ha usado un tipo que ha matado a un policía cerca del aeropuerto de San Francisco hace unas horas.

—Entonces no tiene que ver con nosotros.

—No lo sé. Hace unas horas estábamos cerca del aeropuerto, y ahora estamos aquí. El sargento ha dicho que parece que nadie ha visto llegar el coche, pero que el motor estaba caliente.

—¿Qué vamos a hacer?

—Seguir conduciendo —mientras Ann Donnelly salía a la calle y accedía a la autopista por la primera entrada, Till se reclinó en su asiento, cruzó los brazos y, aparentemente, se relajó.

Ella aceleró y se colocó en el segundo carril.

—Cuando todo esto termine, supongo que tendré que volver a hacer lo mismo, ¿verdad?

—¿A qué te refieres?

—A que tendré que volver a cortarme el pelo y teñírmelo, y a llevar gafas de sol y gorros todo el día.

—Creo que enfocas mal toda esta situación —dijo—. Si me das algo más con qué seguir, quizá quien tenga que preocuparse por si los atrapan sean ellos y no tú.

—Ya te lo he dicho. No vi casi nada, no oí casi nada. No sé casi nada.

—Pues sigue intentando recordarlo.

—No es cuestión de recordar. No hay nada que recordar.

—Entonces, hasta que detengan a esos tipos por otra cosa, tu marido y tú vais a tener que tratar de ser invisibles.

—Eso se acabó —se apresuró a responder ella, aunque en un tono neutro y sereno.

Al principio, Till no estaba seguro de si lo había oído bien. Estaba acostumbrado a oír ese tipo de declaraciones emocionales, o incluso llenas de falsa bravuconería, así que se esperaba esa reacción. Pero luego preguntó:

—¿Tu matrimonio? ¿Vas a romper tu matrimonio?

—Sí, tengo que hacerlo. Jamás pensé que esto pudiera suceder, si no, no me habría casado con Dennis —por fin empezaba a asomar cierta tristeza—. Nunca planeé hacer esto a los niños.

—¿Y por qué lo haces?

Ann ignoró la pregunta de Till y continuó como si estuviera hablando sola.

—Cuando era pequeña y mi madre se marchó, me dije: «Nunca le haré eso a mi hija». Y ahora puedo oír una voz interior que me dice burlona: «¿Ah, no?» No les va a resultar fácil. Lo sé. Incluso mi lamentable papel de madre es mejor que ninguno.

—No creo que debas tomar ninguna decisión ahora mismo.

—La decisión ya está tomada, Jack. Estaba tomada incluso antes de que Dennis y yo nos casáramos.

—¿Qué ocurrió?

—Dennis ya tenía a los niños antes de que yo lo conociera. La madre había muerto en un accidente de coche un par de años antes. Él y yo salimos durante un tiempo y luego me pidió que nos casáramos. Era lo que había estado temiendo. Cuando me lo pidió, todo fue distinto. Tenía que aceptar o decirle que se alejara de mí.

—Seguramente fue una decisión difícil.

—No estaba preparada. Lo único que sabía era que sólo tenía una manera de tomar una decisión. Lo invité a un viaje a Las Vegas y lo llevé a Henderson. Louanda, él y yo nos sentamos en el salón de la casa que había comprado. Le presenté a Louanda como Ann Delatorre y le expliqué cómo había conseguido ese nombre. Se lo expliqué todo. Nos pasamos un par de días hablando los tres. De vez en cuando, enviaba a Dennis a comprar algo de comida, y Louanda y yo hablábamos a solas. Me explicaba sus sensaciones acerca de Dennis y lo que pensaba sobre la idea de casarme con él.

—¿Y qué le parecía?

—Siempre intentaba protegerme. La una guardaba los secretos de la otra. Éramos... Bueno, iba a decir que éramos como hermanas, pero no es así porque no nos parecíamos en nada. Éramos como dos hombres que han luchado en una guerra juntos. Siempre formaríamos parte de la vida de la otra. No le parecía bien que me casara con Dennis. Cuando le dije que mi intención era hacerlo de todas formas, me obligó a hablar de cosas que seguramente no me habría planteado.

—¿Como qué?

—Como qué pasaría si nos casábamos y los asesinos venían a por mí. Qué haría para proteger a sus hijos. Consideramos todas las posibilidades y extrajimos las conclusiones lógicas.

—¿Y qué decidiste que pasaría si el día de hoy se presentaba..., si estabas casada y con niños y los asesinos venían a por ti?

Wendy apartó los ojos de la carretera y lo miró durante un segundo.

—No podía quedarme en San Rafael y esperarlos. Mi marido y mis hijos no podían quedarse allí porque esta gente podía secuestrarlos y cambiar mi vida por la suya o podían matarlos sin más. Y no podía huir y llevármelos conmigo; una familia de cuatro miembros. Entonces ya lo sabía..., o lo sabía Louanda y me hizo darle vueltas. Así que, antes de que pasara nada, hice otros arreglos. Los hicimos entre los tres —parecía que la cara se le deformaba y se le arrugaba con el dolor. Till vio que las lágrimas habían empezado a resbalarle por las mejillas y no había forma de detenerlas—. Mierda —dijo ella—. ¡Mierda!

Till quería que llorara. Si quería que le dijera algo, necesitaba que se desprendiera de aquella postura falsa que había perfeccionado con los años, pero tenía que ser paciente o ella se resistiría.

—Quizá tomasteis la decisión equivocada, el arreglo era incorrecto.

—No.

Ella siguió conduciendo en silencio varios minutos mientras iba controlando los sollozos y Till esperaba. Él se giraba de vez en cuando para mirar las luces de los coches que llevaban detrás mientras se preguntaba cuál de todos ellos era el que los seguía.

—Diseñamos un plan. Pero es que, incluso antes de hacerlo, estaba segura de que no lo necesitaría. ¿Es que no lo ves?

—Claro que sí.

—Fue como diseñar un plan para un bombardeo nuclear o algo parecido. Sabes que lo único responsable que puedes hacer es diseñar un plan, aunque no es del todo serio porque estás convencido de que nunca lo necesitarás. La amenaza no es real. Si hubiera presentido que necesitaba un plan, jamás habría puesto a Dennis y a sus hijos en esta situación.

Till la observó mientras ella luchaba por contener la nueva oleada de lágrimas. Le vio los ojos porque los coches que venían en sentido contrario le iluminaron la cara.

—Tienes un lugar… una casa segura… escogida para ellos, ¿verdad?

—Sí. ¿Cómo iba a dejar que Dennis se llevara a los niños y tuviera que encargarse de todo? Él no sabía nada sobre cómo lograr nuevas identidades, esconderse y todas esas cosas. Un día lo habrían encontrado y habrían matado a los niños. Así que preparé lo que pude con antelación.

—¿Fuisteis los dos a un lugar y buscasteis una casa para ellos?

—Éramos dos, sí, pero no fui con Dennis.

—Claro que no. Fuiste con Louanda.

—En realidad, lo hizo casi todo ella. Encontramos una casa. Está en Pensilvania, a unos treinta minutos de Filadelfia. Compramos una pequeña granja. Era un trozo de una propiedad mucho más grande, pero el propietario había muerto y los hijos necesitaban dinero para pagar algunas deudas y mantener el lugar en condiciones, así que nos vendieron la casa y un poco de terreno. Sólo son cinco acres de terreno y la casa. Dennis debe de estar yendo hacia allí en estos mismos momentos.

Till necesitaba que Wendy repasara cada decisión.

—Lo siento por él —dijo—. No le va a resultar fácil llevarse a dos niños pequeños al otro extremo del país e instalarse en un lugar que lleva años vacío.

—No está vacío.

—Una mujer. Hay una mujer.

Wendy lloraba con más fuerza.

—Claro que hay una mujer.

—¿Quién es? ¿Una niñera?

—¿Tenemos que hablar de los detalles?

—¿Quién es?

—Alguien que Louanda conocía.

—¿Y tú? ¿La conocías?

—La conocí después. Fui a verla a Filadelfia y ella vino varias veces con nosotros a San Rafael para que, si algún día pasaba algo, no fuera una extraña —miró a Jack Till con algo parecido a odio—. Fuiste tú quien me enseñó. Fuiste tú quien me dijo que pensara en todas las posibilidades, que estuviera preparada para todo. «No des más de dos pasos por la puerta principal si no sabes dónde está la puerta trasera.» Fue lo que me dijiste. Y lo hice. Lo hice cientos de veces de cien formas distintas, y ésta sólo fue una de ellas. Claro que hay otra mujer. Sin ella, el plan habría sido una farsa.

—Pero ¿quién es?

—Louanda y ella hacía años que se conocían. Es un par de años más joven que yo e incluso se me parece un poco. Louanda solía reírse de eso al principio, antes de que dejara de hacer gracia. Dennis puede ir con los niños hasta la granja sin decir a nadie su nombre real. Una vez allí, Iris se pondrá en acción y se encargará de todo.

—¿Encargarse de todo?

—Cuidará a los niños, llevará la casa, cocinará para ellos, los matriculará en una escuela local, les pondrá ropa limpia cada día y les preparará la comida.

—¿Quién se supone que la gente debe creer que es?

—Las identificaciones están a nombre de Donald, Linda y Timothy Welsh. En la casa hay otra identificación a nombre de Kathy Welsh.

Jack Till no dijo nada. Se giró para mirar los coches que los seguían, para intentar identificar unos faros que llevaran allí demasiado tiempo. Su experiencia como interrogador le decía que tenía que seguir presionándola, intentar saber más, conseguir que levantara la siguiente capa de medias verdades. Había encontrado el primer punto débil de Wendy y tenía que explorarlo; el problema era que también era su punto débil.

Se produjeron unos minutos de silencio mientras Ann Donnelly miraba al frente, hacia la autopista, pensativa. Cuando volvió a hablar, fue como si estuviera pensando en voz alta.

—Iris había tenido una vida más difícil incluso que la de Louanda, que me prometió que, sucediera lo que sucediera, Iris sería buena con los niños. Después de pasar tiempo juntas, vi que era cierto y, en realidad, era lo único que importaba. Los niños la conocían y la querían.

—¿Y cómo se lo tomó Dennis?

—Estará bien.

—¿Lo dijo él?

—Prometió seguir con el plan. Sabe que la vida de los niños puede depender de ceñirse al plan.

—Me estás escondiendo muchas cosas. Dímelas.

—¿Qué quieres saber? ¿Quieres saber qué se siente al marcharte de casa y entregar tu vida a otra mujer? Pues te sientes muy mal. En estos momentos, mi familia se dirige a un lugar donde nunca podré ir. Los he perdido.

Till intentó concentrarse en cómo podría lograr la siguiente confesión de Wendy. Sin embargo, no podía evitar pensar cómo se sentiría si tuviera que dejar a Holly para siempre. Recordó la última vez que la había visto, que ella había levantado la cara, había sonreído y se había dado media vuelta para volver a Garden House. No podría soportarlo.

—Ya te he dicho que no tienes que tomar ninguna decisión trascendente esta misma noche.

—Y yo te he dicho que se ha terminado. El acuerdo era así desde el principio, desde el día de Henderson en que le expliqué a Dennis toda la verdad. Si quería casarse, tenía que aceptar el plan. Mantendrá su palabra, e Iris hará el resto.

—No es únicamente una empleada, ¿verdad? Y no está allí sólo por los niños.

—No.

—¿Y él lo sabe?

—No... Sí. Es un hombre…, un hombre bueno, amable y normal con un negocio que lo tiene ocupado todo el día y aficiones como el golf y los deportes por la televisión con las que pasa su tiempo libre. Y luego están los niños. Los adora. Es feliz con poca cosa.

—Entonces, ¿por qué contrataste a Iris?

—¿Contratarla? Bueno, supongo que lo hice. Aunque nunca se produjo ningún intercambio de dinero. Yo sólo tenía que coger la vida que me había construido, enseñársela a esta chica que siempre había tenido muy mala suerte y decirle: «Si alguna vez me pasa algo, ¿te podrás encargar de todo, por favor?» Ella siempre ha estado dispuesta a hacerlo. Hablábamos por teléfono un par de veces al año y le decía: «¿Sigues disponible?», y ella me respondía: «Claro».

—¿Y Dennis parecía satisfecho con ella?

—Ya te lo he dicho, estará bien.

—¿Te lo dijo él?

Ella lo miró.

—Durante el mes y pico que Iris pasaba en casa de vez en cuando, yo organizaba actividades y me iba con los niños uno o dos días, y lo dejaba en casa con ella para ver si congeniaban y si estaban de acuerdo en algunas cosas. Luego volvía y hablaba con cada uno de ellos a solas.

—¿Qué pasó cuando te engañó con ella?

Volvió a mirarlo.

—Si eres tan listo para saber que eso sucedió, no puedes ser tan tonto como para pensar que no me lo esperaba. Louanda, Iris y yo habíamos hablado de esa posibilidad en uno de los viajes a Filadelfia. Louanda pensaba que era una estupidez dejar ir así a mi marido cuando quizá nunca hubiera un motivo.

—¿Y qué pensaba Iris?

—En ese momento, no estaba segura de lo que quería. Ya había conocido a Dennis y admitió que le había resultado atractivo. Tenía miedo de que, quizá, convirtiera a mi fiel marido en infiel, y que nunca pudiera volver a mirarlo con los mismos ojos.

—Pero acabaste convenciéndola, ¿no es así?

—No. No. No lo hice. Sólo me aseguré de que todos tuvieran la oportunidad de conocerse… Iris, los niños, Dennis, y los dejé solos todo el tiempo posible. ¿No entiendes por qué?

—¿Por qué no me lo dices?

—Todos se resistían porque decían que los asesinos nunca vendrían a buscarme. Pues bueno, ahora han venido y resulta que quien tenía razón era yo.

—Pero ¿qué ventajas había en este plan?

—¿Para mí? Ninguna. Entonces ninguna, eso seguro. Ni ahora tampoco. Lo hice por los niños.

—Con Iris, tienes el control de todo.

—No. No controlo nada. Sólo tengo la certeza de que, cuando mi familia empiece de cero dentro de unos días, tendrán una preciosa casa donde vivir que está lejos de aquí y que seguirán siendo cuatro: dos hijos, un padre y una madre. No falta nadie, ¿lo ves? Nadie va a iniciar una búsqueda o una investigación y va a descubrir que, justo en estas fechas, llegó un padre con sus dos hijos y compró una casa. Es una familia de cuatro que tiene esa casa desde hace cuatro años. Ninguna mujer que conozca a la familia va a ver una posibilidad y va a decidir que ella es la pieza que falta. No tengo que preocuparme porque la Malvada Bruja del Oeste se quede con los niños.

—Sin embargo, no estás tan preocupada por tu marido. ¿Por qué?

—Es adulto. Tiene que salir adelante solo.

—Estás dando rodeos. ¿No te preocupa?

—Lo echaré de menos. Es un buen hombre.

—No has dicho que le quieres. ¿Lo quisiste alguna vez?

—Estaba sola. Echaba de menos tener una relación con un hombre. Me gustan los hombres. Me gusta la sensación de seguridad y que alguien se encargue de levantar las cajas pesadas y de alcanzar las cosas del último estante. Dennis me propuso vivir juntos y encajamos bien.

—No me basta.

—Muy bien. Entonces, la verdad. Dennis era un padre con dos hijos pequeños. No se le daba demasiado bien cuidarlos y, aunque no había tenido tiempo para aprender, lo intentaba. Tenía el valor de intentarlo con todas sus fuerzas cada día. Eso me gustó. Vi que los niños y él me necesitaban, y eso me gustó todavía más. De joven, era una de esas chicas que aceptaba todos los trabajos de canguro que le ofrecían, seguramente porque era hija única, y era buena cuidando niños. Cuando conocí a Dennis, llevaba un año sin hacer nada, excepto pensar en mí misma y en cómo esconderme de los demás. Necesitaba a alguien que me necesitara, así que, cuando los vi a los tres, estuve dispuesta a hacer lo que fuera necesario. Y eso significaba casarme.

Con cautela, Till dijo:

—Si pudieras pensar en algo que pudiera llevarnos al tipo que quiere matarte, podrías volver con ellos.

—Si hubiera podido hacerlo, lo habría hecho hace tiempo.

Él vio que un coche se les había acercado muy lentamente. En cuanto sus faros les iluminaron el cristal posterior, redujo la velocidad. Dejó que un vehículo lo adelantara, y luego otro.

—Ese coche se ha acercado lo suficiente como para poder verificar que somos nosotros —dijo.

—¿Qué hago?

—Mantén la misma velocidad, pero no adelantes a nadie. Saldremos en la siguiente salida. No frenes para prepararte ni pongas el intermitente. Cuando lleguemos, gira y baja la rampa. Al final, gira a la derecha. Entra en el primer aparcamiento, el que sea. Si hay un edificio, aparca a un lado y apaga las luces. Quiero comprobar si nos sigue alguien.

—¿Qué piensas hacer si son los que mataron a Louanda?

—Verles las caras. Me encantaría detenerlos, pero nuestra principal preocupación ahora mismo es que llegues a Los Ángeles sana y salva.

—La siguiente salida. A ochocientos metros —anunció ella.

—Bien —observó el velocímetro unos segundos—. Eso es. Mantén la velocidad. No hagas nada que delate lo que vas a hacer.

—Cuatrocientos metros.

Till se giró para comprobar si los seguían.

—Sigue así.

—Ya estamos —la rampa de salida descendía. Iban muy deprisa y Ann Donnelly tuvo que frenar en seco al final de la rampa para poder girar a la derecha. Till no apartó la vista de la carretera que habían dejado atrás mientras el coche daba la segunda curva y entraba en un aparcamiento.

Ann Donnelly vio que pertenecía a un establecimiento de comida rápida al estilo de la década de 1950 que, por lo visto, se llamaba Buena Comida, Buenos Tiempos; rodeó el edificio y aparcó en la parte de atrás.

—Espera aquí —dijo él, y salió del coche y fue corriendo por el lateral del edificio hasta la parte delantera. Se detuvo allí y vigiló. Pasaban muchos coches y cualquiera podía haber salido de la autopista mientras ellos estaban detrás del edificio. Ningún conductor parecía estar mirando los aparcamientos como si buscara un vehículo en concreto. Dos automóviles entraron en el centro comercial que había al lado del restaurante, y los dos aparcaron frente a la lavandería. Del primer coche salió una mujer con una cesta llena de ropa sucia. Otro coche pasó por allí y se paró en la gasolinera que había un poco más abajo.

Ann estaba en el Lincoln con el motor en marcha. Bajó la ventanilla para poder oír algo, pero sólo se oían los vehículos que pasaban por delante del restaurante y que ella no veía y, de fondo, el chirrido de algún camión que circulaba por la autopista.

Al cabo de un buen rato, Jack Till volvió y se apoyó en la carrocería del coche.

—Si nos han seguido por la rampa, no los he visto.

Entró en el vehículo, sacó el móvil y marcó un número. Oyó varios tonos antes de obtener respuesta.

—¿Jay? —dijo—. Sí, ya lo sé. He pensado en llamarte ahora, antes de que te fueras a la cama. Sí, está aquí conmigo —se produjo una pausa—. Soledad. A un par de horas al sur de San Francisco. Viajamos en coche —escuchó varios segundos y luego añadió—: Tendríamos que llegar esta noche. Quiero llevarla a tu despacho por la mañana. De allí, el camino hasta la fiscalía del distrito es fácil. ¿Puedes estar allí para dejarnos entrar sobre las siete? —escuchó—. Gracias. Jay…, No le digas a nadie que vamos hacia allá, ni siquiera a tu poli preferido, ni a tu mejor amigo en la fiscalía —escuchó—. Ya sé que no eres tonto, pero tenía que decirlo. Gracias —y colgó.

—¿Quién era?

—El abogado de Eric. Está en esto conmigo desde el principio. Quiere que te dé las gracias por venir conmigo.

—¿Y Eric? ¿Has hablado con él?

—Lo esperé a la salida de la cárcel el día que salió en libertad bajo fianza. Se alegró mucho de saber que estabas viva, pero no sabe que te he encontrado. Jay intentará mantenerlo en secreto hasta que llegues.

—¿Podré verlo?

—No lo sé. Si quieres, podemos intentar organizar un encuentro.

—Quizá no sea buena idea. Ya me lo pensaré.

—¿Lista para dejarme conducir un rato?

—Vale —cuando Ann descendió del coche y empezó a caminar hacia el asiento del copiloto, de la parte delantera del edificio les llegó el fuerte chirrido de un motor. Instintivamente, Ann se arrodilló y se apoyó contra el morro del vehículo. Till, que también había descendido del Lincoln, dejó la puerta abierta para ella y se acercó al coche aparcado al lado con la mano dentro de la cazadora.

Los neumáticos del coche chirriaron cuando entró en el aparcamiento y pasó junto a él y luego frenó de golpe. Las puertas se abrieron y salieron cuatro chicas riéndose de algo que habían comentado. A los pocos segundos se oyó otro chirrido de neumáticos cuando otro vehículo entró en el aparcamiento y aparcó junto al de las chicas. Se abrieron las puertas y descendieron tres jóvenes.

Jack Till se pegó a Ann Donnelly y la guió hasta el asiento del copiloto y luego cerró la puerta. En ese momento oyó cómo un motor se ponía en marcha al otro lado del edificio y un coche salía a la calle.

Till se sentó tras el volante y condujo hasta el final del aparcamiento. Vio una señal en la calle, colocada de forma que los conductores que salían de la 101 la vieran. Decía G15. Debajo, había otra señal: King City 12. Till optó por seguir hacia la derecha.

—¿Por qué vamos en esa dirección?

—Porque si realmente hay alguien que nos sigue, ya va siendo hora de que se deje ver.

26

—No me lo puedo creer —refunfuñó Sylvie—. La tenía a tiro fuera del coche, donde podía verla perfectamente y no he podido dispararle.

—No podemos abrir fuego con dos coches llenos de críos a nuestro alrededor mirándonos. Tenemos que sorprenderles en algún sitio donde no haya testigos.

—Ya lo sé, Paul.

Él ni la miró. Tenía la vista clavada en el retrovisor. Sylvie intuía que había cometido un error.

—Agáchate —le ordenó él.

Ella se deslizó en el asiento hasta que su cabeza quedó por debajo de la ventanilla. Paul se tendió de lado encima de ella para que no lo vieran. A los pocos segundos, se incorporó, se abrochó el cinturón de seguridad, se alejó de la lavandería donde había aparcado y salió a la calle.

—Esto me gusta —dijo—. Pensaba que iría hacia el otro lado para volver a la autopista.

—Pues no es lo que ha hecho. ¿Adónde va?

—Prefiere las carreteras secundarias. Prepárate porque quizá tengamos la oportunidad de atraparlos antes de llegar a King City.

Sylvie se hizo una cola de caballo y apretó bien la cinta para que el pelo no se le soltara si abría la ventana. Sacó la pistola del bolso, la dejó encima de las piernas y empezó a prepararse.

Esta mierda de trabajo se estaba convirtiendo en una prueba de resistencia. Ella se ponía de mal humor y Paul estaba callado y ausente. Pero era temporal, unos cuantos días malos. Ahora quizá podría terminar con todo. Si podía tener a la mujer a tiro de forma clara, todo habría terminado. Paul daría media vuelta y buscarían algún lugar donde deshacerse del vehículo y luego la llevaría a casa.

Se acercó a él y miró el salpicadero.

—¿Crees que podremos cogerlos aquí?

—Tenemos doce minutos, quizá sólo diez si queremos alcanzarlos en este tramo de carretera. —Parecía absorto en la conducción conforme se alejaban de las luces de las gasolineras y las farolas de la autopista y se adentraban en el campo. La distancia entre las casas era cada vez mayor, cada casa era más pequeña que la anterior, hasta que vieron dos con paredes de madera desteñida y ventanas con los cristales rotos hacía años. Antes, la tierra en esta parte del país se dividía en pequeñas granjas, pero las de ahora eran muy grandes y todas eran propiedad de grandes empresas.

Sylvie distinguió las luces rojas y se volvió para ver si llevaban a alguien detrás.

—Parece que no tenemos a nadie detrás de nosotros.

Paul no respondió al comentario. Miraba las luces rojas, pero a Sylvie no le pareció que condujera más rápido.

Sujetó la pistola como él le había enseñado, con un dedo en el gatillo y el pulgar encima del seguro.

—Cariño, me gustaría atraparlos en esta carretera. Estoy preparada para hacerlo.

—Yo también, pero no quiero que nos vean acercarnos. Tengo que mantener la distancia mientras la carretera sea recta e intentar cogerlos en las curvas, donde no puedan vernos.

—Si los pillamos, morirán y dará igual si nos han visto o no.

—Si nos ven, acelerarán.

—Entonces correrán el riesgo de perder el control del coche y morir.

—Y nosotros también.

—Estoy dispuesta a dejar mi vida en tus manos. Ya lo he hecho antes.

Paul se volvió para mirarla con una expresión divertida…, no exactamente feliz por el halago, pero se notaba que estaba disfrutando.

—Está bien. Lo intentaremos.

Sylvie notó que el coche ganaba velocidad y apretó la espalda en el respaldo del asiento. Cuando llegaron a una pequeña pendiente el vehículo voló durante unos segundos y luego volvió a la carretera. Sylvie miró la línea discontinua amarilla que la dividía, y se fijó en que paulatinamente parecía una línea continua.

Miró hacia delante y vio que el otro coche cogía una curva hacia la izquierda y se alegró de haber convencido a Paul para que los siguiera deprisa. Al final, todo sería como él quería: podría acercarse en una curva y acabar prácticamente pegado a ellos.

—Estoy preparada —dijo Sylvie.

Entraron en la curva hacia la izquierda y él mantuvo el coche en el carril mientras los neumáticos chirriaban y rozaban la línea central. Ella percibía que la fuerza centrífuga intentaba lanzar el coche hacia los árboles que tenían a la derecha. El cinturón la sujetó con fuerza y evitó que saliera disparada por la puerta.

Paul tomó muy bien la curva, pero entonces ella vio luces al otro lado de los árboles.

—Viene alguien en dirección contraria.

Apenas había acabado de pronunciar la frase cuando vio los focos acercándose a ellos y luego pasando por su lado al tiempo que oía un fuerte y largo bocinazo, un ruido que, debido al efecto Doppler, ganaba intensidad a medida que los dos vehículos se alejaban.

—¡Dios mío! —murmuró. Le pareció que la curva se iba cerrando, pero por fin llegaron al final y encontraron la carretera recta. Las luces del coche de Till estaban justo delante, a unos sesenta metros—. Genial, cariño.

Paul seguía acercándose a ellos.

—¿Todo preparado?

—Sí. Sólo dime cuándo.

—Le obligaré a ponerse a la derecha para dejarme pasar. En cuanto estemos a su lado, dispara a Till en la cabeza.

—De acuerdo —Sylvie bajó la ventanilla. El aire soplaba con

mucha fuerza, le deformaba la mejilla derecha y le dificultaba abrir los ojos. Parpadeaba constantemente, pero luego levantó el antebrazo izquierdo para desviar la fuerza del viento. Se volvió para ver cómo le estaba afectando a Paul.

Él llevaba el pelo corto, pero el viento lo agitaba con fuerza, como si fuera un huracán. Vio que tenía la mandíbula apretada, las dos manos agarrando el volante con fuerza y notó cómo el coche seguía acelerando.

Paul le indicó con las luces largas al coche de delante que lo dejara pasar, pero Till no se apartó del lado izquierdo de la carretera.

—Lo sabe —dijo Paul.

—¿Qué?

—Lo sabe. No me deja pasar. Si no supiera que vamos a por ellos, me dejaría pasar, como cualquier otra persona.

—¿Qué hacemos?

—Ha visto el coche. Tendríamos que cambiarlo y estamos muy lejos de casa. Intentaré acercarme, pero tendrás que disparar como puedas y esperemos que le des o que él cometa un error.

Sylvie asomó la pistola por la ventanilla y apoyó el brazo en la puerta, pero a esa velocidad cualquier bache en la carretera le desestabilizaba el brazo. Dos veces, cuando el brazo bajaba, se lo golpeó contra la puerta en el codo. El dolor había sido tan intenso que estuvo a punto de soltar la pistola. Cuando intentaba apuntar, el coche daba un bote y la imagen de Till desaparecía y no podía mantenerlo a tiro.

—Acércate un poco más —gritó.

Paul siguió acelerando y Sylvie pensó que estaba poniendo a prueba el vehículo, aumentando la velocidad de forma gradual y manteniéndola unos segundos para ver si las ruedas se seguían agarrando al firme o el motor se calentaba demasiado. Se incorporó al carril de la dirección contraria para darle más ángulo a Sylvie. Ella extendió el brazo, mantuvo la vista fija en el coche de delante y disparó. El disparo le levantó el brazo, pero ella luchó contra la fuerza del viento y volvió a disparar.

Esta vez, el cristal trasero del coche de delante se rompió y los miles de cristales pequeños resbalaron por la carrocería y cayeron a la carretera. Algunos fragmentos chocaron contra el coche de Paul. Sylvie se puso a resguardo en el habitáculo para evitar que impactaran contra ella.

—Sigue disparando.

Ella volvió a asomarse, apuntó y esta vez pudo ver claramente los dos reposacabezas. Apuntó al de la izquierda, donde estaba Till, disparó dos veces, y luego una ráfaga rápida de cuatro disparos. Era imposible saber cuántos de sus disparos habían siquiera rozado el coche de Till, pero vio dos agujeros en el maletero y el cristal del parabrisas mostraba las marcas de un impacto en la esquina superior izquierda. Sylvie metió la mano en el bolso para buscar el cargador de repuesto.

El coche de Jack Till hizo un movimiento inesperado hacia la izquierda, como si éste no pudiera mantener el control del vehículo. Invadió el carril contrario.

—¡Mira! Parece que le has dado —comentó Paul.

El coche de Till siguió avanzando hacia la izquierda hasta que se salió de la carretera. Cuando cruzó el arcén, levantó una nube de gravilla y polvo que le impidió a Sylvie ver algo. Ella esperaba oír un estrépito y después intentó localizar las luces rojas. Cuando lo consiguió, descubrió que circulaban por el campo adyacente, dando tumbos en medio de la oscuridad.

Paul viró el volante, dirigió el coche hacia el arcén izquierdo y Sylvie dijo:

—No, no vas a... —pero él ya se había salido del arcén y estaba persiguiendo a Till.

En cuanto abandonaron la carretera, Sylvie oyó el roce de las plantas y alguna que otra piedra contra los bajos del coche. Una rueda se metió en un bache, y por un momento los faros alumbraron el cielo. Vio que Paul se había metido en un campo de cultivo que hacía años debió de pertenecer a alguna granja. A ambos lados había el vacío oscuro de la noche, pero, donde iluminaban los focos, veía las hierbas secas amarillentas y el camino que Jack Till había abierto, aplanando las hierbas con los neumáticos.

—No estoy segura de haberle dado. Quizá no he acertado. De hecho, sigue conduciendo.

—Continúa intentándolo.

Con dificultad, en medio de tanto bote, cogió el cargador del bolso y lo insertó en la culata de la pistola. La sacó por la ventanilla, apoyó el codo sobre la mano izquierda para estabilizar el brazo y volvió a disparar.

Esta vez estaba segura de que su disparo había sido demasiado alto. Volvió a intentarlo, pero acabó disparando al suelo. Era mucho más difícil apuntar ahora que en la carretera. Los dos coches no dejaban de dar saltos mientras avanzaban por el campo, pero ninguno de los dos había bajado de los setenta kilómetros por hora.

—A por él. Aproxímate un poco más —dijo ella—. Tenemos que estar más cerca.

Paul estaba librando una batalla con el volante. Cuando los neumáticos encontraban terreno inestable, tenía que girar el volante para corregir la dirección y luego girarlo hacia el lado contrario. Pero no discutió con Sylvie y ella notó que el coche aceleraba un poco más. El siguiente bache la hizo saltar del asiento y el cinturón se le clavó en el pecho y en el hombro.

El Lincoln de Till llegó al final del terreno llano y descendió una pendiente. Sylvie vio que estaban en un pastizal y luego el coche subió una loma y desapareció.

Paul detuvo el vehículo al pie de la loma.

—¿Qué pasa?

—No podemos subir allí.

—Él lo ha hecho.

—Nos está llevando al bosque, donde puede ocultarse. Es una emboscada. Va a esconderse y esperará a que lleguemos a diez kilómetros por hora. Además, si se nos pincha una rueda o nos quedamos atrapados aquí, estamos perdidos.

Sylvie se sintió aliviada. Percibió que estaría en una posición más fuerte si no discutía, si sólo se limitaba a consentir que hiciera lo que quisiera.

—De acuerdo —los hombres no buscaban el consenso. Sólo querían que les obedecieran.

Paul dio media vuelta dibujando un gran círculo hasta que los faros iluminaron el camino por el que habían venido. Till los había llevado muy lejos de la carretera.

—¿Estás bien?

—Sí.

El coche de alquiler se había precipitado por la pendiente de una quebrada y había quedado en posición casi vertical con el morro tocando el fondo de la depresión. El único ruido era el producido por un hilo de agua que goteaba de los bajos del vehículo y se perdía en la oscuridad entre las piedras. Al cabo de unos segundos, Ann Donnelly se dio cuenta de que, seguramente, el agua se escapaba del radiador del Lincoln.

Jack Till apagó las luces, abrió la puerta con gran esfuerzo y salió del habitáculo. Después fue hacia el lado del copiloto:

—Venga. Tenemos que alejarnos del coche —abrió la puerta, le soltó el cinturón de seguridad y sujetó a Ann ayudándole a salir del vehículo.

La llevó hasta un lugar apartado y con vegetación más densa, a unos quince metros de distancia del coche. Le susurró:

—Los esperaremos aquí.

Ann se sentó entre los matorrales. Se fijó en las hojas y llegó a la conclusión de que debían de ser robles jóvenes compitiendo por el espacio y la luz en el borde de la quebrada. Incluso en la oscuridad, sabía que la parte posterior del coche estaba destrozada. Aparte del cristal roto y los agujeros de bala en el maletero, el lateral estaba lleno de abolladuras y arañazos y una de las ruedas se había salido del eje cuando Jack había aterrizado en la quebrada.

Esperaron un buen rato sin hablar ni moverse. Ella estaba más incómoda que asustada. Quería tenderse en la cama de hojas donde estaba sentada, pero la oscuridad era tan intensa que su cabeza empezó a imaginar serpientes y arañas venenosas. Justo cuando las arañas imaginarias se habían convertido en escorpiones, Jack le rozó el brazo y susurró:

—Me parece que no van a venir a por nosotros.

—¿No?

—No. Tenemos que llamar a la policía, pero, seguramente, avisarles desde aquí será inútil. Tardarían horas en encontrarnos. Volvamos a la carretera y los llamaremos desde allí.

—De acuerdo. ¿Cojo la maleta?

—No. Si conseguimos que nos encuentren, ya la recogeremos cuando remolquen el coche.

Empezaron a caminar. Till la guió hasta donde la pendiente de la quebrada era menos pronunciada, y luego alcanzaron el pastizal.

—Tenías razón —dijo ella—. Parece que se han ido.

—Sí. Tengo sentimientos encontrados respecto al resultado. Albergaba la esperanza de que a su coche le pasara lo mismo que al nuestro.

—Seguro que te estás preguntando cómo te metes en cosas como éstas.

—No. Sé por qué lo hago.

—¿Por qué?

No le respondió porque ya tenía el móvil pegado al oído:

—Sí. Me llamo Jack Till. Hace unos minutos dos personas en un coche me hicieron salir de la autopista G15. Me dispararon y alcanzaron el coche. Iban en un Toyota verde, un modelo nuevo, uno de los grandes, seguramente un Camry o un Avalon.

Se quedó escuchando unos segundos.

—Mi amiga y yo nos hemos quedado sin coche, pero no estamos heridos. No puedo darle la ubicación exacta, pero es un campo enorme de hierba alta al este de la carretera, a medio camino entre Soledad y King City. El coche se precipitó al lecho de un arroyo seco. Llegaremos a la carretera en unos minutos. ¿Puede pedirle al agente que envíen a buscarnos que encienda las luces del techo del coche de policía? Quiero estar seguro de que no paro al coche que nos perseguía. Gracias.

Colgó y siguió caminando.

—La policía vendrá enseguida. Seguramente, tardarán lo mismo que nosotros en llegar a la carretera —pensó en lo que Ann Donnelly le había preguntado, en por qué se metía en cosas como ésas. Le había dicho la verdad. Sabía exactamente por qué, y era un secreto con el que había tenido que vivir y que había tenido que esconder tanto tiempo que ya formaba parte de él. Ya no pensaba en ello, excepto cuando algo se lo recordaba.

Till se graduó de la Universidad de California en Los Ángeles a los veintidós años con una licenciatura en historia. No tenía trabajo y encontró un empleo temporal como dependiente en una licorería durante el día. Por la noche, trabajaba de camarero. Una semana después de que sus compañeros de piso se marcharan, encontró su propio piso en Hollywood, donde los alquileres en los edificios viejos eran más baratos.

Una vez a la semana, dos policías jóvenes llamados Johnny y José visitaban la licorería. Estaba de camino en su ronda habitual porque en el barrio vivían varios tipos que trabajaban de chivatos para la policía, y no les gustaba que los vieran charlando con dos agentes en plena calle. A veces, mientras esperaban, hablaban con Jack. Ese otoño, uno de ellos le dijo:

—Eres un chico listo, Jack. Deberías ser policía.

Él se rió y le respondió:

—No es lo mío. Yo soy un amante, no un luchador.

Recordaba aquellas palabras porque fue la misma noche en que la chica lo abordó. Estaba en el Cobra Club, en medio de una multitud que intentaba acercarse a la barra, cuando ella apareció a su lado. Jack bajó la mirada y se fijó en su pelo largo y castaño, y después vio que lo estaba mirando fijamente. Él sonrió para romper el hielo.

La joven también sonrió.

—Hola —saludó ella—. ¿Nos conocemos?

—No. Aunque ya me gustaría. ¿Puedo invitarte a algo?

—Claro. Vino blanco.

El encuentro fue así de rápido y sencillo, como ocurre siempre que dos personas quieren conocerse. Mientras esperaban su turno en la barra entablaron conversación. Ella le dijo que nunca había estado en ese club, pero que le gustaba mucho, y él comentó que había oído hablar del Cobra hacía un año, pero que tampoco había ido hasta ese día. Hasta tres chicos se acercaron para invitarla a bailar, pero ella les sonrió con desgana y les despidió dándoles las gracias.

Jack se preguntó si se suponía que tenía que mandarlos a freír espárragos, pero comprendió que aquello sólo provocaría una pelea que la asustaría.

Pagó las bebidas e intentaron bailar en la abarrotada pista, hasta que al final se alejaron de la música lo suficiente como para poder oírse. Él se presentó como Jack Till y ella dijo que se llamaba Nicole. Él sabía que iban a irse juntos, y ella también, así que Jack se preguntó por qué no había querido darle su apellido.

A la una y media de la madrugada, ella le dijo que la siguiera en su coche hasta su casa. Él había aparcado muy cerca del club. Cuando había llegado del trabajo a las once y media, vio que un vehículo dejaba libre una plaza de aparcamiento, así que la ocupó. La acompañó en su coche hasta su Honda Civic rojo, y se besaron antes de que ella se bajara. La vio caminar hasta el pequeño Honda, y se sorprendió por su buena suerte. Era muy atractiva y parecía que habían conectado desde el principio. Ya sabía que las mujeres se formaban una opinión sobre los hombres a los pocos segundos de conocerlos, pero se seguía preguntando por qué se había interesado en él. Mientras conducía por Hollywood Boulevard hacia el este, y luego en dirección norte rumbo a las colinas, se le despertaron algunas dudas. Era demasiado guapa para él. ¿Por qué lo había elegido de entre todos los chicos de la discoteca?

¿Acaso había hecho una apuesta con una amiga de que podía ligarse a un tío cualquiera antes que ella? No. Esas cosas las hacían los hombres, no las mujeres. ¿Había visto a alguien en el club a quien quería evitar? ¿Era uno de esos que la había invitado a bailar mientras estaba en la barra con él?

Cuando Nicole llegó a su bloque de pisos, accedió al camino de entrada y esperó que la verja se abriera para poder entrar y aparcar en su plaza del aparcamiento subterráneo. Till se detuvo al otro lado de la calle y observó a su alrededor. Casi esperaba que la chica subiera las escaleras internas del edificio y cerrara la puerta de su casa con llave. En lugar de eso, cruzó la calle y se quedó de pie junto al coche hasta que él salió; entonces, le tomó de la mano y dijo:

—No te he visto detrás de mí. Pensaba que te había perdido en una de esas curvas.

—No, pero si lo hubieses preferido, no pasa nada.

—Te he invitado a venir.

—Pero has podido cambiar de idea por el camino.

—Vas a tener que dejar de hacer eso.

—¿El qué?

—Preguntarme si en realidad quiero lo contrario de lo que he dicho.

—Perdón.

Jack siguió a Nicole hasta el interior del bloque, subió las escaleras enmoquetadas y cruzó el umbral de su puerta. El piso era más nuevo, más limpio y más grande que el suyo. Incluso tenía un salón de verdad con muebles a juego y fotografías en la pared, como tenían los adultos respetables, y no la colección de gangas y ofertas que llenaban el estudio de Till. Unos minutos después descubrió que también tenía sábanas y fundas de almohada a juego que no desentonaban con la colcha. Después ya no se fijó en gran cosa más porque toda su atención estaba puesta en ella. Ya era muy tarde cuando Nicole le dijo:

—Jack, me temo que tienes que irte a casa. Necesito dormir un poco antes de ir a trabajar.

Memorizó su teléfono y dirección y luego leyó el nombre entero en el buzón: Nicole Kelleher. Subió a su coche y emprendió el camino de regreso hacia su casa. Mientras bajaba por las colinas hacia Hollywood, lo sorprendió descubrir un coche detrás de él que hacía el mismo recorrido.

Al principio, lo ignoró, pero luego se preguntó si Nicole lo estaba siguiendo porque se había dejado algo en su piso. Aparcó junto a la acera, dejó el motor en marcha y las luces encendidas, y miró por el retrovisor para ver acercarse al otro vehículo. Pero no se acercó. Aparcó a media manzana de distancia y apagó las luces. Jack volvió a ponerse en marcha y su perseguidor lo siguió. Se le erizaron los pelos de la nuca. A modo de prueba, giró a la izquierda, en dirección contraria al camino habitual hacia Hollywood. El otro coche hizo lo mismo.

Jack siguió girando esquinas al azar para intentar ver algo del otro vehículo bajo la luz de las farolas en los cruces. Era un BMW muy nuevo y sólo había una persona dentro. Eran más de las cuatro de la madrugada y estaba claro que la presencia de ese coche no era una coincidencia. Por experiencia, sabía que nadie que pudiera permitirse un BMW lo escogería como víctima de un robo, pero no estaba dispuesto a jugarse la vida. Observó el comportamiento del otro conductor y, lentamente, fue reduciendo las posibilidades a una: quería seguirlo hasta su casa. Till giró varias veces más, cruzó Hollywood Boulevard hacia el sur y no se detuvo. Pensó en el punto idóneo para detenerse, y luego condujo hasta el lugar.

Después de dar vueltas durante quince minutos, giró de golpe por una calle oscura y luego por otro callejón que desembocaba en una zona de carga, en la parte de atrás de un negocio. El otro coche pasó por la calle y Till vio que el conductor lo miraba. Era un chico blanco de su edad, con un chubasquero amarillo con capucha. Till salió del callejón marcha atrás, pero, en lugar de dar media vuelta, siguió al BMW.

Éste se detuvo en seco en mitad de la calle. Cuando Till intentó adelantarlo, le bloqueó el paso. Jack trató de ir hacia la derecha, pero el BMW giró en esa dirección impidiéndole avanzar. La puerta del vehículo se abrió y el conductor corrió hacia donde estaba Till.

Éste distinguió algo que el chico sujetaba en la mano derecha, pero no tuvo tiempo de determinar con precisión qué era. El hombre levantó los brazos y golpeó la ventanilla del lado del conductor. Diminutos fragmentos de cristal impactaron contra el pecho y las piernas de Till.

El atacante volvió a alzar los brazos, pero Jack abrió la puerta del coche con todas sus fuerzas y lo golpeó en el pecho. Oyó un gruñido y vio que lo que llevaba en la mano era un martillo.

—¿Qué coño haces? —le increpó Till—. Si ni siquiera te conozco.

—Ya, pero yo sí que te conozco, ¡capullo! —tenía la cara deformada por la rabia, enseñaba los dientes y entrecerraba los ojos—. Estabas con Nicole.

—¿Y a ti qué te importa? ¿Qué pasa? ¿Eres un antiguo novio?

El hombre se abalanzó sobre él con la intención de golpearlo con el martillo. Till esquivó el golpe y el atacante perdió el equilibrio y quedó con la guardia descubierta durante unos segundos. Jack le propinó un puñetazo en la nariz y los dientes superiores, que lo hizo retroceder y caer al suelo.

—Deja el martillo y hablaremos —le conminó.

El chico se levantó y volvió a atacarlo, pero él hizo una finta y le golpeó de nuevo en la cara. Se relajó un segundo porque estaba seguro de que la pelea había terminado, pero esta vez la recuperación del chico fue una auténtica sorpresa. Tendría que haber caído al suelo, pero pivotó sobre su propio eje y volvió a la carga con el martillo, aunque esta vez no falló.

El arma improvisada impactó contra el costado de Till, justo debajo de la caja torácica, aunque el golpe fue más doloroso que letal. Mientras su cuerpo reaccionaba para protegerse, su mente también reaccionó. Cuando atacó al chico, estaba lleno de dolor y rabia. Lo golpeó justo cuando éste intentaba sujetar mejor el martillo y la herramienta se le escapó de la mano. Cuando quiso recogerla, Till le propinó cuatro o cinco golpes seguidos y lo alejó del martillo. No se detuvo hasta derribarlo, tras lo cual se abalanzó sobre él y lo golpeó tres veces más. Cada uno de los puñetazos golpeaba la cabeza del chico contra el suelo. Lo miró y, con el brazo derecho preparado, esperó el siguiente movimiento, el siguiente truco.

Sin embargo, esta vez el hombre no se movió. Tenía los ojos cerrados. Le sangraba la boca y tenía la nariz rota. El rostro había adquirido un aspecto plano y flojo, como si ya no controlara sus músculos. Parecía inconsciente. Till se levantó y retrocedió, a la espera del siguiente movimiento del chico: una patada para tirarlo al suelo, otra arma, un repentino placaje. Le dio un puntapié en la pierna. Nada. Permaneció inmóvil. Tenía la cabeza ligeramente ladeada. Perfecto. Till se dijo que cuando, al cabo de unos minutos, el hijo de puta recuperara el conocimiento más le valdría pensar en lo estúpido que había sido.

Recogió el martillo, subió a su coche, dio media vuelta y se marchó por donde había venido. Antes de girar la primera curva al oeste hacia Hollywood, miró por el retrovisor. El chico estaba tendido en el pavimento tal como lo había dejado, con el coche aparcado en medio de la calle.

Till giró la curva y se alejó.

Unas horas después, cuando sonó el despertador y se levantó para ir a trabajar a la licorería, encendió el televisor. El periodista estaba diciendo: «En algún momento de la madrugada, Steven Winslow de La Canada recibió una paliza mortal en un tranquilo vecindario cerca del centro de la ciudad. La policía informa que el cuerpo de Winslow, de veintiséis años, fue descubierto a las siete de la mañana a la altura del número doscientos de Pilcher Avenue. Parece que lo mataron en un intento de robo, seguramente del coche. Por lo visto, los asesinos eligieron esa calle porque está en una zona donde las empresas allí ubicadas llevaban horas cerradas y cualquier ruido queda parcialmente amortiguado por las salas de sonido de un pequeño estudio cinematográfico. Nadie parece haber oído los gritos de la víctima. La policía pide que quien tenga algún tipo de información sobre el crimen o viera al señor Winslow en algún momento de la noche se ponga en contacto con la comisaría de Rampart».

Till recordó el instante en que se había sentado a horcajadas encima de Steven Winslow, con el puño preparado, esperando cualquier movimiento. En ese momento, estaba dispuesto a matarlo…, había olvidado todos los reparos. Ahora se daba cuenta de que seguramente entonces ya estaba muerto, pero poco importaba.

Llamó a la licorería para decir que no se encontraba bien y se quedó en casa mirando la televisión y las últimas noticias. Al cabo de unas horas salió a comprar la edición de mediodía de los periódicos. Leyó lo que decían del crimen y esperó que, en cualquier momento, la policía se presentara en su puerta. No había ninguna duda de lo que iba a suceder después. Una ventanilla de su coche estaba rota. Tenía arañazos en las manos y se había herido un nudillo de la mano derecha al golpear a Winslow en los dientes. Había recogido el martillo de la calle y todavía estaba en el coche. Cuando la policía empezara a hacerle preguntas, sabrían que se había ligado a la novia de Winslow en un club y que había pasado la noche en su piso. Volverían a investigar la escena del crimen y descubrirían que Winslow había muerto en una pelea. ¿Con qué otra persona se habría peleado, si no? Nicole les diría lo que había pasado entre ellos y lo identificaría.

Esperó a la policía todo el día. A la mañana siguiente fue a trabajar y, cuando volvió a casa, leyó en el *Times* la entrevista a la prometida de la víctima, Nicole Kelleher, de veintiún años. Decía que no podía imaginarse cómo podía haberse producido una tragedia así, porque Winslow era de aquellas personas que nunca habían tenido enemigos. «Todo el mundo adoraba a Steve.» Los dos tenían planeado casarse dentro de un año, pero todavía no habían decidido la fecha. Llevaban casi tres años saliendo juntos y se habían prometido hacía cuatro semanas.

La culpa y el arrepentimiento lo torturaban, y Till también no dejaba de recordar una y otra vez la noche con Nicole; tenía la sensación de que había algo raro. Cuando vio su fotografía en el periódico y leyó sus declaraciones, supo qué era.

Debía de saber que Steve la estaba espiando. Jack no estaba seguro de qué le había pasado a la chica por la cabeza en ese momento, pero Nicole sabía que su novio la vigilaba y había fingido ligarse a Till. Y ahora que lo pensaba, ella se había comportado como si quisiera asegurarse de que Steve los viera y los siguiera.

Pequeños detalles que lo habían descolocado en ese momento comenzaban a cobrar sentido, empezando por el hecho de que se fijara en él en el Cobra Club. Till no era la clase de chico que una joven como Nicole escogería. Seguro que ella se fijaba en los antiguos reyes de los bailes de graduación o en los estudiantes de Princeton que volvían a casa en verano. Con veintidós años, él era alto y esbelto, y ya había recibido algunos golpes en la cara. No encajaba con el ligue de una noche de verano de esa chica. Sin embargo, era la elección perfecta como adversario de alguien como Steve.

Había querido que la vieran. Se había acercado a Till en medio de la pista de baile y se había quedado hablando con él bajo los focos mucho rato, mientras se le acercaban otros chicos y los rechazaba. Cuando habían salido juntos del local, ella había insistido en subir a su coche y que él la acompañara hasta el suyo en lugar de caminar la corta distancia que la separaba de su vehículo. Lo había besado antes de salir del coche y ahora recordaba que ella había abierto la puerta para que la luz de la calle los iluminara mientras lo besaba.

Le había pedido que la acompañara en su coche hasta su casa. Nicole había conducido muy despacio y se había parado en todas las señales de tráfico para que Till pudiera seguirla con facilidad, y ahora sabía que también lo había hecho para que Steve pudiera seguirlos. Había dejado el coche en el garaje y luego había vuelto a la calle y se había quedado allí de pie con él, como si quisiera que los vieran. Recordó haberla visto mirando hacia el otro lado de la calle casi de forma furtiva. Debía de estar comprobando que el auto de Steve había llegado y que estaba aparcado con las luces apagadas.

Nicole Kelleher y Steven Winslow habían cambiado su vida. Matar a Steven Winslow fue lo que le hizo sentir que tenía que realizar algún tipo de servicio público. Lo que lo decidió a ser detective fue Nicole Kelleher.

Años después, cuando ya trabajaba en el departamento de homicidios, echó un vistazo a los informes que los detectives de aquella época habían redactado sobre la muerte de Steven Winslow. Abrió la libreta de anillas y descubrió que no había gran cosa: ni entrevistas con testigos, ni móvil, ni sospechosos, ni siquiera una hora fiable de la muerte. La causa de la muerte había sido un fuerte golpe en la cabeza. A Jack Till lo sorprendió descubrir que toda la sangre que se había encontrado en el lugar del crimen pertenecía a Steven Winslow, porque él mismo recordaba ver sus manos ensangrentadas. Estaba claro que los técnicos habían tomado muestras de sangre, pero no habían localizado las gotas que debían de pertenecer a Till. A partir de entonces, la fiebre por buscar muestras de ADN en los escenarios del crimen se había extendido, pero en aquella época sólo se tomaban muestras de sangre y se etiquetaban.

Leyó con gran interés la entrevista de la policía a Nicole Kelleher. Ante los inspectores, sólo había mostrado la cara de la joven prometida destrozada. Había quedado con Steve a mediodía al día siguiente. Él le había dicho que iban a buscar un regalo para ella, y ella pensó que la llevaría a escoger su anillo de compromiso. Eran ese tipo de pareja. Steve nunca le hubiera comprado un anillo con antelación y se lo habría puesto en el dedo cuando ella hubiera aceptado la propuesta de matrimonio. En las familias como las suyas, el anillo era una inversión para toda la vida y costaba mucho dinero, de modo que escogerlo era una tarea muy complicada.

Al padre de Winslow, que también se llamaba Steve y era propietario de una empresa que vendía trajes protectores para personas que entraban en contacto con sustancias tóxicas, le había ido muy bien. Su hijo Steve se habría hecho cargo de la empresa cuando él se jubilara. Nadie de la familia podía aportar ningún dato útil acerca de los conocidos de Steve, sus actividades o sus costumbres. Los inspectores dejaron anotado que Steve había sido acusado de violar a una chica a los diecisiete años, pero ésta se negó a testificar y los cargos fueron retirados. Till vio claro que el padre había pagado a la víctima para que no dijera nada. También había varias multas por exceso de velocidad, dos denuncias por alteración del orden público y una denuncia por conducir ebrio. El padre dijo que todo era fruto de una persona vital, que Steve era motivo de orgullo familiar y que Nicole siempre formaría parte de la familia Winslow.

A esas alturas, Till ya había aprendido varias lecciones más sobre el comportamiento humano y la denuncia por violación y por desorden público le hicieron plantearse la posibilidad de que el motivo por el que Nicole quiso que Steven se cruzara con Jack Till era que su novio había empezado a pegarle. En ese punto, Till cerró la libreta, la devolvió al archivo de casos antiguos y nunca más volvió a abrirla.

Él y Ann Donnelly caminaron por el abandonado campo hacia la carretera. Él iba adelante, para que pudieran caminar en fila india por el rastro que habían dejado los neumáticos y así evitarse tener que sortear las hierbas.

—¿Te has casado? —preguntó ella.

—Últimamente, no.

—¿Qué significa eso?

—No se me da demasiado bien lo de estar casado.

—No creo que sea cosa de habilidades. Me parece que se trata más bien de atracción y conexión. En eso no hay habilidades.

Ann siguió caminando y Jack Till pensó que, por el momento, se había quedado satisfecha. Se sintió aliviado. Había mantenido la historia del abandono de Rose tanto tiempo en secreto porque tenía la sensación de que debía proteger a Holly. Parecía que la historia era de ella, no suya.

—¿Por qué te decidiste a venir a buscarme?

—Porque detuvieron a Eric Fuller por tu asesinato. Puede que sintiera cierta responsabilidad.

—Y puede que sintieras algún tipo de conexión conmigo.

—Puede. Y puede que piense que tú y yo compartimos la responsabilidad —vio unas luces en la carretera, agitó los brazos por encima de la cabeza y corrió hacia el asfalto. Al cabo de unos segundos, el coche de policía se detuvo y un foco recorrió el campo hasta que los localizó. Jack alargó los brazos a los lados y se volvió hacia

Ann—. Enséñale que no llevas nada en las manos. No quiero dudas sobre quiénes son los buenos.

Horas después, Till se apoyó en un árbol junto al borde de la pendiente de la quebrada mientras observaba cómo la grúa tiraba del coche de alquiler y lo dejaba en terreno llano. El torno se tensó y vio que el gancho se soltaba y arañaba el bajo del coche, pero le dio igual. La empresa de seguros de la compañía de los vehículos de alquiler pagaría un coche nuevo. No quedaba casi ningún cristal entero, el morro parecía arrugado hacia la derecha y en el maletero y la carrocería posterior había agujeros de bala.

Dio la espalda al auto cuando el policía más mayor se acercó para hablar con él. Till vio que su compañero seguía en el coche con Ann Donnelly. El policía dijo:

Bueno, la chica ha verificado su descabellada historia en todos los detalles. Supongo que me ha sorprendido más a mí que a usted.

—Quizás un poco —admitió Till—. Ha sido un día muy estresante para ella.

—He verificado su nombre con la policía de Los Ángeles —dijo el agente—. Parece que lo que debería preguntarle ahora es qué podemos hacer para ayudarle.

Till lo miró fijamente.

—Intentaba trasladarla hasta la fiscalía del distrito de Los Ángeles sin que nadie nos viera, pero no ha funcionado. Así que le agradecería que hiciera un par de cosas por nosotros.

—Usted dirá.

—Tómele las huellas y hágale una fotografía, una frontal y otra de perfil servirán. Así, si por algún motivo no llegamos a nuestro destino, al menos Eric Fuller no será procesado por haberla asesinado.

—Será un placer —respondió el policía—. Dígame dónde enviarlo.

—Si me deja su libreta, se lo anotaré.

El agente le dio una libreta pequeña y un bolígrafo y Till habló mientras escribía.

—Sargento Max Poliakoff, departamento de homicidios. Aquí tiene el teléfono y la dirección de la comisaría de Parker Center.

El agente recogió la libreta y la alumbró con la linterna.

—Tiene buena memoria.

—No tan buena. Pero es que era mi despacho antes de ser el suyo —miró por encima del hombro hacia el coche de policía, donde Ann Donnelly todavía estaba sentada junto al otro agente, y se volvió para que no pudiera leerle los labios—. La otra cosa que necesito es que me acerque a una oficina donde pueda alquilar otro coche. Quiero encontrar un lugar tranquilo donde podamos pasar inadvertidos un par de días, y luego llevarla a Los Ángeles cuando crea que es el mejor momento. Y le agradecería que no quedara constancia de adónde hemos ido. El tipo que ha contratado a los asesinos no descansará mientras ella esté viva.

27

Sylvie condujo por la larga y empinada cuesta y adelantó a un convoy de camiones que avanzaban lentamente en dirección a Los Ángeles. Incluso en la oscuridad de las horas previas al alba, percibía la diferencia del clima. En Camarillo, abajo, el aire era frío y húmedo por el océano. En Thousand Oaks, aquí arriba, el aire era seco, todavía caliente por el sol de ayer. Sabía que, si hubiera podido detener el coche y hubiera tocado el pavimento, lo habría notado caliente. En cuanto cruzó el cartel verde que les daba la bienvenida al condado de Los Ángeles, atravesó una pared de frustración invisible.

Habían fallado.

—Me imagino que no quieres que conduzca hasta casa con este coche. ¿Quieres abandonarlo en algún sitio antes de que amanezca? —le preguntó a Paul.

—Más adelante —respondió él—. Supongo que la hora de dejar las habitaciones del hotel donde robamos el coche será al mediodía. El servicio de habitaciones entrará y encontrará los cuerpos sobre las doce y media. Por ahora, estamos a salvo.

—Si tú lo dices —se encontró con el cuello de botella eterno que se formaba en el enlace con la autopista de San Diego y tomó la salida de Van Nuys Boulevard.

—Entra en el centro comercial y déjame salir —le pidió Paul.

Sylvie aparcó e hizo como si estuviera estudiando un mapa de carreteras mientras Paul iba a pie hasta su casa, que estaba a pocas manzanas, y volvía con el BMW negro. Bajó del coche, se acercó a ella y le dio las llaves.

—Yo conduciré éste. Tú sígueme.

Paul condujo el coche robado hacia la carretera 170 hasta Simi y luego siguió por Little Tujunga Road. Subió unos tres kilómetros por las resecas colinas, aparcó en una curva ancha y Sylvie se detuvo detrás de él. Aunque la claridad del alba aún no se había impuesto, las tinieblas empezaban a ceder terreno. Salió del BMW y con los trapos y el desinfectante que Paul había cogido en casa se acercó adonde éste estaba en el coche robado.

Limpiaron los tiradores, las puertas y los botones, el maletero y el capó, y las superficies de metal y plástico del interior. Fueron muy deprisa porque ya lo habían hecho antes. No tardaron ni cinco minutos. Después él fue al maletero del BMW, sacó el extintor, abrió la puerta del copiloto del coche robado y llenó el interior de espuma blanca para eliminar las huellas que se hubieran podido dejar. Sujetó la palanca de la transmisión automática, puso el coche en punto muerto, lo empujó hasta el final de la curva y lo dejó rodar por la colina hasta que cayó entre los arbustos. Desde la curva no se veía y no parecía más importante que el resto de coches abandonados en los barrancos que rodeaban Los Ángeles. Podría pasarse años allí abajo.

Unos minutos después iban por la carretera de Simi hacia casa en su BMW negro a ciento diez kilómetros por hora. Cuando llegaron a la casa que Sylvie había heredado de Darren McKee había empezado a clarear. La puerta del garaje se abrió, Paul entró con el coche y la puerta volvió a cerrarse.

Ninguno de los dos dijo nada cuando salieron del BMW, entraron en casa y cerraron la puerta con llave. Una de las cosas que más le gustaban a Sylvie de estar casada era la poca conversación que era necesaria en momentos como ése, cuando los dos estaban agotados y decepcionados y sucios. Dos personas solteras creerían que tenían que llenar el ambiente con una charla alegre y falsa. Sylvie se detuvo frente a la puerta principal, miró la caja que había dejado debajo de la rendija del correo, pero no vio nada lo suficientemente interesante como para detenerse. Se dirigió al dormitorio, abrió la puerta del vestidor, se desnudó, descolgó el albornoz y fue al baño. Con el rabillo del ojo, vio que Paul hacía algo parecido y lo oyó ir por el pasillo hasta el otro baño y cerrar la puerta.

Sylvie entró en la ducha y abrió el agua. Normalmente, se quedaba allí de pie y dejaba que el agua le cayera encima, pero hoy ajustó la temperatura para que saliera un poco más caliente, se enjabonó y se restregó la piel. Se lavó el pelo, salió y llenó la bañera, se metió dentro y se quedó allí flotando. Cuando se sintió limpia de toda la experiencia de los días pasados, se levantó, se secó con una enorme y suave toalla de baño y volvió a la habitación.

Paul no había descorrido las cortinas, de modo que la habitación estaba en penumbras y fría. Quizás había encendido el aire acondicionado. Estaba tendido en la cama de espaldas a ella. Sylvie se quitó el albornoz y se metió debajo de las sábanas con él. Se tendió a su lado, pero no lo tocó. Cerró los ojos.

Cuando se despertó, la habitación todavía estaba a oscuras. Dio media vuelta para ver la hora en la radio. Los números rojos marcaban las 13:22. Alargó el brazo para verificar el vacío en el lugar donde Paul debería estar. Se quedó tendida mientras acababa de despertarse. Le llegó el aroma del café. Oyó un ruido en otra parte de la casa y, mentalmente, situó a Paul. Se levantó y fue al baño a lavarse los dientes.

Cuando pasó por delante del espejo de cuerpo entero, se miró y luego retrocedió para mirarse mejor. Normalmente, sólo veía defectos, pero hoy le parecía que desnuda estaba muy bien. Se lavó los dientes y luego cogió un cepillo y se peinó, pero no delante del espejo pequeño como solía hacer, sino delante del grande. Ya no tenía veinticinco años, pero estaba mejor que muchas mujeres a los treinta, se dijo. Terminó de cepillarse el pelo, se lavó la cara y se secó con una toalla sin estirar la piel, luego se acercó al espejo de aumento y se puso una ligera base de maquillaje de día, con especial atención a los ojos, porque acababa de levantarse, y luego analizó el resultado. Estaba incluso mejor. Estaba increíble.

Decidió acentuar el efecto. ¿Por qué no? Se puso lápiz de ojos, rímel y sombra. Después fue al vestidor y abrió los cajones de la lencería hasta que encontró lo que buscaba. Se puso un camisón corto de encaje negro que ejercía un efecto elevador en los pechos. Se observó frente al espejo con ojo crítico. El encaje llegaba hasta donde las piernas dejaban de recibir ese nombre, pero no tapaba del todo su trasero.

Paul y ella se habían pasado demasiado tiempo encerrados en un coche persiguiendo a esa estúpida mujer y a su detective privado. Había llegado la hora de recordarle que ella no sólo era su socia, que no sólo era su colega de trabajo. Era su mujer. Se miró por última vez, salió del vestidor y dejó que sus sentidos la guiaran hacia él. Estaba en la cocina limpiando armas.

Se detuvo en el salón, donde él podía verla con el rabillo del ojo, y luego se dirigió hacia el enorme sofá de piel que había delante de las estanterías. Oyó un ruido… las patas de la silla contra el suelo, después oyó cómo se levantaba, salía de la cocina, cruzaba el comedor y pisaba la alfombra. Ella siguió dándole la espalda, como si no hubiera oído nada.

—Vaya —dijo él.

Ella lo miró por encima del hombro, sonrió y meneó el culo en un gesto cómico.

—Oh, señor Turner —dijo con un inocente y falso acento de chica del sur—. ¿En qué está pensando?

Pareció que Paul volara, porque la rodeó con los brazos sin hacer ningún ruido ni darle tiempo a nada. Sylvie disfrutó del poderoso efecto que tenía sobre él. Paul no dijo nada más, sólo le hizo el amor. Su actitud con ella nunca era rutinaria o mecánica, pero esta vez fue irresistible. A veces era tierno y caballeroso, y luego era ardiente y apasionado, casi demasiado físico, y ella se sentía pequeña y débil. No era como si fuera en contra de su voluntad, sino que la voluntad de Sylvie era irrelevante, porque cuando se sentía así, él podía conseguir que ella hiciera cualquier cosa.

Cuando terminaron, Sylvie se quedó inmóvil, con los músculos relajados y esperando a que el corazón se le tranquilizara. Abrió los ojos y se quedó ligeramente sorprendida al descubrir que no habían salido del salón. Paul estaba a su lado, con la cabeza apoyada en un codo y mirándola.

—¿Qué hacías antes de que viniera a distraerte? —preguntó ella.

—Limpiaba rifles. Los dos calibre trescientos ocho que compramos el año pasado en Carolina del Sur.

—Había olvidado que los teníamos. Los probamos en el campo de tiro, pero nunca más hemos vuelto a dispararlos. ¿Por qué había que limpiarlos?

—Por nada, en realidad. Era algo para entretenerme mientras dormías. Pero me alegro de que te hayas levantado —dibujó una pequeña sonrisa de satisfacción y posesión.

Sylvie le perdonó la sonrisa, a pesar de que ella se merecía todo el crédito y la gran gratitud por lo que acababa de pasar. Suponía que ése era otro aspecto de los matrimonios duraderos. Cuando se conocieron hacía años, ella no era capaz de interpretar esa sonrisa, no podía detectar que, mezclado con la admiración, había orgullo de posesión y autosatisfacción.

Sylvie se levantó y se fue a la habitación. Tiró el camisón en el cubo de la ropa delicada y entró en la ducha. Tarareó y luego empezó a cantar en voz baja, porque era feliz.

Cuando salió de la ducha, se puso unos cómodos vaqueros y una camiseta. Fue a la cocina y se sirvió una taza de café. Paul estaba acabando de montar el segundo rifle y entendió por qué había olvidado que habían comprado ese par. Tenían, al menos, dos pares más hechos siguiendo la base del Modelo 7 de Remington, todos de un material sintético gris que no reflejaba la luz y en el que las huellas no quedaban impregnadas. Tenían un par del calibre 30-06 y otro par idéntico pero del calibre 22, de modo que podían practicar sin gastarse toneladas de dinero en munición muy potente y ensordecedora que hacía que el rifle les dejara el hombro destrozado.

Paul y ella trataban de practicar constantemente. Eso le recordó que, cuando empezaron, ella lo llamaba «ensayo» y él se reía. Vio cómo recogía los rifles, se los llevaba a la habitación que utilizaba como despacho y los guardaba en el armario de las armas. Suponía que había cosas de ella que le molestaban, pero casi nunca se las había comentado. Quizá por eso ella tenía brotes de gran ansiedad: percibía señales en la cara y el cuerpo de Paul que indicaban irritación, pero, como él no decía nada, Sylvie no podía saber si lo que ella imaginaba podía haberlo molestado. Podía ser cualquier cosa de ella, o de lo que fuera, así que adoptaba una actitud defensiva.

Cuando Paul volvió a la cocina, ella le rodeó el cuello con las manos y lo besó.

—Bueno, ¿qué quieres que te prepare de desayuno?

—Nada. Iremos a desayunar fuera.

—No, gracias. Quiero estar en casa un rato disfrutando de la calidez del hogar. ¿Te apetecen unos huevos con beicon?

Él se encogió de hombros.

—Vale.

Ella fue a la nevera y sacó los huevos la mantequilla y el beicon mientras él, tras recoger de la mesa los trapos y productos de limpieza, el aceite para armas, puso la mesa para el desayuno.

Sylvie rompió dos huevos en la sartén, tiró las cáscaras al fregadero y miró a Paul.

—Antes de que me respondas, quiero que te tomes un minuto para pensar, ¿de acuerdo?

—De acuerdo.

—¿De verdad tenemos que matar a Wendy Harper?

Él se quedó callado cinco segundos y luego dijo:

—Sí. Me parece que sí.

—¿Te parece?

—Eso significa que sí. Es mucho dinero. Gastamos mucho, de modo que necesitamos ganar mucho. Y es un trabajo para Michael Densmore. Ha sido nuestra mejor fuente de trabajos durante los últimos siete u ocho años.

—Es cierto, pero piénsalo un momento —recogió los huevos con la espátula con pericia y los dejó en el plato sin romper las yemas—. ¿Necesitamos ese dinero? Tenemos esta casa libre de hipoteca. Pagamos los dos coches en efectivo. Los dos teníamos ahorros de antes de conocernos. Tenemos el dinero que hemos ahorrado y todavía tenemos todo lo que Darren me dejó hace quince años, ¿no es así?

—Sí.

—Pues eso tiene que sumar mucho dinero.

—Claro que sí. Podríamos retirarnos ahora y llevar una vida muy cómoda hasta que nos muriéramos —sonrió—. O hasta que yo me muera, que es lo único por lo que debo preocuparme.

—Eres un encanto —la tostada saltó, Sylvie la cogió, la dejó en el plato y se lo puso delante.

—No, en serio. Seguramente estaremos bien, a menos que enfermemos, se produzca un desastre imprevisto o cosas así. Tenemos algún capital invertido que lleva años generando beneficios. Si no te apetece trabajar, estaré encantado de dejarlo todo después de este trabajo.

—¿Por qué no antes? ¿Por qué no hoy?

Porque ya hemos aceptado hacerlo. Cuando nos reunimos con el intermediario y oímos toda la historia, ya estábamos dentro. Nos hemos comprometido. Sabemos demasiado para irnos de rositas.

—Densmore nos conoce. Sabe que no diremos nada a nadie. Matamos a la chica negra, y al poli de San Francisco, y al matrimonio del hotel. Si lo echamos todo a perder, puede que a él le caigan diez años, pero a nosotros nos caería la pena de muerte. Es su seguro de vida.

—Su opinión será que, como hemos jodido el trabajo, limpiemos nosotros la mierda.

—¿No podemos intentar hablar con él?

—Pensemos un poco antes de hacerlo. ¿Y si insiste en que terminemos el trabajo? Es posible que si le decimos que queremos dejarlo tengamos problemas con él y aun así tengamos que acabar lo que hemos empezado. Y no olvides que él sólo es un abogado, un intermediario. No sabemos nada del cliente. ¿Queremos dar a ese tipo la sensación de no ser fiables y de que quizá tiene que preocuparse por nosotros?

—Si no sabemos quién es, no podemos hacerle daño —dijo ella—. Y como él no sabe quiénes somos, tampoco puede hacernos nada. ¿Qué va a evitar que llame a otra persona?

—Tendría que ser alguien que pudiera dejar lo que estuviera haciendo, desplazarse y ponerse a trabajar. Nunca ha visto a Wendy Harper o a Jack Till. Y el trabajo tiene que hacerse ahora, en los dos próximos días, mientras Wendy esté con Till. Una vez que hable con la fiscalía, esa mujer volverá a esfumarse para siempre.

—Vale —dijo Sylvie—. No lo estamos haciendo porque nos preocupa si esa chica vive o muere, ¿no? Lo hacemos por el dinero. Nos contrataron porque somos profesionales.

—Claro.

—Entonces, decimos de forma educada que creemos que nos han visto y que, como hemos matado a varias personas, nuestra opinión profesional es que lo mejor sería que el cliente contratara a otra persona para que terminara el trabajo. Si Densmore nos dice que le hemos decepcionado, le decimos que lo sentimos, pero que sabemos lo que hacemos. Si el cliente se cabrea, le decimos que eso también lo sentimos. Pero Densmore no puede hacernos nada. Y, si el cliente pudiera hacernos algo, no nos habría contratado. En cuanto colguemos el teléfono, hacemos las maletas y nos vamos a España. Podemos estudiar flamenco. Llevamos años diciéndolo. Ahora estamos en el momento álgido de la temporada turística, pero, dentro de unas semanas, habrá pasado y en septiembre también hace mucho calor. Podemos volver cuando otra persona se haya encargado de Wendy Harper.

—Ahora mismo, España me parece un plan magnífico —dijo Paul—. A partir del momento en que supimos que Jack Till salía de Los Ángeles, todo esto ha sido un dolor de cabeza continuo. Ya estoy harto.

—Yo me siento igual. Me daba miedo confesarte lo mucho que odio este encargo. Me alegra saber que tú también lo odias.

—Estamos de acuerdo, pero eso no nos saca del caso. Dimos nuestra palabra a un hombre con el que llevamos trabajando ocho años. No podemos cambiar de idea y apearnos del proyecto sin más.

—Si la relación profesional es sincera, deberíamos poder decirle con sinceridad lo que ha pasado y explicarle cómo nos sentimos. Es un tipo listo. Quizá vea que todo tiene sentido y nos diga que lo mejor es que lo dejemos.

—Es verdad —asintió Paul.

—¿Quieres que llame a Densmore?

—Espera. Todavía lo estamos pensando.

—Ah —Sylvie se volvió y metió la sartén en el lavaplatos. Se había dejado engañar y había llegado a creer que Paul se estaba tomando en serio su idea, pero no era así, claro que no. No la veía como a su igual. Después de todos esos años, ella seguía siendo sólo alguien con quien follar. Si él tenía que mantenerla de buen humor fingiendo tener en cuenta sus estúpidas sugerencias, lo haría.

—Supongo que tienes razón —dijo él—. Detesto abandonar un proyecto, pero esto no funciona. A Densmore le gusta que le consulten las cosas. Llamémoslo a ver qué le parece.

Ella se volvió y analizó su rostro. Estaba mirando la taza de café. La cogió y miró el borde de perfil. Vio barra de labios y se dio cuenta de que, por error, había cogido la taza de Sylvie; entonces se levantó para coger la suya de la encimera. Su gesto delataba que era totalmente inconsciente de que ella se había molestado. Parecía tan cándido como un animal grande.

—¿Quieres que hable yo? —preguntó ella.

—Me da igual. Como quieras.

—Pues yo marco y tú hablas.

—Vale.

Llamó al despacho de Densmore. Cuando la recepcionista respondió, Sylvie dijo:

—Hola. Llamo de parte del señor Paul Turner para hablar con el señor Densmore —tenía una voz tan profesional que puso nerviosa a la recepcionista. Paul le sonrió cuando le pasó el auricular. Esperó un segundo y luego dijo:

—Michael, soy Paul. ¿Es la línea segura? Perfecto. No, no está hecho. Y me temo que no estamos cerca de terminarlo. ¿Qué? No, te he llamado porque… —hizo una pausa—. ¿Estás seguro de que puedo hablar? De acuerdo. Ha habido algunos contratiempos. Para poder descubrir dónde vivía esa mujer, tuvimos que matar a una amiga suya en Henderson, Nevada. Cuando la encontramos y la seguimos, nos cruzamos con un policía cerca del aeropuerto de San Francisco. Yo había alquilado un coche con una identificación falsa, así que tuve que matarlo.

Hizo una pausa para escuchar.

—Luego, dos horas más tarde y más al sur, estuvimos a punto de finalizar el trabajo. Jack Till y la chica habían entrado en un restaurante y Sylvie se disponía a ir al servicio de señoras para matarla, pero entonces otro policía localizó nuestro coche en el aparcamiento. Vi cómo pedía ayuda por radio. Tuvimos que escondernos en un hotel, entrar en una de las habitaciones y matar a un matrimonio para robarles el coche —se volvió a detener para escuchar y le guiñó un ojo a Sylvie—. No. Ni siquiera eso nos detuvo. Seguimos a Till y a Wendy e intentamos que su coche volcara al norte de King City. ¿Sabes dónde está? Me pegué a ellos y Sylvie vació un cargador entero contra el vehículo, les rompió el cristal trasero y Till se salió de la carretera y cruzó un campo.

Paul rodeó a Sylvie con el brazo y la acercó para que escuchara la conversación, y pudo oír a Densmore decir:

—¿No lo seguisteis?

—Sí. Lo seguimos medio kilómetro entre hierbajos y sin ver nada. Luego el tío subió a una colina y se adentró en un terreno boscoso para poder vernos llegar. Nos estaba preparando una emboscada. Es un policía retirado. Está claro que sabe defenderse.

Paul se incorporó y escuchó mientras su rostro empezaba a adoptar una expresión plana y cansada. Entonces empezó a pasearse.

—Estamos seguros de que hemos hecho lo que hemos podido, Michael. Alguien anotó la matrícula del coche cuando disparamos al poli. Había gente que nos vio alquilar ese vehículo. Incluso puede que haya una cinta de seguridad. Till tuvo muchas oportunidades de vernos la cara cuando nos acercamos a ellos. Ahora sabe a quién vigilar. Lo hemos intentado todo, pero, a partir de aquí, nuestros movimientos ya no serán una sorpresa. No te cobraremos nada por el esfuerzo y quedamos tan amigos —dejó de hablar y de pasearse y escuchó.

Miró a Sylvie y ella lo supo. La mirada fue furtiva y casi voló por encima de su cara, pero lo supo. Era la mirada que alguien lanzaba involuntariamente cuando deseaba que no hubiera nadie más alrededor escuchando su conversación.

Sabía que Michael Densmore le estaba diciendo algo para lo que Paul no estaba preparado. Éste había cogido carrerilla hasta lo más alto de la colina, pero ahora empezaba a retroceder hasta donde había empezado. Sylvie vio que el peso del argumento de Densmore iba en aumento. Paul estaba haciendo un esfuerzo por resistir.

—No se trata de más dinero, Michael. Se trata de que el riesgo para nosotros es mayor que para alguien, quien sea, a quien no hayan visto —tuvo que detenerse un segundo—. El precio no importa. Queremos dejarlo. Hoy. No tiene sentido seguir en el caso si no podemos acercarnos lo suficiente como para poder hacer el trabajo.

Volvió a escuchar y a Sylvie le pareció que Densmore lo estaba halagando.

—Gracias, Michael. Te agradezco tus palabras, pero… —Densmore lo interrumpió, Paul se calló y luego intentó contraatacar—. A nosotros también nos ha gustado trabajar contigo —hablaba más alto para intentar hacerse oír por encima de la voz de Densmore, pero Sylvie supo que sería imposible—. Te he dicho que el riesgo, para nosotros y para cualquiera, en este asunto, es enorme y cada vez es mayor.

Paul fue de un lado a otro de la cocina y Sylvie volvió a ver aquella mirada. Decidió no presenciar su humillación. Se volvió, salió de la cocina y cruzó el salón hasta el otro extremo de la casa. No había ningún motivo para quedarse. Lo sabía.

Desde la cama apenas podía oír la voz de Paul, sólo una cantinela sin poder distinguir las palabras. Cuando colgó, Sylvie oyó sus pasos por la casa mientras la buscaba. Supo que la había encontrado cuando los pasos se detuvieron unos segundos en la puerta de la habitación y después se alejaron. Ella se levantó de la cama y lo siguió hasta la habitación de invitados.

Paul estaba bajando dos maletas del armario. Sylvie vio que el armario de las armas ya estaba abierto y que las dos Remington Model 7 estaban en su sitio otra vez.

—¿Vamos a algún sitio? —preguntó.

—Sí.

Se planteó actuar como si pensara que se iban a España y así obligarlo a admitir su fracaso, pero al final decidió dejar de lado la crueldad.

—No nos deja marcharnos, ¿no?

—No. Ha empleado la zanahoria y el palo.

—¿Qué es la zanahoria?

—El precio por matar a Wendy Harper se ha doblado.

—¿Y cuál es el palo?

—Que el cliente conoce nuestros nombres.

—Así que Densmore nos mintió. Dijo que nunca revelaba nuestros nombres a ningún cliente.

—Dice que este caso es especial. Que no pudo evitarlo, porque el cliente es alguien que nunca sería tan estúpido como para hablar de nosotros a la policía o a cualquier otra persona.

—Ese no es el palo. ¿Cuál es?

—El cliente tiene poder. Ha tenido gente buscándola durante seis años ininterrumpidamente. Ahora que hemos utilizado la camisa ensangrentada y el bate para hacerla salir de su escondite, no podrá volver a encontrarla. Hemos quemado su única opción. Densmore creer que si fracasamos, y de dejarlo ni hablar, el cliente lo matará, y después a nosotros.

28

Cuando Jack Till se despertó ya era por la tarde. Volvió a cerrar los ojos y se orientó. Sabía que estaba en una cama de hotel en Morro Bay. Había conducido hasta allí de noche desde King City y había encontrado el hotel en una pequeña colina con vistas al puerto. Era lo suficientemente grande como para tener recepcionista en el turno de noche, que pudo encontrar dos habitaciones para un par de viajeros agotados, que sobre todo estaban dispuestos a pagar tarifas de verano por un par de habitaciones contiguas de las caras durante, al menos, tres noches. Había ido a aparcar el coche de alquiler entre los demás vehículos a la parte trasera, donde no podía ser visto desde la calle. Esta vez había elegido un Buick Park Avenue azul, totalmente distinto a los que había conducido los otros días. Mientras aparcaba, tuvo la oportunidad de observar el perímetro del hotel con las luces encendidas al tiempo que buscaba coches con gente dentro. Cuando subió a la habitación, vio que Ann Donnelly estaba bloqueando la puerta que comunicaba las dos habitaciones con una silla para que no se cerrara.

—Pase lo que pase, no quiero morir y que no lo sepas —dijo.

—Estaremos bien. Estamos bastante lejos de donde los perdimos. —Till había cerrado y pasado el pestillo de las dos puertas, y luego colocó una silla delante de cada una para poder ganar uno o dos segundos más si alguna de ellas se abría. Ann se sentó en la cama y observó los preparativos de Jack sin decir nada, aunque no parecía especialmente relajada. Él dejó la pistola con la funda encima de la mesita de noche. Luego apagó la luz de su habitación antes de desnudarse y meterse en la cama. Durante un rato, oyó cómo Ann Donnelly daba vueltas por su habitación y vio el resplandor azulado del televisor en el techo de yeso de la habitación.

Jack cerró los ojos y dejó que los acontecimientos del día fueran fluyendo por su mente, desde el momento en que había llegado a casa de Ann Donnelly, en San Rafael, antes de mediodía hasta la visión de los faros del otro coche cada vez más cerca en el retrovisor y después los disparos. Vio al vehículo colocarse a la izquierda para intentar ponerse a su lado y recordaba haberse puesto delante de él. Su cuerpo revivió la sensación de velocidad, la sensación de perder contacto con el asiento cada vez que el coche llegaba a lo alto de una colina y empezaba a bajar, y sus oídos recogieron el sonido de la bala impactando en el cristal trasero y cómo éste se rompía en mil pedazos.

Había cambiado de carril cada vez que su perseguidor se movía para intentar anticiparse a las intenciones del conductor y bloquearle el paso sin perder el control del automóvil. Entonces oyó más disparos, y algunos de ellos causaron un gran estruendo porque habían atravesado la chapa del maletero.

Todo había sucedido tan deprisa que había actuado de forma intuitiva, sin ni siquiera plantearse sus actos hasta ahora, horas después, mientras estaba tendido en la cama. Recordaba haber visto el agujero de una bala en el parabrisas, con el aura de cristal agrietado alrededor, a la altura de los ojos y un poco a la izquierda, y supo que la bala debía de haber pasado a cinco centímetros de su cabeza. De repente giró el volante y el coche se dirigió hacia un campo vacío que había a la izquierda, porque seguir en la carretera era peligroso y los disparos estaban demasiado cerca.

—No puedo dormir.

Till abrió los ojos y vio la silueta de Ann junto a su cama. Llevaba unos pantalones de pijama y una camiseta tres tallas más grande.

—¿Por qué no?

—Porque hoy he perdido a mi mejor amiga, he abandonado a mis hijos y a mi marido, he dejado mi casa y luego me han disparado y me he caído por un barranco.

Till se deslizó hasta el otro lado de la cama gigante y apartó la colcha para dejarla entrar.

—Motivos de sobra.

Ella se tendió a su lado y apoyó la cabeza en la almohada.

—Lo siento. Ya no estoy acostumbrada a dormir sola.

—¿Cuánto tiempo estuviste casada? ¿Tres años?

—Casi cuatro —se quedó callada unos segundos y él pensó que se había quedado dormida, pero entonces dijo—: No es mucho tiempo. Pero basta para acostumbrarte a la ilusión de que las cosas siempre serán igual.

—¿Nunca dormiste sola?

—No piensas que algún día tendrás que dormir sola en una habitación oscura. Pero lo harás, claro. La gente tiene viajes de negocios y cosas por el estilo. Y entonces te encuentras, por accidente o a propósito, con la cara en la almohada de la otra persona, oliendo su aroma.

—Entonces, le querías, ¿no? Antes, cuando hablabas de él, parecía que no.

—No lo sé. Es difícil definir qué son las relaciones, aparte del deseo de no querer estar solo. Un amor apasionado y romántico no es necesario. Lo único que tienes que pensar es que preferirías estar con esa persona y sus defectos antes que estar sola. Y no tienes que sentirlo a cada segundo, cada día. Únicamente tienes que sentirlo de vez en cuando, cuando te plantees pedir el divorcio y dejarlo todo. Si eso es amor, entonces quería a Dennis.

—Suena deprimente.

—Pues no era mi intención. Estaba fingiendo y viviendo la vida de una persona que no era yo, ¿recuerdas? Sabía que la persona que me había inventado estaría más segura casada que soltera. Si toda tu vida es una mentira, ¿por qué no añadir otra que te proporcionará una capa de seguridad adicional? Cuando una mujer se casa, no sólo consigue un compañero más grande y fuerte que intentará protegerla, sino que además adopta su nombre, su historia personal, el mérito y la credibilidad que se haya ganado a lo largo de los años y amigos que jurarán que su historia es real. Además, yo no mentí a Dennis. A todo el mundo en San Rafael, sí, pero a él no.

—¿Por qué pensaste que podría protegerte de la gente que te perseguía? ¿Le dijiste qué tenía que buscar o se los describiste?

—Mi disfraz era ser la señora de Dennis Donnelly. Y es mucho mejor para el personaje si encuentras cosas que te gustan. Sabía que Dennis me quería y, para una mujer, esa parte de la ecuación es mucho más importante de lo que los hombres creen. Puede que me arrepienta de haberme casado con él, pero le estoy muy agradecida. Ahora todo ha terminado.

La pregunta de Till pretendía obtener más información sobre los asesinos, no sobre su marido. La respuesta lo sorprendió.

—¿Estás segura?

—Dios, quizá no lo estuviera antes, pero ahora sí.

—¿Porque te han encontrado?

Ella se volvió hacia él. Till vio la débil luz del despertador reflejada en sus ojos.

—Si hubiera estado con Dennis cuando me encontraron, esta noche estaría muerta. Y no lo estoy porque estaba contigo. Y él tampoco está muerto, y los niños tienen a su padre.

Él miró los números rojos del despertador que brillaban en la mesita de noche.

—Son las cuatro y cuarto de la madrugada de la primera noche desde que sabes que vuelves a estar en peligro. Esta noche hemos estado cerca del precipicio. Quizá deberías dejar de pensar en todo eso hasta que te recuperes del susto.

—Quizá sí.

—Buenas noches. —Till se volvió, le dio la espalda y cerró los ojos. Al cabo de unos segundos, notó cómo ella se le acercaba hasta tocarle la espalda.

—¿Jack?

—Dime.

—Gracias por dejarme dormir contigo.

—De nada —se quedó en la cama mirando la oscuridad. Había

sentido su voz muy cerca, casi pegada a su nuca, y notaba que estaba acurrucada contra él. Su contacto, que seguramente ella creía que él no notaba, era lo que centraba toda su atención. Till cerró los ojos con fuerza, intentó apartarla de su mente y dejó que su agotado y acelerado cerebro descansara, como solía hacer por la noche, pensando en Holly durmiendo plácidamente en su habitación de Garden House.

Cuando abrió los ojos, la mañana ya había transcurrido. Se sentó en la cama y se dio cuenta de que debía de llevar horas oyendo sonidos propios del día porque, cuando oyó a alguien avanzando por el pasillo del hotel, el sonido fue una continuación, no el inicio de nada. Miró el reloj de la mesita de noche. Indicaba las 14:20.

Ann todavía dormía. Se levantó sin hacer ruido, cogió el móvil de la mesita, entró en la habitación de Ann, cerró la puerta y descorrió las cortinas unos centímetros. Era una tarde radiante y había gente paseando por el puerto. Más allá de los muelles, las tiendas y los restaurantes, varios cientos de metros dentro del océano, sobresalía Morro Rock. Pequeños pájaros blancos revoloteaban alrededor hasta que se lanzaban en picado hacia el agua desde una altura considerable. Se preguntó cómo sería vivir aquí, donde sólo había una atracción, una forma que lo eclipsaba todo y parecía estar allí donde uno mirara. Supuso que la gente era experta en cómo era a distintas horas del día y con estados del tiempo diversos.

Abrió el móvil y marcó. Al cabo de unos segundos, escuchó:

—¿Sí?

—Hola, cariño.

—Hola, papá. ¿Controlándome?

—Supongo que sí. ¿Te importa?

—No. ¿Dónde estás?

Till suspiró.

—En un hotel.

—¿Solo?

—¿Controlándome?

—Supongo. ¿Te importa?

—No. Ahora estoy solo. Te echaba de menos, quería escuchar tu voz y decirte que te quiero. Así que aquí estoy. Te quiero.

—Yo también te quiero. ¿Sabes cuándo volverás a casa?

—Dentro de unos días. Las cosas van más o menos según lo previsto, así que supongo que llegaré para el fin de semana. Pero ya te llamaré y te lo confirmaré.

—Vale.

—Holly, ¿recuerdas lo que te dije de este trabajo el día que me marché?

—No lo sé.

—Te dije que era un trabajo donde la gente iba a saber quién era, ¿recuerdas?

—Ah, eso. Sí.

—Espero que hayas hecho lo que te dije.

—Sí. Sólo he estado en casa y en el trabajo. Me he quitado la placa con mi nombre en el trabajo y me he puesto la de una chica que lo dejó hace un tiempo. En la placa pone «Louise» —se rió—. Todos me llaman Louise.

—¿Has mantenido los ojos abiertos?

—Sí. No he visto a ningún hombre extraño, ni coches aparcados frente al trabajo o delante de casa. Bobby, Marie y yo vamos y volvemos juntos del trabajo. Si me despierto por la noche, compruebo si me ha despertado algún ruido.

—Perfecto. Sigue vigilando.

—Oye, la señora Fournier me está esperando. Vamos a elegir la pintura para la parte de atrás de la tienda, y no puedo hacerla esperar demasiado.

—Lo siento. Entonces será mejor que te vayas. Encantado de hablar contigo.

—Yo también. Ah, papá.

—Dime.

—No te preocupes tanto. Aquí todos me cuidan.

—Vale. Vuelve al trabajo. Te quiero.

—Adiós.

Till colgó y se sentó en la habitación de Ann Donnelly mirando el océano por la abertura de las cortinas. Durante su carrera de policía, había tenido mucho cuidado con las situaciones en que Holly podía estar en peligro. Seguramente, ahora tenía mucho menos de qué preocuparse. Holly llevaba tres años viviendo sola y el teléfono de Garden House no estaba a su nombre. Además, él había vendido su casa cuando se había retirado.

Estaba acostumbrado a vivir con un constante bajo nivel de ansiedad por Holly. No verla era un acto de confianza que no había sentido cuando la niña tenía cuatro años ni lo sentía ahora. Cada vez que se alejaba de ella, su mente se llenaba de imágenes de Holly indefensa, confundida o atacada.

—Buenos días.

Se volvió y vio a Ann de pie en la puerta que comunicaba las dos habitaciones.

—Hola —Till percibió un vacío en el estómago, la sensación de que quizás había dejado escapar algo precioso e importante. Se dijo que intentar una aproximación romántica la noche anterior habría estado fuera de lugar y habría sido poco ético, pero ahora no podía evitar tener la terrible sospecha de que ella le había estado pidiendo que lo intentara. Estaba muy guapa,, con los ojos entrecerrados por la luz del sol y acariciándose el pelo rubio con sus largos y delgados dedos buscando unos nudos que no existían.

— ¿También te acabas de levantar?

—Sí —Till se volvió hacia la ventana—. Estaba comprobando que no había nadie en la roca vigilando nuestra habitación con unos prismáticos.

Ella se acercó y rozó su cuerpo mientras descorría la cortina un poco más.

—Anoche no vi nada —se rió—. No puedo creerme que no viera algo tan grande.

Él se encogió de hombros.

—Era de noche. Y entré en la ciudad directamente desde el interior.

Ella estiró los brazos y arqueó la espalda como un gato. Till sintió que el vacío del estómago se convertía en arrepentimiento y apartó la vista. Ann pareció percibir su infelicidad. ¿Había adivinado en qué estaba pensando?

—¿Qué te parece si nos duchamos y nos vestimos? —propuso Till—. Podemos buscar un sitio para… ¿Qué hora es? Supongo que para comer.

—Genial. Me muero de hambre.

Regresó a su habitación y cerró la puerta, pero cuando apenas había dado un par de pasos, la puerta se abrió. Ella lo miró casi disculpándose con la mirada.

—Lo siento, Jack, pero ¿te importaría dejarla abierta? Tenerla cerrada me pone los pelos de punta.

—En absoluto. —Claro que estaba asustada, y no de forma caprichosa de las sombras, sino de forma realista de un peligro auténtico, y creía que él tenía el remedio, o que quizás él era el remedio.

Pero el miedo no era afecto.

29

Jack Till y Ann Donnelly fueron a un pequeño restaurante en el puerto con paredes de madera pintadas de blanco y donde el olor de la comida era más intenso que el olor del océano, cosa que les abrió todavía más el apetito. Él habló de cosas neutras que parecieron calmarla. Alabó la comida y las vistas de Morro Bay, y habló de las demás ciudades de la zona donde solían ir los turistas: Cambria, San Simeon, Pismo Beach. No dejó de observarla ni un segundo mientras se preguntaba qué podía hacer para que ella le explicara la parte de la historia que le estaba ocultando.

Cuando estuvo más animada, le dijo:

—Vamos a dar un paseo —la observó durante un tiempo mientras ella miraba los escaparates de las tiendas que vendían ropa de playa y exóticas conchas. Estaba callada y su mirada no se posaba en nada en concreto demasiado tiempo, de modo que Till decidió que era su momento. Cuando llegaron a la playa y los turistas estaban demasiado lejos para oírlos, dijo—. ¿En qué piensas? ¿Tienes miedo?

—Sí y no. Todavía tengo tanto miedo que sigo mirando los reflejos en los escaparates por si veo a alguien vigilándome. Pero intento ser realista y no volverme histérica.

—Yo te veo bastante calmada.

—Lo repaso todo una y otra vez y descubro muchas cosas que hice mal, malinterpreté o ignoré, pero no puedo encontrar nada que hiciera bien.

—Hiciste bien muchas cosas porque, de lo contrario, ya haría seis años que estarías muerta.

—Antes de eso, estaba pensando en antes, al principio.

—Háblame del principio. ¿Qué pasó?

—Empezó con una chica llamada Olivia Kent. Fue la primera camarera que contraté para Banque, incluso antes de abrir el restaurante. Era una camarera genial. Y muy guapa. Tenía el pelo castaño y largo, ojos azules, y un cuerpo que yo envidiaba. Tenía un sentido del humor rápido, seguramente afinado después de pasarse la vida rechazando con delicadeza a chicos que querían ligar con ella. Le gustaba la gente y todo el mundo lo notaba cuando hablaba con ellos, pero era rápida y eficiente, de modo que nadie se daba cuenta de que los estaba manipulando para que pidieran deprisa y pudiera limpiar la mesa para los siguientes clientes.

—¿Cuántos años tenían cuando la mataron?

—No la mataron. No es ella. Me has preguntado cuándo empezaron los problemas, y todo empezó con ella.

Él la acompañó por la arena.

—Vayamos hasta la roca. Hay una lengua de arena que llega hasta allí, y puedes seguir explicándome esto mientras caminamos.

—De acuerdo.

—Sitúame en el espacio y el tiempo. Eric y tú teníais unos veintitrés años cuando abristeis el restaurante.

—Veinticinco. Olivia tenía veintiuno. Lo recuerdo porque, cuando rellenó el formulario para el puesto, adjuntó recomendaciones de sus dos últimos trabajos, dos años y un año en dos restaurantes en Cleveland mientras iba a la universidad. Los veintiuno significaban que podía vender alcohol, algo esencial.

—Vale. Eric y tú teníais veinticinco años y ella veintiuno.

—Sí. Todo el equipo era joven. En aquella época, Eric ya se había convertido en un buen chef. Fue precoz. Nadie consigue ser un chef de tres estrellas después de pasarse en la cocina sólo siete años, y la mitad de ellos a tiempo parcial. Las horas en la cocina, el aprendizaje y los años de probar, equivocarse y volver a empezar nunca son suficientes. Pero él era muy bueno. Había conseguido un menú con doce platos principales con algunas variaciones, todos deliciosos, y seis entrantes que consistían en pequeñas porciones de ingredientes muy caros presentados de forma exquisita. Así, si un ayudante lo había visto hacerlo varias veces, ya podía hacerlo solo. Incluso yo podía hacerlo, al cabo de un tiempo, si teníamos mucho trabajo.

—Has dicho que todos eran jóvenes. ¿Cómo eran?

—Como nosotros. Las camareras eran todas chicas, de mi edad o más jóvenes. Empezamos con seis, todas con experiencia. Las escogí porque las entendía, y ellas parecían entenderme a mí. Yo había sido camarera hasta seis meses antes de abrir el restaurante y, en aquel momento, todavía tenía ampollas, quemaduras y las muñecas doloridas para demostrarlo. Al principio, no me di cuenta de lo parecidas que eran a mí. Pero ahora sé que era tan inexperta que sólo podía evaluar a personas que eran como yo.

—¿Eras camarera seis meses antes de abrir Banque?

—Era uno de mis trabajos. Trabajaba como corredora de bolsa durante el día y empezaba a las cinco de la mañana, antes de que los mercados de Nueva York abrieran. Llegaba a casa a las tres y luego trabajaba en Bernard's en el hotel Biltmore de cinco a diez. Eric también tenía varios trabajos. Era chef jefe en el Désirée, escribía artículos culinarios en revistas especializadas y servía cáterin.

—¿Para quién?

—Para clientes del Désirée que le pedían que les preparara comida para fiestas privadas; básicamente, gente del mundo del cine. Le ayudó a hacerse una clientela. Si esa gente organizaba una fiesta, querían que todo el mundo supiera que no era un cáterin cualquiera, sino que habían contratado al chef jefe del Désirée. Conocer a gente era una parte importante para empezar un negocio. Creo que casi todas las personas que contratamos eran gente que habíamos conocido en los restaurantes donde habíamos trabajado, y la mayor parte de los primeros clientes nos conocían de otros trabajos. Aunque lo principal era el dinero, claro. Lo ahorrábamos todo: mis propinas, los cheques de los artículos de Eric y las pagas extras, incluso el dinero que su familia le enviaba como regalo de cumpleaños. No gastábamos nada. Sólo íbamos a los restaurantes para trabajar.

Los viernes, ingresaba el dinero a mediodía y, sobre las cuatro, ya lo tenía todo invertido, para evitar las tentaciones de tocarlo. Luego llegaba el fin de semana y trabajábamos todo el día hasta tarde, de modo que no teníamos tiempo para gastarlo.

—¿Y todo era para el restaurante?

—Cuando empiezas, tienes que estar preparado para perder dinero durante los dos primeros años —sonrió—. Lo tenía todo calculado de antemano. Nos quedaríamos sin dinero ni crédito el veintiséis de abril. Durante un tiempo, todos nos referíamos al restaurante como Le Vingt-six Avril.

—¿Y cómo superasteis el mes de abril?

—Con suerte y mucha ayuda. Todos nuestros trabajadores aceptaron cobrar menos que en sus últimos trabajos. Compartían las propinas y tuvimos mucha suerte con las camareras. Eran muy jóvenes y no les daba vergüenza sacar buenas propinas a los clientes. Siempre que recibíamos un ingreso grande, porque nos ocupamos de varias recepciones de bodas y varias fiestas privadas, el dinero nos ayudaba a sobrevivir una o dos semanas más.

—¿Cuándo despegó Banque?

—Empezamos bastante bien y fuimos cada vez a más. Lo más importante era que Eric tenía nombre. Aparecieron algunos artículos y críticas, y teníamos que mantener el listón muy alto.

—Y, obviamente, lo hicisteis.

—Supuso mucho trabajo para todo el mundo. Tienes que mantener la calidad de la comida cuando apenas tienes tiempo de cocinarla. Conservar la amabilidad y la eficiencia cuando el personal se pasa todo el turno entrando y saliendo de la cocina corriendo. Muchos restaurantes empiezan su andadura exigiendo a los trabajadores que se dejen la piel y luego no comparten los beneficios con ellos. Si eres listo, empiezas a compartir tus ganancias con tus trabajadores después de tu primera semana buena. Nosotros así lo hicimos.

—Y así conseguisteis que todos estuvieran contentos.

—Vaya si lo conseguimos —meneó la cabeza mientras caminaba—. En Banque había un ambiente muy amigable. Teníamos un magnífico espacio donde nuestros amigos solían acudir y, al menos dos noches a la semana, recibíamos a alguien famoso. El restaurante desprendía *glamour* y el dinero empezó a llegar. Los de la barra, las camareras y todo el personal de cocina era gente joven y sin ataduras, y trabajaban muchas horas. El restaurante se convirtió en su espacio y se apoderó de sus vidas personales. Al cabo de un par de meses, no había forma de seguir el hilo de quién estaba con quién y había amigos de ambos sexos y ajenos al restaurante que entraban en el juego.

—Vale. Los empleados eran muy sociables. ¿Y tú?

—Yo era la que mantenía la vista puesta en la cuenta de resultados..., la única que lo hacía. Es lo que había estudiado en la universidad, y gestionar el restaurante era mi única contribución. Intentaba que todo el mundo prestara atención a lo que hacía.

—¿Y Eric?

—No sé si alguna vez has visto a un gran chef trabajando, pero es algo difícil de describir. Estaba atento a todo. Vigilaba todo lo que pasaba de puertas adentro de la cocina y cocinaba con siete u ocho temporizadores a la vez en la cabeza. Si hubiera entrado una nueva molécula en la cocina, lo habría sabido. Siempre sudaba, iba de los fogones a la mesa de emplatar. Hablábamos del asunto de las relaciones entre trabajadores, pero las dinámicas sociales del restaurante eran responsabilidad mía, no suya. Me decía: «¿Quién no cumple?», y yo le respondía: «Nadie». Y me decía: «Entonces, ¿por qué te preocupas?»

—O sea que no erais como los demás, ¿no?

—Eric y yo estábamos en el centro de todo, pero no formábamos parte de las relaciones que se habían creado. Habíamos contratado a gente que nos había gustado, y la consecuencia fue que nos encontramos rodeados de personas jóvenes que se gustaban. El ambiente estaba muy cargado. Si hubiéramos colocado un detector de feromonas, habría estallado.

—Creo que vuestra decisión fue acertada. Te mantienes al margen de la vida personal de los demás hasta que te piden consejo.

—Bueno, da igual —apartó la mirada por un segundo—. El lugar y el ambiente eran los que eran. Nos pasábamos allí los siete días de la semana rompiéndonos la espalda. Había gente que entraba y salía cuando el restaurante estaba cerrado para entregar pedidos, arreglar cosas, limpiar o llenar la despensa. Siempre había actividad. Estábamos rodeados de gente. El negocio estaba bendecido. Ganamos tanto dinero que pagué los primeros préstamos en un año. Cuando renegocié el contrato de arrendamiento para comprar el edificio, el propietario nos dio todas las facilidades. Al tercer año, ganábamos tanto dinero que dimos una entrada considerable para una casa. Sobre esa época Eric me propuso matrimonio. Aquello fue el principio del fin.

—¿Porque dijiste que no?

—Dije que sí. Fue una sorpresa, pero no por lo que te imaginas. Cuando me lo pidió, recordé que no estábamos casados. Fue como: «Ah, sí, es verdad. No estamos oficialmente casados». Normalmente, ese tipo de detalles habían sido mi trabajo; mantenernos en el lado correcto de la legalidad, solventes y seguros. Sabía que el matrimonio era una parte necesaria de todo aquello, como la póliza de responsabilidad civil, el seguro de incendios y el permiso del ayuntamiento. Era un trámite legal que se me había pasado.

—Las chicas siempre planean sus bodas. ¿Por qué crees que no habías pensado en el matrimonio?

—Quizá por eso. No me permití verlo venir, claro. No quería investigar qué sentía hacia mis padres ni lo que me habían enseñado acerca del matrimonio. Pero lo que menos me apetecía era empezar a pensar en Eric y lo que sentía… o no sentía por él. Era como un pariente, el único que tenía.

—Recuerdo que dijiste que tu madre había muerto cuando eras muy joven. ¿Y tu padre? Era artista, ¿verdad?

Frunció el ceño y meneó la cabeza.

—Sí. Cuando mi madre lo dejó, él tardo una semana en darse cuenta de que me había dejado allí con él, porque su estudio siempre era un lugar de encuentro para mujeres…, modelos, artistas, tratantes y compradoras, y una de ellas se encargó de mí. Se llamaba Margaret y era una mujer rica que había venido a aprender a pintar como Moss Harper. Tardó un par de años en darse cuenta de que nunca podría hacerlo y también se marchó.

—¿Moss Harper? No sabía que era tu padre.

—El gran Moss Harper. Cuando Margaret se fue, me llevó con ella. Fuimos a su casa de Poughkeepsie y ella me crió.

—¿Así sin más? ¿Nadie firmó ningún papel?

—Sólo se firma cuando exista la posibilidad de una disputa. Mi padre opinaba que cuidar a los niños era responsabilidad de la mujer más cercana a él, así que cuando Margaret se marchó, a él le pareció lo más natural del mundo que me llevara con ella.

—¿Tenías contacto con él?

—Lo vi una vez, durante dos días, cuando iba a la universidad. Fui a su estudio de Nueva York. Fue como ir a ver a una persona que te ha donado un órgano. La excusa de la visita era darle las gracias, pero el auténtico motivo era la curiosidad, y esa parte era más egotismo que interés por él. Estaba viendo uno de los factores que habían contribuido a la formación de la gloriosa chica de veinte años que era. No hubo ninguna conexión. No se preocupó por mí y ni siquiera sintió la misma curiosidad que yo. Había visto a un millón de chicas de veinte años, y resultó obvio que no le parecí de las más interesantes. No, mi padre y yo no estábamos unidos. Cuando Margaret murió, sólo me quedó Eric.

—¿Por eso aceptaste casarte con él?

—Claro. Pensábamos y lo comentábamos entre nosotros, que no habernos casado antes había sido un pequeño despiste sin importancia. No pregonamos a los cuatro vientos nuestro compromiso; ni siquiera lo dijimos en el restaurante. Descubrí algo que no sabía hasta entonces. No estar casados estaba bien porque había gente que asumía que sí lo estábamos, otros pensaban que lo haríamos algún día, pero que teníamos algún tipo de objeción política al matrimonio oficial. Anunciar que íbamos a casarnos habría debilitado mi posición, porque Eric era el que resultaba indispensable, no yo. Mientras pareciéramos una unidad irrompible, mantenía mi autoridad. Si sólo era la novia del jefe con planes de boda, todo sería distinto. Habría un periodo de tiempo para intentar cazarlo antes de que estuviera casado.

Jack Till se preguntó por qué estaba eligiendo contarle esos detalles, pero comprendió que era lo que ella quería, así que esperó.

—Se convirtió en un problema. Sabía que, detrás de automatismos como decir «Te quiero» en el momento indicado, pero oír que sonaba como «Dios te bendiga» o «De nada» en lugar de «Pienso en ti todo el día y me tiemblan las rodillas», faltaba algo. Creo que lo sabíamos los dos, pero no queríamos admitirlo.

—¿Qué le dijiste?

—Nada. ¿Qué podía decir?

—¿Y Eric?

—Vamos acercándonos a la parte triste. Bueno, al menos a mí me entristece recordarlo. Quizá sólo me apiado de mí porque mi vida es un desastre.

—Yo puedo hacer que tu vida sea mejor si me das algunos detalles sobre los hombres que te persiguen o sobre la chica a la que mataron. Cualquier cosa me puede ayudar. Su nombre bastaría.

—A ello voy. Tengo la sensación de que sólo puedo hablar de eso si antes explico lo demás. Y sólo podré llegar al centro después de haber arrancado las malas hierbas. Lo siguiente que sucedió fue Olivia.

—Ah, sí, Olivia.

—Sí. He empezado por Olivia Kent, así que he completado el círculo, he rodeado la verdad —respiró hondo y soltó todo el aire—. Eric me engañó con Olivia.

—Lo siento. Debió de ser duro.

Su comentario tenía que sonar sencillo y compasivo. Si ella detectaba un tono falso, quizá lo vería como un manipulador y se cerraría.

—Bueno, es lo que te he dicho antes. Él estaba en un ambiente que era como una orgía a cámara lenta donde la gente cambiaba de pareja cada varios meses y agotaba todas las posibilidades que ofrecía el restaurante a los dos años. Pero siempre había miradas y flirteos, siempre había el mismo trasfondo. Al principio, Olivia Kent era la única que sabía que Eric y yo habíamos decidido casarnos y entendió que el tiempo que quedaba hasta la boda era una oportunidad única para ella.

Till dejó que ella le contara lo que quisiera y confió en que eso lo llevara hasta lo que quería saber.

—¿Era una oportunidad para tener algo con Eric o para ocupar tu puesto de forma indefinida?

—Me cuesta decir lo que ella pensaba. Llevaba mucho tiempo con nosotros y le gustaba Eric. Quizás había estado enamorada platónicamente de él desde el principio y, de repente, descubrió que su amor imposible..., era posible y que tenía que hacer algo de inmediato. Podía haber sido más que un amor platónico, pero también hay mujeres que les gusta seducir a hombres antes de que se casen, y ella podía ser una de ellas. Yo había sido su jefa durante casi cuatro años y quizá tenía resentimiento acumulado hacia mí. Supongo que fueron todos esos sentimientos en distintas proporciones, porque la gente es demasiado complicada para hacer cosas por un solo motivo.

—De modo que aprovechó su oportunidad.

—Exacto. Eric me propuso matrimonio, dije que sí y fijamos la fecha para seis meses después. Dijimos que así aprovecharíamos el período más flojo del año, después de Año Nuevo. Eso dio a Olivia mucho tiempo para trabajar, pero inició la aventura enseguida. Ella hizo un movimiento y Eric no lo dudó.

—¿Cómo supiste que estaba viendo a Olivia?

—Imaginé que pasaba algo. Muchas mujeres dicen que una mujer lo sabe, pero no es verdad. No lo sabemos. Eric era el mismo. Pero Olivia no.

—¿Qué diferencia notaste?

—Empezó a mostrarse fría e insolente conmigo. Enseguida reconocí la actitud. A veces, cuando alguien hace algo para hacerte daño, tiene que convencerse de que te lo mereces. Y así fue con Olivia y conmigo, y pronto empecé a sospechar el motivo. Una noche, cuando salí del restaurante, fui hasta el piso de Olivia, aparqué en la calle y esperé. Al cabo de unos minutos, aparecieron los dos en el coche de Eric. Entraron y, aproximadamente una hora después, él salió. Final del alegato del fiscal.

—¿Le dijiste que lo sabías?

—Di media vuelta para no tener que pasar por su lado en la calle y conduje lo más deprisa posible para llegar a casa antes que él. Necesitaba pensarlo. Al principio, estaba terriblemente enfadada y herida. Pero entonces me di cuenta de que mi primer impulso no fue romper con él. No lo odiaba. Por extraño que parezca, lo entendía y sentía lástima por él.

—¿No hiciste nada?

—Olivia tenía un novio con el que rompía y volvía a reconciliarse constantemente. Se llamaba David.

—Ah. Una venganza sexual.

—Bueno, no exactamente. Una noche quedé con él y lo besé, y creía que estaba preparada para llegar hasta el final, pero cuando él me devolvió el beso supe que no estaba preparada y le dije: «Lo siento, David, pero me he dado cuenta de por qué quería hacer esto y no es una buena razón, ni una buena idea». Fue muy amable y comprensivo, pero resulta que no supo mantener la boca cerrada. Eso también formaba parte del ambiente claustrofóbico del restaurante; todo el mundo se contaba secretos y ningún detalle íntimo se dejaba a la imaginación. David le contaba sus intimidades a la mejor amiga de Olivia, Kit, y ésta se fue de la lengua.

—¿Kit de Katherine?

—Quizá. O de Kathleen, o de Katerina, o de cientos de nombres. Todos la conocíamos como Kit.

—¿Era una de las camareras?

—A veces nos ayudaba. Primero, sólo era la amiga de Olivia. Cuando ella llevaba ya varios meses con nosotros, apareció Kit. Llamaba mucho la atención. Tenía el pelo pelirrojo y el peluquero le aplicaba un tinte que se lo dejaba un poco más oscuro y más brillante. Era pecosa, tenía los ojos verdes y sabía maquillarse muy bien; conseguía que su piel, excepto por un poco de colorete en los pómulos, se viera lisa y blanca. Venía y se sentaba en la barra, a veces con una o dos chicas más, y bebían mientras esperaban a Olivia. Cuando venía con un hombre, se quedaba a cenar. Un tiempo después, empezó a sustituir a Olivia. Ésta me preguntó si no me importaba que lo hicieran así cuando ella tuviera que irse a Ohio por algún asunto familiar. La primera vez me mostré algo escéptica, pero, a partir de ahí, todo fue perfecto. Se veía que había trabajado en un restaurante y era una profesional. Era rápida, trabajaba duro y podías confiar en ella. Se sabía el menú de memoria y podía explicarlo a los clientes. Cuando Olivia volvía de dondequiera que hubiera ido, Kit volvía a convertirse en un adorno de la barra. Cuando no sustituía a Olivia, se comportaba como una niña rica que sólo sabía emborracharse. Y quizá lo era. El acuerdo al que llegamos era que nosotros pagaríamos el sueldo a Olivia. No sé cómo quedaron ellas respecto a las propinas de Kit, pero, en el Banque, las propinas eran más grandes que los sueldos. —Wendy se volvió hacia Jack Till y él supo que ella intentaba comprobar si la entendía.

—¿Es ella?

—Es ella.

—¿Seguro que jamás la tuvisteis en nómina?

—Seguro.

—Lástima. Un número de la seguridad social nos habría dado una pista. Aunque sólo fuera un nombre completo —quería presionarla, pero no deseaba distraerla de sus recuerdos. Tenía que conseguir que siguiera hablando—. Y Kit le dijo a su mejor amiga Olivia que habías flirteado con David.

—Más que eso. Toda aquella situación me había afectado mucho. Mientras estuve con David, lloré mucho y hablé más de la cuenta. Le dije que Eric estaba tonteando con Olivia y que eso me estaba volviendo loca, y que por eso me había puesto en ridículo con él.

—Y él se lo dijo a Kit, y Kit a Olivia.

—Kit le dijo a Olivia que yo sabía que se estaba acostando con mi prometido, que me moría de los celos y que me había acostado con su novio David.

—¿En serio?

—Sí. Fue una acción vengativa que realmente no me había merecido.

—¿Y te enfadaste?

—No exactamente. Era gracioso porque David y yo éramos los únicos que realmente sabíamos lo que había pasado. Yo lo negué todo, algo que la gente ya imaginaba que haría. Él también lo negó, pero, claro, Olivia no quería creerlo. —Pareció feliz y nostálgica, pero sólo durante un segundo—. Después de eso, Kit y yo nos hicimos amigas. —Pareció recordar algo y se corrigió—. Bueno, seguía siendo la mejor amiga de Olivia, y yo también era su amiga, pero las dos sabíamos un secreto que Olivia no sabía.

—Espera. ¿Seguiste siendo amiga de Olivia?

—Al principio, no. En aquella época, todavía la odiaba. Lo primero que hizo fue decirle a Eric que yo sabía la relación que había entre ellos. Una noche, me marché del restaurante como siempre y resulta que Eric me siguió. Yo lo había visto prepararse para salir, pero creí que se iba a casa de Olivia. En lugar de eso, llegó a casa detrás de mí. Nos sentamos en el salón de la casa nueva que habíamos comprado y amueblado juntos y hablamos de por qué no deberíamos casarnos y de qué deberíamos hacer con nuestra situación.

—¿Fue una pelea o los dos estabais tristes? —no pudo evitar recordar que, cuando rompió con su mujer, Rose, simplemente había llegado a casa y se había encontrado con una nota donde le decía que se iba una temporada y con qué amiga había dejado a Holly hasta que él llegara.

—Hablamos mucho rato, los dos lloramos y nos abrazamos, luego abrimos una botella de un coñac excelente que reservábamos para una ocasión especial y nos emborrachamos, lloramos y nos abrazamos más. Creo que la única decisión que tomamos fue decirnos que no estábamos enamorados. Todavía teníamos el Banque. Cualquiera de los dos podría haberlo dejado si hubiera sido un fracaso, pero era un éxito apabullante. Lo habíamos llamado Banque porque estaba en el edificio de un antiguo banco, pero, pasados cuatro años, podría haber sido un banco perfectamente. Había ganado tanto valor que ninguno de los dos habría podido comprar la mitad del otro. Habíamos comprado el edificio, con lo que había una hipoteca. Habíamos comprado la casa; otra hipoteca. Era imposible que Eric dejara el restaurante, porque él era la gran atracción. Nunca habíamos separado de forma legal nuestros intereses, sino que siempre habíamos acordado que todo era de los dos. Y ahora todo había cambiado, pero nada parecía diferente.

—¿Porque te quedaste en la casa y el restaurante? —se estaba acercando a la parte que le había estado ocultando, así que Till la animó.

—Sí. Eric dormía en el otro dormitorio. Además, muchas veces ni siquiera venía a dormir o, si venía, era casi por la mañana y yo me acababa de levantar. Ambos seguíamos trabajando en el restaurante, pero nuestros horarios no coincidían. Casi todo el trabajo que yo hacía era de gestión y lo realizaba de día: recibir pedidos, llevar las cuentas, hacer facturas y nóminas, pagar impuestos, y supervisar al personal de día. Cuando Eric venía, iba directo a la cocina. A veces, incluso entraba por la puerta del servicio, justo al lado de la despensa. Es posible que incluso fuéramos mejores trabajadores que antes; yo sí, seguro, porque ya no tenía nada más. Y, poco a poco, el drama se fue diluyendo. Es increíble a lo que puedes llegar a acostumbrarte si tienes tanto trabajo que no tienes tiempo para pensar en tus cosas. El restaurante seguía prosperando, el dinero entraba a raudales y los días pasaban sin más. Al cabo de poco tiempo, Eric y yo volvimos a ser los de siempre. Seguíamos siendo socios y amigos íntimos.

—Eric tenía a Olivia. ¿Cómo era tu vida social?

—Después del trabajo, salía con Kit y, cuando Olivia y Eric rompieron, ella nos acompañaba. Íbamos a clubes, bailábamos, bebíamos y nos divertíamos. Salí con varios chicos con los que no debería haber salido, pero casi siempre salía con Kit y Olivia. Ya te he dicho cómo eran. Era genial salir con ellas. Entrábamos en un club y los hombres empezaban a acercarse a ellas como si no pudieran evitarlo. Durante casi cinco meses, cada noche era Nochevieja. Y yo era la que no quería irse a casa, la que se acercaba a la cabina del *disc-jockey* y le daba doscientos dólares para que siguiera pinchando música un poco más. Entonces, Kit conoció a un chico y dejó de salir con nosotras.

—¿Eso te detuvo?

—No. Yo seguía saliendo, a veces con Olivia y a veces con otras chicas que conocíamos. Iba a fiestas. Toda aquella época está algo borrosa, en parte porque, por primera vez en mi vida, bebí lo impensable y en parte porque iba deprisa e intentaba retroceder al pasado para recuperar el tiempo que había perdido con Eric. Quería estar donde estuviera la fiesta.

—¿Tenías algún tipo de plan para el futuro? ¿En qué pensabas en ese momento?

—Desde que Eric y yo empezamos a salir juntos, sólo había hecho planes, me había dejado la vida para alcanzar ciertos objetivos y para establecernos de la forma más segura y previsible. A los veintiún años podría haberte dicho lo que estaría haciendo a los cuarenta y uno o a los sesenta y uno. Me di cuenta de que había sido una locura, así que ahora intentaba desarrollar una nueva estrategia. Recuerdo que el día que tenía que haberme casado con Eric salí con Olivia y nos encontramos a Kit.

—¿Dónde?

—En el Darkest Peru, junto a Sunset. Estábamos Olivia, otra chica del Banque y yo. Llevábamos un mes sin ver a Kit. Fuimos a los servicios y estaba allí, delante del espejo arreglándose el maquillaje. La vi en cuanto entré. ¿Quién más podía ser con ese pelo? Parecía muy contenta de vernos. Dijo que había venido con su novio. Que ya se iban y que la estaba esperando, pero que quería presentárnoslo. Salimos del servicio y nos llevó a una mesa. Había cinco sillas, pero sólo vimos a un chico joven con un vaso de cola. Era corpulento y llevaba una cazadora negra que parecía que le iba estrecha porque la tela era muy fina y se le marcaban los músculos de los brazos. Nos vio acercarnos y se levantó. Me pareció atractivo, menos por el cuello; parecía un tronco. Y la combinación de camiseta y cazadora no me entusiasmó. Le sonreí, pero no me devolvió la sonrisa, y Kit no nos presentó. Sólo dijo: «¿Dónde está?» Lo dijo con cierto enfado, porque le parecía que había quedado en ridículo delante de sus amigas. Entonces me di cuenta de que el chico debía de ser un guardaespaldas. Dijo: «Ha ido al coche. Tenía que hacer unas llamadas. Vamos». Si no dijo eso exactamente, fue algo parecido. Sabía que el guardaespaldas estaba allí para esperar a Kit y acompañarla al coche. Ella dudó unos segundos, apoyó la mano en la cadera y frunció el ceño. Y entonces decidió, no sé por qué motivo, que no quería discutir. Nos dijo: «Bueno, supongo que tendrá prisa. Ya organizaré una reunión cuando no se crea el tío más importante del universo». Y se fue con el guardaespaldas.

Till sabía que estaba a punto de explicarle lo que él quería saber.

—¿Qué te pareció el guardaespaldas? ¿Te asustó?

—No. Teníamos muchos clientes famosos en el restaurante y, desde la época del cine mudo, el complemento preferido de Hollywood son los guardaespaldas. La gente solía llevarlos a los clubes porque había una especie de ambiente de chicos malos y parecía que eran necesarios.

—¿Qué pasó después de esa noche?

—Olvidé lo sucedido. Al fin y al cabo, no fue nada, una presentación que nunca existió. Tenía otras cosas en qué pensar y no pensé más en ello durante una temporada.

—¿En qué otras cosas tenías que pensar?

—Un gran error. Empecé una relación con el propietario de una galería de arte. Era la galería que exponía cuadros en las paredes del Banque. Se llamaba Matthew. En aquel momento, yo buscaba algo para dar un giro radical a mi vida, y parecía que la emoción de una relación era justo lo que necesitaba. Pero no era así.

—¿Cómo terminó esa relación? —Till presentía que había algo en ese periodo de tiempo que ella consideraba que era la causa de sus problemas. El lenguaje de las excusas estaba presente: mucha bebida, distracciones y malas relaciones.

—Sé que no sorprende a nadie que lo diga, pero todo el mundo del arte desprende cierta fraudulencia.

Till la observó.

—¿Cuál era, exactamente la fraudulencia en Matthew? ¿Tenía que ver con el hecho de que fueras la hija de Moss Harper?

—¡Vaya! ¿Te lo ha dicho alguien o lo has adivinado tú solo?

—Una suposición.

—Fui a una inauguración en su galería. Matthew se dedicó a saludar a los invitados y a intentar vender los cuadros. Entre los invitados había varios artistas que habían ido porque Matthew era influyente y podía ayudarlos, pero casi todos los demás eran gente rica que había llegado a la conclusión de que comprar arte era una forma de participar de la vida social sin tener talento, personalidad o ser atractivo. De repente, me vi de pie al lado de un hombre alto y regordete que comía y bebía mientras hablaba y que parecía el hijo consentido de un emperador romano. Me miraba como si supiera algún oscuro secreto sobre mí. Al final, se me acercó hasta un punto ofensivo y, prácticamente pegado a mi oreja, dijo: «Matthew me ha dicho que eres la hija de Moss Harper. ¿Es cierto?» Fue uno de esos momentos en que un montón de detalles incómodos encajaron. Nunca le había dicho a Matthew quién era mi padre. Ese tema nunca había salido en nuestras conversaciones. Me había estado utilizando para ganar posición social. Era la picza rara de su colección.

—¿Qué hiciste?

—Lo dejé y trabajé todavía más. Para mí, el restaurante perdió interés la noche que supe que Eric me había engañado, pero no tenía nada más. El único negocio que conocía era la restauración. Eric era la única persona con la que realmente podía hablar. Todo lo que tenía estaba relacionado con el Banque. Así que me quedé. Los únicos grandes cambios que introduje en mi vida ocurrieron cuando

Eric y yo cancelamos el compromiso. Dividí las cuentas corrientes en tres partes, la suya, la mía y la del restaurante, y dejé de ingresar dinero en la última. Al final de cada semana, dividía los beneficios por dos y cada uno se quedaba con su parte. Para entonces, ya tenía bastante dinero ahorrado, y la mayor parte estaba en efectivo en la caja fuerte que teníamos en el sótano de casa. No era la felicidad, pero era una forma de vivir. Y entonces, una noche de principios de agosto, lo vi por primera vez y todo empezó a cambiar.

—¿Te refieres al novio de Kit?

Ella asintió.

Till esperó, pero ella no continuó.

—Es normal que estés asustada —le dijo él—. Pero la única forma de acabar con todo esto es recordar y explicarlo todo, y seguir buscando detalles que hasta ahora habías olvidado.

Se quedó callada mientras seguían avanzando por el camino. Las gaviotas de la roca sobrevolaban sus cabezas.

—Esa noche, el restaurante había estado hasta la bandera. A Eric le gustaba cerrar la cocina a las diez y media u once, pero ese día no dejó de cocinar hasta la una. Poco después pasé por la barra y vi a Kit, en su taburete favorito, hablando con todos los hombres, como siempre hacía. No nos habíamos visto desde hacía mucho tiempo. Quizá la vi una vez después de la noche del Darkest Peru, pero ni siquiera hablamos. Nos abrazamos y cada una salió disparada en direcciones opuestas. Pero ese día me senté a su lado y charlamos un par de minutos. Recuerdo que me dijo que últimamente no había salido mucho porque su novio había alquilado una casa en la playa y el Banque les quedaba muy lejos. Creo que le dije: «Deberías obligarlo a que te trajera más a menudo», pero entonces ella me dijo que había venido sola mientras él estaba fuera y que lo había llamado cuando había llegado, de modo que luego vendría a buscarla. Y ya está. Me llamaron porque alguien quería hablar conmigo y me fui.

—¿Volviste a verla esa noche?

—Sólo desde lejos. El restaurante parecía una gran fiesta ese día. Todo el mundo quería explicarte una historia, o presentarte a un amigo o a alguien que quería darme su tarjeta o lo que fuera. Creo que un poco más tarde la busqué por el local y vi que estaba hablando con otra persona. Fui a la cocina para ver si Eric y su equipo habían acabado y se habían ido. Los ayudantes de camarero, los fregaplatos y el chico que fregaba los suelos todavía estaban allí, pero Eric y los cocineros se habían marchado. Me tomé mi tiempo, me quedé charlando un rato con ellos y luego salí por la parte trasera hacia mi coche. Siempre lo dejaba al fondo del aparcamiento, antes de que llegaran los aparcacoches. El restaurante se había vaciado mientras yo me entretenía dentro, de modo que el aparcamiento estaba prácticamente desierto. Mientras caminaba, vi llegar un coche. Me pareció muy extraño, porque era muy tarde, pero entonces me fijé bien y pensé que debía de ser una limusina que venía a recoger a alguien. Era un coche grande y negro, como el que alquilaste ayer para llevarme a Los Ángeles. Entró en el aparcamiento y luego se detuvo, se encaró hacia la salida y apagó las luces, pero el motor seguía encendido y, desde donde yo estaba, veía las luces verdes del salpicadero. La puerta de atrás se abrió, un hombre salió y se quedó allí de pie.

—¿Cómo era?

—Un hombre normal. Metro setenta o setenta y cinco. Blanco. De unos treinta y cinco años.

—Cierra los ojos y piensa en él. Imagínate que lo estás viendo ahora mismo. ¿Qué sientes frente a él…, tensión, miedo?

—No, irritación. Ya estaba harta del ambiente del restaurante, y no sólo de intentar superar el año posterior a la cancelación del compromiso, sino concretamente de esa noche. Su actitud, de pie junto a su coche con chofer que parcialmente bloqueaba la salida, parecía el resumen de todas las cosas que están mal en Los Ángeles.

—Lo miraste y te molestó.

—Sí. Vestía vaqueros y una chaqueta que, a pesar de la distancia de unos trece metros que nos separaba y de ser de noche y haber poca iluminación, podría decir que eran de buenas marcas por cómo le quedaban. Tenía el pelo castaño y corto. Estaba delgado,

bien proporcionado y enseguida supe que tenía entrenador personal, nutricionista y todo eso, pero que no era joven. Su actitud era
de persona mayor, cascarrabias e impaciente. Y al principio estaba
con los hombros caídos, como si estuviera enfadado.

—Estaba mirando algo. ¿A ti?

—No. Todavía no. Me había visto, pero formaba parte del paisaje. Miraba hacia el restaurante. Desde donde estaba, seguramente
veía la puerta principal y la primera esquina del edificio, donde la
gente se esperaba para que le trajeran el coche.

—Entonces, le viste la cara. ¿Cómo era?

—Por eso me dio la impresión de que no era tan joven como
parecía. Por el aspecto de la piel. No había ni un gramo de grasa y
la piel parecía más fina, como la de las personas de mediana edad.
Iba bien afeitado tenía un bronceado artificial, aunque no sé por
qué lo recuerdo. Todavía lo veo allí de pie, mirando hacia la puerta
principal, esperando.

—Explícame todo lo que viste, todo lo que pensaste.

—La puerta del restaurante se abrió, oí voces, quizás el sonido
de los ayudantes de camareros limpiando alguna mesa cerca de la
puerta, los platos repiqueteando en el fregadero y, durante unos
segundos, el aparcamiento se iluminó un poco más y pude verle la
cara mejor. Oí unas risas. Oí a una mujer, luego a otra, y un par de
voces graves. Varias personas se fueron hacia el otro lado por la acera, así que no pude verlas. Sólo una giró la esquina del restaurante
hacia el aparcamiento: Kit. Se acercó al hombre del coche negro
muy despacio, como si lo estuviera provocando. Él la agarró por el
brazo. No fue un gesto delicado. Por la forma en que él la agarró y
ella estiró el brazo, yo sabía que le estaba haciendo daño, pero ella
no intentó alejarse. Se quedó allí, igual que un niño que sabe que
ha hecho algo mal y se somete al castigo de sus padres. Se quedó
mirando al suelo y escuchando. El hombre le estaba diciendo algo
en voz baja, y pegó su boca a la oreja de Kit. Por cómo abría la boca,
aunque no subió el tono de voz, supe que estaba furioso.

—¿Ella le contestó?

—No. Sólo miraba hacia el suelo, esperando a que terminara, pero entonces él le pegó. Le sorprendió tanto como a mí, porque fue sin previo aviso. Le sujetó el brazo con la mano izquierda y le pegó una bofetada con la derecha. Ella soltó el bolso y se cubrió la mejilla con la mano, un gesto que pareció enfurecerlo todavía más. Yo grité: «¡Eh!», y empecé a caminar hacia allí. Pero ella me vio y gritó: «No pasa nada, Wendy. Estoy bien». El hombre abrió la puerta trasera de la limusina y la metió dentro, y luego se volvió un segundo hacia mí. El guardaespaldas, el mismo que había visto en el club la otra vez, salió, cogió el bolso, sacó las llaves del coche de Kit, subió al vehículo y se alejó. El novio se puso al volante del coche negro y lo siguió.

Till estaba atento a sus palabras, al tono, a los silencios, intentando detectar dónde estaba insegura y dónde le estaba ocultando algo.

—¿Qué hiciste?

—Volví al restaurante y llamé a la policía. Les dije quién era y lo que había pasado, y empezaron a hacerme preguntas que no podía responder. No conocía al hombre ni dónde vivía. No sabía dónde vivía Kit. Sabía que se apellidaba Stoddard. No había tomado nota de la matrícula del coche. Envié a alguien a buscar a Olivia, pero ya se había ido a casa. La policía dijo que enviarían un coche patrulla y colgué. Llamé a Olivia y le expliqué lo que había pasado. Parecía asustada, pero tampoco sabía cómo se llamaba el hombre. Cuando llegaron los policías, había pasado al menos media hora y tuve que volver a explicarles toda la historia antes de que me dijeran que no podían hacer demasiado. Avisaron por radio a otras unidades que vigilaran a todas las limusinas negras con un chico al volante y una pelirroja dentro. Luego me fui a casa e intenté dormir.

—¿Llamaste al día siguiente para ver si habían averiguado algo?

—Sí. Y tuve que volver a explicarlo todo por tercera vez porque el agente que estaba de guardia se ve que no sabía nada del tema. Dijo que lo comprobaría y que, si había noticias, me llamaría al restaurante.

—Supongo que no te llamó.

—No. Volví a telefonear a Olivia. Eran las diez, vino e intercambiamos información. Había llamado a Kit una docena de veces y no había obtenido respuesta. Al final, me llevó al piso de Kit, que estaba en uno de esos viejos edificios junto a Franklin. Era una de esas construcciones de los años veinte con puertas altas y estrechas y muchos arcos, pero no estaba restaurado, sólo lo habían pintado y limpiado. Recuerdo que el nombre del buzón no era de Kit. Era de otra chica y Olivia me dijo que era porque la otra chica se había ido y, si el propietario se enteraba, le subiría el alquiler a Kit. Llamamos al timbre y a la puerta, pero no estaba en casa. No teníamos llave, y pensábamos que no podríamos entrar, pero la cerradura parecía muy endeble y Olivia intentó abrirla con una tarjeta de crédito, y lo consiguió. El piso tenía casi un palmo de suciedad acumulada y olía a cerrado. La comida de la nevera estaba toda caducada y la mitad de las plantas estaban muertas por falta de agua. Abrí el armario y había mucha ropa, pero no el conjunto que Kit llevaba puesto la noche anterior. Olivia y yo intentamos recordar otras piezas de ropa que le gustaran mucho y ninguna de ellas estaba en el armario.

—¿Qué pensasteis que significaba?

—Que se había ido a vivir con el novio. Es lo que ella nos había insinuado cuando habíamos hablado con ella. Así que esperamos. No pasó nada. Al cabo de unos días de llamarla y dejarle mensajes en el contestador, decidimos volver a su piso. Volvimos a entrar con la tarjeta de crédito de Olivia. En cuanto abrimos la puerta, supe que había cambiado algo. Era otro olor.

—¿Qué tipo de olor?

—Más limpio. A lejía. También el olor a amoníaco del limpiacristales y una especie de fregasuelos con olor a pino. Estaba todo mezclado en aquellas pequeñas cuatro habitaciones. Estaba impoluto. Las cosas de Kit habían desaparecido y lo habían limpiado todo. No había ni un trozo de papel en todo el piso. Lo sé porque lo busqué, y porque no había nada donde haberlo dejado. Los muebles, que Olivia estaba segura de que venían con el piso, también habían desaparecido. No había nada. Lo único que quedaba eran dos latas de pintura blanca, un rodillo, una brocha y un plástico azul.

—¿Visteis alguna mancha o señal que quisieran haber tapado con la pintura?

—No. La pintura asustó a Olivia porque creía que alguien debía de haberla dejado allí para ir a buscar una escalera. Esperaba que llegara alguien en cualquier momento.

—¿Y tú?

—Bueno, no hay nada tan contagioso como el miedo. Quería irme, pero también quería comprobar si el equipo de limpieza se había dejado algo. Se veía que, en ese edificio, nadie se tomaba tantas molestias para limpiar un piso. La entrada estaba llena de montones de viejos números del *LA Weekly*. Hacía mucho tiempo que nadie pintaba los pasillos. Además, era obvio porque la cerradura era tan barata que Olivia y yo no tardamos ni diez segundos en abrirla. Así que le dije que me ayudara a buscar por todas partes: cajones de la cocina, armarios, en el espacio de detrás de los cajones donde a veces caen cosas. No había nada. Fuimos a la parte trasera del edificio para ver si había alguna bolsa de basura demasiado llena.

—¿Por qué insistías tanto?

—Porque no era propio de Kit limpiar así. Olivia me lo dijo. Kit era de las que nunca recuperaba el depósito por limpieza de un piso de alquiler. Se iba y dejaba atrás lo que no quería. Pensé que a lo mejor había dejado de pagar el alquiler y el propietario lo había sacado todo y había preparado el piso para el siguiente inquilino.

—Parecería lógico. ¿Qué encontraste?

—Nada. Habíamos estado en el piso apenas hacía una semana y buscamos cosas familiares: la ropa que había dejado en el armario, las macetas de las plantas muertas, el calendario imantado de la nevera. Nada. Volví al edificio para hablar con el administrador. No era el propietario del piso. Era como la mayoría de administradores: un actor que se pasaba el día de prueba en prueba y de clase en clase. Administrar el edificio no era complicado y lo que le pagaban equivalía a la mitad del alquiler. Conocía a Kit de vista, pero siempre creyó que era Carolyn Styles, el nombre que aparecía en el buzón. Ella ya vivía allí cuando él llegó y no sabía nada de un subarrendamiento. Nos dio el nombre y el teléfono del propietario. Era un hombre de negocios coreano muy amable. No tenía ninguna otra dirección de Carolyn Styles, pero tenía una dirección anterior y varias referencias de anteriores propietarios.

—Eres buena. Es lo que he hecho yo cientos de veces.

—Pues espero que tuvieras más suerte que yo. Después de hablar con todo el mundo que sabía que conocía a Kit, sólo pude sacar algo en claro: Kit Stoddard no era su nombre real. Era el que se habían inventado con una agente de *casting* llamada Marti Cole el día después de su llegada a Los Ángeles. Quería ser actriz, y para ello necesitaba un nombre como Kit Stoddard. Conoció a Carolyn Styles en la oficina de la agente.

—Otro nombre falso.

—Sí.

—Parece como si la agente sacara los nombres de un listín telefónico: STO, STY…

—No, porque ninguno de esos apellidos aparecían en el listín. Seguí la pista de Marti Cole. Había dejado su empresa y ahora era ayudante de un director de *casting* en la Southern Star Pictures. Dijo que había cerrado la agencia porque no podía permitirse pagar el seguro de salud, y llegó a la conclusión de que no podía seguir con el negocio. Hacía dos años que no veía a Kit ni a Carolyn Styles, y ya ni se acordaba de cómo se llamaban en realidad.

—¿Te rendiste?

—No. Tenía la sensación de que no podía rendirme hasta que supiera que Kit estaba bien. Cada noche, hablaba con la gente en el restaurante. Miraba las reservas por si venía alguien que la conocía. Por la noche, buscaba en la barra a gente a la que hubiera visto bebiendo con ella. Les preguntaba todo lo que se me ocurría. Su nombre real, de dónde era, otras direcciones y teléfonos, cualquier cosa sobre su novio. Si alguna vez había tenido un trabajo de verdad. Lo que más quería era encontrar a alguien que la hubiera visto ese día, o cualquier día desde la noche del aparcamiento.

—¿Y conseguiste algo?

—No mucho. Todos parecían tener con Kit la misma relación que Olivia. La habían conocido en un club, un restaurante o una fiesta. Siempre les parecía que era buena amiga de otra persona y, cuando acudía a esa persona, me decía que tampoco la conocía tanto. Unos pocos sabían que quería ser actriz, pero ninguno recordaba haberla visto en ningún sitio. Algunos pensaban que era modelo. Conocía a un fotógrafo llamado Jimmy Shannon. Lo llamé y una de sus ayudantes comprobó los datos que le di con las agencias. Ninguna había oído hablar de ella y yo ya había mirado en la base de datos oficial de actores. Después de todo ese trabajo, nunca encontré a nadie que pudiera decirme algo más de lo que Olivia me había explicado el primer día.

—¿Qué hizo Olivia durante todo este tiempo? ¿Te ayudó?

—Al principio, sí. Incluso nos pasamos días enteros recorriendo todas las ciudades de la costa desde Ventura a Newport, buscando casas y pisos, buscando su melena pelirroja o el coche negro. Obviamente, era imposible. Y entonces Olivia se marchó.

—¿Se marchó?

—Sí, se marchó.

—¿Por qué? ¿Habló contigo?

—Bueno, todavía trabajaba en Banque. Eric y ella habían roto. David, su antiguo novio, todavía estaba interesado en ella, pero no de forma seria. Le gustaba acostarse con ella de vez en cuando. Y el ambiente del restaurante empezó a agobiarla, igual que a mí. Y tenía miedo. La primera noche, empezamos con el temor de que la historia de Kit no iba a tener un final feliz. A medida que fueron pasando los días, estábamos seguras de ello. Volvimos a acudir a la policía, pero puedes imaginarte lo lejos que llegamos.

—Ya. Una chica joven y guapa se instala en Los Ángeles para ser actriz. Se cambia el nombre, sale con hombres ricos y después se va y deja el piso impecable.

—Bueno, la policía no se alarmó demasiado. Y Olivia no pudo más.

—¿Qué quieres decir?

—Cada vez estaba más asustada. Se arrepentía de haber dejado todos esos mensajes en el contestador de Kit. Pensaba que el novio nos encontraría y nos mataría para hacernos callar.

—¿Se lo dijo a más gente o tomó algún tipo de precaución?

—Siempre estaba mirando por encima del hombro y nunca más quiso marcharse sola del restaurante. Y una noche que tenía que venir a trabajar llamó al restaurante. Me dijo que estaba en el aeropuerto. Que se iba porque estaba harta de tener miedo.

—¿No se te ocurrió que quizá la habían obligado a llamarte y a decirte que se iba?

—Claro que sí. Para entonces, yo ya estaba tan paranoica como ella, pero de fondo oí anuncios de vuelos, puertas de embarque y que nadie dejara las maletas sin vigilancia. Parecía tranquila, quizás incluso feliz de marcharse. E imaginé que estaba bien.

—Vale. O sea que te quedaste sola.

—Exacto. Más que eso. Eric iba por la tercera novia, lo que significaba que no tenía mucho tiempo para hablar conmigo. Las semanas de investigación y búsqueda de Kit me mantuvieron alejada del restaurante. Empecé a sentir que toda la historia de Banque había terminado. No era sólo que Kit, que se había convertido en amiga mía, y Olivia, que había estado con nosotros desde el principio, se hubieran ido. Fue el hecho de descubrir que lo que había estado pasando no era real. Todo el mundo era actor o modelo. Nos pasábamos las horas limpiando mesas y atendiendo la barra, pero todos habíamos acordado fingir que no era así. Durante un tiempo, Eric y yo estuvimos protegidos porque teníamos nuestra propia fantasía. Y a él le seguía funcionando, porque era chef de verdad, pero a mí ya no. Si no estaba con él, sólo era una mujer de veintinueve años que se había pasado diez trabajando dieciocho horas al día en algo que siempre sería igual de estresante y nunca me ofrecería una oportunidad en la vida.

Se estaba acercando a la noche del ataque y Till necesitaba que hablara de eso, pero tenía la sensación de que le estaba ocultando algo.

—¿Hiciste algo al respecto?

—¿Qué quieres decir?

—¿Buscaste trabajo, pensaste en alguna ciudad para mudarte o llamaste a amigos en otros puntos del país?

—No tuve la oportunidad. Una semana después, una noche volví a casa del restaurante y había un hombre esperándome con un bate de béisbol.

—¿Y no lo habías visto nunca?

Ella hizo una pausa y apartó la mirada.

—Sí que lo había visto. Mentí sobre esto. Era el guardaespaldas que estaba esperando a Kit en el club.

Jack tuvo que reprimir la alegría ante aquella afirmación o ante el hecho de que, desde el momento en que había oído la descripción del guardaespaldas, había sabido que podía ser el atacante. Por fin le estaba empezando a decir la verdad.

—¿Dijo algo?

—Hablé yo. Le pregunte qué quería Y no me contestó.

—¿Y entonces?

—Empezó a golpearme y luego se asustó. Llegó Eric y, tras él, llegó otro coche. Creo que el hecho de que fueran dos coches me salvó. Le parecieron muchos coches, quizá mucha gente.

—¿Quién iba en el otro coche?

—Esto es lo mejor. Era la última novia de Eric. Había ido a buscarlo al restaurante para pasar la noche juntos, pero necesitaba tener su coche allí por la mañana. Me salvó la vida. Había recibido muchos golpes y estaba en el suelo. Sabía que no podía correr ni defenderme. Y entonces, de repente, aparecieron los focos y él huyó.

Caminó hacia la roca y ahora ya casi estaban cerca de la base, pero ella se adelantó un par de pasos y Till ya no pudo seguir preguntándole más cosas porque estaban rodeados de turistas. Su conversación no había terminado, sólo se había producido una pausa de

duración indeterminada, y los dos lo sabían. Ella ya había hech
primera admisión crucial: que mintió cuando dijo que no conoc
al atacante. Ahora era esencial que Till conservara su confianza y
encontrara la forma de que le explicara el resto.

Siguió caminando y luego se pasó la tarde de tiendas con ella.
La observó de cerca todo el día, esperando a que retomara la conversación, pero no lo hizo. Mientras caminaban por la calle lejos de
otros viandantes, le dijo:

—¿Ann?

—Ya no soy Ann.

—¿Y quién eres?

—Ahora mismo no tengo elección. Tengo que ser Wendy.

Mientras ella fingía comprar para evitar que él la interrogara,
Till aprovechó el tiempo para pensar en la otra parte del problema.
Tenía que mantenerla viva. Cuando regresaron al hotel, esperó a
que ella estuviera en su habitación y sacó el móvil. Marcó un número que conocía muy bien y dijo:

—Con el sargento Poliakoff, por favor.

30

Paul conducía el coche de alquiler en la autopista entre el denso tráfico que se dirigía hacia los altos edificios del centro. Sólo eran las cuatro, pero parecía que la hora punta cada día empezaba antes. Volvió la cabeza y miró a Sylvie. Hoy estaba muy callada. Deseaba que el motivo por el que no quería discutir con él fuera la incómoda situación en que se encontraba y no porque estuviera pensando en todas las formas en que la había decepcionado. Estaba casi seguro de que se estaba guardando la lista entera de sus ofensas y estaba imaginando distintas formas de decirlas para infligirle el máximo dolor imaginable. Paul podía ignorar la opinión de la mayoría de la gente, incluso le resultaba sencillo, pero era vulnerable a la de Sylvie. Después de tener una relación con una mujer durante quince años, a un hombre le costaba convencerse de que ella casi no lo conocía.

Intentó distraerla, que pensara en el presente, en las cosas que tenían que hacer.

—Al menos, hemos tenido la oportunidad de pasar por casa y dormir un poco. Estamos descansados y preparados. Quizás ahora nos resultará incluso fácil.

—No te preocupes. No te culpo por esto. Me seguiré acostando contigo.

Paul se rió, más de alivio que de felicidad. Sylvie podía llegar a ser extraordinariamente perceptiva sobre la ridiculez de la relación entre hombres y mujeres. Intentó aumentar la sensación de afecto y cariño.

—Igualmente lo siento. Habría preferido hacer otra cosa. Me gustaría estar yendo al aeropuerto para subir en un avión hacia Madrid, en el avión de Air France y Delta que sale a la hora de cenar.

Ella lo miró en silencio un par de segundos.

—Lo sé.

—Quizá podamos hacerlo cuando todo esto termine.

—Quizá tengamos que hacerlo.

—No te preocupes. Puede que la situación no sea favorable, pero somos buenos.

—Haré lo que pueda para que esto termine como se supone que tiene que terminar, pero a partir de ahora tendremos que tener mucho cuidado con lo que aceptamos hacer y para quién lo hacemos —dijo ella.

—Lo tendremos. Esto es un caso especial. Densmore...

—Es lo que me preocupa —lo interrumpió ella—. Entiendo cómo hemos terminado en la posición de tener que acabar este trabajo para él. Pero tenemos que recordar que no nos dijo la verdad.

—Nos paga el doble que al principio.

—Nos obliga a hacer algo que no queremos hacer —volvió a mirarlo, con la mirada fija en sus ojos—. ¿No?

Paul vio la trampa y casi le dio las gracias por colocarla donde pudiera verla.

—Bueno, sí.

— No pienso ser la subordinada de Densmore.

—Cuando terminemos el trabajo y cobremos, no haremos nada más para él.

—Eso espero.

—Seguro —a juzgar por el tono de Sylvie, Paul sabía que se acordaría de esas palabras y se las echaría en cara más adelante. No le gustaba perder a Densmore, que había sido el intermediario perfecto durante ocho años. Había mantenido los clientes a cierta distancia de ellos, les había sacado el dinero y los había mantenido con el miedo en el cuerpo para que ninguno hablara con la policía. Era una lástima tener que perder a Densmore, pero Sylvie tenía razón. Había empezado a tomarse bastantes licencias. Esta vez, le había dicho al cliente quiénes eran. Su excusa era que se trataba de un cliente que nunca acudiría a la policía bajo ninguna circunstancia. Sin embargo, su acuerdo no era que el cliente no acudiría a la policía, sino que no podría hacerlo, porque no sabría nada.

Paul condujo por Temple Street y pasó por delante de la catedral de Nuestra Señora de los Ángeles, con aspecto de fortaleza, y luego llegó frente al edificio del Tribunal Supremo. Desde allí, veía las curvas de acero inoxidable del Disney Concert Hall.

—Vale. Ya estamos —dijo—. El siguiente edificio es el 210 de West Temple. Las oficinas del fiscal del distrito asistente que lleva el caso están allí, pero queremos analizar todas las perspectivas y las entradas y salidas.

—Ya lo hago. —Sylvie observó todo lo que veía desde el coche. Era complicado calcular la seguridad de un edificio como ése, porque todo el vecindario formaba parte del distrito judicial. Los edificios judiciales estaban llenos de alguaciles, supervisores y ayudantes de los alguaciles. Había vigilantes en todos los vestíbulos para que nadie entrara armado, pero seguramente también habría otras personas de seguridad que serían menos visibles. El mayor peligro sería que, cada día, habría muchos policías armados que irían o vendrían a resolver algún asunto legal, y casi todos irían de paisano. El edificio desapareció de la ventanilla del coche y Paul giró la primera esquina.

Una manzana más allá, Sylvie vio el rectángulo blanco de veinte pisos del hotel New Otani. Era uno de los edificios característicos del perfil de la ciudad. El centro era un lugar complicado para el trabajo que Paul y Sylvie hacían. Durante el día, era un ajetreo constante, la gente paseaba por el distrito judicial, la catedral, el Museo de Arte Moderno, el Disney Concert Hall y la plaza que había frente al auditorio Dorothy Chandler. Pero una hora después de los últimos actos del día, quedaba muy poca gente. Los hoteles grandes como el Biltmore, el Bonaventure o el Otani estaban llenos, pero los edificios contiguos estaban dormidos. La gente aparcaba en los garajes subterráneos o en aparcamientos públicos, de modo que por la calle apenas se veían coches. En el centro vivía muy poca gente. Se veían algunos bloques de pisos nuevos y se hablaba mucho de los *lofts* en edificios antiguos, pero Sylvie todavía no había visto ningún cambio.

No dijo nada mientras Paul condujo hasta la entrada del Otani. Se les acercó un botones con un carro para el equipaje y el aparcacoches se hizo cargo del vehículo. Se dirigieron a la recepción y ella se sentó en un sofa mientras él recogía las llaves de la habitación.

Sylvie hizo la reserva sirviéndose de su mejor voz de secretaria y había conseguido una tarifa especial de abogados. La página web del hotel prometía alojamiento a un paso de los tribunales estatales y federales, «proporcionando a su equipo profesional un espacio productivo» y «salas de guerra» que incluían mesas de reunión, fax, teléfonos, fotocopiadoras y trituradoras de papel. Hoy, Paul era el abogado Peter Harkin y Sylvie era su mujer, Sarah Harkin. Eran de Charlotte, Carolina del Norte. El pelo canoso y el bigote le daban a Peter un aspecto distinguido y Sarah tenía el pelo rubio claro.

Sylvie había elegido la ropa y las pelucas para evitar que luego pudieran reconocerlos en las grabaciones de las cámaras de seguridad que colgaban del techo. La peluca rubia empezaba a molestarle. Le recordaba una película de Cherie Will en la que ella y otras tres actrices eran animadoras que venían de Texas para la Rose Bowl y perdían el autobús del equipo. Ella y dos chicas más tenían que llevar pelucas rubias y no le había gustado. Cuando Cherie tenía una idea para una película, daba igual si se trataba de que a los actores los atropellaba un camión, la idea se llevaba a cabo, siempre que fuera algo rápido y barato.

Se distrajo contemplando el vestíbulo. Era muy grande, con una entreplanta, todo en tonos beis. Había un largo mostrador de mármol con mesas y sillas a ambos lados y, en cada extremo, un enorme arreglo floral con flores de todos los tonos de rojo intenso.

Sylvie alcanzó a Paul cuando éste, tras terminar de registrarse, se dirigió al ascensor.

—¿Algún problema con la habitación? —le preguntó.

Él meneó la cabeza. El botones se unió a ellos y tuvieron que esperar para poder hablar. Sylvie había especificado que quería una habitación orientada al norte y alta para poder disfrutar de las vista a la ciudad. No se había atrevido a concretar más. El hotel tenía más de cuatrocientas habitaciones, lo que significaba que, al menos, había ochenta que cumplían esos requisitos.

Subieron hasta el piso quince. Paul y Sylvie siguieron al botones con la cabeza baja mientras caminaban, como si estuvieran vigilando que el equipaje no cayera del carro. Así, las cámaras de seguridad no podían verles las caras. Cuando llegaron a la habitación, el botones abrió la puerta. Cuando empezó a explicarles los servicios que el hotel ofrecía, Paul le dio una propina y le dijo:

—Gracias, ya hemos estado aquí antes.

El chico se fue.

Sylvie cerró la puerta, pegó la oreja a la madera y escuchó. Cuando oyó que las ruedas del carro salían de la moqueta y rodaban sobre el suelo desnudo del ascensor, se quitó la peluca rubia y luego la red y se sacudió la cabellera.

—Tócame la nuca —musitó.

Paul se la tocó.

—Estás sudada —le dijo, y le dio un beso.

Ella se estremeció. Siempre había sido una zona muy sensible de su cuerpo, incluso tenía cosquillas. Una vez más, se sorprendió ante la intensidad de la sensación. Se frotó la zona con la mano mientras miraba cómo Paul levantaba las dos pesadas maletas y las dejaba sobre la cama.

Esperó a que las hubiera abierto y entonces apartó la ropa doblada y la dejó en la cama para que él sacara los dos rifles desmontados que llevaban. Paul montó el primero. Había decidido utilizar el Remington modelo 7 del calibre 308 que había limpiado ayer. Siempre decía que el 308 era el calibre del gobierno porque los francotiradores del FBI utilizaban rifles del 308. Paul y ella sólo querían disparar una vez a la mujer.

Él fijó el catalejo sobre su trípode en la mesa junto a la ventana y miró por el visor.

—Es perfecto —dijo—. Veo el bordillo, la acera, la entrada principal, la puerta y unos treinta metros a ambos lados. Puedo ver a través de las ventanas. Mira.

Ella se acercó a la mesa y ocupó su lugar.

—Genial. Hay un tío sentado en la parada del autobús y le veo las patas de gallo alrededor de los ojos —hizo una pausa—. Vaya, ahora ya no. Se ha puesto las gafas de sol —se incorporó y se acercó a la ventana para verlo sin ayuda del catalejo.

—Si te colocas un poco más atrás, será más difícil que te vean.

Ella retrocedió. Paul tenía razón, claro, pero ojalá no le hubiera dicho nada. Esa necesidad de los hombres de comentar, insistir y recomendar era agobiante. Fue a la cama, desdobló la poca ropa que habían traído y la colgó en el armario. Cogió el segundo rifle, se lo apoyó en el hombro y dirigió la mira telescópica hacia el edificio de la fiscalía del distrito. La mira era una Weaver V16 Classic nueva de dieciséis aumentos. Apuntó a la entrada del edificio y decidió que sería perfecto para ese disparo de larga distancia.

Paul estaba ocupado acoplando el visor nocturno al otro rifle. Era más difícil de utilizar, pues todo se veía con una luminiscencia verde. Sólo lo utilizarían si la chica llegaba de noche, pero ¿por qué no iba a hacerlo? Sería una estupidez que llegara en cualquier otro momento, y sería una estupidez que no fuera disfrazada. Si la traía la policía, la tratarían como a una testigo protegida. Llegaría rodeada de tres agentes corpulentos, todos con chaleco antibalas y chaquetas enormes. La rodearían y la meterían en el edificio.

Los preparativos de Paul habían sido meticulosos, en parte porque estaba intentando olvidar la mala suerte que los había perseguido en este trabajo. Además, ser precavido era la reacción racional ante un momento y un lugar arriesgado para matar a alguien. Sylvie probó los distintos aumentos de la mira telescópica mientras observaba la calle. Apuntó al hombre de la parada, pero entonces llegó un autobús y le bloqueó la línea de fuego. El vehículo llevaba un anuncio en el lateral y Sylvie apuntó a los dientes de la actriz del cartel.

—Estreno doce de agosto —dijo en voz alta—. Bang.

El autobús partió y el hombre seguía sentado en el banco. Era corpulento, con la espalda ancha y una incipiente barriga. Abrió un periódico y parecía estar leyendo. Mientras lo observaba, Sylvie paseó la cruz de la mira por todo su cuerpo hasta que se detuvo en el puente metálico de las gafas de sol, después bajó por la nariz y volvió a subir hacia la frente. Desde ese ángulo, no podía apartar la vista del remolino de su pelo. El pelo marcaba un flecha hacia la frente y, a ambos lados, sólo había una piel reluciente que brillaba bajo el sol del atardecer.

—¿No crees que el tío de la parada del autobús parece policía? —dijo.

—¿El de la cazadora deportiva? —preguntó Paul.

—Sí. ¿Lo ves?

Él miró por el catalejo.

—Con esto puedo leerle la mente. Sí. —Lo observó durante unos segundos—. Podría ser poli. Pero ¿qué diablos hace ahí? Los tipos de paisano no van en autobús, van en coche.

—Quizá no puede conducir —respondió ella—. Está frente al edificio de la fiscalía. Puede que le hayan retirado el carné por conducir ebrio.

—No sé —dijo Paul—. Ven aquí y míralo por el catalejo.

Sylvie dejó el rifle en el sofá y se acercó a la mesa. Miró por el aparato.

—¿Qué haces?

—Quiero tenerlo todo preparado. ¿Ves si lleva algo? ¿Una radio o un bulto extraño en la cazadora?

—¿Una placa dorada? —bromeó ella—. Nada que yo pueda ver. No lleva chaleco antibalas, porque le veo la barriga. Ni auricular.

—Mírale los zapatos.

—Buena idea —ajustó la inclinación del catalejo y el hombre desapareció. Volvió a levantarlo un poco y observó sus zapatos—. No me parecen zapatos de policía. Se parecen más a los mocasines que llevas tú.

—Entonces, no es poli. Éstos me costaron trescientos dólares.

—No me lo dijiste.

—Se me pasó.

—Claro. Cuando yo me gasto eso en zapatos, es como si te hubieran apuñalado.

—Son ortopédicos. Previenen el dolor de la planta del pie.

—¿Estás preparado?

—Los dos rifles están cargados. Si ese tío está vigilando y aparecen ahora, al menos tenemos una opción. Sigue vigilándolo. Si hace algo, podría ser la señal para avisar de que todo está bien y que pueden entrar.

—Está mirando el reloj. Ahora se ha levantado. Y se va —no dijo nada durante unos segundos—. No pasa nada. Supongo que era una falsa alarma.

—Bien. ¿Puedes seguir vigilando? Quiero acabar de preparar todo lo demás.

—Claro.

Sylvie se sentó en la mesa y vigiló la parte delantera del edificio. Con el rabillo del ojo veía a Paul yendo de un lado a otro de la habitación y sacando de la maleta dos uniformes de policía doblados. Los extendió en la cama y los examinó. La placa estaba colgada en el bolsillo izquierdo de la camisa y el nombre en el derecho. Sacó los cinturones. Eran grandes, con esposas, aerosol de pimienta, cargadores y arma reglamentaria. Los dejó junto a los uniformes. Colocó los zapatos negros a los pies de la cama. Era mucho más ordenado que ella. Hacía años que Sylvie había dejado de pretender que era tan ordenada como él y, desde entonces, se concentraba en mantener sus cosas aparte para que no le estorbaran.

—Hay otro hombre —dijo ella.

—¿Qué?

—El tipo que estábamos vigilando se ha ido. Pero ahora hay otro en el mismo sitio. También lleva cazadora y corbata. No se ha sentado. Está de pie.

—Déjame ver —se colocó a su lado y ella se apartó para que pudiera mirar por el catalejo—. Qué extraño. Éste tampoco parece que esté esperando el autobús. Se ha ido hasta la esquina del edificio y se ha quedado allí.

—¿Podría ser alguna operación de seguridad nacional… para proteger los edificios judiciales de ataques terroristas?

—Espero que no, pero es posible. —Paul volvió a mirar por el catalejo—. Quiero vigilar a este tipo un rato. Puedes tomarte un descanso.

Durante el resto del día, uno de ellos estuvo siempre en la mesa frente a la ventana, observando la entrada del edificio de la fiscalía del distrito. Hicieron turnos de dos horas. Cada vez que Sylvie tomaba posiciones, veía a uno de los hombres con cazadora.

Los tipos hacían guardias de una hora, y se apostaban en sitios distintos de modo que no siempre los localizaba de inmediato. Para ella, buscarlos era un juego. A veces, estaban en una esquina del edificio, o en la otra, lo suficientemente alejados para fingir que miraban en otra dirección mientras seguían vigilando Temple Street. Una vez perdió a uno de vista, pero lo localizó diez minutos después en uno de los edificios situado frente a la fiscalía, desde donde había estado observando el panorama.

A las seis, se puso la peluca y la falda de Sarah Harkin para ir a un restaurante al otro lado de la calle y comprar cena para llevar. En el hotel, había cinco buenos restaurantes, pero no quería llamar la atención de demasiados clientes y trabajadores del Otani, de modo que bajó a la calle en un ascensor de la parte trasera del edificio. Cuando volvió, subió a pie dos pisos y luego cogió el ascensor.

Durante su primer turno de noche usó pocas veces el visor nocturno. La luminiscencia verde le producía dolor de cabeza y sabía que no la necesitaba. Si un coche se paraba frente a la fiscalía para dejar a alguien, seguro que lo vería.

Su turno de descanso resultó peor que el de guardia. Paul se mostraba taciturno y no se atrevía a encender el televisor, pues temía que la luz de la pantalla lo dejaría expuesto. De todos modos, tenía los ojos cansados. A la diez, Paul alargó los turnos a tres horas, para que ella pudiera dormir.

La cama estaba prácticamente ocupada por los uniformes que Paul había colocado allí encima, así que Sylvie retiró la colcha y se colocó en un extremo. En la oscuridad y el silencio de la habitación, se quedó dormida enseguida. A la una, Paul le dio unos golpecitos en la espalda y Sylvie abrió los ojos.

—Deseo con todas mis fuerzas que sea un trabajo de un día —dijo ella.

—Aguanta. Si no pasa nada, despiértame a las cuatro. Si ves que te cuesta mantener los ojos abiertos, despiértame.

—Vale. Me parece que ya estoy despierta. ¿Dónde están los dos hombres? —bajó los pies al suelo y arqueó la espalda.

—No lo sé. Creo que deben estar en el edificio o en algún coche aparcado por la zona. No los he visto desde medianoche.

Durante un rato, Sylvie se mantuvo despierta buscando a los hombres y luego intentando utilizar el visor nocturno para mirar en el interior de los coches que pasaban por la calle. Las únicas personas que vio por la calle fueron una pareja de vagabundos con carros de la compra. Se dijo que podrían ser policías haciendo el turno de noche. Utilizó el visor para observarlos, pero no pudo llegar a ninguna conclusión sobre ellos. Llevaban varias capas de ropa para intentar protegerse del frío, con lo cual era imposible adivinar si iban armados. No vio a nadie más interesante y, a las cuatro, despertó a Paul y se acostó.

Cuando volvió a despertarse, la habitación estaba en la penumbra. Miró hacia la ventana. Paul la había abierto y supo que eso la había despertado. Él apoyó la culata del rifle contra el hombro.

—¿Qué pasa? —preguntó ella.

—Un coche. Levántate.

Sylvie apartó la colcha, corrió hacia la mesa y cogió el otro rifle. Mientras dormía, Paul había sustituido el visor nocturno por la mira telescópica Weaver de dieciséis aumentos. Ella miró por la mira telescópica del rifle.

Un todoterreno negro había aparcado en el bordillo rojo frente al edificio. Las dos puertas del otro lado se abrieron. Sylvie quitó el seguro y apuntó justo encima de la puerta de atrás, por donde estaba a punto de salir alguien.

—No dispares.

Pasaba algo, lo supo por el tono de voz de Paul. Sylvie vio dos figuras que se acercaban corriendo al todoterreno y apuntó a una de ellas.

—Es el tío de ayer. ¡El de la parada del autobús!

Luego vio cómo se metía la mano en la cazadora mientras corría y que la sacaba llevando una pistola. Se oyeron tiros desde el interior del todoterreno, pero el tipo no se desplomó porque una ráfaga de disparos desde el otro lado lo mantuvieron de pie hasta que cayó hacia delante y se quedó en el suelo con los brazos abiertos y un charco de sangre alrededor de la cabeza.

Oyeron otra ráfaga de disparos. Sylvie movió el rifle hacia la izquierda para ver qué pasaba, pero Paul le sujetó el brazo.

—Bájalo. ¡Tenemos que irnos!

Ella dejó el rifle en la mesa, pero con los ojos puestos en la escena de la calle. El segundo hombre que había visto ayer también estaba tirado en la acera. Tres furgonetas normales, blanca, azul y roja, aparecieron de repente y de ellas salieron hombres y mujeres vestidos de negro. Algunos se arrodillaron junto a los cadáveres mientras otros hablaban por radio. Al otro lado de la calle, aparecieron dos policías uniformados y empezaron a colocar balizas para desviar el tráfico.

—¿Has visto a la chica?

—No creo que esté en ese coche. —Paul ya no miraba por la ventana. Estaba doblando las patas del trípode del catalejo y guardándolo en una bolsa—. Ha sido una emboscada, una trampa. Estaba preparada para nosotros. Ayúdame a recoger las cosas.

—Pero ¿quiénes son los dos hombres que han matado?

—Creo que también estaban allí para matar a Wendy Harper. Creo que alguien ha debido querer cubrirse las espaldas contratando a otro equipo.

—¿Sin decírnoslo?

Sylvie vio que Paul estaba concentrado al tiempo que intentaba mantener un tono de voz calmado.

—Supongo que no tendría que haber llamado a Densmore para intentar dejar el caso.

—¿Estás diciendo que es culpa mía?

—No digo que sea culpa de nadie. Intento explicarte por qué tenemos que largarnos de aquí ahora mismo. Si los policías han descubierto a esos dos, seguro que han comprobado las ventanas que daban a la entrada. Vámonos.

—¿Cómo?

—Seguiremos el plan original.

Se puso el uniforme de policía lo más rápido que pudo, y ella hizo lo mismo. En cuanto Sylvie terminó de vestirse y se abrochó el cinturón, metió sus cosas en una bolsa de tela negra y, luego, la ropa y las pelucas de Peter y Sarah Harkin. Cuando terminó, colocó bien la colcha de la cama y echó un último vistazo para asegurarse de que no se dejaban nada. Corrieron por el pasillo, con las maletas de ruedas, y consiguieron llegar a las escaleras sin que nadie los viera. Bajaron dos pisos a pie y dejaron las maletas vacías en el rellano. Sylvie llevaba la bolsa negra colgada a la espalda y cada uno llevaba un rifle. Paul bajó delante de ella, preparado para responder preguntas o abrir fuego si se encontraban con la policía.

Llegaron a la primera planta en pocos minutos. Estaban en la parte trasera del edificio, y Paul la guió por un pasillo lleno de salas de reuniones hasta una salida de emergencia. Abrió la puerta y salió a la calle justo cuando llegaban un par de coches patrulla por el callejón. Se paró en seco. Toda la zona estaba llena de policías uniformados que unían esfuerzos para bloquear las calles que rodeaban el escenario del crimen.

Mientras los dos coches se ponían morro contra morro para cortar la calle, Paul y Sylvie pasaron por su lado con los rifles. Uno de los policías que conducía los miró con curiosidad un segundo, pero ella señaló hacia el aparcamiento donde había dejado el coche el día que la llamaron para ser jurado popular y dijo:

—Vamos al aparcamiento. Hay buenas vistas sobre Temple.

El agente asintió y ellos se dirigieron al aparcamiento. Una vez dentro del coche que habían dejado allí el día anterior, mientras Paul descendía la rampa hacia la calle, Sylvie dijo:

—Sabes de quién es la culpa, ¿no?

—Sí —respondió él—. Creo que sí.

31

—Tu idea nos ha deparado algunas sorpresas, Jack —dijo Poliakoff—. De hecho, el plan funcionó demasiado bien. Ha sido sobre las cuatro de la madrugada.

Jack Till se pegó el móvil a la boca porque no quería que Wendy Harper lo oyera desde la otra habitación.

—¿Qué ha pasado?

—Durante la noche distribuimos a agentes de los cuerpos especiales por varios edificios al sur de Temple Street, cerca de la fiscalía, como dijiste. Teníamos dos todoterrenos negros como los que se utilizan para trasladar a los prisioneros al juzgado. Cuando los dos vehículos aparcaron en el bordillo y abrieron las puertas, dos hombres salieron de dos coches que estaban estacionados a ambos lados de la calle e intentaron disparar a una agente que iba en el segundo todoterreno. Los agentes de los cuerpos especiales ya los habían localizado, así que sólo les dieron tiempo de sacar el arma.

—¿Todos están bien?

—Todos menos los dos individuos. Nos habría gustado hacerles algunas preguntas, pero murieron en el acto.

—¿Tienes alguna identificación?

—Todavía no. Cuando alguien lleva tres permisos de conducir es como si no llevara ninguno. Hemos tomado las huellas de los cadáveres, así que espero tener algún nombre en breve.

—No sé qué decir, aparte de darte las gracias. Si hubiera ido a la fiscalía y hubiéramos salido del coche, estaríamos muertos —dijo Till.

—Ha sido un éxito. Ahora que hemos eliminado a estos dos, ¿traerás a tu cliente hoy para ver a la fiscal?

—Ya te avisaré cuando me haya decidido —levantó la vista y vio a Wendy Harper de pie en la puerta que comunicaba las dos habitaciones.

—Hazlo.

—Gracias otra vez. Te debo una. —Till colgó y se guardó el móvil en el bolsillo.

—¿Qué ha pasado? —preguntó ella.

—Buenas noticias. Pedí a un amigo mío que todavía trabaja en el cuerpo que comprobara qué pasaría si tú y yo nos presentáramos en el edificio de la fiscalía del distrito y quisiéramos entrar a pie.

—¿Y qué ha pasado?

—Dos hombres armados han salido de sendos coches aparcados. Los dos están muertos.

—¡Dios mío! ¿Hay algún herido?

—No. Los policías están todos bien.

Ella se le acercó hasta que se colocó frente a él y lo miró a los ojos.

—No me lo dijiste.

—¿El qué?

—Que estabas planeando algo así.

—No era mi operación. Era la de Max Poliakoff. No me ha dicho nada hasta ahora, y ha pasado hace horas.

Ella lo miró con más intensidad.

—¿Por qué no me lo dijiste?

—Por el mismo motivo por el que él no me contó nada antes. Hasta que esos dos hombres aparecieron, no había nada que decir.

—¿Crees que eran los mismos que mataron a Louanda?

—Es muy probable, pero no podemos saberlo. Quizás haya huellas, sangre o algo en la casa de Nevada que los sitúe allí. Quizá los hemos visto en algún momento, entre una multitud o parados en un cruce, y podamos recordar sus caras. Pero no conseguí verles la cara cuando nos perseguían con el coche, ¿y tú?

—No. Vi el coche, y vi que había dos cabezas —se sentó a su lado en la cama—. Es culpa mía. Nunca debería haberme ido de Los Án-

geles. Estaba asustada. Odiaba estar asustada y vi una forma de so-
lucionarlo. Empecé bien, intentando encontrar a Kit Stoddard, pero
cuando me dieron la paliza, todo cambió. Yo cambié. Decidí que
ya había hecho suficiente por la memoria de Kit. Porque en aquel
momento me dije que Kit sólo era eso: un recuerdo. Y creía que si
podía alejarme y desaparecer durante un tiempo, su novio dejaría de
buscarme. Tenía la idea de que, como nunca había hecho nada para
hacerle daño, eso lo convencería de que nunca lo haría, y se daría
cuenta de que debía dejarme tranquila. Por eso me fui.

—Mira, Ann, yo…

—Wendy.

—¿Qué?

—Wendy. Ya te dije que no puedo seguir siendo Ann Donelly.
Ayer, cuando me marché, dejé todo eso atrás. Utilizar ese nombre
ya no me ayuda. Lo único que hace es revelar a quien aún no lo
sepa que hay tres personas con ese apellido que están relacionadas
conmigo. Y estar relacionado conmigo es peligroso.

—Menos peligroso que ayer.

—¿Significa eso que todo ha terminado? ¿Nos vamos a Los Ángeles?

—No.

¿Por qué no? Si la policía ha matado a los hombres que nos
perseguían, ¿qué te preocupa?

—No estoy preocupado, pero soy precavido. No me dejo llevar fácilmente. Cuando intentas engañar a alguien, debes ser muy
cuidadoso. Salimos de San Francisco y nos atacaron en la carretera.
Los perdimos y se fueron a Los Ángeles a esperarnos. Les pusimos
nuestra propia emboscada y murieron dos hombres. ¿Ahora qué?
El movimiento lógico y casi inevitable es ir a Los Ángeles ahora
mismo.

—O sea, que evitas lo predecible, ¿no?

—No voy a hacer el movimiento que según las circunstancias
sería el más lógico. ¿Qué hace ahora el hombre que mató a Kit
Stoddard?

—No lo sé.

—Está intentando encontrar sustitutos para los dos hombres que han muerto. Es arriesgado porque determinadas personas que se dedican a ese tipo de trabajo ya están muy buscadas por la policía. Puede que tengan los teléfonos pinchados, o puede que decidan que lo mejor es no aceptar el trabajo, delatar a ese hombre y ganar puntos por colaborar con las fuerzas de seguridad. Seguro que tendrá que buscar fuera de su grupo de contactos. Sólo tiene que dar un paso en falso, hablar con alguien en quien cree que puede confiar y equivocarse. Hoy tiene prisa porque cree que ya vamos camino de Los Ángeles.

—Es un retrato bastante detallado de alguien a quien ni siquiera conoces.

—Los detalles no importan. Cada minuto que pasa sin que nos encuentre es un minuto más que la policía tiene para dar con él. Los forenses están intentando identificar a los dos cadáveres. Cuando lo hagan, registrarán sus casas y sus coches y hablarán con todos los que los conocían. Cuando la policía empieza a investigar, salen todo tipo de cosas.

—¿Y no vamos a hacer nada?

—Le estoy dando tiempo a ese tipo para que tenga mala suerte, para que cometa errores y para que lo traicionen. Si sale su nombre, tendremos una fotografía y podrás identificarlo.

—No sé si eso servirá. Aunque esté segura de que es el antiguo novio de Kit, no puedo demostrar que esté detrás de todo esto.

—Las cosas han cambiado. Hace seis años, sólo tenías la sospecha de que Kit Stoddard podía estar muerta. Ahora tenemos asesinatos que podemos demostrar. Esta vez, si descubrimos quién es, tendrá un problema.

Ella apoyó la mano en su hombro y se lo apretó.

—Eres increíble, Jack. Siempre haces que todo suene bien. Me das fuerza —se levantó y se dirigió hacia su habitación.

Él se quedó sentado en la cama y cerró los ojos. Casi había sonado como si le estuviera diciendo que le importaba. Era preciosa, y eso dificultaba poder interpretar sus palabras. Aunque también era posible que le hubiera dicho con educación que sabía que la estaba manipulando. Wendy sabía que había sido inspector de homicidios y que se había pasado muchos años convenciendo a la gente para que le dijeran cosas que no querían confesar.

A las seis entró en su habitación mientras él hablaba con Poliakoff otra vez. Se sentó en la silla junto a la ventana y esperó a que colgara. Entonces dijo:

—¿Sabemos algo más?

—Unas cuantas cosas. Han identificado a los dos hombres que nos estaban esperando en la fiscalía. Sus huellas estaban en la base de datos del FBI. Uno se llama Ralph o Raphael DeLoza, dependiendo de qué hoja de antecedentes penales leas, treinta y un años. El otro es Martin Osterwald, de veintinueve. ¿Habías oído alguno de estos nombres antes?

—No.

—Ya me lo imaginaba. Por lo visto, no eran el tipo de gente que solía ir al Banque. Pero más adelante miraremos sus fotografías y comprobaremos si los hemos visto en alguna parte.

—Vale. Cuando lleguemos, podemos hacerlo. ¿Tienes hambre?

—Un poco.

—¿Quieres salir a cenar? Te invito.

Él dudó unos segundos. Ambos sabían que, pasara lo que pasara, era muy probable que ella tuviera que volver a desaparecer, crearse otra identidad falsa y vivir del dinero en efectivo que llevara consigo hasta que volviera a establecerse en cualquier otro sitio. No quería que pagara por nada, pero tampoco quería herir sus sentimientos.

—Si esperas que te llame un mejor partido en el último momento, lo entenderé.

—No, estaba esperando que me lo propusieras. Ya hace al menos una hora o dos que deberíamos haber comido algo.

—Eres un hombre con una disciplina increíble.

—¿Dónde te gustaría ir? ¿A qué tipo de restaurante?

—Con los años he ido perdiendo el hilo del mundillo gastronómico, pero he visto un restaurante en la revista de información turística de mi habitación que me suena. Y las fotografías me han gustado —le dio una hoja con el membrete del hotel con la palabra «Aimee's» y una dirección.

—¿Tenían teléfono?

—Tenían y tienen. Ya he llamado y he hecho una reserva a nombre de Harvey. Tú serás Harvey. Ahora dúchate y vístete. Y un afeitado no te vendría mal, Harvey.

—¿Tengo que ponerme de etiqueta?

—Bastará con una camisa limpia. No hace que una chica pierda la cabeza, pero tendrás que aceptarme con cabeza. Nos vemos en media hora —dio media vuelta y se fue a su habitación. Al cabo de unos segundos, Till oyó la ducha.

Fue al armario a analizar las opciones. Tenía una cazadora limpia. Miró en la maleta y vio que todavía tenía un par de camisas de vestir limpias. Se duchó y se afeitó dos veces, arreglándose y acicalándose lo máximo posible.

Se miró por última vez en el espejo. Siempre le sorprendía descubrir que su aspecto ya no se correspondía con cómo se sentía. Supuso que parecía lo que era: un hombre de cuarenta años que se había ganado la vida con una pistola encima. Sus ojos parecían fríos y observadores, y las arrugas en la frente ya no eran sutiles, sino bastante visibles.

Oyó que Wendy entraba en su habitación y luego la vio asomada a la puerta del baño. Llevaba un sencillo vestido negro hasta las rodillas que le quedaba como un guante y que hacía que su pálida piel pareciera de porcelana.

—Estás muy guapa.

—Gracias —dijo, mientras hacía una pequeña y teatral reverencia.

Él salió del baño, descolgó la cazadora del armario y se la puso. Se miró al espejo mientras se arreglaba los puños y el cuello, y luego se encogió de hombros para que la cazadora cayera correctamente sobre la pistola. La miró a través del espejo.

—De hecho, estás preciosa.

—Gracias otra vez. Tú pareces humano sin lugar a dudas.

—Ya es algo. No puedo creerme que cuando metiste ropa en la maleta para irte de tu casa, pensaras en un vestido como ése.

Ella bajó la vista hacia el vestido un segundo.

—Es curioso cómo trabaja la mente. No pensé que tendría que volver a hacer la maleta, pero, al mismo tiempo, sabía las cosas que metería.

—¿En la maleta que no tenías que hacer?

—Sí. Tenía una imagen mental de todo lo que cogería y sabía perfectamente dónde estaba todo. ¿Tiene sentido?

—Supongo que sí. Sabes lo que te queda bien.

—No sé si fue eso exactamente. Tenía una idea de las cosas que me harían sentir más fuerte, con las que podría ir a más sitios. Quizás algo en mi fuero interno me recordaba que tenía que estar preparada para huir. Un vestido negro apenas ocupa sitio.

Till abrió la puerta de la habitación, pegó la espalda a la madera y sostuvo la puerta para ella mientras miraba hacia ambos lados del pasillo. Sus miradas se cruzaron y se dio cuenta de que Wendy lo había visto. Cuando habló, fue para cambiar de tema:

—Has dicho que has elegido el restaurante en parte por las fotografías. ¿Cómo eran?

Ella sonrió.

—La comida parecía creíble.

—¿Creíble?

—Sí. No eran fotografías de tres camareros con esmoquin y una propietaria sexi que sonríen mientras sirven un plato de costillas de quince kilos y una langosta de veinte kilos en una mesa para dos. Éste tenía una fotografía de un comedor pequeño, una ración normal de pescado a la parrilla y una copa de vino. Me parece que, cuando entremos, podremos comer algo parecido a lo de la foto.

Till examinó el aparcamiento unos segundos antes de abrirle la puerta, pero ella no dijo nada acerca de sus precauciones. La llevó hasta un Cadillac azul.

—¿De dónde has sacado este coche?

—Del mismo sitio que el último. Antes de salir de paseo, llamé a la agencia y les pedí que lo trajeran hasta aquí y se llevaran el otro.

—¿Por qué?

—Porque podía hacerlo —le abrió la puerta.

Ella se detuvo y no entró.

—¿Es una mala idea?

—¿Salir a cenar?

—Sí.

—No lo creo. Pero has sido invisible durante seis años. Yo no. Dímelo tú —le ofreció la mano y ella entró en el coche. Él rodeó el vehículo y esta vez sí que se tomó su tiempo para comprobar que había examinado bien todos los rincones de la zona, luego se sentó frente al volante y accionó la llave de contacto—. Ninguna explosión.

—De momento.

Till sacó el papel que le había dado y leyó la dirección, pero ella dijo:

—Sube por esa calle y gira a la derecha en el semáforo.

—¿Conoces la zona?

—En la revista había un mapa.

Mientras él conducía, ella lo siguió guiando. La oscuridad de las calles, una vez que salieron del centro de Morro Bay, les hizo sentirse anónimos y seguros. El restaurante estaba junto a un club de campo, por lo que Till se lo pasó de largo antes de darse cuenta de que era el sitio que buscaban. Dio media vuelta y regresó. Le agradó comprobar que, cuando dio la vuelta, no había ningún coche siguiéndolos.

El restaurante era un edificio alargado de una sola planta con ribetes grises. Till entró al aparcamiento. En la placa de latón que había junto a la puerta ponía: «Aimee's». Aparcó y entraron. Cuando se acercaron a la jefa de sala, Till le susurró:

—¿Es como en la fotografía?

—Igual.

Los acompañaron hasta la mesa y llegó la camarera. Wendy pidió un martini para cada uno.

—¿Cómo sabes que me gustan los martinis? —dijo él.

—Podría decir algo ingenioso, pero te diré la verdad. Lo recuerdo de hace seis años, cuando estuvimos en aquel hotel.

La camarera les trajo las bebidas enseguida. Till levantó la copa helada y dijo:

—Porque la comida sea aún mejor.

Ella brindó.

—Por los viejos amigos —bebió un sorbo—. ¡Vaya! Había olvidado el sabor. Hará unos cinco años que no me tomaba uno.

—¿Por qué no?

—No lo sé. Al principio, por motivos obvios, me mantuve lejos de los restaurantes y de los clubes nocturnos. Y luego, cuando tienes niños pequeños, olvidas que los martinis existen.

A Till le gustó el restaurante por un motivo que no tenía nada que ver con la estética. Sólo había una entrada, de modo que en la barra no había ningún sitio al que alguien pudiera acceder sin ser visto. Las ventanas ofrecían una vista panorámica del campo de golf. Un camino se perdía en la oscuridad. Veía el reflejo de la luna en un lugar, de modo que supuso que debía de haber un lago. No era imposible que allí fuera hubiera alguien vigilando el restaurante, pero era muy poco probable.

Sabía que, cuando Wendy leyó el menú, vio más cosas que él.

—Interesante —dijo mientras señalaba la descripción de un plato—. Esto está bien, si te gustan las ensaladas tibias, y me gustaría saber cómo le sale el pollo tailandés-francés, pero también me apetece la paella.

—Pide tú una cosa y yo pediré la otra.

—Gracias. Me gusta un hombre que se pide un plato bien calórico.

—Sólo lo haré si hablas despacio y me miras a los ojos.

Cuando la comida llegó, compartieron la ensalada. Wendy probó el pollo y dijo:

—Es una variante interesante de la salsa que Sybil Weitz preparaba en el Veritable de Chicago. Me pregunto si Aimee habrá trabajado allí —luego probó la paella—. Oh, es muy buena. Y el azafrán me encanta. Desde luego es todo un arte hacer una buena paella.

—Pensaba que la cocina no te preocupaba.

—Ya no. Pero nadie olvida todo lo que sabe.

—Esta noche parece que te encuentras mejor.

—Lo has notado.

—Ayer fue un horror. Supongo que está bien no estar asustado.

—Sí —dijo ella—. Diría que es una condición necesaria... no estar activamente asustado. Pero recuerda que he aprendido a tolerar cierto nivel de inseguridad en mi vida, igual que tú.

—Lo siento. No debería cuestionar la fuente del buen humor. Voy a estropearlo.

—Para nada. Me alegra que me observes tan detenidamente que notes estas cosas, y me alegra que lo hayas mencionado porque me obliga a confesarme.

—¿Confesarte?

—Sí. Estoy contenta porque ésta es la fantasía que he tenido durante seis años.

—¿De veras? Entonces, es un placer estar sentado a la mesa contigo para ser testigo. —Jack miró a su alrededor, viéndolo todo con otros ojos.

—Tú eres una parte esencial.

—¿Ah, sí?

—Sí —bebió un sorbo de martini, mantuvo el vaso delante de la boca y lo miró por encima del borde—. Nunca sueñas con pasar una velada preciosa solo. Tienes que compartirla con alguien.

Sus miradas se cruzaron y Till la comprendió:

—Es un honor.

Comieron despacio, compartiendo la comida. La camarera vino a llevarse los platos y trajo la carta de postres y café. Tras tomar nota del postre, luego regresó con cerezas y un sorbete,

Mientras compartían el postre y bebían el café, Till tuvo tiempo de pensar en lo que estaba a punto de hacer. Complicaría las cosas, era una locura y, seguramente, poco ético. Esperó a que llegara el ritual de la cuenta. Cuando Wendy pagó en efectivo, él dijo:

—Gracias por esta deliciosa cena.

Fueron hasta el coche y Till le abrió la puerta, pero ella no entró. Lo abrazó y lo besó. Fue un beso suave e indeciso, pero, cuando él reaccionó, se intensificó y fue apasionado. Lo interrumpió ella, agachó la cabeza y entró en el coche.

Till rodeó el vehículo y se sentó al volante.

—Ha sido una agradable sorpresa.

—Ha sido muy agradable. Pero no ha sido una sorpresa.

—¿Qué quieres decir? —Él giró la llave en el contacto y se acercó a la salida del aparcamiento.

—No somos adolescentes, Jack. Los dos sabíamos exactamente cómo sería este beso. Hemos vivido demasiado para no ser capaces de imaginarlo perfectamente. Siento mucho no haberte besado en cuanto te vi.

Till se detuvo al final del camino y miró a ambos lados antes de salir a la carretera.

—Estás muy callado —dijo ella.

—Estoy pensando.

—¿En mí?

—Sí.

Till condujo hasta el centro de Morro Bay, dio un par de vueltas para comprobar que nadie los había seguido desde el restaurante y aparcó frente al hotel entre los demás vehículos. Wendy y él subieron al segundo piso y Till la obligó a quedarse en las escaleras mientras él comprobaba que no tenían visita en las habitaciones.

Cuando verificó que todo estaba bien, fue hasta la puerta y la abrió. Ella se le echó a los brazos. Wendy no había acertado del todo en eso de que los dos lo sabían. Era exactamente como él se había imaginado que sería, preciosa, pálida, suave y perfumada, pero su imaginación no había podido hacerse una idea de cómo se sentiría él. Ninguno de los dos dudó porque era una decisión que habían tomado hacía seis años y, aunque la habían negado, el deseo no había desaparecido. Esa noche era como si tuvieran otra oportunidad para hacer las cosas bien, para vivir las imágenes que se habían creado en sus mentes rodeadas de arrepentimiento y anhelo durante todos esos años.

Después se quedaron en la cama juntos, con la cabeza de Wendy apoyada en el hombro de Till y la mano de él acariciándole la espalda desnuda, deslizándose lentamente desde el hombro hasta la estrecha cintura y la curva de la cadera. Ella suspiró:

—Hemos tardado mucho en llegar a esto. Me alegro de que por fin hayamos dejado de esperar e imaginar.

—Yo también.

—Pensé mucho en ti después de que me dejaras en el aeropuerto. Y no me refiero a ese día. Me refiero desde ese día hasta hoy.

—Estabas herida, sola y asustada. Es una reacción natural.

Ella se incorporó, se apoyó en el codo y lo miró.

—No menosprecies esto. No es una debilidad o un capricho.

—Lo siento —dijo él—. Yo también pensé mucho en ti. Me preguntaba dónde estarías y qué estarías haciendo.

—Marqué tu número varias veces. Incluso hice la maleta en dos ocasiones.

—¿Qué te detuvo?

—Cosas que ahora me parecen estúpidas. Al principio, todavía tenía miedo. Después no quería que nadie pensara que era una fracasada que no podía sobrevivir ni siquiera un mes por mi cuenta, pero básicamente tú, porque eras quien me lo había enseñado todo y quien me había ayudado a desaparecer. Me dije que, si no daba señales de vida durante un año, te impresionaría más. Pasado ese año, no me pareció tiempo suficiente. Entonces pasaron dos años y me pareció demasiado tiempo. Empecé a pensar que había imaginado que sentías algo por mí. Ninguno habíamos dicho nada. Pensé que si un día, de repente, me presentaba en tu despacho, seguramente dirías: «Ah, sí. Recuerdo tu caso. Desapareciste. ¿Cómo te ha ido?» Me quedaría allí de pie, con la maleta en la mano, sin saber dónde ir y me echaría a llorar. Y después me casé con Dennis Donnelly y ya no tenía derecho a venir a buscarte.

Till no dijo nada durante un rato, sin saber si decir lo que estaba pensando o no, pero ella sabía que la pregunta estaba en el aire.

—No pasa nada, Jack. Dennis ya lo sabía. Ann Donnelly era un escondite y, cuando dejó de funcionar, se terminó —lo abrazó y se quedó quieta—. Si fuéramos más jóvenes o uno de los dos fuera realmente inocente, diría que el matrimonio no fue real, o que Dennis era tan mal hombre que casi no cuenta. Pero es un buen hombre y, seguramente, el matrimonio fue tan real como los demás. Nos explicábamos chistes, ahorrábamos para la vejez y hacíamos el amor. La única diferencia es que nosotros sabíamos que quizá todo aquello tendría que terminar de golpe. Y ahora se ha terminado.

—¿El final fue ayer o esta noche?

—Me has pillado. El final ha sido esta noche.

—Es un poco tarde para decir que no quería hacerle daño.

—¿Quieres que vuelva con él?

—No.

—No he tratado a nadie como me habría gustado, ni siquiera a él, pero le dije la verdad. Incluso le hablé de ti. No le dije tu nombre, pero le dije que lo nuestro podía terminar de dos formas: si los asesinos venían a buscarme o si venías tú.

—He deseado que esto sucediera desde el primer día de hace seis años, pero no sé qué vendrá ahora.

—Yo tampoco. Pero ya me he acostumbrado a no hacer planes —lo besó, le pasó la pierna por encima del estómago y se colocó encima de él. Cerró los ojos y suspiró. Volvieron a hacer el amor, esta vez más despacio y disfrutando el uno del otro sin la tensa incertidumbre de hacía unas horas.

Pasadas las diez, yacían en la cama en un perezoso silencio. Ella se incorporó de golpe y él dijo:

—¿Pasa algo?

—Hay otra cosa que quiero decirte.

—¿Qué?

—Se llama Scott.

—¿Quién?

—El novio de Kit. Se llama Scott. Oí que ella decía su nombre esa noche.

32

Michael Densmore salió de su oficina con el maletín en la mano. Era tarde, más de las diez de la noche, pero llevaba la americana con el botón del medio abrochado y la corbata recta. Era muy disciplinado en lo referente a su imagen, incluso cuando sólo iba a tomar el ascensor para bajar hasta el aparcamiento, donde tenía el coche en la plaza a su nombre. Con los años, había aprendido que, aunque se cruzara con una secretaria que se había quedado trabajando hasta tarde o con alguien del equipo de limpieza nocturno, su aspecto le daba ventaja. Su imagen delataba que él era el jefe, y no sólo porque llevara ropa buena, sino porque su imagen no era una fachada que desaparecía a las cinco de la tarde. Cuando estaba en su despacho hablando por teléfono o leyendo documentos legales, siempre colgaba la chaqueta en un colgador de madera detrás de la puerta, o al menos en una silla, para que no se arrugara, pero se la ponía antes de dar permiso a la secretaria para que dejara pasar a alguien que no conocía bien. En el Mercedes tenía un colgador acolchado a juego con la tapicería. Lo utilizaba para colgar la chaqueta detrás de su asiento mientras conducía.

Era un hombre de éxito y rico, y quería que su imagen fuera la de un hombre de éxito y rico. Empezó a despegar cuando se convirtió en socio de Dolan, Nyquist y Berne. Ahorró dinero y también, gradualmente, fue ampliando la oferta de servicios, de modo que sus ingresos también habían ido creciendo. Debutó como abogado defensor de delincuentes de cuello blanco. Los clientes empezaron a pagarle para que actuara de negociador o consultor en varios acuerdos delicados que requerían ciertos arreglos legales para ser viables. A veces, su trabajo consistía en redactar documentos para una sociedad limitada sin el nombre de uno de los socios para no atraer la atención de determinada gente. En otros acuerdos, sus garantías personales habían ayudado a obtener los permisos y licencias necesarios, así como varios sobres llenos de billetes de cien. Más tarde se dedicó a poner en contacto a personas con proyectos y personas con dinero para invertir. Pronto, tenía una cartera llena de inversores que no podían explicar de dónde procedía su dinero y que querían beneficios sin que su nombre figurara en ningún sitio. Ahora ganaba más dinero con esos negocios de los clientes que defendiéndolos en el tribunal.

Densmore estaba más que satisfecho con su imagen pública, sin embargo algunos aspectos de su vida privada lo seguían sorprendiendo y decepcionando. Se acercaba al final de su cuarto matrimonio, y siempre era un periodo deprimente y desalentador. Los abogados aprendían muchas cosas sobre los rincones desagradables de la mente humana, pero para completar la educación no había nada como un divorcio.

Ser propenso a divorciarse era como ser alérgico a las picaduras de abeja. Las primeras dos rupturas duelen un poco. La tercera había sido bastante dolorosa porque tenía mucho más que perder, y se había bloqueado. No sabía a qué tendría que hacer frente en la cuarta.

Densmore había conocido a su mujer actual, Grace, hacía cinco años, justo cuando su tercer matrimonio había entrado en la fase de la guerra de guerrillas. Su tercera mujer, Chris, había estado husmeando entre sus facturas y sus libros de cuentas. Había contratado a abogados y detectives privados para que investigaran la fortuna de su marido y prepararse para el ataque final.

Grace apareció en su vida en un acto benéfico contra la artritis en el hotel Beverly Hills, y de repente el divorcio se convirtió en un asunto urgente. Durante un mes, intentó conseguir que Chris firmara. Aceptó sucumbir a varias de sus ridículas peticiones para poder finiquitar el matrimonio, pero la contemporización fue una estrategia inútil. Chris y sus abogados se volvieron más avariciosos y curiosos acerca de lo que estaba escondiendo. Al cabo de unos meses, sus pesquisas alarmaron a algunos de los clientes de Densmore.

Fue a su casa a hablar con Chris, que, por aquel entonces, ya había descubierto que su marido pasaba todas las noches en el hotel Peninsula con Grace y había dejado de hablarle. Cuando llegó, escuchó pacientemente una larga e irrelevante diatriba sobre lo mal marido que había sido. Después él intentó enfocar su problema con cuidado y delicadeza:

—Como sabes, soy un abogado especializado en defender a personas acusadas de cometer delitos de cuello blanco. Muchos de esos clientes son inocentes. Otros han cometido, en algún momento de su vida, errores y debo asesorarlos en el terreno legal. Mis acuerdos con ellos son, por ley, privilegiados y confidenciales. Que te metas en mis asuntos profesionales buscando un dinero oculto está mosqueando a algunos clientes muy importantes.

—¿Sabes una cosa, Michael? Me importan un carajo tus problemas. Mis detectives ya han encontrado cuatro o cinco cuentas que te olvidaste de introducir en los papeles de la demanda de divorcio y mis abogados me han dicho que te puedo meter en un buen lío.

—Si tu gente cree que ha encontrado algo que puede perjudicarme, están equivocados —respondió él—. A veces, cuentas que no son mías llevan mi nombre porque tengo poder notarial o fondos en depósito. Pero no son mías.

—¡Y una mierda!

—Mira, Chris, nunca he comentado contigo los detalles de mi trabajo, así que tendrás que confiar en mí. Si pierdo a estos clientes, mi trabajo y mi capital personal se verán muy afectados. Eso significa que perderé la mitad de lo que tengo, y tú también perderás la mitad.

—¿Confiar en ti? —su expresión era indescriptible, una mezcla de repulsión y desprecio—. Confiaba en que no me humillarías.

Cuando vio la expresión, Densmore perdió casi todas las esperanzas, pero se negó a rendirse.

—No te he humillado, Chris. Si para saber todo lo que ahora sabes ha hecho falta un detective, es que he sido muy discreto.

—No lo suficiente, te lo aseguro.

—Chris, he venido porque esos clientes están furiosos. Además, cualquiera de ellos es capaz de ponerse paranoico, furioso o a la defensiva si descubre que lo investigan. Cualquiera de ellos podría reaccionar de una forma peligrosa.

Ella entrecerró los ojos.

—¿Me estás amenazando?

—Yo no, Chris, pero ellos sí. Intento evitar un desastre, y tú eres incapaz de entrar en razón.

—La discusión ha terminado —ella se levantó, dio media vuelta y se encerró en la habitación. Cuando Densmore la siguió, descubrió que había puesto una balda por la parte de dentro.

Dos días después, el abogado de Chris, Alvin Holstein, apareció muerto. Le habían vaciado el despacho. Durante la noche, alguien había cargado en una camioneta archivos, ordenadores, disquetes, cintas e incluso libretas y se lo había llevado todo. En cuanto al detective privado, la policía encontró partes de su cuerpo al cabo de una semana en la interestatal 15 entre Barstow y Baker.

Chris se puso histérica. Amenazó con decir a la policía que Densmore había hecho que uno de sus clientes matara al abogado y al detective, pero él le respondió que la defensa legal le saldría más cara que todos los bienes que tenían entre los dos.

Salió del ascensor en el piso B-1 y caminó hacia su plaza reservada. Estaba pensando en Grace. Era su mujer actual y sería más dura de pelar que Chris. Su intensa hostilidad todavía no había alcanzado la fase explosiva, pero sabía que se estaba acercando. Ahora él tenía mucho más dinero, y ella lo sabía.

Notó las manos que lo sujetaban antes de poder ver nada. Intentó volverse hacia el hombre, pero no pudo. Entonces, Sylvie Turner apareció de detrás de un todoterreno negro que estaba aparcado frente a él y sacó la mano del bolsillo lo suficiente para que Densmore viera la pistola.

Él sonrió aliviado, a pesar de que quien lo tuviera cogido le estaba haciendo daño en el brazo.

—Sylvie, ¿cómo estás?

—Tienes que venir con nosotros.

—He estado intentando ponerme en contacto con vosotros.

—Sube al coche —esta vez habló Paul. Ya lo estaba empujando hacia la parte trasera del todoterreno.

—Buena idea —dijo Densmore, que sudaba y era incapaz de fijar la mirada en algún objeto. Vio que los cristales del vehículo estaban tintados y que la matrícula estaba tapada con un plástico casi opaco. La gente como los Turner se servía de esas cosas para que las cámaras de seguridad no gravaran las matrículas de sus coches. Tenía que seguir hablando, tenía que ser amable—. Me gusta hablar de negocios en un coche en movimiento.

Oyó cómo alguien quitaba el seguro de las puertas y abrió la puerta de detrás del conductor. Paul no se movió. Se quedó justo detrás de Densmore mientras éste subía al coche y se sentaba; después se sentó a su lado.

Sylvie se sentó delante y condujo. El vehículo se puso en marcha antes de que Densmore se diera cuenta de que su puerta no tenía tirador. Se habían asegurado de que no podría abrirla desde dentro.

—Es un placer trabajar con profesionales que entienden que es peligroso que alguien pueda escucharlos —dijo Densmore—. El motivo por el que tenía tantas ganas de hablar con vosotros es que he oído algo que me ha preocupado.

—¿De qué se trata? —la voz de Sylvie era desafinada. Era como oír a Grace.

—Mirad, como os dije por teléfono hace unos días, el cliente está cada vez más impaciente por obtener resultados. Y me he enterado de que nos la ha jugado —a Densmore le complacieron sus palabras porque «enterarse» implicaba que lo había oído de alguien, pero que no sabía nada directamente.

Sin embargo, Paul también se fijó en la palabra y no le gustó tanto:

—¿Te has enterado?

—Sí. Es algo que desaconsejo a los clientes. Si quieres ayuda, te la daré, pero tienes que ponerte en mis manos. Y si hay que contratar a especialistas, consultores o expertos, ya me encargaré yo de ponerme en contacto con ellos, contratarlos y comunicarme con ellos. Así es como debe ser. Si quieres arreglarlo solo, puedes hacerlo y te desearé lo mejor. Pero si quieres que me encargue yo, estoy al mando de todo —estaba seguro de que ya había conseguido que se les olvidara su rabia hacia él. Gracias a su experiencia de hablar ante jurados, había aprendido que las palabras adecuadas conseguían que la gente olvidara un descubrimiento desagradable. Lo principal ahora era seguir hablando y asegurarse de que Paul y Sylvie no se quedaban sólo con una pequeña porción de información y se agarraban a ella.

—Te estás yendo por las ramas —dijo ella—. Queremos oír lo que tenías tantas ganas de decirnos a nosotros, no al cliente.

—Quería deciros que me la ha jugado. Contrató a otra pareja para que matara a Wendy Harper. Pero esperad, que hay más. A esos dos hombres les dijeron que Till llevaría a Wendy al despacho de la fiscal del distrito para retirar los cargos de Eric Fuller, de modo que se fueron hasta allí e hicieron guardia. Anoche abrieron fuego contra un coche de policía de incógnito, y el resultado es el que os imagináis. A los dos los abatieron a tiros en plena calle. Y me alegro mucho de veros, porque tenía miedo de que estuvierais por allí cerca y os hubieran atrapado en la redada posterior.

—¿Y qué hiciste para avisarnos?

—Os llamé a casa. Llamé unas veinte veces en los dos últimos días. Pero no estabais.

—¿Intentaste dejar un mensaje?

—Por supuesto que no. Si la policía llega a encontrar un mensaje como ése, tendríais problemas. Esos hombres iban tras Wendy Harper, y vosotros también. La policía sólo necesitaría una llamada de teléfono para descubrir que formabais parte de la conspiración. Puesto que la policía mató a los otros dos mientras intentaban cometer el crimen que vosotros también perseguíais, os acusarían de cómplices de asesinato. Como vuestro abogado, no veo cómo podríamos rebatir la acusación.

—¿Y no se te ocurrió dejarnos un mensaje pidiéndonos que te llamáramos?

Esa noche, la labia de Densmore le estaba fallando. Parecía que Paul y Sylvie no se creían nada de lo que decía:

—Eso habría sido todavía peor. No os habría dado ninguna información y me habríais tenido que llamar. Me he pasado los dos últimos días en el tribunal, de modo que os habríais tenido que esperar durante horas. Y, durante ese tiempo, quizás habríais dejado un mensaje que os habría incriminado. Sólo os quería decir lo que acabo de deciros: que habría otro equipo que podría interponerse en vuestro trabajo. Podría, porque, al final, no pasó nada.

—¿Ah, no? —preguntó Paul.

—¿Quieres decir que ha pasado algo? —Densmore sudaba la gota gorda. Parecía que su cuerpo no podía conseguir suficiente oxígeno y empezó a marearse. Miró a Paul a los ojos porque recordó un artículo que había leído. La amígdala, una parte del cerebro con forma de almendra, había desarrollado la capacidad de detectar las señales de miedo en otro ser humano. Seguro que la amígdala de Paul estaba sobredesarrollada y entrenada para hacerlo; seguramente, era lo que hacía que le encantara matar. Para él, la sensación no era percibir el miedo de la otra persona, era como saborearlo. Seguro que sabía que Densmore estaba asustado y por eso había dejado de escuchar lo que decía.

—Sí, ha pasado algo —dijo Paul—. Estábamos preparados en una habitación de hotel frente al edificio de la fiscalía. Vimos a esos dos hombres a los cinco minutos de llegar y los vigilamos toda la noche. Pensábamos que eran policías.

—Bueno, entonces, si los visteis tan rápido, ¿cuál es el problema?

Paul cogió su pistola tan deprisa que Densmore tuvo la sensación de que siempre la había tenido en la mano. Giró la muñeca de forma que el cañón apuntaba directamente a la barriga del abogado.

La imaginación de Densmore empezó a volar. Imaginó cómo la bala le atravesaría la piel y los músculos, cómo reventaría los órganos hasta dejar sólo una masa impregnada de sangre, y cómo saldría por el costado. Incluso tuvo una premonición de cómo sería el dolor: la explosión, la bala abriéndose camino en forma de arco en el interior de su cuerpo, la quemadura.

—Si quieres saber si lo que estás haciendo me asusta, te diré que sí.

Sylvie soltó una risa despiadada.

—Tienes mucho de qué asustarte.

Densmore descubrió una sorprendente reserva de odio hacia ella. Hasta ahora, había pensado que sentía debilidad por esa mujer.

—Le dijiste a tu cliente quiénes somos —le acusó Paul—. Nos traicionaste, ¿no?

—Yo...

—Piensa antes de responder. Si vuelves a abrir la boca para soltar una avalancha de tonterías, te mataré.

—¿Serías capaz de hacerlo? ¿Después de ocho años?

—Especialmente después de ocho años —dijo Sylvie—. Contesta.

—Tuve que decírselo. No pretendía poneros en peligro. Era una situación especial, una situación única. Me dijo que quería contratar a un equipo para que mataran a Wendy Harper. Tenían que ser los mejores. Me ofreció un precio muy alto, pero dijo que tenía que estar seguro de quiénes erais antes de cerrar el trato. Quería saber que no me quedaba gran parte del dinero y contrataba a un par de desgraciados por mil dólares cada uno. Así que se lo dije. Fue una decisión empresarial muy pensada. Este cliente no es el dueño de un tintorería del Valley que está cabreado con el propietario del centro comercial. Es cliente mío desde hace años, es un hombre importante y es un cebo para atraer a Wendy Harper a Los Ángeles. Así que hice una excepción única en nuestra política de cuánta información compartimos con los clientes. ¿Debería haber hablado con vosotros y explicaros qué iba a hacer y por qué? Bien, supongo que sí. Pero sabía que, si os lo decía, empezaríamos a discutir y a replantearnos cosas y que, al final, llegaríais a la misma conclusión que yo. Sabía que era la decisión correcta para todos, para el cliente, para vosotros y para mí.

Sylvie rió.

—Sobre todo para ti, ¿no?

El odio que Densmore sentía hacia ella era cada vez mayor. Paul Turner lo estaba apuntando con una pistola y debería prestarle más atención para evitar que el dedo índice apretara el gatillo con la presión necesaria. Sin embargo, el tono desdeñoso de Sylvie lo enfurecía.

—Para todos —dijo—. He sido vuestro defensor en esto desde el principio. Recibí una oferta muy generosa y os seleccioné para el trabajo en lugar de contratar a cualquier otro. Mejoré la oferta contándole al cliente vuestras habilidades y vuestros logros. Después, cuando no acabasteis el trabajo en el primer intento, quien tuvo que dar la cara y exponerse a un peligro potencial fui yo. ¿Os eché la culpa ante el cliente? No. Os excusé y conseguí que subiera la oferta, doblando el precio inicial.

—Lo que todavía no entiendo es por qué creíste que hablar de nosotros al cliente era una buena decisión para ti. Podrías haber muerto por eso —dijo Sylvie.

Densmore reconoció en su voz el tono irónico que sólo había oído en los asesinos cuando hablaban de sus víctimas. Estaba aterrado. ¿Cómo era posible que su destino hubiera acabado en manos de esa puta adicta a la violencia? ¿En qué cabeza cabía que Michael Densmore, el experto abogado, hubiera fracasado de forma tan estrepitosa en su intento de manipular a una mujer que se había dejado penetrar de todas las formas imaginables por cientos de hombres con la idea de que así llegaría a ser una estrella de cine? Apartó la vista de ella.

—Paul, sé razonable. Llevo ocho años trabajando con vosotros. Ningún cliente ha sabido nunca nada sobre vosotros; nunca nadie ha podido decir nada incriminatorio sobre vosotros. Admito que he cometido un error. ¿Qué puedo hacer para enmendarlo?

Paul parecía algo desconcertado.

—Para empezar, podrías darnos la misma información que le diste a él. Le dijiste al cliente quiénes éramos. ¿Quién es el cliente?

Apenas hacía unas horas, Densmore ni siquiera se habría planteado responder a esa pregunta, y tampoco lo haría si sólo estuviera hablando con Paul. Pero había oído a Sylvie y sabía que las cosas estaban peor de lo que sospechaba. Si Paul dudaba, ella lo convencería para que apretara el gatillo.

En el segundo necesario para tomar aire antes de responder, formuló un plan para los meses siguientes. Separaría a Paul de Sylvie. Tendría que hacerlo con cuidado, porque ella tenía una astucia animal que Densmore desconocía, pero su estrategia era obvia. Buscaría otra mujer para Paul, y él nunca se arriesgaría a presentar una demanda de divorcio ante un juez. Sylvie estaba demasiado loca y era demasiado probable que dijera cosas que los incriminaran a los dos. Si la sustituía, incluso podía intentar pegarle un tiro, así que Paul la mataría.

Densmore estaba impaciente.

—Por supuesto, Paul. El cliente es Scott Schelling.

—¿Quién es Scott Schelling? —preguntó Sylvie.

Quería ignorarla, hablar sólo con Paul, pero no podía dejar sus preguntas en el aire por miedo a que pareciera que no quería responderle. Tampoco podía permitir que sospechara que la odiaba.

—Es el presidente de Crosswinds Records.

—¿Un empresario musical? —exclamó Sylvie—. ¿Nos has vendido a un comerciante de música insignificante?

—No me parece que os haya vendido, y no es un comerciante de música insignificante. Apenas tiene cuarenta años y ya se comenta que podría ser un posible candidato a presidente ejecutivo de Aggregate Electronics Industries cuando Ray Klein se retire. Estamos hablando de películas, televisión, compañías por cable y sabe Dios qué más. Scott Schelling es un hombre poderoso y cada día es más importante.

—Pues a mí no me suena.

Densmore tuvo que apretar los dientes para no hacer un comentario sarcástico.

—Scott siempre ha sido muy discreto y eso ha contribuido a su éxito. La industria del entretenimiento está llena de lunáticos y burócratas. Si eres listo, quieres estar con los que no tienen talento, con los burócratas. Los cantantes y los actores vienen y van, pero los ejecutivos son para siempre. Y él lo sabe. Ha mantenido un perfil bajo lejos de los focos. Creo que está tan obsesionado con Wendy Harper porque sabe que se acerca el momento en que dejará de ser invisible. El poder y el dinero atraen a la fama.

—¿Por qué un hombre como él sería tan estúpido como para matar a su novia?

—No lo sé. Nunca me ha explicado qué pasó. Hace seis años era un desconocido. Era un gerente de tercera en una compañía de tercera. Pero entonces Aggregate Electronics compró Crosswinds y destituyó al presidente. El vicepresidente recibió una oferta de otra empresa y así el joven y dócil Scott Schelling se apoderó del mundo. Pero no era tan dócil. Tenía mucha influencia sobre determinados elementos del negocio de la música. Me refiero al talento que salió de las bandas callejeras y la cárcel. Crosswinds es muy rentable.

—Scott Schelling —repitió Paul.

—Sí. Sólo estamos eliminando la última prueba de una imprudencia de juventud de un hombre rico que se hará aún más rico. Le encanta tener poder sobre la gente. Quizás hace seis años se sobrepasó con alguna chica. Wendy Harper es la única persona que lo sabe y está dispuesto a pagar mucho dinero para eliminar la amenaza. Y os garantizo que tendrá problemas del mismo tipo en el futuro. Los hombres como él siempre los tienen. Y podéis estar seguros de que os llamaré para que se los solucionéis.

—Interesante —dijo Paul.

—Sí, interesante —repitió Sylvie—. Es muy interesante que le dieras nuestros nombres a un tío a quien le encanta tener poder sobre la gente y que se rodea de gorilas. Gracias.

Densmore contuvo el aliento un segundo. Mientras él hablaba, ella había tomado la autopista Golden State y se había acercado al pie de las colinas. Pasaron por debajo de un cartel verde donde ponía «Autopista Antelope Valley 14». Densmore había cometido muchos errores. No tenía que haberse quedado en el despacho hasta tan tarde. Pero no había querido volver a casa y aguantar el resentimiento de Grace. Todo el mundo se había ido hacía horas. Aunque también podía haber contratado guardaespaldas, los gorilas que tanto miedo daban a Sylvie. Iban a las montañas. La odiaba. Sentía tanto desprecio hacia ella que se estaba convirtiendo en un estúpido.

Tenía que recurrir a Paul.

—Paul, piénsalo. Tú y yo hemos tenido una relación laboral excelente. Hemos ganado dinero. Hemos vivido bien.

—Bastante bien.

—Y esta vez, cuando las cosas se torcieron, ¿cuestioné tu competencia o te insulté? No. Te ofrecí darte cuatro veces más… —vio la expresión de Paul demasiado tarde. No se lo había dicho a Sylvie. Cerró la boca, pero ya había hablado demasiado.

El disparo resonó en el espacio cerrado del coche y confirmó las expectativas de Densmore: la bala le quemó la barriga. Se dobló hacia delante, aunque no por reacción al dolor, sino porque la bala había provocado espasmos en los músculos abdominales. Luego notó la boca del cañón de la pistola de Paul en la nuca.

Y todo se oscureció.

33

Till se despertó y miró el reloj de la mesita. Eran las siete de la mañana. Respiró muy despacio, olió el aroma de Wendy en la almohada y se volvió hacia ella. Cuando dormía, se le relajaban los músculos, y tenía la cara suave y lisa.

Cogió el móvil, fue a la habitación de Wendy, entró en el baño, cerró la puerta y llamó a Max Poliakoff. Le saltó el contestador.

—Max —dijo—, soy Till. El hombre que quiere matar a Wendy Harper se llama Scott. No sé si es nombre o apellido, pero ahora ya sabes lo que yo sé. Ya hablaremos.

Después marcó el número de Holly, pero el teléfono estaba apagado.

—Sólo soy yo, tu padre madrugador —dijo—. Te quiero. Que tengas un buen día —colgó y se acercó a la ventana para mirar las vistas. Como siempre, las aceras y el camino a la roca estaban llenos de turistas; hombres con bermudas anchas y mujeres con unos horribles sombreros. Los observó y, un minuto después, satisfecho de comprobar que no había ninguna señal de actividad sospechosa, corrió la cortina.

Volvió a su habitación y, cuando entró, vio que Wendy tenía los ojos abiertos y lo estaba mirando. Él sonrió.

—Bien —dijo ella.

—¿El qué?

—Cuando me has visto, no has fruncido el ceño y te has dicho: «Pero ¿qué he hecho?»

—No quería despertarte. Si he hecho ruido, lo siento.

—No has hecho ruido —respondió ella—. Pero ya era hora de levantarse y ponerse en marcha. Hoy me siento con las energías renovadas.

—¿Por qué? ¿Qué ha pasado?

—Ya sabes lo que ha pasado —sonrió—. No finjas que no estabas en tus cabales o algo así —se levantó, se acercó a él y lo abrazó.

Se quedaron así un buen rato, y se besaron. Entonces, Till se separó un poco.

—¿Crees que estás preparada para el resto del trayecto hasta Los Ángeles? Va siendo hora de terminar lo que empezamos.

Se quedaron inmóviles unos segundos y luego ella dijo:

—Creo que tienes razón. Vamos.

Hicieron la maleta, se ducharon y se vistieron sin hablar. El silencio era nuevo. Había cierta intimidad, un cambio que había llegado porque se habían acostado, pero también existía el factor del miedo. Mientras Jack hacía la maleta, pensó en el viaje a Los Ángeles y en el tipo llamado Scott.

El teléfono de la mesita sonó y lo asustó. Supuso que Wendy había pedido a recepción que los despertaran.

—¿Sí? —contestó.

—¿Señor Till?

—Sí, soy yo.

—Soy Rob Sheffield de la empresa de alquiler de coches Cheapcars, la delegación de San Luis Obispo. Lamento molestarle pero la policía me ha comunicado que se alojaba en este hotel y, si me puede dedicar unos minutos, podemos rellenar el informe del accidente de coche que sufrió con el vehículo que alquiló en San Francisco.

—¿Ya tiene el informe de la policía? —preguntó Till.

— Lo han recibido en la oficina de San Francisco y de momento no tengo una copia. Cuando me llamaron, no estaba en la oficina, de modo que estoy en el vestíbulo del hotel y pensaba que quizá podría bajar a hablar conmigo unos minutos.

—De acuerdo. Bajaré en cuanto pueda —dijo, y colgó.

Wendy apareció en la puerta que comunicaba las dos habitaciones.

—¿Quién era?

—Hay un hombre abajo que quiere hablar conmigo. Espera un segundo —fue hasta la mesa donde había dejado sus pertenencias y sacó los papeles del coche de alquiler. Marcó un número que aparecía en una de las hojas—. Hola, me llamo Jack Till. Soy un cliente suyo y quería saber si el señor Sheffield trabaja en su oficina. ¿Sí? ¿Y trabaja hoy? ¿Ha salido? Gracias. Ya lo llamaré más tarde.

—¿Qué pasa? —preguntó Wendy.

—Sólo era una precaución. La otra noche, el agente me prometió que no iba a anotar dónde nos alojábamos. Quizás olvidó decírselo a su compañero. En el primer piso, al final del pasillo, hay un gimnasio con máquinas. Espérame allí.

Ella asintió.

—Vale. ¿Tenemos problemas?

—Lo siento. Es otra precaución. Si la cosa no va contigo, no tiene por qué saber de ti. Vendré a buscarte cuando haya terminado.

—De acuerdo —dijo ella.

Salieron de la habitación y caminaron hasta las escaleras. Bajaron hasta el primer piso y él la acompañó hasta el gimnasio, miró por la ventana para ver quién había dentro y le abrió la puerta.

—No hay nadie. Nos vemos dentro de un rato.

—Vale.

Till volvió a las escaleras, las subió corriendo hasta su piso, llamó al ascensor y bajó hasta el vestíbulo. Cuando salió, vio al hombre que lo estaba esperando. Era alto, de unos cuarenta años, con americana gris, camisa blanca y corbata roja. Parecía un antiguo atleta de instituto a quien empezaban a fallarle las rodillas. Al ver su barriga incipiente pensó que el ataque al corazón no se haría esperar demasiado.

El hombre avanzó unos pasos y le ofreció la mano.

—¿Señor Till? Rob Sheffield. Gracias por encontrar tiempo para hablar conmigo.

Till le dio la mano.

—De nada. ¿Qué hay que hacer?

—Me explica toda la historia de lo que pasó, voy a la oficina, relleno el formulario y la empresa se encarga de tasarlo y mandarlo al taller.

—Muy bien. Por cierto, ¿cómo ha sabido dónde me alojaba?

Sheffield sonrió.

—Supongo que por los papeles del coche.

Till no sonrió.

—Cuando alquilé el coche, todavía no sabía dónde me alojaría.

—Entonces, supongo que aparecía en el informe policial posterior al accidente. En serio, no lo sé. Yo estaba fuera y me han llamado de la oficina para que viniera. Quizá pueda preguntarlo después —sacó un bloc de notas y un bolígrafo de un bolsillo de la chaqueta—. ¿Podría empezar por responder a unas preguntas breves? Nombre completo.

—John Robert Till.

—El coche. ¿Recuerda la marca y el modelo?

Till se levantó.

—Tengo los papeles arriba. Ahora mismo vuelvo.

Sheffield levantó las manos.

—No es necesario. Sólo…

Pero Till iba directo hacia el ascensor y era imposible detenerlo. Vio que uno de los dos ascensores estaba vacío y con la puerta abierta, así que entró y apretó el botón del segundo piso.

Corrió por el pasillo, se detuvo frente a la puerta de su habitación y lo que vio confirmó sus sospechas. La madera estaba arrancada y comprimida junto a la cerradura, como si alguien hubiera forzado la puerta con una barra. La abrió muy despacio, entró y, en silencio, fue a la habitación de Wendy. No había ni rastro del intruso y las maletas estaban donde las habían dejado, aparentemente intactas. Al intruso no le interesaban las maletas. Venía a por Wendy.

Cogió las maletas, corrió por el pasillo hasta las escaleras y bajó al primer piso. Dejó las maletas en el rellano, abrió la puerta del pasillo, se acercó a la ventana del gimnasio, pero no vio ni rastro de

Wendy. En su lugar, había un corpulento hombre de unos treinta años con traje azul marino y corbata. El tipo se dirigió hacia los vestuarios. Mientras Till lo observaba, abrió la puerta del vestuario femenino y entró.

Till entró en el gimnasio, abrió la puerta del vestuario femenino y la cerró con cuidado. De algún sitio llegaba un goteo de agua.

Esperó.

Cuando oyó unas pisadas avanzar por el suelo embaldosado, se dirigió hacia el lugar de donde procedían los pasos. Llegó a la esquina de la entrada y vio dos hileras de taquillas azules con bancos de madera en medio del pasillo. Mientras miraba las taquillas, oyó un leve ruido a sus espaldas. Al girarse vio al hombre, que ya tenía el brazo levantado y sostenía una barra de hierro en la mano.

Se agachó y evitó que la barra le diera en la cabeza, pero no pudo evitar que, de refilón, le golpeara en el hombro derecho. Le propinó un fuerte puñetazo con la mano izquierda a su atacante en la nariz y luego otro, con la derecha, en el estómago. El agresor se dobló y soltó la barra. Se llevó la mano izquierda a la ensangrentada nariz .

Till se percató de que con ese gesto el tipo pretendía disimular el movimiento de su mano derecha. Recogió la barra del suelo y la balanceó. Golpeó la espinilla del gorila y éste dobló la pierna izquierda. Después volvió a balancear la barra y, justo cuando vio la pistola, le golpeó el antebrazo derecho, pero el hombre no soltó la pistola. Entonces Till le asestó un golpe en la cabeza.

El hombre cayó al suelo y se quedó inmóvil. Till le quitó la pistola de la mano, se la guardó, respiró hondo y, con una voz normal que resonó en el vestuario vacío, dijo:

—¡Wendy! Soy yo, Jack. ¡Wendy!

Oyó un ruido metálico que venía desde el otro extremo de la primera hilera de taquillas y se asomó a tiempo para ver cómo una de las puertas se abría. Se acercó y vio salir a Wendy..

—¡Jack! Me parece que he oído un…

—Así es. ¡Vamos! Queda, al menos, uno más.

—Vamos… ¿Adónde?

—Al coche. —Guardó la pistola entre el cinturón y la camisa, ocultándola con la cazadora, y salieron del gimnasio y fueron hacia las escaleras donde había dejado las maletas. Jack señaló la de Wendy—. Coge lo imprescindible. Las dejaremos aquí.

Ella se arrodilló, abrió la maleta, sacó un fajo de billetes y lo introdujo en el bolso. Jack hizo lo mismo con la suya, cogió la pistola, le puso un cargador nuevo y dejó las dos maletas en el espacio oscuro que había debajo del último tramo de escaleras.

Dio su pistola a Wendy. En su pequeña y delicada mano, el arma parecía grande y pesada.

—Guárdala en el bolso, arriba de todo para poder sacarla fácilmente.

—¿Insinúas que voy a tener que disparar a alguien?

—Espero que no. Por lo que sé, hay otro hombre; es alto y lleva una cazadora gris y corbata roja. Intentaba mantenerme ocupado mientras el otro iba a por ti. Pero podría haber más. Ahora tenemos que salir de aquí, ir al coche y marcharnos. ¿Preparada?

Wendy asintió.

Fueron hasta la salida de emergencia de la parte trasera del edificio y él se detuvo para mirar por la ventana de cristal. Vio su Cadillac azul en el aparcamiento a unos sesenta metros. Era media mañana, de modo que casi todos los coches que había por la noche ya no estaban.

—El otro hombre está en el vestíbulo y estoy casi seguro de que, si mira por la ventana, puede ver el coche. Voy a acercarme. Tú sal y dirígete a la izquierda, hasta el otro lado del hotel. Si consigo llegar al coche, prepárate para subir enseguida. Si pasa algo, desaparece y ya te encontraré más tarde.

—Menuda forma de empezar una relación —dijo ella.

—Cuando salgamos de la oficina de la fiscal del distrito, iremos directos a la consulta de un psicólogo.

La empujó al exterior del edificio y caminó deprisa hacia el Cadillac.

Wendy se dirigió lentamente hacia el otro lado del hotel, pero de vez en cuando se volvía hacia Till para comprobar sus progresos.

Lo vio acercarse al coche con la llave en la mano izquierda, y supo que eso significaba que quería tener la derecha libre para la pistola. Aquello la hizo acercarse el bolso y fingir que buscaba algo con la mano derecha. La pistola que tanto la había asustado ahora le daba seguridad. Mantuvo la cabeza baja, como si siguiera buscando algo en el bolso, pero desvió los ojos hacia Jack.

Estaba abriendo la puerta del Cadillac. Estaba dentro. Miró hacia la entrada del hotel. Un coche muy grande de color beis estaba cruzando el aparcamiento y vio que dentro había dos personas. El que conducía parecía el hombre que Jack había descrito, y el otro era más bajo y moreno. Venían hacia donde estaba ella.

Wendy dio media vuelta y empezó a caminar deprisa. Oyó cómo el motor del coche aceleraba y estuvo segura de que intentarían atropellarla. Miró por encima del hombro para calcular cuánto tiempo tenía, corrió hacia la primera hilera de coches aparcados y se agachó entre los dos primeros. El coche beis pasó de largo y luego aceleró tanto en la curva que derrapó.

El Cadillac de Till dibujó una amplia curva para ponerse en el otro extremo de la hilera de vehículos, avanzó por el carril y se colocó junto a ella. Salió y se quedó detrás de la puerta abierta con la pistola en la mano, observando cómo los dos hombres salían a la calle y desaparecían a gran velocidad. Till subió de nuevo al coche y se inclinó sobre el asiento de al lado para abrirle la puerta a Wendy. Ella subió y él aceleró con tanta fuerza que Wendy se quedó clavada en el asiento. Salió del aparcamiento intentando mantener el control del coche y no salirse del carril, pero aun así invadió el carril contiguo cuando aceleró para perseguir al coche beis.

Sacó el móvil y Wendy vio que marcaba el 911.

—Me llamo John R. Till. Soy detective privado. Dos hombres han venido al hotel Seawall para secuestrar a mi cliente, que es una testigo clave en un caso de asesinato en Los Ángeles.

Wendy oyó que la mujer decía:

—¿Señor? Tendrá que…

—Se dirigen hacia el este por la carretera 41 a gran velocidad en un coche grande de color beis, seguramente es un Chevrolet. Uno de ellos es bajo, corpulento, pelo negro y traje azul marino. El otro es más alto, más de metro ochenta, con una cazadora deportiva gris, corbata roja y pantalones negros. Van armados y son peligrosos.

Colgó y volvió a marcar. Este número estaba en la memoria.

—Con Max Poliakoff, por favor. Jack Till. ¿Max? Tengo otra emergencia. Estoy en la carretera 41 dirección este, tratando de atrapar a un par de tipos que acaban de intentar matar a Wendy en el hotel Seawall. Aunque no tengo demasiada suerte, porque no los veo. Acabo de llamar a la policía de Morro Bay. ¿Puedes llamarles y decirles lo que pasa? —escuchó—. Gracias —Poliakoff dijo algo más. Till lo escuchó durante varios segundos y luego dijo—: Gracias. Ahora tengo que conducir. Ya hablaremos después.

Wendy se levantó del asiento para mirar hacia delante.

—Sigo sin verlos.

Él se encogió de hombros.

—Nos llevan demasiada ventaja —redujo la velocidad, se subió al arcén y dio media vuelta.

—¿Qué haces?

—No vamos a poder acercarnos lo suficiente para verlos. Ya es hora de llevarte a Los Ángeles.

34

Scott Schelling presionó con todas sus fuerzas la espalda contra el banco de pesas mientras con los brazos temblorosos levantaba la barra y estiraba los codos.

—Tres más. Dame tres más —le gritó Dale, su entrenador personal, en la oreja—. Tres. Dos. Una. —Schelling aguantó el peso en el aire encima de la cara y entonces aparecieron las enormes manos, los gruesos y peludos brazos y la camiseta de color verde apagado y Dale acompañó la barra hasta el soporte encima del banco—. Bien, Scott. Bastante bien. Todavía tenemos tiempo para una carrera rápida.

Scott Schelling se sentó y miró el reloj del gimnasio de casa.

—No creo que pueda. Tengo una reunión dentro de unos minutos. Pero correré esta noche cuando vuelva a casa, y luego nadaré un poco.

Dale entrecerró los ojos.

—Espero que lo hagas, Scotty. Ahora estás en un buen momento y tienes que hacer latir el corazón con fuerza cada día para llegar al siguiente nivel.

Schelling lo miró y asintió con una solemne falsedad. Se sentía cómodo mintiendo a Dale Quinlan. Había pagado para que lo investigaran y descubrió que realmente había sido marine y que realmente había llegado a California como instructor de formación física para los reclutas en Twenty-Nine Palms. Dale tenía el tatuaje del águila, el ancla y el globo en el brazo izquierdo, el pelo muy corto y unos modales rudos y chulescos. Pero Schelling sabía que el tatuaje y el corte de pelo se los había hecho un año o dos después de salir de los marines, cuando intentaba introducirse en el negocio de los entrenadores personales. La gente con dinero creía que necesitaba a un antiguo marine gritándoles como si fueran a la guerra en lugar de como si fueran a perder unos kilos.

Scott Schelling cogió una toalla de la pila y se secó el sudor de la cara y el cuello.

—Te veré mañana.

—Perfecto, Scotty. Estaré aquí a las seis. Ven preparado para trabajar.

Fue hasta la puerta, donde había dejado la bolsa, y salió al pasillo. Schelling lo vio consultar su complicado reloj militar, encender el móvil y avanzar por el pasillo con paredes de cristal hacia la puerta. En unos instantes estaría en el coche, camino de su siguiente cita.

Schelling entró en la ducha, ajustó los chorros de agua y se quedó allí durante un minuto, recibiendo agua caliente desde cuatro posiciones distintas. Luego salió, se secó con dos toallas más y atravesó el baño hasta el vestidor, una enorme habitación cuadrada con colgadores en dos paredes y armarios y cajones en las otras dos. Vio que Kimberly, su asistente personal, había seleccionado la ropa que iba a ponerse y la había dejado en la inmaculada isla alargada y acolchada que había en el centro del vestidor. Él era daltónico, pero veía lo suficientemente bien como para saber que la corbata y el pañuelo no pegaban, aunque sabía que Kimberly había elegido esos colores y el de la camisa porque seguro que eran lo último en Los Ángeles. Los zapatos estaban perfectamente pulidos, y también apreció el delicado tacto de los calcetines y la ropa interior que le había seleccionado.

—Kimberly —dijo sin alzar la voz, y ella entró al vestidor desde la habitación. Llevaba unos auriculares con un micrófono, lo que significaba que ya estaba hablando por teléfono con Tiffany, que estaba en la oficina. Iba con una carpeta y tomaba notas a medida que escuchaba sin prestar atención al hecho de que Scott estuviera desnudo.

—Scott ya está aquí —le informó Kimberly a Tiffany. Se volvió hacia su jefe—. Varias de las personas de la reunión ya han empezado a llegar. Quentin, Ali y Tara.

—Trátalos lo mejor que sepas, Tiffany —dijo él mientras se vestía como si estuviera hablando por el teléfono, y Kimberly repitió las palabras—. ¿Están en la sala de reuniones?

—Todavía no.

A Schilling le gustaba cómo Kimberly y Tiffany conectaban para convertirse en una única inteligencia. Se transmitían cosas la una a la otra y se preguntaban cosas de antemano porque sabían que él querría saberlas. Pero no eran presuntuosas. Nunca decían «no». Todo era «todavía no», que era una variación de «sí».

—Entonces, hazlos pasar a mi despacho y diles que tomen asiento en los sofás. Conéctame con el despacho para que pueda hablar con ellos mientras les sirves algo de beber.

Mientras Kimberly repetía esas palabras, se descolgó el teléfono del cinturón. Él siguió vistiéndose y, cuando Tiffany lo tuvo todo preparado, Kimberly desconectó el cable del auricular y le pasó el teléfono a Scott.

Habló con voz suave y relajada.

—Tara, Ali y Quentin. Muchas gracias por ser tan amables de venir a mi despacho y tener la delicadeza de ser puntuales. Os pido disculpas por no estar ahí para recibiros, pero ha surgido algo inesperado y ya estoy en camino. Tiffany os facilitará copias del calendario de lanzamiento que he preparado. Quiero que todos miréis los proyectos que tenéis y veáis cómo se adapta a vuestras necesidades. Si hay alguna diferencia, quiero que me la digáis. Os agradecería que se lo explicarais a los demás a medida que vayan llegando, así todos estaremos listos cuando yo llegue. Gracias.

Le devolvió el teléfono a Kimberly y se puso los pantalones. Ella volvió a conectarse al móvil, se lo colgó del cinturón, escuchó a Tiffany y tomó notas. Al cabo de unos segundos, dijo:

—Se lo han tomado bien, Scotty. No les ha importado llegar antes que los demás. Ahora mismo están estudiando el calendario y combinando fechas para adelantar los lanzamientos que están listos y retrasar los otros.

—Perfecto. Sigue vigilándolos. ¿Qué más?

—Perfecto. Sigue vigilándolos —repitió ella. Se volvió hacia Scott y dijo—: La fiesta de Ray Klein es mañana por la noche en su casa de Santa Fe.

—Lo sé.

—La limusina te recogerá aquí y te llevará al aeropuerto a las cuatro. Cuando llegues, irás a tu hotel, Eldorado. La fiesta es a las ocho. Tu regalo para la señora Klein es un mapa antiguo hecho por Herman Moll en 1719. Representa Nuevo México, incluyendo Santa Fe, y donde California todavía es una isla.

—¿Qué me ha costado?

—Veintisiete mil, pero no tendrás que preocuparte de que vaya por ahí enseñándolo. El origen es limpio y fiable, y eso es algo inaudito en los mapas raros. Lo entregarán en la casa a las cinco, para que tengan tiempo de abrirlo y hacer algunas llamadas para saber lo agradecidos que tienen que estar.

—¿Qué más?

—Tienes reuniones a las tres y a las cinco con los grupos Code Ciento Ochenta y Siete y Nine-One-One Bang. Tienes peluquería y manicura a las cinco cuarenta y cinco en tu despacho. Las pruebas de las portadas de los lanzamientos del mes que vienen están en tu mesa, para que les eches un vistazo entre citas. También tienes las cifras de ventas de esta semana y las propuestas para los presupuestos de publicidad de la semana que viene.

—Perfecto. Pon la demo de Code Ciento Ochenta y Siete en la oficina para que todos la hayan escuchado cuando llegue.

Se calzó, se ató la corbata y se puso la chaqueta. Kimberly estaba a su lado, todavía repitiendo «cuando llegue» mientras le arreglaba las arrugas de la chaqueta y le colocaba bien la parte de atrás del cuello de la camisa para que la corbata no quedara enrollada debajo. Cruzaron juntos la habitación principal.

—Hemos llamado al señor Densmore, pero todavía no nos ha contestado. Su asistente dice que está en el juzgado, pero lo está cubriendo.

—Cuando devuelva la llamada, pasádmela directa al móvil —ordenó Schelling.

Avanzaron por el largo pasillo y cruzaron el enorme salón de dos plantas mientras Tiffany seguía comunicándose con Schelling a través de Kimberly , hasta que llegaron al recibidor de la casa. *King*, el perro, vino corriendo para que su amo lo acariciara un poco. Scott le frotó la cabeza y Kimberly sujetó al can por el collar para que no dejara pelos en el traje de su jefe.

Carl estaba esperando junto al coche. Abrió la puerta para que Schelling entrara y la mantuvo abierta para Kimberly, pero ella meneó la cabeza, así que la cerró y se sentó al volante.

Scott miró por la ventana mientras Carl ponía el coche en marcha. Su asistente volvía a hablar por teléfono y, aunque estaba mirando a Schelling, en realidad no lo estaba viendo. El coche avanzó por el camino de la entrada y Carl apretó el botón del mando a distancia para abrir la verja.

Schelling estaba encantado con Kimberly y Tiffany. Juntas estaban haciendo un trabajo excelente, pero, a pesar de su agudo sentido de los detalles y la información, no habría podido mantenerlas a su lado si no hubieran sido también decorativas. Estaba en un negocio donde la muerte acechaba a la gente que no estaba a la última.

Las dos asistentes también participaban en uno de sus experimentos. Se había acostado con Tiffany sólo una vez, al cabo de un año de que trabajara para él. Fue una noche a última hora, cuando todo el mundo se había ido y la oficina estaba cerrada. Había sido una especie de derecho de pernada. Después la dejó en paz. Quería que la chica se preguntara si volvería a repetirse y, luego, por qué no se había repetido. Sabía que ahora seguro que estaría formulando teorías sobre si sería mejor para ella que aquello se repitiera o no y cómo conseguir una cosa o la otra.

Con Kimberly había decidido comportarse de forma distinta. Desde que había empezado a trabajar para él, la había tratado como a una criada personal asexual, incluso como a un electrodoméstico. No le prestaba atención, ni a ella ni a lo que pudiera pensar. Hoy mismo, y durante los últimos meses, la había llamado mientras él estaba desnudo en el vestidor, como si fuera su ayudante de cámara, y habían empezado a trabajar mientras se vestía. Sabía que las dos chicas hablaban entre ellas todo el día.

También sabía que las dos complementaban su sueldo y allanaban el camino para el ascenso informando a su jefe, Ray Klein, el director ejecutivo de Aggregate Industries, de sus actividades. No le importaba, porque así tenía dos formas más de hacer llegar a Klein lo que quería que supiera.

—Carl, ¿qué pasa con Densmore? —le preguntó a su chofer mientras se dirigían a Sunset.

—Los dos tipos que contrató para que vigilaran las oficinas de la fiscalía del distrito tenían más agallas que cerebro.

—Eso ya lo sé.

La gente no debía decir a Schelling cosas que ya sabía.

—Lo siento, Scotty. Kaprilow y Stevens están vigilando su casa y su despacho. Su Mercedes estaba en el aparcamiento cuando han llegado y el capó estaba frío. Su mujer está en casa y parece que no está haciendo las maletas para huir y reunirse con él en Brasil ni nada por el estilo. Todavía no ha salido de casa.

—¿Alguna señal de la policía en su casa o en el despacho?

—Todavía no.

—Si pasa algo, dímelo enseguida.

—Por supuesto.

—Haces bien tu trabajo, Carl. —Schelling había decidido pronunciar esas palabras mucho antes de salir de la casa. Carl no se desempeñaba especialmente bien en su trabajo, pero podía trabajar más y mejor con unas palabras de ánimo, porque, si no se sentía valorado, se volvía taciturno. Le pagaba un buen sueldo, pero no había dinero en el mundo que consiguiera que un hombre como Carl fuera leal a toda prueba. Sus intereses tenían que ser los mismos que los de Scott Schelling. Para mantener la conexión reforzada, a veces Schelling recordaba con Carl cosas que habían hecho juntos, pero hoy no podía hacerlo.

En los viejos tiempos, Carl solía recorrer los bares y locales de moda buscando mujeres para Scott, que entonces era un joven ejecutivo del mundo de la música que casi acababa de salir de la escuela de negocios. Ya había descubierto que podía ganar mucho dinero con la música, pero no había tenido el mismo éxito con las mujeres.

Una noche, Carl conoció a Kit Stoddard en el bar del Gazebo sobre las doce de la noche y enseguida llamó a Scott. Éste se estaba preparando para asistir a una fiesta de negocios, pero ya tenía la suficiente experiencia con Carl para saber que, cuando lo llamaba, tenía que ir. Mientras éste lo esperaba, entabló una conversación con Kit para ganar tiempo. Carl era un hombre musculoso y atlético de unos veinticinco años, con una tupida cabellera negra ondulada, unas facciones fuertes y definidas y un bronceado artificial. Scott Schelling jamás había conocido, hasta hoy, a un hombre con ese aspecto y que fuera inteligente. Era una extraña ley de la genética que impedía que cualquiera pudiera reunir todas las ventajas en un solo cuerpo.

Carl mantuvo entretenidas a Kit y sus amigas con su labia. Schelling ya lo había oído otras veces y sabía perfectamente lo que debió decirles:

—Sois actrices, ¿verdad? Teníais que serlo. ¿Cómo lo sé? Es una actitud, un brillo. Una mujer lo tiene o no lo tiene, y vosotras lo tenéis. Además, ¿qué posibilidades hay de que tres mujeres tan increíbles salgan juntas si no son actrices o trillizas? No sois trillizas, ¿verdad? ¿Si estoy decepcionado? No. Admito que las trillizas son una fantasía, pero hay muchas otras fantasías que quiero ver cumplidas antes. Todavía trabajo para alcanzar objetivos que me propuse a los catorce años. Pero, bueno, seamos honestos, yo no estoy en vuestra liga. Las mujeres como vosotras merecen estar con hombres que les compren cosas y las lleven a sitios. Hombres como mi jefe, por ejemplo. Acaba de cumplir los treinta y es multimillonario. Está en el mundo de la música.

Por aquella época, Scott no se sentía muy cómodo conociendo a mujeres porque era delgado, de espaldas estrechas y llevaba gafas de culo de botella. Tenía acento de Nueva York y llevaba fuera de la ciudad el tiempo suficiente como para descubrir que, para las mujeres del resto del mundo, aquello era causa de sospecha.

Siempre que Carl le presentaba una chica con la que conectaba, lo recompensaba generosamente en la siguiente paga. Mientras estaba en el coche pensando en esas cosas, recordó que Nancy Russo y Carol Peters, las dos chicas anteriores a Kit, le habían valido a Carl diez mil dólares cada una. De hecho, ese año debió de ganar cincuenta mil dólares en pagas extras. Sin embargo, parecía que Carl sacaba algo más que dinero de esos servicios. A Schelling se le ocurrió que también experimentaba una especie de excitación porque él era quien había seducido a las mujeres inicialmente.

Cuando esa noche Scott entró en el Gazebo, era consciente de la importancia de la primera impresión. Llevaba un traje oscuro de Armani que le habían arreglado para que le quedara mejor, un par de zapatos italianos hechos a mano y su Rolex más caro. Cuando una mujer lo miraba, no veía su prematuro cuerpo de hombre de mediana edad. Veía el traje. No veía el pelo castaño sin brillo que había empezado a clarear en la coronilla y que, incluso después de un corte de pelo de doscientos dólares, seguía sin parecer bonito. Veía el corte de pelo de doscientos dólares.

Schelling vio a Kit Stoddard sentada en la barra, acariciándose el precioso pelo pelirrojo con sus alargados dedos y apartándoselo de la cara, no para verlo, sino para que él viera sus ojos y ello favoreciera la opinión que él se estaba formando de ella. Scott la invitó a la fiesta. Ella encogió los hombros, miró a sus dos amigas y aceptó.

La llevó a la fiesta en la mansión de las colinas de Hollywood que Mechanismo se había comprado con el anticipo que había recibido de Bulletproof Records. Scott entró con Kit en la falsa villa toscana y se fijó en lo que todos los músicos jóvenes se compraban ese año: una televisión plana enorme, un acuario de agua salada con un par de tiburones dentro y dos retratos malos de ellos mismos. Cruzaron la amplia galería y bajaron hasta el jardín por la gran escalinata, donde Scott había visto a Artie Bains, uno de los ejecutivos de la discográfica, intentando participar en la conversación de un grupo de artistas. Scott se le acercó y le preguntó:

—¿Cuándo vas a sacarlo de gira?

—El nuevo disco todavía no está terminado, pero lo sacaré la semana que salga a la venta —respondió Bains—. Él no ha pensado en más allá de mañana, así que no digas nada.

—Cortesía profesional.

—Se lo explicaré dentro de un par de días, cuando esté sobrio, y entonces empezaremos a reservar fechas. Ya te llamaré para ver si podemos evitar conflictos. —Vio a Kit Stoddard y le ofreció la mano—. Hola —dijo—. Soy Artie Bains, de Bulletproof. Sé que recordaría a una amiga de Scott tan guapa como tú.

—Gracias —Kit no había oído nunca ese nombre, pero el de la compañía Bulletproof sí.

Scott se alejó con ella de Bains mientras decía:

—Buena suerte con la gira.

Bains entendió perfectamente el comentario. No era una amenaza, sólo un recordatorio de que acababa de darle una información que Scott podía utilizar para complicarle la vida en los próximos días.

Kit vivió la fiesta exactamente como Scott quería. Le presentó a los miembros de Los Federales y The Scheme, grupos a los que él había contratado. Se cruzó con Marsha Steele en los baños y luego la vio salir, coger una guitarra y ofrecer una improvisada actuación con dos de las canciones de su nuevo disco. A las dos y media, la limusina de Little Nancy aparcó frente a la casa y la chica hizo una entrada triunfal tan llena de diamantes que pesaban más que ella. Antes de bajar al jardín para unirse al grupo, Little Nancy se acercó a Scott Schelling y le dio un abrazo.

Más tarde, mientras pasaban junto a la gente arremolinada alrededor de las mesas de comida y las tres barras para dirigirse a la salida, donde un aparcacoches les acercaría su vehículo, Kit comentó:

—Es increíble que alguien pueda ganar tanto dinero.

—Mechanismo está arruinado y, además, debe más dinero del que ha ganado —respondió Scott—. Pero todavía no lo sabe.

—¿En serio? ¿Después de sólo un disco?

—Es bueno. Si aguanta, algún día conseguirá saldar sus deudas. Pero va a tener que estar saliendo de gira constantemente, y será mejor que el segundo álbum sea bueno.

—¿Por qué está endeudado?

—Porque es nuevo. Todavía no sabe que hay una diferencia entre dinero y crédito, y a Artie no le interesaba explicárselo. Creo que el anticipo de su contrato fue de dos millones. Dio una entrada de un millón para la casa, lo que significa que le debe unos diez al banco. Y si gana dos, Hacienda quiere el resto. Ha gastado mucho dinero en coches, joyas y fiestas. Mañana o pasado, Artie se sentará, hará números y le explicará cómo funciona esto del dinero. Y luego le dirá qué tiene que hacer para ganar más.

—¿Tú también haces eso?

—¿El qué?

—Conseguir que se endeuden para poder controlarlos.

—Claro que no. Siempre que preveo una situación de este tipo, intento enfrentarla lo antes posible. Estoy en este negocio porque adoro la música y quiero encontrar a artistas maravillosos y ayudarlos a crear. De paso, ellos ganan dinero, y la empresa para la que trabajo gana dinero.

Después de varias fiestas como ésa, Kit empezó a oír comentarios sobre Scott de boca de gente que iba conociendo. Ella se los repetía con expresión preocupada, como si le estuviera dando una primicia que iba a romperle el corazón.

—Scotty, creo que deberías intentar dejar que la gente supiera quién eres y cómo eres realmente, y no ser tan distante e invisible. Hoy he oído que una persona se refería a ti como el Príncipe de la Oscuridad.

Él sonrió y se encogió de hombros.

—Si la competencia dice que eres el peor, entonces es que eres el mejor.

Scott se había encaprichado de Kit. Empezó a referirse a ella como su novia y era muy generoso con ella. La dejaba comprarse ropa en las exclusivas tiendas de Montana Avenue con su tarjeta de crédito. Cada día, se iba a trabajar a las cinco y media y la dejaba al frente de una enorme y lujosa casa hasta las ocho de la tarde. La llevaba a las mejores fiestas de la ciudad.

Sin embargo, al final, la relación empezó a perder frescura. Kit decía que estaba aburrida y que echaba de menos a sus amigas. Scott no quería que saliera con ellas ni que cogiera el coche para ir a los clubes. Ordenó a Carl que la llevara a los restaurantes donde había quedado con sus amigas y que luego la recogiera en un lugar y una hora determinados. Scott no quería que los amigos, familiares y conocidos de Kit invadieran su vida. La quería a ella, al largo pelo pelirrojo, la piel pálida, los suaves labios. Quería verse a través de sus profundos ojos verdes y sentir su cariño, su admiración, su excitación.

Habían empezado a lanzarse comentarios breves, fríos y sarcásticos, que a veces ni siquiera recibían respuesta y quedaban en el aire como disparos solitarios. Una noche, llegó a casa con la esperanza de invitarla a cenar y descubrió que se estaba arreglando para salir con sus amigas. Se mordió la lengua para no soltar algún comentario celoso y furioso que enseguida lamentaría. Ella se fijó en su mal humor y le dijo que estaba de morros. Él sabía que, si decía algo, sólo conseguiría que ella lo atormentara de forma intencionada, ante lo cual él perdería los nervios, así que bajó a la piscina a nadar y Carl la llevó al punto de encuentro.

Mientras Kit estaba ausente, Scott se hundió en la soledad y la añoranza. Siempre había sido muy amable y paciente con ella, pero ahora la sensación que tenía era distinta. Empezó a caminar de un lado a otro. A las dos de la madrugada, la esperó en la entrada, la dejó pasar, cerró la puerta, la desnudó en el recibidor y la tomó allí mismo. Cuando terminó, ella lo besó durante un buen rato sin decir nada y fueron a la cama y se durmieron abrazados.

A partir de ese día, siempre que ella salía sin él, Scott la esperaba y pensaba en ella hasta que aparecía. Luego le hacía el amor en la moqueta del dormitorio, o en los sofás de la sala de proyección, o en la enorme butaca que había cerca de la puerta.

A ella le encantaba ese juego, el hecho de excitarlo tanto que no pudiera controlarse, o el poder que tenía sobre él para hacerlo esperarla en la puerta, mirando por la ventana y atento a cualquier ruido. Scott se pasaba el día pensando en ella, soñaba despierto con ella durante las reuniones o mientras escuchaba pruebas de canciones para decidir sobre el futuro de un artista.

Una noche fue peor que las demás. Kit volvió a casa mucho más tarde de lo normal. Cuando entró en la habitación, él la desnudó con violencia. Ella se resistió y él cogió la corbata de seda que se había quitado y había dejado colgada en el pomo de la puerta y la usó para atarle las manos a la espalda, después la llevó a la cama y la violó. A juzgar por sus movimientos y gemidos, Scott sabía que estaba más excitada que nunca. Cuando terminaron, se quedaron en silencio unos minutos y luego ella dijo:

—Desátame las manos, Scott.

Por el tono frío y severo de su voz, él adivinó que lo decía en serio. Le deshizo el nudo, y ella se incorporó y se volvió hacia él.

—Esto no puede volver a pasar.

Al principio, pensaba que la había malinterpretado, que realmente no le había gustado y quería detenerlo, pero analizó su cara en la penumbra y se dio cuenta de que no era así. No estaba enfadada. Estaba asustada porque había empezado a descubrir lo que él ya sabía: cada vez que hacían el amor, el acto era más brusco y violento. Cada vez que estaban juntos, tenían que ir un poco más lejos.

—Esto ha ido demasiado lejos —dijo ella.

—De acuerdo. No volveremos a hacerlo.

—No me refiero a lo de la corbata. Es muy brusco. Me hace daño.

—Te gustaba.

—No creo que esto sea bueno para nosotros. Ni para mí, ni para ti.

—Bueno, ya haremos otra cosa la próxima vez. Iremos despacio y con delicadeza. Podemos darnos un relajante baño caliente y después puedo darte un masaje.

—Creo que debería irme.

—Son casi las tres. ¿Dónde vas a ir?

—A mi casa. Tengo un piso, ¿recuerdas? Quiero meterme en mi cama y dormir. Creo que tenemos que tomarnos un tiempo.

—Venga, Kit. No ha sido para tanto. Sólo es un juego, y bastante insulso para la mayoría.

—Necesito tiempo para pensar.

Él se quedó tendido en la cama mirando el techo mientras ella iba al vestidor y al baño y se vestía. Tardó pocos segundos en darse cuenta de que tenía prisa, como si estuviera impaciente por alejarse de él. No había dicho que quería romper con él, pero Scott sabía que era eso lo que ella pretendía. En cuanto terminara de vestirse, bajaría las escaleras corriendo, se metería en su coche y se marcharía. Una vez que estuviera fuera de su casa y lejos de él, y cuando sólo pudiera hablar con ella por teléfono y ella no tuviera que mirarlo a los ojos, su tono cambiaría. Incluso podía ser que no le respondiera al teléfono.

Scott intentó quedarse allí tendido tranquilamente y hacerse a la idea de que Kit ya no era suya. Respiró hondo y se concentró en liberar la tensión acumulada en los músculos. Ya estaba vestida. Entró en la habitación y le dijo:

—Ya te llamaré.

Él se quedó allí, paralizado por la tristeza. Le estaba mintiendo. No lo llamaría, no querría volver a hablar con él. Había sido muy amable con ella, muy generoso. Seguro que había intentado utilizarlo desde el principio; utilizar su influencia, sus contactos, su poder. Se levantó cuando ella pasaba por su lado.

—¡Kit, espera!

—Me voy. No quiero hablar.

Algo en él cambió, un interruptor desconocido se encendió. Estaba de pie, desnudo y se abalanzó sobre ella. La tiró y la arrastró al suelo. Sacó el cinturón de los pantalones que se había quitado, se lo colocó alrededor del cuello y apretó.

De repente, oyó el móvil de Carl y volvió a la realidad. Levantó la mirada y entrecerró los ojos ante el intenso sol. Estaba asustado y sudado a pesar del aire acondicionado del coche. Kit había muerto. Realmente la había matado.

—¿Sí? —dijo Carl. Al cabo de un segundo, añadió—: ¿Scotty?

—Dime.

—Acaban de localizar el cadáver de Densmore. Lo han encontrado en un campo cerca de Santa Clarita esta mañana. —Le dijo a la persona que había llamado que esperara mientras avanzaba a través del intenso tráfico de Sunset hacia el desvío de Canyon en Crescent Heights.

—Mierda. Eso sí que es un problema —dijo Scott Schelling, mirando por la ventana de la parte posterior del coche—. ¿Quién está vigilando la fiscalía del distrito?

—Podemos trasladar a Kaprilow y Stevens. Ninguno de los dos está preparado para...

—Hazlo. No. Dile a Stevens que, por ahora, vigile la entrada. No tiene que hacer nada. En cuanto vea a Wendy, que nos llame.

Escuchó cómo Carl repetía esas órdenes a la persona del otro lado de la línea y colgaba. Entonces, Scott dijo:

—Los dos primeros asesinos..., los Turner. Ponte en contacto con ellos para que sepan que seguimos aquí y que el acuerdo sigue en pie. No queremos que se asusten porque Densmore ya no esté. Todavía queremos que encuentren a Wendy Harper.

Carl se sentía bien. Siempre se quedaba maravillado cuando Scott Schelling se ponía en acción. El cuerpo de Densmore acababa de aparecer. Scott se había enterado hacía cuánto..., ¿diez segundos?, y ya estaba tomando medidas para restablecer el orden y las comunicaciones, rediseñar la cadena de mando y conseguir que todos se sintieran a salvo. Por enésima vez, deseó ser más joven y listo, quizá sólo más ambicioso, para poder aprender a triunfar con él como maestro. Esas lecciones equivaldrían a todos los cursos de negocios del mundo, pero Carl era consciente de que nunca sabría aprovecharlas.

—Y Carl...

—¿Sí?

—Cuando hables con los Turner, recuerda que probablemente ellos fueron quienes asesinaron a Densmore. No los incomodes. Necesitamos liquidar este asunto de Wendy Harper.

35

Mientras Sylvie hacía las maletas en la habitación, oía a Paul recogiendo cosas en la cocina, el salón y el despacho. Se le daba muy bien escoger ropa, igual que a todos los hombres narcisistas, por lo visto. Siempre elegía ropa que destacara lo alto y esbelto que era: pantalones estrechos de piernas, camisas informales ceñidas, camisas de vestir con rayas verticales, cazadoras deportivas que llevaba abrochadas para enseñar su estrecha cintura.

Por los ruidos que oía, sabía que debía de estar recogiendo dinero en efectivo de los distintos lugares donde lo tenía escondido. Era una tontería utilizar tarjetas de crédito cuando no era necesario, de modo que, en cuanto llegaran a su lugar de destino, adoptarían nombres falsos y empezarían a cambiar pequeñas cantidades de dólares en euros a medida que los fueran necesitando. Era imposible el anonimato total, pero no tenía sentido convertirte en presa accesible para principiantes e incompetentes. Paul también había llamado al banco por la mañana para decirles que, en algún momento de los próximos meses, quizá solicitarían una orden electrónica para transferir todo su dinero a una cuenta de un banco extranjero. Siempre era mejor allanarse el camino y preparar el terreno antes de estar en la otra punta del mundo.

Sylvie estaba algo inquieta mientras decidía qué llevarse para un viaje tan largo e impredecible, pero Paul le había dicho:

—Tenemos dos maletas de sesenta por setenta y cinco. Lo que no quepa, no nos lo llevamos. Compraremos ropa allí y nos vestiremos como la gente del lugar.

Le encantaba la capacidad que tenía para tranquilizarla. Hablaba con un tono de voz sereno y relajado mientras la tomaba de los hombros con sus fuertes y delicadas manos para centrarla igual que un experto jinete domaba a un caballo inquieto. Después de esas palabras, ya ni se acordaba de por qué estaba nerviosa. Claro que no necesitaba llevarse toda su ropa. Podían comprar lo que les hiciera falta en el extranjero.

Era ridículo estar nerviosa y exaltada; Densmore estaba muerto. Y ya no tenían que terminar ese estúpido trabajo que, para empezar, nunca deberían haber aceptado. Se irían de vacaciones, las alargarían unos cuantos meses o volverían a casa cuando todo el mundo se hubiera olvidado de Wendy Harper y Eric Fuller.

Hacía tiempo que sabía que Densmore era peligroso, porque era de esas personas que se tomaban demasiadas molestias para que nadie creyera que lo era. Tenía esa forma de hablar suave y tranquila que sólo podía ser falsa. Sospechaba que, si conseguía demasiado poder sobre ellos, les mostraría otra cara.

Repasó mentalmente lo que había metido en la maleta para asegurarse de que lo había hecho lo mejor posible con el tiempo y el espacio de que disponía. Cerró las maletas y levantó la suya de la cama, y luego la de Paul. Ambas pesaban, pero podría cargar con cualquiera de las dos si tuviera que hacerlo, y él podría con las dos. Volvió a abrirlas y a comprobar que había elegido el tipo de ropa adecuada para el final del verano en Europa. Después se sentó en la cama para pensar en qué más necesitaba.

Oyó que Paul se acercaba y sintió una ligera punzada de preocupación. Anoche, Michael Densmore había dicho: «Te pagué cuatro veces más...» y justo entonces Paul había apretado el gatillo y lo había matado. Parecía como si el abogado hubiera estado a punto de decir: «Te pagué cuatro veces más que el precio original». Dos días antes, Paul le había dicho que Densmore se había ofrecido a doblar el precio, no a cuadriplicarlo. Repasó la conversación en su mente mientras intentaba adivinar cuál habría sido el final de la frase a partir del tono de voz de Densmore. Mientras la recordaba una y otra vez, se dio cuenta de que no era así. Densmore había dicho: «Te ofrecí cuatro veces más...». La diferencia era importante: ofrecer, no pagar.

Era muy posible que el abogado, aturullado por la cobardía, se hubiera equivocado y dijera «cuatro veces» en lugar de «dos veces». O quizás, en un último y desesperado intento, estaba tratando de doblar la oferta por segunda vez para compensar su deslealtad por revelar sus identidades a un cliente y contratar a un equipo rival sin avisarles. Densmore había negado que contratara a ese equipo, pero ella estaba convencida de que lo había hecho y, cuanto más insistía él en que lo había hecho el cliente, más segura estaba ella de que mentía. Redoblar la oferta no habría sido una mala estrategia en ese momento, pero ese momento fue justo cuando Paul le disparó. Tenía que contemplar la posibilidad de que lo hubiera matado para que no revelara el trato real delante de Sylvie. ¿Era posible que Paul hubiera estado planeando ocultarle que les habían pagado el doble y quedarse con el dinero?

La pregunta era delicada y desagradable. Habían ido al aparcamiento sin decidir que matarían a Michael Densmore. Sylvie esperaba que el desenlace fuera ése, pero había estado de acuerdo con Paul cuando él había dicho: «Deberíamos llevárnoslo a un sitio tranquilo, hacerle algunas preguntas y ver qué nos parecen las respuestas». Ella tenía miedo del abogado. Al parecer, Paul no se había dado cuenta, pero Densmore siempre había estado muy atento con ella de la forma incorrecta: le abría las puertas, pero luego no le dejaba espacio suficiente para pasar sin tener que pegarse a él, o se inclinaba demasiado sobre ella cuando la ayudaba a sentarse. Parecía exquisitamente educado y respetuoso cuando estaban los tres hablando de negocios, y se dirigía a ella como si la aceptara como a una igual. Sin embargo, en cuanto Paul se alejaba un poco o incluso cuando apartaba la vista, los ojos de Densmore cambiaban. Le miraba el cuerpo con descaro o directamente a los ojos con una sonrisa pícara. Aun así, nunca había hecho algo que diera la oportunidad a Sylvie de decirle a Paul: «Mira, ¿ves lo que ha hecho?»

No estaba completamente segura de cuál habría sido la reacción de Paul si le hubiera dicho algo. Sabía que le diría: «¿Te ha tocado? ¿Qué te ha dicho exactamente? ¿Qué ha hecho?» Ella tenía miedo de que dijera: «Sylvie, ¿de repente te da vergüenza que los hombres te miren? ¿A la estrella de *Luna de miel en el rancho dos y tres?*»

Había tenido cuidado, pero sabía que lo último que quería en la vida era verse en poder de Michael Densmore. Anoche, realmente había querido matarlo, pero la forma en que Paul lo había hecho, con tantas prisas, como si lo que quisiera fuera realmente silenciarlo, le despertaba dudas.

Y qué si Densmore le hubiera ofrecido más dinero el otro día por teléfono. Tampoco tenía importancia. Quizá Paul se estaba reservando la cifra real para darle una sorpresa. En cualquier caso, el dinero sólo era hipotético: no habían matado a Wendy Harper, así que no habían cobrado nada.

Sin embargo, Sylvie no estaba satisfecha. Quizá Paul había recibido un adelanto y no se lo había dicho. Quizá había solicitado más dinero después del fracaso en San Francisco. Quizá llevaba años engañándola y Densmore lo sabía y le seguía el juego. Eso daría un significado distinto, aunque no necesariamente mejor, a todas esas miradas del abogado en su despacho. Cambió el peso de pierna y el crujir de la madera la devolvió a la realidad. Miró su reflejo en el espejo del vestidor.

Para su horror, vio a una mujer que había llegado a la mediana edad. Tenía arrugas y unos pechos que empezaban a acusar la ley de la gravedad a pesar de que había trabajado incansablemente para mantener su cuerpo tonificado. Claro que Paul le estaba ocultando dinero, y lo utilizaba para pagarse aventuras con mujeres más jóvenes. Los buenos hoteles eran caros, incluso si sólo reservaba la habitación por tres horas al mediodía.

Sylvie se enfadó con ella misma, se sentía humillada. Tenía que conseguir resistir los siguientes minutos, tenía que evitar a Paul. Miró a su alrededor, vio la puerta del baño, entró corriendo y abrió el grifo de la bañera. No sabía por qué lo hacía, excepto porque era un gesto familiar y sencillo, estaba sola y el ruido del agua también le proporcionaba cierta privacidad.

El timbre. ¿Cómo podía haber alguien en la puerta? Cerró el grifo, corrió a la habitación y miró por la ventana para comprobar si había policías en el jardín. No. Veía la piscina, los árboles y el muro de arbustos de la parte de atrás. Abrió el armario, sacó una pila de toallas limpias, cogió la pistola que tenía en la mesita de noche, la colocó entre las dos primeras toallas y se las llevó al salón.

Cuando llegó, vio a Paul que entraba corriendo desde la cocina y se guardaba una pistola en el bolsillo trasero de los pantalones, ocultándola con la falda de la camisa. Señaló la puerta y le hizo el gesto de girar el pomo. Ella asintió y fue a la puerta justo cuando el timbre volvió a sonar. Miró por la mirilla y vio a un hombre en las escaleras de la entrada.

—¿Quién es? —dijo.

—Me llamo Carl Zacca, señora Turner. Represento al hombre que ha estado tratando con ustedes a través del señor Densmore.

Sylvie se volvió hacia Paul.

—¡Mierda! —susurró.

—Tenemos que dejarle pasar —dijo él—. Sabe que estamos en casa.

Ella lo miró y meneó la cabeza, pero él se acercó a la puerta, la abrió y retrocedió.

El hombre era atractivo, tenía una poblada cabellera negra y una sonrisa sincera. Le ofreció la mano.

—Carl Zacca, señor Turner. Lamento mucho molestarles, pero ¿les importa que pase?

Paul retrocedió.

—Adelante —cuando Carl hubo atravesado el umbral de la puerta, Paul la cerró. Tenía la mano en la espalda, justo encima de la pistola—. Siéntese en el sofá.

Carl se sentó en un sofá blanco. Sylvie, a espaldas del visitante, sujetaba la pistola debajo de las toallas y ya pensaba en el número de disparos que efectuaría para matarlo.

Como si él hubiera pensado lo mismo, Carl volvió la cabeza hacia ella.

—Hola, señor Zacca —dijo Sylvie.

—Carl. Por favor, llámenme Carl. Y las pistolas no son necesarias. Soy un amigo.

—Perfecto —dijo Paul—. Repítamelo. ¿Para quién trabaja? ¿Cómo se llama su jefe?

Zacca respondió sin dudarlo ni un segundo:

—Scott Schelling —sonrió, y vio que Paul y Sylvie intercambiaban una mirada—. El motivo de mi visita es… no sé, quizá ya lo han oído, pero Michael Densmore está muerto. ¿Lo sabían?

—No —respondió Paul—. ¿Qué ha pasado?

A Carl le pareció que la expresión de Turner respondía la pregunta. Lo habían matado ellos.

—No lo sé. Por lo que sabemos, alguien le disparó. En cuanto nos enteramos, el señor Schelling me envió para establecer contacto con ustedes. Densmore dijo que preferirían no tratar directamente con los clientes, pero no sabíamos qué otra cosa hacer. Ya no tenemos intermediario y estamos en medio de una crisis. Espero que no les importe.

Miró a Sylvie, pero ella no dijo nada. No sacó la mano de debajo de la pila de toallas. Miró a Paul.

—No —dijo éste.

—Perfecto, porque ahora cada minuto cuenta. El periodo en que Wendy Harper se dejará ver será corto. Es como un conejo. La hemos visto salir de la madriguera, pero ahora está corriendo, y va hacia la siguiente madriguera. Si consigue llegar, estamos jodidos.

—Le agradecemos su visita y su sinceridad acerca de para quién trabaja y que no haya intentado mentirnos —dijo Paul—, pero ustedes ya han ejercido su derecho a elegir cuando contrataron a un par de aficionados en nuestro lugar. Vimos morir a esos dos mientras estábamos esperando que Wendy Harper apareciera.

—Nosotros no los contratamos; fue Densmore.

Paul volvió a mirar a Sylvie. Lo estaba observando todo, pero su cara no reflejaba lo que pensaba o sentía.

—Cuando nos sustituyeron, volvimos a casa —dijo Paul—.

Ahora ya estamos fuera. No nos han pagado nada, de modo que no les debemos nada.

—Entiendo que pensaran eso, pero estoy aquí para decirles que por nuestra parte pueden acabar el trabajo.

—Estamos fuera.

—Entonces, nos gustaría que volvieran.

—¿Qué nos ofrece?

—Paul —era la voz de Sylvie y, con el rabillo del ojo, vio que estaba meneando la cabeza, pero la ignoró.

—Les pagaremos todo lo que Densmore les prometió.

—Densmore está muerto.

Carl analizó la cara de Paul un segundo. No era la cara de un hombre que se estuviera echando un farol.

—Tengo la sensación de que hemos empezado con mal pie —dijo—. Sólo intento establecer una relación fluida y abierta para que podamos solucionar esta situación con eficacia. El señor Schelling no quería que se preocuparan cuando supieran que Densmore había muerto. Seguimos aquí, y seguimos interesados. Les pagaremos. Mantendremos nuestra palabra en el acuerdo.

—Nosotros sólo teníamos un acuerdo con Densmore —dijo Paul—. Ahora está muerto, de modo que no hay acuerdo.

Carl se preguntó qué acto reprobable habría cometido en otra vida para encontrarse en una casa de Van Nuys con dos asesinos profesionales, cada uno con una mano escondida que seguro que sujetaba una pistola.

—Les diré qué vamos a hacer. Denme una cifra por la que considerarían acabar el trabajo y llamaré al señor Schelling para ver si le parece razonable.

—Un millón de dólares —dijo Sylvie, una cifra pronunciada con urgencia, como si estuviera en una subasta.

Los dos hombres se volvieron hacia ella. Sylvie los miró desafiante y dejó sus palabras flotando en el aire.

—No lo entiendo. ¿Va en serio? —dijo Carl.

—Sí —respondió ella—. Este trabajo no fue normal desde el

principio. Desde el momento en que enterramos la tela y el bate en el jardín de Eric Fuller, todos los implicados sabían que tratábamos de atraer a Wendy Harper para matarla. Ahora también lo sabe la policía. Están esperando a que alguien vuelva a intentarlo. Si ustedes creen que pueden hacerlo, adelante.

Carl Zacca miró a Paul.

—Voy a meter la mano en el bolsillo para coger el teléfono, ¿de acuerdo?

—Muy bien.

Carl introdujo la mano derecha lentamente en el bolsillo de la chaqueta. Sus dedos rozaron, casi de forma involuntaria, la empuñadura de su pistola. Comprobar su presencia era como frotar un amuleto. Sacó la mano, se colocó el móvil en la izquierda, pero no se movió: sentado en el borde del sofá, ligeramente inclinado hacia delante para que la chaqueta no quedara pegada al cuerpo y así pudiera llegar al bolsillo más deprisa. Marcó el número de Scott y se pegó el teléfono a la oreja izquierda.

Al cabo de unos segundos, dijo:

—Soy Carl. Estoy aquí con nuestros dos amigos manteniendo una agradable conversación, pero quieren más dinero y tengo que pasarte la oferta. ¿Puedes atenderme en este momento?

Oyó que Scott Schelling le preguntaba:

—¿La cifra es un atraco?

—Sí.

—Responde sí o no. ¿Es un millón de dólares?

—Sí.

—Mira a tu alrededor. Fíjate en todos los sistemas de seguridad, dónde están los muebles, el sistema de alarma, etcétera. Quiero un dibujo de la casa de memoria en cuanto salgas de allí. ¿Puedes hacerlo?

—Ajá.

—Vale. Te voy a dar algo más de tiempo. Pásame a Paul Turner.

—Sí, señor —le ofreció el teléfono a Paul—. Quiere hablar con usted.

—¿Conmigo?

—Sí. Está esperando.

Paul avanzó tres pasos y aceptó el teléfono. Carl se fijo en que también se lo pegó a la oreja izquierda. Se llevó la mano derecha a la espalda.

—Turner.

—Paul, soy Scott Schelling. He oído cosas excelentes sobre usted y su mujer. He enviado a mi amigo Carl a su casa para que no se sintieran abandonados en estos momentos. Los queremos en el equipo. Son los únicos que han visto a esa mujer en seis años, y ahora no puedo encontrar a nadie más. Llegará a Los Ángeles en tres o cuatro horas. Carl me ha dicho que me va a costar más dinero. ¿Cuánto?

—Un millón de dólares.

—Eso es mucho dinero.

—La única razón para hacer esto es por mucho dinero.

—Ya me lo imagino, pero conseguir esa cantidad en efectivo en tan poco tiempo no es sencillo.

—Si quiere rechazar la oferta o buscar a alguien que lo haga más barato, no diremos nada de lo que sabemos del caso. Pero si nos quiere a nosotros, eso es lo que le costará…, y en efectivo en cuanto el trabajo esté hecho.

—Muy bien. Es un precio alto, pero acepto. Tendré el dinero preparado. Pueden ponerse a trabajar.

—Entonces, aceptamos.

—¡Paul! —era Sylvie. Paul se volvió hacia el hombre del sofá, y luego hacia ella, pero el grito no era para prevenirlo de ningún peligro.

—¿Qué? —la llamada se había cortado.

Estaba enfadada.

—Tenemos que hablar.

—Podemos hablar mientras nos preparamos. Tenemos que hacerlo hoy —le lanzó el teléfono a Carl Zacca—. Carl, ha sido un placer, pero cada minuto cuenta.

Carl se guardó el teléfono y se levantó.

—Perfecto, entonces nos vemos después con el dinero. Acaban de cerrar un trato magnífico.

—Ya veremos —Paul lo acompañó a la puerta, la cerró y giró el seguro.

—¿Te has vuelto loco?

—Chisss —tenía la pistola en la mano, preparado para disparar a través de la puerta mientras miraba por la mirilla. Al cabo de unos segundos, oyeron cómo el coche se alejaba. Se volvió hacia ella—. Ya se ha ido. No me he vuelto loco, y tú tampoco. Eso del millón de dólares ha sido una jugada genial.

Se le acercó, la abrazó, le besó la mejilla y la soltó. Fue a la habitación y ella lo siguió.

—¿Qué haces?

—Tú has puesto el precio y él lo ha aceptado.

—Sí, pero sólo ha sido…

—Brillante.

—Dime que no te crees que ese tío de la discográfica vaya a darnos un millón de dólares.

—No me lo creo.

—Entonces, ¿qué haces? Ya hemos hecho las maletas. Tenemos reservado el vuelo. Ya podríamos estar lejos de aquí.

—Y lo haremos. Pero Europa tendrá que esperar unos días, nada más. Coge los pasaportes y mete el dinero que he sacado en las maletas. Cuando sonó el timbre, lo metí en el frigorífico.

—Pero ¿qué dices? No podemos irnos ahora —su voz era un hilo de frustración—. Acabas de aceptar un trabajo.

—No pretendo huir. Haremos el trabajo. Y tendremos el millón de dólares.

—Sólo lo dije para disuadirlo. Y él ha aceptado porque buscará a alguien que nos mate una vez hayamos hecho nuestra parte.

Paul la tomó por los hombros y la miró como si estuviera intentando hipnotizarla.

—Sylvie, piensa en este tío. Hace seis años cometió un error. ¿Y qué ha hecho? Se ha pasado seis años buscando a la única mujer que lo sabe, a pesar de que ella no se lo ha dicho a nadie. Este tío es un maníaco de la cautela.

—Eso no me tranquiliza. Estoy todavía más asustada. Nos matará a nosotros también.

Paul sonrió.

—Ya sé que no pretende pagarnos. Podría haberle pedido el estado de Nueva Jersey y habría aceptado. Pero también es lo suficientemente inteligente como para saber que, por muchas precauciones que tome, existe una ligera posibilidad de que tenga que verse a solas con nosotros cuando hayamos matado a Wendy. Sabe que si nos presentamos para cobrar y no tiene preparado un maletín lleno de dinero, es hombre muerto. ¿Qué crees que va a hacer?

36

Jack Till condujo hacia el sur por la autopista Golden State bajo el resplandeciente sol de la tarde, siempre por el carril izquierdo, lejos de los camiones de la derecha procedentes de Oregón y del norte de California y que se dirigían a Los Ángeles. En las largas pendientes, todos reducían la marcha y avanzaban despacio puesto que el peso calentaba los motores y la transmisión chirriaba. De vez en cuando, uno con una carga más ligera se incorporaba al carril izquierdo para adelantar y Till tenía que estar atento. Poliakoff no lo había llamado para decirle que habían detenido a los dos hombres de Morro Bay, de modo que era posible que los estuvieran siguiendo a toda velocidad.

Volvía la cabeza a la derecha constantemente fingiendo que miraba por el retrovisor cuando, en realidad, miraba el perfil de Wendy. Tenía que mantenerla a salvo.

Ella se volvió hacia él.

—¿Crees que estaremos vivos mañana a esta hora?

—Ése es el plan.

—Ha habido muchas muertes y muchas pérdidas en un espacio muy corto de tiempo. ¿Piensas en esas cosas? ¿No se te ha ocurrido que lo mejor habría sido no hacer nada?

—A veces. Pero cuando era inspector de homicidios, casi todos los días tenía el problema opuesto. Tenía un cuerpo, normalmente de una persona que no era grande, fuerte, rica, ni nada por el estilo. Alguien quería algo que esa persona tenía o se había peleado con ella y se había enfadado tanto que había terminado matándola. Y entonces miraba a mi alrededor en busca de la gigantesca estructura de leyes y sensatez que siempre me habían dicho que se encargaba de esas cosas y me daba cuenta de que era un fraude. No existe. Sólo estaba yo. El cadáver era una persona y yo era su único defensor. De modo que intentaba hacer algo.

—Así es como me sentí con Kit, pero ahora Louanda ha muerto por mi culpa.

—Por tu culpa, no. Ha muerto por culpa de ese tal Scott, el novio. Tú sólo eres la víctima que sobrevivió.

Si Till pudiera vincular el nombre de «Scott» con la descripción del coche y los nuevos datos que tenía sobre Kit Stoddard y conseguir que fructificaran en una identificación, el suplicio de seis años de Wendy se acabaría. Sabía que, una vez alejado el peligro, las cosas serían muy distintas para ella. Ya había tenido clientas encaprichadas de él. Seguramente tendría una amable conversación con él para decirle que siempre sería una persona importante para ella y lo contenta que estaba de haberlo conocido. Y luego se subiría a un avión y regresaría a San Rafael.

Till siguió observando la carretera y no dejó de acelerar. Había elegido la autopista Golden State con la intención de que los perseguidores no se lo esperaran. Como desde San Rafael había ido por la 101, quizá pensaban que volvería a cogerla, o quizá, como le quedaba más cerca, creían que saldría de Morro Bay por la autopista Pacific Coast y se reincorporaría a la 101 en San Luis Obispo, Arroyo Grande o en Orcutt. En lugar de eso, había ido hacia el interior por la Golden State. Era una ruleta rusa porque, si lo habían seguido, ahora ya no podía dar marcha atrás.

Siempre que miraba por el retrovisor y veía un coche que se le acercaba, aceleraba para ganar tiempo y poder observarlo. Al final, siempre veía algo, bien el tipo de automóvil, o bien el rostro que había detrás del parabrisas, que lo convencía de que el vehículo sólo quería adelantarlo.

Dejó atrás las salidas de Bakersfield. Mientras conducía, estudiaba la situación. Repasó mentalmente lo que quedaba de camino, las calles de la ciudad y escogió una ruta para llevar a Wendy hasta el final del trayecto de forma segura. Conducía con la mano izquierda y, en un momento dado, notó que ella le cogía la derecha y se la apretaba. La sensación lo hizo pensar en Holly. Ahora estaba trabajando y, seguramente, cuando él llegara a Los Ángeles, estaría haciendo la pausa de la tarde en el trabajo. Quizá podría llamarla.

—Tengo miedo —dijo Wendy.

—No te avergüences de eso. Haré lo que pueda para impedir que te pase algo.

—Quizá sea mejor así. Quizá morir sea mejor que vivir escondiéndome en algún sitio, vivir un sucedáneo de vida con una identidad falsa.

—¿Tan malo fue?

—El día a día, no. Eso era parte del problema. Después de un año, mi mayor temor no era que me encontraran, sino que no lo hicieran. Llegaría a los sesenta años y, de repente, me daría cuenta de que había desperdiciado la única oportunidad de vivir una vida de verdad. Estaría perfectamente a salvo. Habría visto pasar mi vida esperando a que alguien me dijera que podía asomar la cabeza.

—Wendy...

—Ya lo sé. Después de esto, tendré que volver a esconderme. Sólo es un día, pero es mi día. Voy a hacer algo.

Till no redujo la velocidad y agradeció que se acercaban a Grapevine, la gran pendiente hasta Tejon Pass a más de mil doscientos metros de altitud. El Cadillac de alquiler tenía un potente motor que podía afrontar la pendiente sin reducir la velocidad, y esperó que los perseguidores, si los había, no pudieran ir tan deprisa.

Till siguió dibujando la ruta en su cabeza y la recorría dos veces, una mentalmente y la otra en vivo y en directo en la carretera. Salió de la autopista Golden State por la de Hollywood después de Osborne Street, salió en Victory, tomó Laurel Canyon hasta Burbank Boulevard, giró a la derecha y llegó a Woodman Avenue. Luego se dirigió a Sherman Oaks. Al final entró en una tranquila calle flanqueada por casas.

—¿Qué es esto? ¿Qué hacemos aquí? —le preguntó Wendy.

Él señaló una casa.

—Vamos allí.

Era de estilo colonial y estaba pintada de color amarillo pálido. Las casas del barrio eran bonitas y tenían jardines muy cuidados. Till pasó muy despacio por delante de la casa para leer el número y luego dio la vuelta a la manzana y aparcó en el bordillo a la sombra de un jacarandá en flor de color violeta.

—Ten paciencia. Tengo que hacer un par de llamadas. —Marcó un número en el móvil—. Hola. Soy yo. Donde habíamos quedado. Sí. Te agradecería que vinieras lo antes posible. Gracias, Max —colgó y marcó otro número—. ¿Jay? Soy yo. Estoy aquí. ¿Estás preparado? Vale —colgó.

—¿Y ahora, qué?

—Ahora nos vamos y volvemos dentro de media hora. Si hay algo en el barrio que nos parece distinto, seguimos conduciendo. Si no, terminamos con esto de una vez por todas.

—¿Quieres decir que vamos a encontrarnos aquí?

—Exacto. Cuando esos dos hombres atacaron el coche que aparcó frente a la fiscalía del distrito, conseguí que todos aceptaran un plan distinto. La casa amarilla es de Linda Gordon.

—¿Quién es?

—La ayudante del fiscal del distrito que ha acusado a Eric Fuller de asesinarte.

—Estoy impaciente por conocerla.

Till salió de aquella red de calles residenciales hasta Ventura Boulevard y fue hacia el este de semáforo en semáforo.

—Ventura Boulevard —dijo Wendy—. En los viejos tiempos, siempre planeaba abrir un segundo Banque en el Valley, en Ventura.

—¿Por qué no lo hiciste?

—Al principio, por los motivos obvios: no teníamos dinero suficiente. Y en el momento en que habría sido factible, Eric y yo ya no teníamos ningún proyecto en común. Estábamos separándonos y sacando dinero del negocio en lugar de seguir invirtiéndolo. Es triste que las cosas terminen, ¿no crees?

—No todo es agradable.

—No, pero incluso cuando algo es básicamente malo, cuando termina piensas: «Bueno, ya está. Nunca más volveré a estar aquí». Esa parte de tu vida ha terminado y no la puedes recuperar. No hay vuelta al pasado.

—Supongo que no —vio un Starbucks en Studio City, giró por Ventura y aparcó el coche en una calle lateral. Entraron, compraron dos cafés y volvieron al coche. Till no dejó de mirar a su alrededor durante todo el proceso, pero en las mesas de fuera sólo había un grupo de personas repantigadas en las butacas y charlando mientras sus perros dormían plácidamente a sus pies. Y la gente que pasaba por la calle eran madres y niñeras con cochecitos, corredores y gente que iba de compras.

Till regresó por Ventura y comprobó constantemente los retrovisores para asegurarse de que no los seguían. Giró hacia Sherman Oaks.

—Mira a tu alrededor —dijo—. Cualquier cosa que parezca distinta es importante.

Cuando se acercaron a la casa de Linda Gordon, Wendy dijo:

—Hay un coche en la entrada. Y otro frente a la casa que antes no estaba allí. ¿Lo ves? Parece el coche de un policía.

—Es el de Poliakoff. Y el Saab rojo que está al otro lado de la calle es de Jay Chernoff. Parece que ya han llegado todos —dio una vuelta a la manzana, pero no observó nada distinto. Cuando volvió a la calle de Linda Gordon, aparcó y fueron juntos hasta la entrada. Till se mantuvo pegado a Wendy para protegerla con su cuerpo. Poliakoff les abrió la puerta mientras vigilaba la calle. Cerró en cuanto estuvieron dentro y se acercó a la ventana de la parte delantera para verificar los movimientos en el exterior.

—Si ha habido algún momento adecuado para las presentaciones, creo que es éste —dijo Jack Till—. La señora que me acompaña es Wendy Harper.

Poliakoff se alejó de la ventana y le dio la mano.

—Soy el sargento Max Poliakoff. Es un placer conocerla. Muchas gracias por venir —luego le dio la mano a Till con mucha más energía—. Hola, Jack —se volvió y señaló a un chico de unos treinta y pico años y de pelo rubio—. Él es el agente Tim Fallon, del laboratorio forense.

Fallon murmuró algo a Wendy sobre estar encantado de conocerla mientras Jack vio a Jay Chernoff de pie en la puerta de la cocina junto a Linda Gordon.

—Él es Jay Chernoff —le dijo a Wendy—, el abogado de Eric, y la señora es nuestra anfitriona, la ayudante del fiscal del distrito, la abogada Linda Gordon.

Ésta no había apartado la mirada de Wendy desde que había entrado. Ahora asintió, pero no sonrió.

—Buenas tardes.

—Me alegro de verte, Jack. —Chernoff se acercó para saludar a Wendy—. Y a usted, señora Harper. Es un honor conocerla.

Linda Gordon entrecerró los ojos. Se volvió hacia Chernoff:

—¿Podemos empezar?

El abogado alzó la voz.

—Empecemos, pues. Señora Harper, lo que le pedimos es su colaboración para poder establecer de forma positiva y oficial que es usted quien Jack dice que es.

—Encantada —respondió ella—. ¿Qué tengo que hacer?

—El agente Fallon ha venido porque es un experto en recoger e interpretar pruebas. Él se encargará de la siguiente fase del proceso.

Fallon fue hasta el otro lado del salón, donde tenía un enorme maletín y una caja metálica. Abrió la caja y se acercó a Wendy.

—Empezaremos tomando un par de fotografías de su rostro, si no le importa, señora Harper.

—De acuerdo.

—Quizá su aspecto no sea el mismo que hace seis años, pero sus datos biométricos sí. Sus ojos estarán a la misma distancia, tendrán las mismas manchas, etcétera.

—Entendido —dijo ella.

Fallon no se sentía cómodo trabajando con tanta gente observándolo, y realizaba cada paso de su análisis con un cuidado exagerado. Pidió a Wendy que se colocara frente a una pared blanca y le hizo cuatro fotografías digitales de frente y cuatro de perfil. La midió con una cinta métrica.

—Misma altura —masculló.

Utilizó la encimera de la cocina para preparar todo el equipo para tomar huellas digitales, luego le impregnó los dedos con tinta y le presionó las yemas en una cartulina. Tras lo cual, sentó a Wendy en la cocina y le extrajo sangre hasta llenar tres frascos pequeños. Después le pasó dos algodones por el interior de la boca. Cuando terminó, guardó todas las muestras.

—¿Y bien? —preguntó Chernoff—. ¿Cuándo tendremos los resultados para que podamos obtener una notificación oficial de la fiscalía del distrito de que lo que nosotros vemos con nuestros ojos es correcto?

—Debería ser una identificación mucho más rápida de lo normal —respondió Fallon—. Nuestro equipo de huellas tiene trabajo para meses, pero la señorita Harper lleva seis años como desaparecida en el sistema federal, y el Sistema de Archivo de Huellas Digitales del FBI seguramente pueda corroborar la identidad hoy mismo. Las muestras de ADN se envían a dos laboratorios distintos, y ambos ya han analizado otras muestras de la señorita Harper en la primera fase de esta investigación. El Sistema Nacional de Identificación de ADN también las tiene, y puede que ellos sean más rápidos. Tendremos una respuesta dentro de dos semanas.

—Usted le ha hecho fotografías —dijo Chernoff—. ¿Cuándo va a analizarlas?

—Ahora mismo, si quiere.

—Por favor.

Fallon sacó un ordenador portátil del maletín y lo encendió, luego conectó la cámara digital al ordenador y grabó en el disco duro las fotografías que había hecho.

—Soy Wendy Harper, de verdad —le dijo Wendy a Linda Gordon acercándose a ella.

—Ya lo veremos —replicó la fiscal girándose para verla y luego volvió a darle la espalda.

Mientras Till observaba la conversación, se dijo que a Linda Gordon le resultaría más fácil aceptar lo que decía Wendy si las dos no se parecieran tanto. Ambas mujeres tenían treinta y pico años, eran de la misma altura y complexión, y eran rubias.

—Muy bien —dijo Fallon—. Esta foto fue tomada en las dependencias de tráfico cuando renovó el permiso de conducir hace seis años, y ésta es de cuatro años antes, cuando llegó a California.

—¡Por el amor de Dios, miren eso! —exclamó triunfante Chernoff. Señaló la pantalla y luego a Wendy Harper.

Linda Gordon guardó silencio.

Fallon continuó, como si no hubiera oído nada.

—Voy a colocar la primera fotografía de hoy junto a la más reciente de tráfico. Ahora las estoy superponiendo. Lo que vemos es que los rasgos generales son idénticos. Vemos que la distancia desde la barbilla hasta la coronilla es la misma, los ojos y la nariz son del mismo tamaño y ocupan la misma posición. En el laboratorio, podremos realizar medidas y comparaciones más científicas.

—Venga ya —dijo Chernoff—. Tienen que estar ciegos para no ver que se trata de la misma persona. —Se volvió hacia Linda Gordon—. ¿No puede retirar los cargos basándose en las coincidencias de las fotografías?

—Su cliente salió en libertad bajo fianza al día siguiente de ser arrestado —intervino Linda Gordon—. El hecho de esperar el resultado oficial de las pruebas no le perjudica en nada.

—Pero es una injusticia obvia —insistió Chernoff—. Eric Fuller está acusado de matar a la mujer que tenemos aquí delante. ¿Qué objetivo tiene alargar esto?

—Se parece a Wendy Harper —zanjó la fiscal—. Y eso lo sabíamos desde el mismo momento en que entró por la puerta. ¿Se imagina que si alguien quisiera traer a una impostora traería a alguien que no se pareciera a Wendy Harper?

—Soy Wendy Harper. ¿Quién estaría tan loco como para hacerse pasar por mí? Hay varias personas ahí fuera que intentan matarme.

Linda Gordon se volvió hacia ella:

—¿Cree que puede entrar aquí, afirmar que es Wendy Harper y esperar que todo el sistema criminal y judicial hagan lo que a usted se le antoje? El sistema tiene su propio ritmo y se pone en marcha una vez que se han recogido todas las pruebas. Cuando sepamos qué opina el FBI de las huellas digitales y las pruebas de ADN, entonces sabremos quién es usted.

—No es justo —intervino Till—. La señora Harper ha venido de forma voluntaria porque usted dijo que su presencia era la única prueba que admitiría para demostrar que no la habían asesinado. Me aseguró que si ella aceptaba correr el riesgo de venir, usted retiraría los cargos.

¿Quién le aseguró a ella que todo se haría en diez minutos? —opuso la fiscal.

—El objetivo de incriminar a Eric Fuller era conseguir que Wendy viniera a Los Ángeles —denunció Till—. Cada minuto que pasa aquí, el peligro es mayor. —Se volvió hacia Fallon—. ¿Necesita hacer alguna prueba más?

—Creo que tengo todo lo que necesito —dijo el agente.

Jack miró a Linda Gordon.

—Entonces me llevaré a la señora Harper y algún día oiremos oficialmente lo que todos ya sabemos.

—No abandonen Los Ángeles —dijo la fiscal—. Y asegúrense de que mi oficina sepa dónde están en cada momento.

—¿Qué? —preguntó Wendy.

—Ya me ha oído. Si usted no es Wendy Harper, lo que ha hecho es una obstrucción a la justicia, para empezar. Y el señor Till también será acusado. Si es Wendy Harper, hay otras cosas que tendrá que compartir con la policía. Sabemos que ha estado ocultando información sobre un posible homicidio que se cometió hace seis años. También puede que la acusen de robo en relación con una reclamación fraudulenta de un seguro de vida. Y estoy siendo muy amable porque se ha prestado a venir aquí de forma voluntaria, pero no me ponga a prueba.

—Disculpen —intervino Chernoff—. Puesto que esto no ha terminado, podemos dejar constancia de varias cosas más. Que nadie se mueva.

—Jay, ¿qué haces? —preguntó Till.

—Dadme unos minutos más —sacó el móvil y marcó—. Muy bien. Aparcad delante de mi coche. Os estamos esperando.

Linda Gordon se volvió hacia Chernoff.

—¿Qué hace? No es momento para una de sus payasadas. Todos tenemos otras cosas que hacer.

—Nada es tan importante como esto —replicó el abogado.

—Esto es ridículo —protestó Linda—. Su cliente no está en una celda rodeado de psicópatas. Está en su lujosa casa o en su famoso restaurante.

—Su reputación no tiene precio y la noticia de su arresto ha aparecido en todos los periódicos. Merece que lo declaren inocente lo antes posible. Y que eso sea de conocimiento público.

Oyeron el ruido de unos neumáticos rozando el bordillo al otro lado de la calle y el ruido de una puerta, y luego otra. Poliakoff apartó un poco la cortina para poder ver y luego se acercó a la puerta y la abrió.

La primera persona que entró fue una atractiva mujer de unos treinta años con el pelo castaño y largo y los ojos azules.

—¡Wendy! —corrió para abrazar a Wendy Harper—. ¿Dónde has estado?

—Olivia. ¿Has vuelto sólo para esto? —le preguntó ella.

—No. Hace tres años que volví. Todavía trabajo en el Banque.

Entró un hombre.

—Wendy, qué ilusión volver a verte. —Le tocó su turno de abrazarla, aunque fue un gesto tímido y reservado—. Nos temíamos que hubieras muerto.

—Yo también me alegro de verte, David —dijo Wendy—. ¿Tú también sigues trabajando en el restaurante?

—No —respondió él—. Sólo voy de vez en cuando para sustituir a alguien que se ha puesto enfermo. He empezado a trabajar como actor. Olivia y yo estamos casados.

Ella le enseñó la mano izquierda y Wendy exclamó:

—¡Menudo pedrusco!

—David ha protagonizado el anuncio de una compañía aérea. De piloto está muy guapo.

Till observó a Wendy cuando una tercera persona entró por la puerta y vio cómo sus ojos se llenaban de lágrimas.

—¡Eric!

Él dio un paso adelante, con aspecto cansado y afectado.

—¿Para mí también hay abrazo? —preguntó.

—Intenta detenerme. —Ella le rodeó el cuello con los brazos y se abrazaron con fuerza—. Te he echado mucho de menos. —Al cabo de unos segundos, Wendy se separó y lo miró—. No estás mal para ser un hombre condenado.

—Gracias a Dios que has vuelto —comentó Eric—. He oído todo lo que has tenido que pasar para estar aquí. ¿Por qué te fuiste?

—Estaba muy asustada y tenía que alejarme de todo. Jamás imaginé que te acusarían de mi asesinato. —Desvió la vista hacia Jack Till—. He vuelto porque esta pesadilla tiene que terminar.

Volvió a abrazar a Eric y, al cabo de unos segundos, se separaron.

Linda Gordon se encaró con Chernoff.

—¿Quiere explicarme el objeto de todo esto?

—Declaraciones —respondió el abogado—. Usted, el sargento Poliakoff, el agente Fallon y yo podemos ir a la cocina y tomar algunas declaraciones oficiales. —Se volvió hacia los recién llegados—. Supongo que todos ustedes pueden jurar bajo pena de perjurio que esta mujer es la misma Wendy Harper que conocían hace seis años, ¿verdad?

—Por supuesto —respondió Olivia—. Terminemos con esto rápido que luego tenemos que ponernos al día.

—No veo por qué tenemos que tomar declaración a nadie —dijo Linda Gordon—. Tendremos pruebas científicas irrefutables dentro de quince días y, entonces, los testimonios serán irrelevantes.

—Cuando fui a verla a su despacho no tuvo ningún reparo en tomarme declaración —protestó Jack Till—. Aunque no importa si no quiere tomar declaración a estas personas. El sargento Poliakoff está a cargo de una investigación de un caso de asesinato. Puede entrevistar a quien le plazca, grabar sus declaraciones o tomar notas.

—Usted vino a mi despacho y me ofreció su declaración de forma voluntaria, y yo se la tomé —respondió Linda Gordon—. Pero el caso ya no está en manos de los testigos. Esta mujer será Wendy Harper o no, y punto.

Poliakoff ya había tomado una decisión.

—Tim, hazles fotografías a todos.

—¿Para qué? —preguntó Linda Gordon.

—Me ayudará a identificarlos después.

Se encaró con Chernoff, que estaba extrañamente callado.

—Planea llamarme a declarar ante el juez, ¿verdad? Me hará reconocer bajo juramento que estas personas se han reconocido mutuamente.

—No pretendo hacer nada teatral.

—¿Sinceramente no entiende por qué creo que es mejor esperar a las pruebas científicas?

—No.

—Muy bien. En tal caso, tomaremos declaraciones.

—¿Olivia? ¿Quieres ser la primera? —le preguntó Chernoff a la chica.

—Sí.

Se dirigió a la cocina. Los dos abogados le tomaron juramento y le explicaron las consecuencias del perjurio. Después se turnaron para hacerle preguntas.

—¿Cuánto tiempo hace que conoce a Wendy Harper?

—Diez años.

—No cuente los seis que ha estado desaparecida.

—Entonces, cuatro años.

—¿Con qué frecuencia la veía?

—Todos los días.

—La conocí durante cuatro años —declaró su marido David—. Olivia fue la primera persona que contrataron para trabajar en el Banque, y luego convenció a Wendy para que me contratara a mí.

—¿Lo contrató Wendy, no Eric?

—Wendy llevaba el salón y la barra. Yo era camarero.

—¿La conocía bien?

—Sin la menor duda.

—¿Qué quiere decir exactamente?

—Bueno, salimos juntos una vez.

Jack Till fue el último en entrar a la cocina. Linda Gordon empezó:

—¿Jura que la mujer que ha traído hoy es la misma Wendy Harper a la que ayudó a desaparecer hace seis años?

—Sí.

—¿Reveló a alguien alguna vez lo que había hecho?

—No hasta el día que leí en el periódico que Eric Fuller había sido acusado de su asesinato.

—Pero, excepto ese día, ¿se lo comentó a alguien en otra ocasión?

—No.

—¿Sabe que existía un importante seguro de vida de la señorita Harper que Eric Fuller cobró?

—Algo he oído, pero tendrá que preguntárselo a él.

—¿Sabe que es culpable de ayudarlo a cometer un fraude?

—No soy culpable de nada —respondió Till.

—Un segundo, señora Gordon —intervino Chernoff—. Tengo que interrumpirla un momento.

Apagó la grabadora.

—¿Hay algún problema?

—Sí. Veo que busca un pretexto para detener al señor Till o a la señora Harper. He parado la grabadora para evitar que quede constancia de algo que tendría unas terribles consecuencias para usted. Le aseguró que se retirarán los cargos y que usted se pasará el resto de su carrera luchando para que no la echen o la inhabiliten.

—¿Me está amenazando?

—Por supuesto que sí. Dios mío, ¿es que no me escucha?

—La reunión se ha terminado —dijo ella—. Salgan de mi casa ahora mismo.

—Con mucho gusto —aceptó Chernoff—. Solicitaré al juez que retire los cargos contra Eric Fuller esta misma tarde. Yo que usted me adelantaría y retiraría los cargos en el acto. Pero usted verá.

El abogado cruzó el salón con diez zancadas, abrió la puerta y se detuvo para decir:

—Eric, te llamaré después, cuando hayan retirado los cargos.

Y salió.

Eric asintió y se dirigió hacia Wendy:

—¿Podemos hablar un momento?

Ella lo miró, y luego se volvió hacia Till. Jack ocultó la punzada de celos y su más que razonable temor a la pérdida.

—No creo que la señora Gordon quiera que nos quedemos en su casa —le dijo Till a su clienta—, y no quiero que estés en mitad de la calle. Wendy, ve con Eric y yo os seguiré hasta la comisaría. ¿Sabes dónde está, no, Eric?

—Desgraciadamente, sí —respondió él.

Linda Gordon salió de la cocina. Pasó por delante de ellos, abrió la puerta y salió al porche. El Saab rojo de Jay Chernoff se estaba alejando y ella gritó:

—¡Señor Chernoff! —agitó el brazo histérica—. ¡Señor Chernoff!

Jack Till vio cómo daba media vuelta de golpe y se desplomaba en el porche antes de oír el eco del disparo. Poliakoff y él se arrodillaron junto al cuerpo de Linda Gordon. Cada uno la cogió de un brazo y la arrastraron hasta el interior de la casa. Till cerró la puerta con el pie y, enseguida, Poliakoff y él fueron a mirar por las ventanas para intentar localizar al francotirador.

—Disparo de rifle —determinó Till.

—Con retraso acústico —añadió Poliakoff—. Como mínimo, medio segundo.

—El disparo se produjo desde unos ciento ochenta o doscientos metros.

—La colina al final de la calle.

—Sí. Podría haber sido desde cualquier jardín trasero. Avisa a las unidades.

Poliakoff sacó la radio del bolsillo.

—Aquí el sargento Poliakoff. Nos ha disparado un francotirador en el cinco mil seiscientos cincuenta de Greenbelt Street, en Sherman Oaks. Hay una persona herida de bala y necesito una ambulancia. Creo que el francotirador está al final de Greenbelt, en la colina. Tres manzanas al sur de Ventura y cuatro al oeste de Coldwater. Espero refuerzos.

Till estaba junto a Linda Gordon.

—Wendy —dijo—. Ve a la habitación, y trae unas mantas y una almohada de la cama. —Se volvió hacia la fiscal—. Se va a poner bien. La han herido en el hombro, pero la bala ha salido. Vamos a ponerla cómoda y la ambulancia llegará en un minuto.

Wendy se arrodilló junto a Jack con las mantas y la almohada. Till levantó la cabeza de Linda Gordon con cuidado y le colocó la almohada debajo, y luego la tapó con las mantas. Cuando Wendy se acercó a ella, Till se fijó en que el color del largo pelo rubio de Wendy era igual al de Linda Gordon.

37

Paul Turner descendió la colina a grandes zancadas y entró en el coche.

—Le he dado —anunció—. En el lado izquierdo del pecho, quizás en el corazón.

Sylvie miró por el retrovisor y se alejó por Valley Vista.

—¿Seguro que ha sido fatal?

—No puedo darte un diagnóstico médico a través de la mira telescópica del rifle —dijo—. Sólo puedo decirte que le he disparado con el trescientos ocho y que debería reservarme una fecha por si hay un funeral.

—Ya —dijo ella. La carretera descendía hacia el oeste con muchas curvas. No podía conducir demasiado rápido porque atravesaban una zona residencial, con señales de stop y calles que cruzaban la vía por la que circulaban cada sesenta metros. Algunas curvas eran ciegas y no era el momento para arriesgarse a sufrir un accidente. Paul abrió la ventana.

—¿Puedes cerrarla? —le pidió ella.

—¿Por qué?

—Porque crea un efecto aspiradora y me duelen los oídos.

—Me gustaría oír las sirenas.

—Las oiremos igualmente. Si vas con la ventana abierta, la gente creerá que vas borracho o que has fumado marihuana.

Él suspiró, apretó el botón y observó cómo subía el cristal.

—Es increíble lo bien que sienta.

—Supongo que me llevas ventaja —dijo ella—. Este trabajo ha sido un desastre hasta hace dos minutos. Tengo que acostumbrarme a la idea de que Wendy Harper por fin está muerta y que podemos irnos de vacaciones.

Paul sonreía.

—Es genial. Sabía que teníamos que seguir a Eric Fuller. Sabía que, donde ella estuviera, aparecería él.

—Todo el mérito es tuyo. —Cuando planeaban aquella acción, Sylvie había estado a punto de sugerir eso mismo, pero había decidido, con mucho criterio, dejar que lo propusiera él y que su idea fuera la que triunfara. Le pareció bien y sabía que, si al final salía mal, la culpa sería de Paul y no suya. También había decidido que sería una buena estrategia aceptar su idea sin rechistar porque su silencio le daría confianza. Matar era, básicamente, psicología. Paul había seguido a Eric Fuller hasta la casa y había alcanzado a Wendy Harper con un solo disparo desde doscientos metros, de modo que obviamente Sylvie había tenido razón. En silencio, se felicitó a sí misma—. Eres el mejor —dijo.

—Sabía que, independientemente de lo que hiciera Wendy Harper, en cuanto llegara a la ciudad se verían —observó él—. Fuller no podía permitirse que la chica hubiera venido hasta aquí después de seis años para salvarle el cuello y ni siquiera acercarse a darle las gracias. Habría sido impropio de él. Es de estúpidos seguir al ex policía que se gana la vida protegiendo a alguien y que es capaz de localizarte y hacer que te detengan, es mejor ir tras el desgraciado que se pasa el día en un restaurante cortando cebolla.

Sylvie hizo un esfuerzo para no decir nada. A veces, le sorprendía lo egocéntricos que eran los hombres. Todavía no se le había ocurrido que parte de las felicitaciones eran para ella. Matar a Wendy Harper no había consistido sólo en seguir a un cocinero que se sentía despechado por amor desde La Ciénaga hasta Greenbelt Strect y sentarse detrás de un arbusto a esperar la oportunidad de disparar a una mujer desprevenida. Para Sylvie también había habido mucho esfuerzo y frustración.

Paul pareció darse cuenta de que ella ya no respondía a sus comentarios.

—Pero no todos los honores son míos. Tú también has hecho un gran trabajo, Sylvie. De verdad.

Ella experimentó una perversa necesidad de decir: «¿Qué he hecho yo?» Sabía que él diría algo típico como: «¿Cómo? Has hecho mucho. Has estado siempre conmigo». Se obligó a renunciar a la oportunidad de irritarse y enfadarse. Era otra de las habilidades que había aprendido después de un largo matrimonio. Veía venir las discrepancias desde lejos, tenía tiempo de analizarlas mentalmente para ver si podía ganar algo con ellas y, si no, las rechazaba.

—Eres muy dulce, Paul.

Giró en Beverly Glen, cruzó la intersección con Tyrone, con el concesionario de Cadillac en la esquina, y continuó en dirección norte rumbo a su casa. Avanzó por calles secundarias hasta que llegó a Vanowen, y luego siguió hacia el oeste por esa misma calle casi hasta su casa. Empezó a soñar despierta. En menos de un día, estarían camino de Madrid.

Llegó a su casa. Era última hora de la tarde y otros vecinos pronto empezarían a llegar del trabajo. Era genial. Le encantaba llevar una vida secreta mientras, aparentemente, hacía lo mismo que los demás. Apretó el botón del mando a distancia y observó cómo se abría la puerta del garaje. Entró, apagó el motor y cerró la puerta.

—Por fin hemos matado a esa zorra y volvemos a estar en casa. Me encanta; te quiero. —Se acercó a Paul y le dio un beso en la mejilla.

—Yo también te quiero —dijo él—. Una cosa más y nos iremos de vacaciones.

Descendieron del coche, ella abrió la puerta de la cocina y él entró con el rifle y la munición.

—Sólo tenemos que ir a recoger nuestro millón de dólares —anunció.

—No querrás ir esta noche, ¿verdad?

—Claro. Hemos hecho el trabajo y Scott nos ha dicho que tendría el dinero esperándonos. Ése era el acuerdo.

—Pero no necesitamos un millón de dólares en efectivo esta noche. Es una tontería. Ni siquiera sabría dónde guardarlo. Ya llevamos tanto dinero para el viaje que me preocupa.

—Da igual dónde lo guardemos —comentó Paul—. Lo esconderemos debajo de la cama, en el horno o donde sea hasta que podamos guardarlo en cajas de seguridad. Eso no importa. Vamos a ir a buscarlo esta noche porque no queremos dar a Scott Schelling unos días para elaborar un plan para evitar que vayamos. No tenemos que ser maleducados; sólo seremos fríos y eficaces. Vamos y decimos: «Hemos hecho lo que nos pediste y aquí estamos. Hora de pagar. Adiós».

Sylvie asintió.

—Vale. Dame dos minutos para cambiarme.

—Tengo que dejar este rife listo para tirarlo antes de ir a ver a Schelling.

—De acuerdo —Sylvie fue a ducharse y a vestirse. Sabía que iban a estar fuera hasta tarde, así que preparó unos pantalones negros, un suéter negro y zapatos negros. El negro siempre era adecuado para situaciones ambiguas, y le quedaba muy bien.

Cuando salió de la ducha, Paul ya estaba en la habitación completamente vestido con unos pantalones grises muy bien planchados, una camisa de color azul marino y una americana negra.

—No tienes que vestirte. Estás increíble —le quitó la toalla, la rodeó con los brazos y la aferró a él.

—Tengo frío. Déjalo. Quiero vestirme. No es el momento.

Él la sostuvo dos segundos más, por si cedía, pero luego la soltó.

—Supongo que no —dio media vuelta y salió de la habitación. Durante unos segundos, Sylvie se sintió aliviada de que Paul la hubiera dejado en paz. Sabía que había herido sus sentimientos, y sabía que no debería haber sido tan insensible. Todavía estaba alterado por su difícil victoria y su repentina liberación de un encargo tan complicado.

Debería haber flirteado y tonteado y haberlo dejado ir sintiéndose bien con ella. Pero lo había echado sin miramientos, de modo que se había mostrado poco atractiva y se había quedado allí como una estatua, como un símbolo de frigidez. Mientras se vestía, se maldijo por no haber reaccionado de otra forma, pero es que se estaba concentrando para la tensión del encuentro con Scott Schelling, y el miedo no era afrodisíaco.

Terminó de vestirse, se maquilló y se peinó, y todo sin dejar de pensar en su estúpida acción. Fue en busca de Paul. Lo encontró en la cocina. Se había puesto unos guantes de goma y estaba desmontando el rifle con el que había disparado a Wendy Harper esa tarde. Había guardado la mira telescópica y la munición seguramente en la caja fuerte de las armas. Había separado el cañón, el pasador y la culata y había desmontado el gatillo, que junto con el muelle estaban en la mesa.

Se colocó detrás de él y le besó la nuca. Él no se movió.

—Lo siento, Paul. Estoy enamorada de ti. No quería ser desagradable —apoyó las manos en sus hombros. Las mantuvo allí y se acercó para besarlo en la mejilla. Notó que estaba tenso y se asustó. No sólo se sentía triste y despreciado, estaba enfadado. Lo rodeó, se arrodilló en el suelo de la cocina frente a él y habló con voz muy suave, con las manos en sus rodillas y deslizándolas hacia arriba—. No estés triste —lo miró—. Uy, se me acaba de ocurrir algo que quizá te haga sentir mejor —le bajó la cremallera.

Después, cuando terminaron, él volvía a parecer feliz y relajado. Sylvie lo vio meter las partes pequeñas del rifle en una bolsa de plástico para poder tirarlas a un contenedor de camino al encuentro con Scott Schelling. Se sentía mejor. Había sido una estúpida, pero, al menos, había tenido el criterio suficiente para arreglarlo. Dejar a Paul enfadado habría sido un error.

Dio una vuelta por la casa para comprobar que todo estaba cerrado y apagado. Una vez hubo verificado que todo estaba como quería, fue con Paul al garaje, vio cómo cerraba la puerta de casa y subió al coche.

Mientras él salía del garaje marcha atrás, ella dijo:

—Allá vamos. ¿Sabemos adónde nos dirigimos?

—Sí. Primero iremos a su despacho. Si no está allí, estará en su casa.

—¿Dónde está Crosswinds Records?

—En Burbank, en el Riverside. ¿Sabes dónde están todas esas compañías tipo Warner Records, el Disney Channel y DIC? Pues está en uno de esos edificios.

Condujo hacia el este por Ventura hasta la autopista 134 y salió en Buena Vista. Aparcó en Riverside, en el aparcamiento subterráneo del restaurante Dalt's. En lugar de subir al restaurante con el ascensor, subieron a pie la rampa hasta la calle. Avanzaron por Riverside hasta que llegaron frente a un enorme edificio de cristal que se levantaba en la manzana entre Alameda y Riverside, desentonando con los demás, como un espejismo en medio de los viejos edificios de tiendas y restaurantes de una planta.

—Es aquí —dijo Paul—. Vamos a echar un vistazo.

Sylvie entendió lo que quería decir. Echar un vistazo significaba comprobar la seguridad. Era casi de noche, y las farolas de la calle estaban encendidas, aunque era sencillo mantenerse alejado de ellas. El edificio era como los demás: cristal, acero y esquinas pronunciadas en la acera. Cuando pasaron por delante de la puerta principal, ella miró hacia el vestíbulo y vio a dos hombres sentados detrás de un mostrador. Encima de ellos, había un cartel que ponía: «Por favor, regístrese», y el mostrador estaba situado de forma que nadie podía acceder a los ascensores sin ser visto.

—No parece sencillo, ¿eh? —dijo Sylvie.

—No es imposible. Probemos primero la vía fácil. Sigue andando. —Paul sacó el móvil y un papel y marcó el número que llevaba anotado.

—Hola —dijo—. Quisiera hablar con el señor Schelling, por favor.

La mujer del otro lado de la línea tenía una voz tranquila y aterciopelada de las que conseguían que la gente tuviera más paciencia de la que tenían en realidad.

—¿Puedo preguntarle el motivo de su llamada?

Con eso lo desarmó.

—Es una llamada personal y la está esperando. Soy un amigo suyo, me llamo Paul.

—Un momento, por favor. —El momento fue tan largo que Paul se preguntó si habría atendido otra llamada y se habría olvidado de él. Justo cuando empezaba a plantearse colgar y volver a llamar, oyó de nuevo la voz de la mujer—. Me temo que ahora mismo no puede atenderlo, pero me ha pedido que le diga si puede reunirse con él cuando termine la reunión.

—¿Dónde quiere que nos veamos?

—Ha sugerido Harlan's, al final de la calle de Crosswinds Records. ¿Sabe dónde está?

—Sí. ¿A qué hora?

—¿Puede estar allí dentro de treinta minutos?

—Dígale que allí estaré.

—Se reunirá con usted en la puerta trasera que hay junto al aparcamiento.

Paul colgó y siguió caminando junto a Sylvie.

—Su secretaria dice que quiere reunirse con nosotros en un restaurante que hay en esta misma calle, Harlan's. Dice que estará en la puerta de atrás dentro de media hora.

Ella se encogió de hombros.

—Por dentro, es un sitio oscuro. Hay reservados y no es un mal lugar para intercambiar dinero.

—Quizá no, pero no me gusta que haya elegido el sitio él. Vamos a echar un vistazo antes de que llegue.

—¿Quieres ir en coche?

—No, prefiero que no lo vean.

Siguieron caminando por Riverside y pasaron por delante de Bob's Big Boy, una hamburguesería decorada al estilo de los años cuarenta con un enorme niño con grandes mofletes en la puerta. Los viernes por la noche, el aparcamiento de Bob's se llenaba de coches antiguos para que otros aficionados los admiraran. Cuando llegaron al siguiente cruce, dieron media vuelta y avanzaron por el callejón que había detrás de las tiendas y los restaurantes de la acera norte de Riverside. A su izquierda quedaban las puertas de los bancos y, a la derecha, los aparcamientos.

Harlan's era un edificio bajo de madera que parecía formar parte de algún muelle.

—Llegará en veinticinco minutos. ¿Qué te parece? —preguntó Paul.

—No sé. La calle y la entrada están muy animadas, pero el callejón está casi desierto. No me gusta.

—A mí tampoco. ¿Qué quieres hacer?

—Lo que haga falta. Estaré encantada de coger el dinero, subirme al coche y dirigirme al aeropuerto.

—Vamos a Marie Callender's, al otro lado de la calle, para vigilar la entrada del aparcamiento. Si llega, lo veremos.

—De acuerdo. —Retrocedieron unos pasos y un enorme Chevrolet beis entró en el callejón y deslumbró a Sylvie con la luz de los faros. El coche se detuvo frente a ellos, con el motor encendido. Cuando ella se protegió los ojos con la mano, vio que el conductor era un hombre alto con una corbata roja y una cazadora deportiva. Junto a él había otro hombre, más bajo y moreno. El conductor abrió la puerta y salió.

—¿Señores Turner?

—Prepárate —susurró Sylvie.

—¿En qué podemos ayudarle? —preguntó Paul.

—¿Vendrían con nosotros, por favor? Hemos venido a llevarlos a la cita.

Paul y Sylvie habían empezado a separarse.

—No hemos quedado así.

—Es una precaución. Sólo tienen que subir al coche.

Sylvie sujetaba la pistola en el interior del bolsillo de la chaqueta. Miró a Paul y vio que sus largas piernas lo habían llevado al otro lado del coche. Tenía la mano derecha en el cinturón y las rodillas estaban ligeramente dobladas. Sylvie seleccionó sus objetivos. Primero dispararía al hombre que había salido del coche y luego al más bajo y moreno que estaba dentro, que por lo visto llevaba un vendaje en la cabeza. Tendría poco tiempo para reaccionar.

—Esta situación me incomoda. Llámelo y dígaselo —comentó Paul.

—Somos agentes de policía y van a tener que venir con nosotros —dijo el hombre que estaba de pie junto al coche.

Se abrió la chaqueta para sacar la pistola y Sylvie vio una placa. El hombre que estaba dentro del Chevrolet abrió la puerta del copiloto.

Sylvie disparó al primer hombre y luego se arrodilló en el suelo y disparó al otro mientras Paul tiroteaba el parabrisas.

El hombre moreno quedó herido, pero consiguió sentarse tras el volante y pisar el acelerador. El coche avanzó hacia Paul, pero éste logró saltar a un lado y disparó tres veces más. El coche se desvió unos metros y acabó empotrado contra una valla metálica.

Paul abrió la puerta del conductor, sacó el cadáver, lo dejó en el suelo y se sentó al volante. Sylvie se sentó en el asiento de atrás. Paul condujo por el callejón, giró por Riverside y avanzó un par de manzanas, luego giró por una calle lateral y siguió hasta que llegaron a la parte trasera de Dalt's otra vez. Aparcó, limpió las huellas del volante y de los tiradores. Salieron y bajaron por la rampa hacia el aparcamiento subterráneo del edificio, y se marcharon en su BMW negro.

Avanzaron por Riverside hasta Barham, pasaron por delante de los estudios Warner Brothers en la colina, justo a la entrada de la autopista.

—Por Dios —masculló Paul—. Polis falsos. No puedo creerme que haya dejado que nos engatusara de esta manera.

—Me parece que hasta aquí hemos llegado —dijo Sylvie—. Esto va de mal en peor.

—¿Te rindes?

—No, pero ahora ya no sé si lo que busco es dinero.

38

Scott Schelling notó la vibración del móvil en el bolsillo de la chaqueta. Era la tercera vez esa noche y cada vez se le había acelerado el pulso. Las noticias eran mejores cada vez. Miró hacia el otro extremo de la sala. Ray Klein iba por la mitad de su discurso, así que tenía tiempo de sobra para atender la llamada.

Cruzó el enorme salón muy despacio e intentó no aparentar que tenía prisa. Hacer negocios en ese tipo de fiestas estaba mal visto, pero estaba impaciente por responder la llamada de Tiffany. La primera había sido la más importante. Le había transmitido el mensaje de Paul de que todo había terminado. Eso significaba que, por fin, Wendy Harper estaba muerta. Desde ese momento, que reconocía como un punto de inflexión en su vida, Scott había estado de un buen humor permanente. Había tenido miedo durante seis años, los años que había invertido en crearse una reputación y ganar poder en Crosswinds Records.

Había intentado evitar que le hicieran fotografías o salir en televisión, pero tenía que hacer su trabajo y vivir su vida, que eran lo mismo. Las relaciones sociales eran parte de su profesión. Scott Schelling siempre había llevado a mujeres a las fiestas y se había servido de ellas para impresionar a los músicos. Hablaba con las féminas igual que con los músicos. A cada una le decía que era la mejor, que era a la que quería por encima de las demás. Intentaba dejarles lo más claro posible que les daría cualquier cosa que pudieran necesitar, sólo porque eran especiales. A la elegida del momento le daba una muestra, un bocado de lo que vendría después. Normalmente, era un reloj o una pulsera, algo que costara lo suficiente para que ella supiera que no sería como sus anteriores novios.

Scott había sido muy generoso a la hora de exponer a la nueva conquista a su entorno para demostrarle que era un hombre importante. Le presentaba a las estrellas, la dejaba bailar con ellos, beber con ellos, hablar con ellos. Sin embargo, estar cerca de estrellas de la música era una experiencia extraña para una chica joven. La mayoría de los músicos eran salvajes y descuidados, bebían mucho o desaparecían durante unos minutos y volvían con una locura maniaca y las pupilas dilatadas. Fuera del escenario, las estrellas de la música solían ser rudas, groseras e incluso temibles. La mujer en cuestión sería testigo del espectáculo, quedaría maravillada y fascinada, pero, al cabo de un rato sorprendentemente corto, Scott la notaría pegada a su brazo, buscando su protección, y anhelando su sobriedad y su seguridad.

Se detuvo para saludar a Bill Calder, el auditor de Entertainment Division, y luego le confió a la esposa de Calder:

—Disculpe, me están llamando —y se dirigió al jardín de cactus.

La casa de Klein en Santa Fe le gustaba mucho. Era de piedra, con vigas en el techo y todas las puertas en forma de arco. Cuando estuvo seguro de que no había nadie cerca, sacó el teléfono, marcó el número de Tiffany y dijo:

—Soy yo.

—Scotty, somos Tiffany y Kimberly. Queríamos estar seguras de que ya no nos necesitas más esta noche.

—¿Habéis enviado a alguien a reunirse con el caballero que ha llamado antes?

—¿Paul?

—Sí —respondió él.

—He llamado al número que me dejaste.

—Perfecto. Si todo está solucionado, no hay motivo para que os quedéis. Confirmadme la hora del vuelo mañana por la mañana y apagad las luces. Y acordaos de enviar a alguien a dar de comer al perro mañana.

—Gracias, Scotty —dijo Tiffany—. Nos vemos el lunes por la mañana.

Scott colgó. Inspiró y, a medida que sus pulmones se expandían, se sentía más feliz. Sintió un deseo loco e impulsivo de hacer algo por esas dos chicas, como regalarles un aumento de sueldo increíble. Pero no podía hacer eso cada vez que se sentía feliz. Y Bill Calder, que ahora estaba a unos escasos quince metros de él, se enteraría del aumento y querría saber la justificación. Quizá podría llevárselas con él de viaje. A finales del mes entrante había un viaje a Francia y Alemania para asistir a conferencias.

Guardó el móvil y volvió a la fiesta. Los asistentes eran muy distintos a él. Los presidentes de las demás filiales estaban casados y habían venido con sus esposas, todas rubias, altas y veinte o treinta años más jóvenes que ellos; eso sí, con la cara estirada y los dientes blancos como la porcelana. Nunca sabía qué hacer delante de esas mujeres porque era imposible interpretar su expresión.

Con sus maridos era un poco más sencillo, porque reconocía la hostilidad y la sospecha cuando hablaba con ellos. Cuando se dirigía al enorme salón, vio que Taylor Gaines lo había estado observando. Gaines era el director de la sucursal financiera de la empresa madre, la que utilizaba los beneficios de cada una de las divisiones para hacer préstamos.

—Hola, Scott —dijo Gaines—. Tienes que seguir al pie del cañón incluso estando aquí, ¿no?

—Exacto, Taylor. Si no vas en cabeza, vas rezagado.

Scott avanzó por el pasillo y se dio cuenta de que de las paredes colgaban antiguos dibujos y mapas de la conquista española. Sus chicas habían hecho un trabajo excelente al comprar un mapa antiguo como regalo para Jill Klein. Como había imaginado, seguro que no se habían esforzado demasiado para conseguirlo. Seguro que Ray Klein les había dicho qué comprar.

Parecía que todo lo que pasaba estaba controlado por Ray Klein. Éste quería que las chicas complacieran a Scott Schelling con su eficiencia para que éste las mantuviera en su equipo. Así, ellas podrían seguir pasándole información. Klein quería que Scott se sintiera cómodo en su relación con él, que pensara que lo había hecho bien y que él lo apreciaba y protegía. Ray quería que su mujer Jill tuviera una pieza antigua más en su colección para que se sintiera integrada y admirada, y que no tuviera tiempo para fijarse en la relación de su marido con Martha Rodall, la vicepresidenta de la división de relaciones públicas. Klein era famoso por eso, por controlar a su gente.

Scott avanzó entre camareros que servían tamales de maíz azul y cócteles, y llegó al centro de la fiesta, lo suficientemente cerca de Ray Klein para asegurarse de que lo incluyera en la lista mental de caras, aunque no tan cerca como para ser un obstáculo o una distracción. Se aseguró de que le vieran y luego sonrió y saludó a Sam Hardesty, presidente de Aerospace Electrics.

—Hola, Sam. Scott Schelling, de Crosswinds Records. ¿Cómo estás?

—Bien, ¿y tú? —Hardesty tenía casi setenta años, el cabello blanco y el aspecto de general retirado que era.

—Fantástico —respondió Schelling—. Es una noche preciosa y salir de Los Ángeles en esta época del año es un regalo. Bueno, salir de la oficina ya es un regalo. ¿Cómo cerrarás este trimestre?

Hardesty hizo una mueca ante la pregunta tan directa.

—Me temo que es una cifra que todavía no puedo desvelar.

—Vaya, ¿es un secreto?

—No, pero es información confidencial. Trabajas en otra empresa, aunque nosotros seamos los propietarios. Decírtelo iría en contra de todas las normas de seguridad.

—Bueno, pues buena suerte —dijo Scott. Siguió avanzando hasta el siguiente grupo de ejecutivos, un par de locos de la informática de Syn-Final Microsystems, cuando de repente notó que alguien le tocaba el brazo. Cuando empezó a volverse, vio la mano. En uno de los dedos había una esmeralda del tamaño de una judía rodeada de diamantes. Levantó la mirada y descubrió la cara de Jill Klein pegada a la suya.

—Scotty —dijo con voz suave y conspiradora—. Tenía que encontrarte y decirte lo mucho que me ha gustado el mapa. —Scott veía las marcas de las operaciones de cirugía a las que había sometido su rostro. Habían tensado la piel de encima de los pómulos desde los lados, de modo que sus grandes ojos parecían permanentemente sobresaltados. Se acercó a él y le dio un beso en la mejilla con esos labios hinchados—. Es precioso —sonrió—. A veces, una nota de agradecimiento no basta.

—Quien debería darte las gracias soy yo. Prefiero un beso que una nota de agradecimiento.

—¿Quieres ver dónde lo he colgado?

—Claro.

Lo guió por un amplio pasillo hasta la parte trasera de la casa. Scott oía a los cocineros del servicio de cáterin trabajar en una cocina propia de un restaurante tras las puertas al final del pasillo. Mientras caminaba, intentó recordar la descripción del mapa que le habían hecho Kimberly y Tiffany para poder reconocerlo en cuanto lo viera. Recordaba que le habían dicho algo acerca de que California todavía era una isla. A juzgar por los ruidos de la cocina, sabía que estaban cerca del comedor. Quizá lo había colgado allí, donde los demás invitados podrían admirarlo y envidiar su gusto y delicadeza.

Sin embargo, ella giró en dirección contraria y subió por una estrecha escalera hacia el segundo piso. Avanzó varios pasos y abrió la puerta.

—Son mis dependencias personales.

Estaban en un gran salón decorado con muñecas y tapices de los indios navajos. Había muchos sofás y un escritorio antiguo de madera oscura. Encima de la mesa, Scott vio varios documentos enmarcados, pero ningún mapa.

—Es un salón muy bonito —dijo él.

—Sí que lo es. Es tranquilo. —Abrió la puerta que había junto a la mesa y lo guió hasta el dormitorio. En la habitación había una doncella, arreglando algo en los cajones del vestidor—. Aquí está —señaló una pared del dormitorio. El mapa era más grande de lo que Schelling imaginaba; una hoja tamaño folio con un delgado marco negro.

—Aquí se ve muy auténtico —dijo él. Se tranquilizó al comprobar que no tenía que reconocerlo entre otros mapas casi idénticos.

Jill se volvió hacia la doncella.

—Consuelo, que no nos molesten.

La mujer salió de la habitación. Scott oyó el ruido de un pestillo y, al cabo de varios segundos, otro.

—Para dar las gracias a alguien, siempre me ha parecido mejor el método antiguo, ¿no crees? —dijo Jill Klein.

Le rodeó el cuello con las manos y le dio un beso en los labios.

Schelling se quedó de piedra, alarmado. No tenía una respuesta preparada.

—No creo que sea adecuado —dijo—. Tu marido está...

—Abajo, en la fiesta, con su amante. —Le tomó las manos y se las llevó a la cintura—. Date prisa y así nadie sospechará.

El teléfono de Scott empezó a vibrar otra vez. En aquel silencio, se oía un molesto zumbido y él dio un respingo como si los hubieran descubierto.

—Apaga eso.

Él lo cogió y lo abrió:

—¿Sí?

Era la voz de Tiffany.

—Scotty, siento mucho volver a llamarte, pero estoy en mi coche y en las noticias han dicho que los dos hombres por los que has preguntado antes están muertos. Les han disparado.

—¿Estás segura?

—La descripción es la misma. Y están en el callejón que hay detrás de Harlan's, que es donde les dije que se reunieran con Paul.

—De acuerdo. Gracias.

—¿Qué quieres que haga?

—Vete a casa. No hagas nada. No digas nada. Te veré el lunes por la mañana.

Colgó.

Jill Klein se dirigía hacia la puerta.

—Jill, espera, por favor —dijo Scott.

Ella se detuvo y, mientras alargaba el brazo para girar el pomo, lo miró por encima del hombro.

—¿Jill? Para ti soy la señora Klein. Siempre seré la señora Klein.

Abrió la puerta. Scott vio que Consuelo no se había movido del sofá, casi en la penumbra, seguramente para que nadie viera la luz por debajo de la puerta. La chica se levantó enseguida, corrió hacia la puerta para abrirla y que la señora Klein pudiera salir sin tener que detenerse.

Scott pasó por delante de Consuelo, pero ella no lo miró. Por lo visto, no lo había mirado a la cara ni una vez. Obviamente, le pagaban para que nunca viera ni oyera nada.

Cuando Schelling se acercó a la escalera, vio a Jill Klein en el otro extremo del pasillo, dispuesta a bajar por otra escalera. Lo miró, aunque sólo un segundo y con una expresión vacía. Sólo estaba intentando hacer coincidir su descenso por las dos escaleras para que nadie del salón los viera bajar juntos.

Schelling bajó, cruzó el salón, volvió a salir al jardín y marcó un número de teléfono. Oyó la voz de Dale, su entrenador personal:

—Aquí Dale.

—Hola, soy Scotty. ¿Estás solo? ¿Puedes hablar?

—Claro. Estoy en casa haciendo ejercicio. ¿Qué pasa, Scotty?

—Estoy en Santa Fe y sólo tengo uno o dos minutos para hablar. Fuiste marine, ¿verdad?

—Sí.

—¿Te entrenaron para matar a gente?

—Bueno, sí, supongo que sí. Quiero decir, todo se reduce a eso. La guerra es así. Es por tu país, por tus conciudadanos, pero te entrenan para luchar.

—¿Alguna vez has matado a alguien?

—¿Yo? No. Cuando estuve en la Tormenta del Desierto, no me dejaron salir de Kuwait y mi misión era poner en forma a los recién llegados hasta que se acostumbraran al calor. Luego me destinaron a Haití y a Liberia, pero nunca entré en combate, siempre me quedé en un barco fondeado en el puerto.

—Pero sabías hacerlo. Y estabas dispuesto a hacerlo, ¿no?

—Claro, pero no sé a qué viene todo esto.

—Necesito que me hagas un favor.

—Espera un momento.

—Te lo recompensaré.

—Scotty…

—Mira, estoy metido en un lío de los gordos. Esta noche estoy en Santa Fe por negocios, pero mañana tomo un avión y vuelvo a casa. Esta gente ya ha matado a varias personas que trabajan para mí. Estoy en peligro. Es una situación de defensa propia. Es autodefensa.

—¿Se lo has dicho a la policía?

—Dale, a estas alturas no puedo hacerlo, y no tengo tiempo para explicártelo.

Oyó un largo suspiro.

—Scotty, no puedo ayudarte en algo así.

—Por favor.

—¿Perdona?

—Te lo he pedido por favor. Si no puedes hacerlo, dame un nombre. Ya me encargaré yo. Si no quieres que utilice tu nombre, no lo haré.

—Lo siento. No hago ese tipo de trabajo ni conozco a nadie que lo haga.

Scott se rió. Le pareció que aquella risa no había sido más falsa que cualquier otra de las suyas. Al otro lado de la línea se produjo un silencio, de modo que dijo:

—¡Has picado! Sólo era una broma, Dale. Te estaba tomando el pelo. Pero has picado, admítelo.

—Scotty, si tienes problemas del tipo que sean, tienes que acudir a la policía. Si no, y esto es realmente una broma, tienes un sentido del humor muy macabro.

—Lo siento, tío. Sólo llamaba para decirte que no llegaré a tiempo para la sesión de mañana, y se me ha ocurrido esto, nada más. Si no te ha hecho gracia, te pido disculpas. A mí me había parecido divertido.

—¿Seguro que me estás diciendo la verdad?

—Claro. Mira, ahora tengo que colgar, pero te llamaré cuando tenga un hueco para la sesión. Cuídate, Dale.

—De acuerdo. Llámame.

Scott Schelling se quedó inmóvil durante unos segundos con el teléfono en la mano y todos los músculos del cuerpo rígidos por el miedo, el arrepentimiento y la humillación. ¿Y si no había convencido a Dale de que era una broma? No, se dijo. Tenía que frenar esos pensamientos de inmediato. No podía perder ni un segundo preocupándose por Dale. ¿Qué iba a hacer? ¿Contratar a otra persona para que lo matara? Tenía que mantener la calma.

Mientras intentaba concentrarse en el problema de los Turner, trató de contener el miedo y la ansiedad y pensar en lo que iba a hacer. Había contratado a los Turner y les había prometido un millón de dólares en efectivo por matar a Wendy Harper. Cuando supo que lo habían conseguido, había intentado matarlos, pero habían sobrevivido. La única persona de confianza que le quedaba era Carl, pero él no podía arreglarlo solo. No obstante, Scott todavía tenía otro as en la manga: el millón de dólares. Estaba en un maletín en el maletero de su coche, en Los Ángeles.

Oyó música, se volvió hacia las puertas del jardín y miró hacia el pasillo y el salón. Había un grupo de mariachis a un lado del salón, tocando instrumentos y cantando. Parecía que los invitados todavía no pasaban al comedor. Marcó el número de Carl.

—¿Sí?

—Carl, soy yo. Los dos idiotas que fueron a recoger a los Turner están muertos.

—¡Joder! ¿Cuándo?

—Hace un rato, pero Tiffany dice que ya han dado las noticias por la radio. Quiero que hables con los Turner. Diles que quiero pagarles lo que les debo, pero que estoy fuera de la ciudad hasta mañana. Diles que esos dos querían engañarme, matarlos y quedarse con el dinero, ¿entendido?

—Sí. Intentaré localizarlos.

—Carl, no es momento de intentar y ver qué puedes hacer. Tienes que hacerlo. Mi vida está en tus manos.

—Vale, Scotty, vale. No quería decir eso. Sabes que haré lo que haga falta.

—Gracias, Carl. Tengo que colgar.

Colgó y volvió a mirar hacia la fiesta. Estaba avergonzado del ataque de pánico que le había dado y de haber intentado contratar a Dale para que matara a los Turner. Carl usaría la carta del dinero. Un millón de dólares estaba por encima de cualquier venganza. Cuando Carl les pagara, él se sentiría más seguro que nunca en los últimos seis años.

Sin embargo, había otro problema que lo inquietaba: el terrible error que había cometido arriba. No podía permitirse tener a Jill Klein como enemiga. Era la mujer de su jefe, a pesar de que su jefe se acostara con otras mujeres cada dos por tres. Jill podía hundir la reputación de Scott ante el comité de directores de Aggregate, que virtualmente eran todos los presidentes de las grandes empresas. Esa mujer podía destrozar a alguien como Scott Schelling en una semana.

Entró y la buscó. Se abrió paso entre la gente mirando en todas las direcciones hasta que la localizó. Estaba al otro lado del salón, de pie junto a otra señora, riéndose de algo que su amiga había dicho, con la cabeza hacia atrás y enseñando unos dientes perfectos. Nunca dejaba de mirar a su alrededor para comprobar quién la miraba, pero cuando su mirada se cruzó con la de Scott Schelling, su risa se apagó.

Él se quedó a una distancia prudente de ella, de modo que Jill tenía que volverse y saludarlo o se arriesgaba a montar una escena. Ella asintió y se alejó, pero él la interceptó.

—Hola, señora Klein —le ofreció la mano—. No sé si me recuerda, pero soy Scott Schelling, de Crosswinds Records. Nos conocimos en una fiesta hace unos meses, cuando Aggregate nos adquirió.

Ella lo miró con los ojos entrecerrados.

—¿Schelling? Sí, creo que me acuerdo. Un placer volver a verlo.

Dio un paso a la derecha, para seguir adelante.

—Le he enviado un pequeño regalo y quería saber si lo ha abierto.

Jill miró a ambos lados para saber si alguien la estaba escuchando y susurró:

—¿Qué pretendes hacer?

—Intento empezar de cero. Quiero disculparme por contestar al teléfono. Se trataba de una emergencia. Mi madre lleva más de una semana hospitalizada porque sufrió un infarto y, cuando esta noche llamé el hospital, no me pasaron con su habitación. Y me ha llamado mi secretaria para decirme que ha podido hablar con ella y que está bien.

—Oh —dijo ella—. Lamento mucho que esté enferma.

—Gracias, señora Klein.

—Jill. Por favor, llámame Jill.

—Muy bien, Jill. Me preguntaba si querrías enseñarme dónde has colgado el mapa.

Ella oteó el panorama.

—No tenemos tiempo. He dicho a los del cáterin que hagan pasar a los invitados al comedor en cinco minutos. ¿Dónde te alojas?

—En Eldorado. Habitación trescientos sesenta y dos.

—Espérame a la una —se volvió y se perdió en la multitud, y luego apareció al otro lado del salón, junto a su marido y Martha Rodall.

Schelling se pasó esos cinco minutos hablando con las esposas de dos ejecutivos de Legal Division. Estaban acostumbradas a hablar con hombres, pero parecía que tenían la idea equivocada de que todos los hombres querían hablar de golf.

Cuando se anunció la cena, entró en el comedor con los demás y localizó su silla cerca de un extremo de la mesa junto a otros directivos de empresas dependientes de la compañía madre. Era como ser uno de los hijos pequeños de una familia grande y complicada.

Sin embargo, esa noche no le importaba. Se acababa de salvar de la destrucción. Quizás incluso había descubierto la escalera secreta para llegar al siguiente nivel del éxito.

39

Cuando anocheció, Jack Till se alejó de la colina y volvió a casa de Linda Gordon. Había observado a los agentes desde el otro lado de la cinta amarilla que acordonaba la zona mientras buscaban el casquillo de la bala o huellas de los zapatos del francotirador, pero se había visto obligado a observarlo desde la distancia. La policía seguiría en el escenario del crimen todavía un buen rato, intentando recopilar información, pero él hacía horas que sabía que no había nada.

Volvió a la casa. Todavía había dos agentes trabajando en el jardín delantero intentando encontrar la bala que había atravesado el hombro de Linda Gordon. Tenían la esperanza de que se hubiera clavado en un tronco, en la valla o en alguna casa vecina. Vio que los demás agentes estaban terminando la ronda de entrevistas puerta por puerta en el barrio con las habituales preguntas sin respuesta: «¿Ha visto algo?», «¿Ha oído algo?» o «¿Nos llamará si alguien sabe algo?»

Se acercó a la puerta y vio que Max Poliakoff estaba dentro y se había instalado en la cocina mientras los demás agentes investigaban.

—Max, ¿podemos hablar un momento? —le preguntó Till.

—Claro.

—¿Has descubierto algo sobre Kit Stoddard?

—Joder, Jack. Una cosa después de otra. Me diste el nombre ayer y tengo a un hombre investigándolo. Esa persona existió, pero el nombre debió de ser un alias, como sospechabas. No aparece en ninguna de las listas que el agente ha comprobado. Y ninguna de las personas con las que ha hablado sabe dónde se fue.

—¿Y Scott?

—Bueno, ése es el nombre importante, ¿no? Él todavía es más difícil de encontrar porque no sabemos por dónde empezar. Por lo visto, nadie sabía nada de él ni cuando salía con Kit Stoddard, ni siquiera su apellido..., si es que Scott es el nombre. Podía haber sido de otra ciudad, o incluso de otro país. Salía con Kit, pero ninguno de sus amigos lo conocía.

—Tengo un presentimiento —dijo Till.

—¿Qué presentimiento?

—Desde que fui a hablar con Linda Gordon hace un par de meses, creo que hay algo raro en ella. Parecía tener un interés exagerado en este caso. No quería oír que la víctima estaba viva; quería llevar a juicio a Eric Fuller. ¿Tú no tienes la misma impresión?

Poliakoff bajó la mirada hacia la mesa un segundo.

—Sí. En realidad, sí. Hice algunas preguntas, hablé con algunas personas del departamento y con un par de contactos que tengo en la oficina de la fiscalía. Todos dicen que es una competidora nata, pero que le gustan especialmente estos casos en que un hombre victimiza a una mujer. Parece que la inspiran, que la hacen sentir que está luchando por algo. Eso la convierte en una dura adversaria frente a un jurado. De modo que el director adjunto de la fiscalía del distrito le asigna muchos de estos casos.

—¿Me estás diciendo que lo que hemos visto hoy aquí es normal?

Poliakoff se encogió de hombros.

—¿El qué es normal?

—Si no te hubiera parecido que se comportaba de forma extraña, no habrías hecho preguntas sobre ella.

—De acuerdo. Es verdad. Pero puedo creer que sólo está abrumada. Ha debido parecer que todos los de la casa estábamos del otro lado y la estábamos intentando coaccionar para que tomara una decisión. Quizá se ha sentido arrinconada.

—Cuatro testigos habían reconocido a Wendy Harper y un técnico forense le había confirmado que la fotografía que ha tomado hoy coincide con la de su antiguo carné de conducir. Pero aun así ella ha intentado retener a Wendy en la ciudad y que fuera vulnerable. Ya la has oído tratando de encontrar cargos para retenerla aquí.

Poliakoff levantó las manos.

—¿Qué quieres de mí, Jack? Es la fiscal del caso.

—Le han disparado.

—Porque el pelo rubio ha hecho que, desde la distancia, pareciera Wendy Harper, no por otro motivo.

—Es una víctima de intento de asesinato, y ha pasado justo aquí. La casa es el escenario de un crimen. La entrada está llena de sangre.

—¿Estás insinuando que registre su casa? ¿Con qué causa probable?

—No necesitas una orden. Ya estabas dentro de la casa cuando se cometió el crimen, y la escena pertenece al inspector que está al cargo hasta que él decida lo contrario.

—¿Y qué coño se supone que tengo que buscar?

—Yo buscaría algo que demuestre que conoce a un hombre llamado Scott.

—¿Scott? Habrá miles. Sólo tenemos pruebas de que está muy ansiosa y sospecha de todo y de todos.

—Entonces busca alguna prueba y quizá la encuentres —dijo Till.

Poliakoff lo miró fijamente unos segundos.

—Wendy te está esperando. ¿Quieres llevarla tú a la comisaría o lo hacemos nosotros?

—Lo haré yo. ¿Está sola?

—Está detrás hablando con Eric Fuller.

Till salió por la puerta principal, pasó con cuidado junto al charco de sangre seca de Linda Gordon y salió al porche. Respiró hondo y encaró el camino que rodeaba la casa. Cuando llegó a la esquina, se detuvo para recuperar la compostura. Al avanzar un poco más, vio a Eric y a Wendy sentados en un columpio de jardín. ¿Estaban cogidos de la mano? Desde allí no lo veía.

Se detuvo y dijo:

—Hola. Lamento interrumpiros.

Wendy se volvió hacia él y Till avanzó un poco más. Vio que ella había estado llorando. No se levantó, y Eric tampoco. Ella se volvió hacia Eric y le dijo:

—No quiero volver a perder el contacto contigo.

El afamado chef se levantó y le dio la mano a Till.

—Supongo que tienes que llevártela de aquí, ¿no?

Till asintió.

—La quieren en la comisaría.

—De acuerdo. Es la hora de la cena y los cocineros han estado preparando el nuevo *risotto* de langosta sin mí. Será mejor que vaya al restaurante y les eche una mano. Se volvió, rodeó la casa y se alejó por la entrada.

Till vio que Wendy seguía llorando. Intentó pensar en qué decir.

Ella vio que la miraba.

—Le he contado todo lo que he estado haciendo desde la última vez que nos vimos.

—Ah —dijo él—. A veces, la honestidad está sobrevalorada.

—Creo que una vez lo sabía, pero lo había olvidado. Bueno, ¿dónde vamos ahora? ¿A comisaría?

—Ésa es la segunda parada. La primera es el hospital Saint Joseph.

—¿Por qué?

—Porque es donde la ambulancia se ha llevado a Linda Gordon.

Subieron al coche de alquiler de Till. Condujo por esa misma calle unos metros, dio media vuelta y se dirigió a Ventura Boulevard. Luego giró al este hacia Burbank. Durante un tiempo, el tráfico estuvo tranquilo.

—Hemos salvado a Eric —comentó Wendy—. Hemos cumplido con nuestra misión. ¿No se te ha ocurrido que lo que deberíamos hacer es largarnos de aquí?

—Ahora no es como hace seis años. La última vez no parecía haber muchas opciones, pero ahora no eres la única que cree que ese Scott es un asesino. Si la policía sigue investigando, seguro que acaban dando con él, y esto habrá terminado para siempre.

—¿Y por qué no nos vamos y los dejamos trabajar?

—Porque creo que, a partir de ahora, estarás más segura aquí que huyendo. Y, si yo estoy aquí, puedo seguir algunas pistas que la policía no puede seguir.

—¿En el hospital?

—Para empezar.

—Vas a intentar ver a la fiscal fingiendo que sigues siendo policía, ¿verdad?

—Quizá. Se me da bastante bien.

—Jack, aunque engañes a todo el personal del hospital y te dejen verla, no va a decirte nada. Te odia. Me odia.

—Apuesto a que, en estos momentos, odia más a la persona que le ha disparado.

Till giró en dirección de Vineland. Cuando giró a la derecha por Riverside para recorrer las últimas manzanas antes de llegar al hospital, vio las luces de varios coches patrulla y un par de ambulancias. A la izquierda de la calle había otros vehículos del servicio de emergencias.

—Allí ha pasado algo —dijo.

Till se acercó y descubrió que la policía estaba obligando a circular a los coches para que no se detuvieran. Giró en Ponca, aparcó y salió del coche.

—Vamos. No quiero dejarte aquí sola.

Cruzaron la calle y se abrieron paso entre el gentío que se había reunido frente a la escena. Varios agentes estaban acordonando la zona con señales de escenario de un crimen. Había dos cuerpos en dos lugares distintos del callejón. Till preguntó a un hombre que estaba junto a él:

—¿Qué ha pasado?

—A esos dos hombres les han disparado hace un rato, ¿lo ve? —señaló los cuerpos.

—¿Qué ha sido? ¿Un robo?

—No lo sé. He oído que han intentado robar un coche.

Till se acercó al primer cadáver. Varios miembros del equipo forense estaban de cuclillas en el pavimento junto al cuerpo intentando medir ángulos y examinando el suelo en busca de pruebas. Till cogió a Wendy por el brazo.

—Mira.

—No quiero.

Él la acercó un poco más.

—Mira.

—¡Dios mío! —exclamó ella—. Es ese hombre. El de Morro Bay.

Él señaló hacia el callejón, donde los agentes estaban trabajando junto al segundo cadáver.

—Ése es el de los vestuarios. —La tomó por el brazo—. Camina. No sé quién les ha hecho esto, pero no lo han hecho por nosotros.

40

Paul y Sylvie Turner ya habían saltado la valla de casi dos metros y estaban pisando el delicado e impoluto césped de la casa de Scott Schelling. Era muy agradable caminar por allí, incluso por la noche, porque era casi seguro que nadie, aparte de los hombres encargados de cortarlo y cuidarlo, lo había pisado, y porque junto a la valla había arbustos todavía más altos que les permitían caminar erectos. Avanzaron hacia la casa, se detuvieron a una distancia prudente y la rodearon despacio.

La primera parada fue el garaje. Paul sacó una linterna del bolsillo e iluminó el interior a través del cristal de la ventana.

—Hay un coche deportivo y un Lincoln Town Car — susurró.

—Perfecto. Entonces, seguramente esté en casa.

Él asintió y siguieron caminando. Había ciertas acciones que hacían sin discusión. Se mantenían a tres o cuatro metros de la mansión mientras la examinaban, para mantenerse fuera del alcance de los detectores de movimiento. Miraban los aleros y las esquinas de la casa buscando cámaras de vigilancia, aunque a esas horas no les importaba demasiado porque no habría nadie despierto vigilando los monitores. Buscaban entre los arbustos y los árboles por si había algún cable electrificado, estudiaban las ventanas en busca de mallas conductoras y los cristales en busca de hilos de plata. Las puertas eran robustas, bien hechas y estaban equipadas con una buena protección metálica.

Cuando giraron la esquina, oyeron un ruido metálico y después unas pisadas de perro que se dirigían rápidamente hacia ellos. Era grande, una especie de retriever y, en pocos segundos, estaba junto a ellos, dando brincos y volteretas. Paul lo saludó, le dio unos golpecitos en el lomo y, mientras sacaba la pistola, susurró:

—Buen chico. Buen chico.

Acercó el silenciador hasta escasos centímetros de la cabeza del animal, disparó, observó cómo el perro caía al suelo, y luego se acercó para rematarlo. Lo agarro por la pata y lo arrastró hasta detrás de un arbusto.

—El perro será nuestro acceso —susurró Sylvie—. Seguro que tiene una entrada en algún sitio.

—Vamos a echar un vistazo.

Continuaron con el recorrido hasta que llegaron a la puerta de la cocina, que estaba en la parte trasera de la casa, donde había una entrada para perros cortada en la puerta. Paul y Sylvie se arrodillaron en el suelo para examinarla.

—Tiene que funcionar. El sistema de alarma es bueno —dijo Sylvie.

—Y hay cámaras de vídeo —dijo Paul—. Tendremos que encontrar el centro de control y borrar las cintas o llevarnos las memorias después.

Ella alargó la mano y comprobó que la entrada del perro estaba abierta.

—Estoy segura de que quepo por ese agujero.

—No estará conectado a la alarma, pero tenemos que evitar hacer ruido.

—Claro. Y tenemos que tener cuidado con las trampas internas y los ojos eléctricos. Eres un cielo por preocuparte.

—¿Qué piensas hacer cuando estés dentro?

—Lo despertaré, le diré que desconecte la alarma y te dejaré entrar.

—Perfecto. Adviértele qué puede pasar si aprieta un botón de aviso a la policía. —Se le acercó y le dio un beso en la mejilla—. Te quiero, cariño.

Paul se puso los delgados guantes de piel mientras Sylvie hacía lo mismo. Levantó la tapa de plástico de la entrada del perro y susurró:

—Buena suerte, cielo.

—Gracias.

Sylvie deslizó los brazos por el agujero, encogió los hombros para pasar la cabeza y el pecho, se colocó de lado para introducir las caderas y volvió a darse la vuelta para sentarse y acabar de pasar las piernas y los pies.

La cocina estaba a oscuras y tranquila. Mientras sus ojos se acostumbraban a la oscuridad, se concentró en los ruidos de la casa. Después se levantó, sacó la pistola y empezó a explorar.

Encontró un comedor con una lámpara de araña de cristal, una mesa muy larga y unos aparadores antiguos que no parecían lo suficientemente contemporáneos para un ejecutivo musical. El salón estaba dividido en dos zonas, cada una con su alfombra y su juego de mobiliario blanco, con un gran espacio de mármol en el suelo que delataba que Scott Schelling sólo pasaba por allí cuando entraba o salía de casa por la entrada principal. Avanzó por un pasillo que salía del salón y encontró otra sala grande, una sala de cine, con butacas de piel, una televisión de pantalla plana enorme, varios monitores más pequeños y diversos altavoces y mesas de control para sistemas de sonido interconectados. Regresó por el mismo pasillo, cruzó el salón y fue a parar a un pequeño gimnasio. Tenía casi todas las máquinas y equipos que el primer marido de Sylvie, Darren, le había comprado, pero el juego de pesas era más grande que el de ella.

Estaba en las zonas privadas de la casa, de modo que sabía que debía de estar cerca de las habitaciones. En el gimnasio había una puerta que llevaba a una pequeña zona de ducha y, en el otro extremo, había una puerta que conectaba con un baño convencional y luego otra puerta que daba a un vestidor muy grande. Sylvie vio hileras de trajes en los colgadores y filas y filas de zapatos en varios estantes.

Se acercó sigilosamente a la otra puerta, con el arma preparada, y se asomó de forma repentina, apuntando hacia la cama. Pero la cama estaba hecha y la colcha estaba perfectamente alisada. A la derecha vio un escritorio junto a la pared, y se acercó. Encima no había nada, ni papeles, ni carteras, ni llaves, ni gafas de sol o monedas que Scott hubiera dejado allí antes de acostarse. Miró el reloj. Era muy tarde, casi las dos. Debería estar en casa, si es que iba a volver.

Quizá dormía en otra habitación. Salió por la puerta, avanzó por el pasillo y empezó a mirar en todas las habitaciones. Cuando hubo estado en todas, volvió a la cocina. Al otro lado, vio un pasillo que no había visto antes; conducía a la habitación de servicio. Abrió la puerta despacio y lo examinó todo con cuidado. En el armario había ropa de mujer y en las estanterías había varias novelas en castellano, pero la cama estaba intacta. En el baño de la chica, vio una ventana de lamas justo encima de la bañera. Regresó a la cocina y se arrodilló junto a la entrada del perro.

—Paul.

—¿Qué has encontrado?

—A él, no. No está. No hay nadie. Parece que la doncella tiene el fin de semana libre. He estado en todas las habitaciones. Es hora de que entres.

—¿Cómo? Por ahí no voy a caber.

—Ve hasta la parte de atrás, junto al garaje. Ya verás.

Él rodeó la casa y, cuando llegó, Sylvie ya estaba desmontando las lamas de la ventana. Él empujó las tres últimas, se las dio a Sylvie y entró por la ventana. Luego volvieron a colocar las lamas en su sitio y salieron de la bañera.

—¿Por dónde empezamos? —preguntó él.

—La cocina está justo aquí al lado.

Lo guió por el corto pasillo hasta la cocina.

Paul iluminó la encimera de granito, las cazuelas de cobre colgadas de la pared y el fregadero y el horno, ambos enormes.

—Muy bonita.

—Busquemos el dinero —dijo ella.

La cocina estaba llena de esquinas donde esconder cosas: la nevera, dentro de cazuelas, en los falsos fondos de los electrodomésticos, en armarios y cajones. No encontraron nada y fueron a la siguiente habitación. Paul se subió a la mesa del comedor para ver si había algo escondido dentro de la araña. Miraron debajo de las mesas y los aparadores. En el salón, corrieron las cortinas y movieron cuadros buscando algún compartimento secreto, y sacaron todos los cajones. Buscaron dentro del piano, y luego continuaron.

Cuando terminaron, casi amanecía. Habían encontrado siete mil dólares en efectivo, relojes y joyas por valor de varios miles de dólares, dos pistolas cargadas y una escopeta de cañón recortado. Pero no encontraron el millón de dólares que Scott Schelling les había prometido.

—¿Qué hacemos? —preguntó Sylvie—. ¿Nos rendimos y nos vamos?

—No va a conseguir a Wendy Harper gratis. Tenemos un acuerdo y va a pagarnos.

41

Mientras tomaban una copa en la habitación de Scott Schelling, Jill Klein confesó a Scott una larga lista de motivos de queja contra su marido. Hacía quince años, Jill era una mujer joven y extremadamente guapa que trabajaba para una empresa filial llamada Carbondale Industries en Chicago. Ray Klein le dijo que había alcanzado un momento de su vida en que sólo quería dejar la dirección del grupo y disfrutar de la vida con una mujer como ella. Le dijo que siempre la adoraría y le sería fiel. Cada una de sus frases fue una mentira deliberada.

—Ahora tiene una chica nueva, será la número cien, pero ésta es mucho peor. La ha ascendido a vicepresidenta y viaja con ella, como una esposa de empresa. Es la humillación más pública a la que me ha sometido. Lo odio —y entonces fue como si hubiera recordado que había olvidado algo. Dejó el vaso, se levantó y empezó a desnudarse.

Cuando estuvieron en la cama, Scott comprendió que Jill estaba vengando su humillación. El odio la hacía ser apasionada y atrevida. Quería excitarse y embelesarse con él como no lo había hecho con Ray Klein, porque eso también formaba parte de la venganza: demostrar a algún árbitro universal imparcial e invisible que su marido no era tan bueno en la cama como el primer chico con el que se había cruzado en una fiesta. Además, en su mente todavía había otra comparación. Su encuentro sexual tenía que ser más salvaje y erótico que la relación ilícita de Ray con Martha Rodall. Y Scott sabía que había otros sentimientos, aunque él no tenía la experiencia suficiente para interpretarlos.

Scott siempre había temido a Ray Klein, siempre había estado aterrado del poder que tenía sobre él. Sin embargo, esta noche estaba en una habitación de hotel haciendo el amor con su preciosa mujer. Era el antídoto perfecto para la cobardía, la vergüenza y el resentimiento, y era tóxico. Jill y él se habían convertido en cómplices en el engaño a Ray Klein; y no sólo por engañarlo, sino por deshonrarlo y burlarse del poder que ejercía sobre ellos. ¿Qué podría hacerle Ray Klein que igualara aquello? Mientras estaban en la cama, Scott sabía que la próxima vez que tuviera que aguantar a Klein y tolerar su actitud dominante estaría pensando: «Me he tirado a tu mujer». Y sabía que Jill estaba impaciente por tener esos mismos pensamientos.

Cuando ella se vistió, él dijo:

—¿Volveré a verte?

—Te lo aseguro —lo dijo en un tono peculiar. No fue afectuoso, ni siquiera cálido. Había una especie de apremio, y él lo reconoció.

—¿Cuándo?

—Cuando pueda.

—Quiero que sea pronto —no podía creerse que hubiera dicho eso, pero era cierto. No quería compartir sólo una noche con Jill Klein. Quería poder estar con ella lo más a menudo posible. Quería que fuera suya.

Ella le acarició la cara, se inclinó y lo miró, pero no lo besó.

—Si tengo ocasión de repetir, créeme que lo haré.

—Te daré mi número —cogió la libreta que había en la mesita del hotel y escribió mientras hablaba—. Éste es el móvil que siempre llevo encima. Es un número que no tiene casi nadie porque sólo lo utilizo para emergencias. Llámame cuando creas que tienes un hueco para verme.

Ella cogió el papel, lo dobló y se lo guardó en el bolso.

—Perfecto. Ahora tengo que irme.

Cerca de las tres de la madrugada, Scott Schelling acompañó a Jill Klein por el pasillo del hotel hasta los ascensores. Cuando apretó el botón, las puertas del ascensor más cercano se abrieron, ellos entraron y las puertas volvieron a cerrarse en silencio. Jill Klein le dedicó una de sus misteriosas sonrisas, lo abrazó y lo besó. Scott sabía que en los ascensores de los hoteles solía haber cámaras, pero decidió que era mejor ignorarlas. Los de vigilancia estarían con la boca abierta y seguramente no tendrían ni idea de quién era Scott Schelling.

No quería parecer tímido frente a ella. Todos los actos de Jill eran flagrantes. Mientras lo besaba, deslizó las manos por debajo del cinturón y él tuvo que interrumpir el beso.

—Si haces eso, difícilmente podré cruzar el vestíbulo y acompañarte hasta la puerta.

Ella se rió.

—Me portaré bien.

—Pero me refiero sólo a ahora, no al futuro.

—¿Ah, no? La próxima vez que te vea, seré mala de verdad.

—¿Cuándo será eso?

—Intentaré llamarte mañana. Si no te llamo, busca una excusa para no ir a la conferencia de Europa dentro de dos semanas. Iré a Los Ángeles.

—De acuerdo. Tienes mi número, ¿verdad?

—¿Cómo iba a perderlo en tan poco tiempo?

El ascensor se detuvo y se abrieron las puertas. A esas horas, el vestíbulo estaba casi vacío. Un hombre de uniforme pulía el suelo con una máquina eléctrica, pero no les prestó atención. Uno de los recepcionistas los miró cuando pasaron por delante del mostrador a una distancia de unos veinte metros, pero enseguida volvió a concentrarse en la revista que estaba leyendo.

Schelling y Klein salieron por la puerta principal y él miró el aparcamiento y la calle por si había alguien vigilándolos. Por lo visto, esa noche tenía suerte: no se veía a nadie. El aparcacoches y el botones estaban sentados en un banco a unos metros de distancia, junto a un armario lleno de llaves. El aparcacoches se levantó enseguida, tomó el resguardo de Jill, desapareció por la rampa que iba al aparcamiento y regresó con su coche. Scott le había pedido antes que lo aparcara en el garaje subterráneo, a pesar de que había plazas en la calle cuando ella había llegado. Le dio un billete de diez dólares al aparcacoches.

Abrió la puerta para que Jill se sentara al volante y se inclinó para darle un beso.

Ella volvió la cara.

—No seas estúpido. Nos veremos pronto —salió del aparcamiento y giró hacia la rotonda que había delante del viejo Palace of Governors. Scott vio cómo, dos manzanas más allá, los faros del coche giraban al norte, hacia la residencia de los Klein.

De vuelta en su habitación, percibió el ligero perfume de Jill. La sábana arremolinada a los pies de la cama y las almohadas en el suelo delataban la sorpresa que había supuesto la mujer de Klein. Scott esperaba que la noche se limitara a dos horas de diplomacia para apaciguar a una belleza de mediana edad, pero había resultado ser una noche de nuevas emociones. Ahora volvía a estar solo. Mientras se quitaba la cazadora deportiva y la colgaba en el armario, sacó el móvil del bolsillo y marcó el número del despacho de Tiffany. Saltó el contestador.

—Hola, Tiffany. Voy a quedarme un día más en Santa Fe. Ya cancelaré yo el vuelo y haré otra reserva. Coordínate con Kimberly.

Colgó, dejó el teléfono en la mesita de noche, se lavó los dientes y se tendió en la cama. Tenía otro motivo para no regresar a casa todavía. Carl no lo había llamado para decirle que había solucionado el problema de los Turner. Quizá había tenido que matarlos. Si era así, era mejor que no volviera a la ciudad hasta que todo hubiera pasado. Tener una habitación de hotel reservada en otro estado no era la mejor coartada, pero tampoco era la peor. Llamó a recepción. Cuando una chica le contestó, dijo:

—Soy el señor Schelling, de la habitación trescientos sesenta y dos. Me gustaría quedarme un día más. ¿Podría encargarse de alargar la reserva?

—Un momento, por favor, que lo verifico —al cabo de unos segundos, la chica dijo—. Sí, señor. Le he alargado la reserva un día. ¿Desea algo más?

—No, gracias —colgó. Lo sorprendió el leve cambio que se había producido en el universo el día anterior por la tarde y que ahora el propósito del mundo entero fuera decir «Sí, señor» a Scott Schelling.

42

El sábado por la tarde, Carl se acercó hasta la verja de casa de Scott Schelling. Apretó el botón del mando a distancia que llevaba en el coche y observó cómo la verja se abría. Aparcó donde siempre, en la última plaza de las seis para invitados que había a la derecha del edificio. Respiró tranquilo cuando vio que era el único coche.

Scott Schelling era un jefe exigente. Trabajaba muchas horas y quería que todo el mundo estuviera disponible hasta que él terminaba su jornada, sobre las ocho. A veces, Carl se quedaba trabajando hasta más tarde. Siempre que Scott estaba fuera de la ciudad, las chicas intentaban dar unos días libres al personal. Kimberly no estaba, a pesar de que era sábado por la tarde, y Sonya, la doncella, tampoco, de modo que Carl se había ofrecido voluntario para dar de comer al perro.

Estaba impaciente por entrar. Estaba casi seguro de que estaría solo, pero sabía que cabía la posibilidad de que alguien más se acabara presentando en la casa.

No había dormido demasiado bien pensando en hoy. Scott nunca había sido demasiado justo con él, pero los últimos días la cosa había empeorado. Al principio de su relación, el trabajo le gustaba. Scott y él eran dos chicos jóvenes y, muchas noches, salían a ligar juntos. La única diferencia entre ellos eran sus cuentas corrientes. Cada uno tenía lo suyo. Quizá Scott Schelling tuviera más dinero y mejor posición social, pero Carl era guapo, tenía un pelo y unos dientes preciosos, un cuerpo musculoso y sentido del humor. Durante los primeros años, prácticamente se había inventado la vida personal de Schelling. Lo había llevado a clubes, le había encontrado mujeres y las había convencido para que salieran con él.

Sin embargo, las cosas entre Scott Schelling y él cambiaron seis años atrás. Una noche, Carl estaba en un club cuando Scott lo llamó. Podría haber apagado el móvil o haberlo dejado sonar y escuchar el mensaje después, pero había respondido. Era Scott, que le decía que lo necesitaba de inmediato.

Cuando Carl llegó a su casa, se lo encontró descamisado y con unos vaqueros, paseando descalzo de un lado a otro de la entrada. Parecía asustado y fuera de sí, como un niño.

—¿Qué pasa? —le preguntó, y Scott meneó la cabeza y se lo llevó hacia dentro de casa.

—Carl, tengo un problema. Kit ha muerto —le dijo cuando cerró la puerta.

—¿Qué quieres decir que ha muerto? ¿De qué?

—Ven. —Scott lo guió por el pasillo, dejaron atrás el gimnasio y entraron en la habitación principal. Ahí estaba Kit, en la moqueta con un cinturón alrededor del cuello.

Carl sintió asco, pero lo que más lo impresionó fue el miedo que vio en la cara de Scott. Éste maldijo entre dientes su mala suerte y luego culpó a Kit por haberlo obligado a hacerlo. Todo el rato iba de un lado a otro, aunque nunca miró el cadáver. Entonces, se dejó caer en la cama y se echó a llorar mientras decía que podía pudrirse en la cárcel para siempre.

Repugnado y triste, Carl se avergonzó de estar allí. Sin embargo, ya hacía años que conocía a Scott y no podía evitar preocuparse por él. Normalmente, era muy decidido y directo, estaba muy seguro de sí mismo, pero en ese instante, viéndolo llorar y maldecir, parecía absolutamente desamparado.

Carl miró el reloj de la mesita de noche.

—Scotty, amanecerá dentro de tres o cuatro horas. Llama a la policía, diles que la has matado, pero que ha sido un accidente.

—No puedo llamar a la policía —le contestó—. ¿Qué voy a decirles, que pensaba que era una intrusa y la he estrangulado con el cinturón? Por favor. Tienes que ayudarme a deshacerme del cuerpo.

Carl se había resistido:

—No tienes antecedentes. Si los llamas, quizá se crean que sólo fue una pelea y que perdiste los nervios.

Sin embargo, Scott había insistido, le había suplicado y rogado, le había ofrecido dinero y su eterna gratitud. Al final, fue demasiado para seguir escuchándolo:

—Está bien —dijo Carl—. Te ayudaré. En el garaje, hay un vieja lona. De momento, la envolveremos y la sacaremos de la casa. —Tomó el mando de la situación y le dijo a Scott qué tenía que hacer. Le dijo que se calzara y se pusiera una sudadera. Envolvieron a Kit con la lona, la arrastraron por el pasillo y la llevaron hasta el garaje. La metieron en el maletero del Town Car y Carl también metió dos palas y una botella de agua.

—¿Por qué el Town Car? —preguntó Scott.

—Porque el maletero es grande. En el Maserati no cabría.

Carl condujo por las colinas hasta una zona de la Reserva de San Gabriel. Se salió de la carretera, entró en un área boscosa y siguió conduciendo lo más lejos que pudo. Cuando se paró, cogió una pala, le dio la otra a Scott y le dijo:

—Cava.

Scott no estaba acostumbrado a realizar trabajo físico, pero había estado trabajando con las pesas y las máquinas del gimnasio, de modo que lo hizo mejor de lo que Carl esperaba. Cuando los primeros rayos de sol asomaron entre los árboles, ellos todavía seguían cavando. Para entonces, el hoyo era tan profundo que los hombros de Carl estaban por debajo del nivel del suelo y el montón de tierra se levantaba sobre sus cabezas.

Salieron, sacaron el cuerpo del maletero, lo desenvolvieron y dejaron el cuerpo junto al hoyo.

—Venga, desnúdala —ordenó Carl.

—¿Qué?

—Quítale la ropa, por si la encuentran. Si sólo aparece el cuerpo, será una desconocida, seguramente para siempre. Sin embargo, la ropa y las joyas se pueden rastrear.

Scott asintió. Se arrodilló junto al cuerpo y le desabrochó la blusa. Le temblaban las manos.

—Mierda —dijo—. No puedo hacerlo.

—Pues tienes que hacerlo.

Sin embargo, al final, quien la desnudó fue Carl. Cogió su ropa, el reloj y los anillos, y lo metió todo en el maletero. Lanzó el cuerpo al hoyo y empezó a cubrirlo de tierra. Después de hacerlo solo unos minutos, Scott se le acercó por detrás y echó un vistazo al hoyo. Cuando comprobó que Kit ya no se veía, se unió a él y empezó a echar tierra tan deprisa que tuvo que apartarse para que no le manchara los pantalones y los zapatos.

Carl igualó la tierra y la cubrió con hojas, ramas y piedras para intentar camuflar ese punto y que se pareciera al entorno. Después metió a Scott en el asiento de atrás y le dijo que esperara mientras él aplastaba las huellas de los zapatos con la palas. Al final, regresó con el coche a la carretera y llevó a Scott a su casa bajo el sol de la mañana.

Tardó tres días más en borrar cualquier otra señal que delatara la existencia de Kit. Tuvo que quemar la ropa que le habían quitado, junto con la que ellos dos llevaban puesta en ese momento. Tuvo que limpiar el coche en casa, luego llevarlo a un túnel de lavado para que lo limpiaran por dentro y por fuera. Después compró cuatro neumáticos nuevos, limpió las palas y tiró la lona a un contenedor a sesenta kilómetros de allí. Incluso cambiaron los muebles y la moqueta de la habitación de Scott.

Una semana después, los dos descubrieron el problema de la curiosidad de Wendy Harper. Ella y su amiga Olivia habían ido a casa de Kit dos veces y habían estado preguntando a la gente para obtener cualquier información que pudieran darles sobre ella. Era como si Wendy estuviera intentando reunir pruebas contra Scott. Carl escuchó incrédulo la propuesta de Scott:

—Usa un bate. La golpeas una vez en las piernas para tirarla al suelo y después le das en la cabeza. Un golpe certero y está muerta. Nada más. La policía creerá que ha sido un atraco, o el acto de un pervertido, porque quién, si no, le haría eso a una mujer.

—Yo no —dijo Carl.

Pero Scott siguió hablando:

—¿Es por dinero? Sabes que me encargaré de ti. ¿Qué quieres, una casa? Te daré tanto dinero que podrás comprarte dos casas y un coche. Piénsalo.

—Ya me lo pensaré.

—No, quiero que te lo pienses ahora.

—Me lo estoy pensando. No.

—Tienes que hacerlo, Carl. Eres vulnerable. Independientemente de cómo Kit muriera, el hecho de haber trasladado y enterrado su cuerpo bastará para que nos encierren hasta que seamos viejos. Una casa pagada, Carl. Podrás comprarte una casa, un coche y cobrarás el sueldo de un año.

Él prestó más atención a las advertencias de Scott que a las promesas, y poco a poco empezó a asustarse. Wendy Harper sabía demasiado y seguía investigando, preguntando y buscando. Una noche, tarde, la esperó en su casa y la golpeó con un bate. El primer golpe la había tirado al suelo, pero ella se había levantado y había intentado huir. Él había soltado el bate y la había agarrado de la camisa, la había vuelto a tirar al suelo, pero la camisa se le había roto en las manos. Luego había levantado el bate y había intentado golpearle en la cabeza, pero había fallado. La verdad era que, en el último segundo, había cerrado los ojos. El bate había golpeado el cemento y había provocado un ruido seco, y le había mandado una intensa vibración desde las palmas de las manos hasta los codos. Vio que sí que le había dado en la cabeza y que estaba sangrando.

Y entonces unos faros iluminaron la oscuridad y la tranquila calle; primero un par, y detrás apareció otro par. Las luces lo cegaron y no podía ver nada, y tampoco podía ocultar a la mujer que tenía a los pies porque la camisa y la piel blancas y el pelo rubio brillaban con la luz, de modo que salió corriendo. Atravesó varios jardines traseros, saltó varias verjas, salió en la siguiente calle y corrió hasta la esquina, donde había dejado el coche.

Llegó al vehículo antes de bajar la vista y darse cuenta de que todavía llevaba un trozo de camisa blanca en la mano izquierda con el bate. Envolvió el bate ensangrentado con la tela para que no le manchara el coche y se marchó.

Esa noche cambió para siempre el trabajo de Carl. Ya no era sólo un chofer; era un cómplice de asesinato fingiendo ser un chofer. Lo de chofer sólo era una tapadera, un motivo plausible para que Scott y él fueran a sitios juntos y hablaran a solas en el coche sin que nadie pudiera oírlos. Luego tuvo que ponerse a buscar personas que buscaran a Wendy Harper, contratarlas y supervisarlas. Scott se había comportado como si eso fuera algo sencillo para Carl, pero no lo era. Los asesinos no aceptaban sus órdenes tan fácilmente. Parecía que enseguida percibían que les tenía miedo, y le hablaban en un tono condescendiente e irrespetuoso. Como algunas personas hablaban con los niños.

Durante seis años, había ejercido de pagador e intermediario. Lo había hecho todo sin quedarse ni un céntimo. Mientras lo pensaba, se dio cuenta de que Scott Schelling nunca lo hubiera hecho. Él habría encontrado la forma de quedarse con parte del dinero. Aquélla era otra pequeña diferencia entre ellos.

En cuanto Densmore murió, Scott decidió que Carl y él se encargarían personalmente del problema. Carl sabía que era una locura; ninguno de los dos sabía manipular y engañar a gente como los Turner. Eran de esas personas tan locas y malas con las que era mejor no meterse. Ahora por fin Scott también lo había entendido, y estaba planeando pagarles un millón de dólares en efectivo, tal y como les había prometido.

Carl sabía perfectamente cómo lo haría. Tenía que ser en billetes de cien, porque los más pequeños abultarían demasiado. Incluso en billetes de cien, eso significaba diez mil billetes. Habría una maleta llena de dinero. Scott nunca iría a Crosswinds Records con una maleta llena de dinero porque eso significaba que los Turner saldrían de Crosswinds con la misma maleta. Podían pararlos y Scott podría verse obligado a tener que explicarlo. Seguro que lo había escondido donde pudiera controlarlo, y donde pudiera ir y cogerlo cuando quisiera. El dinero tenía que estar en la casa.

Mientras caminaba hacia la puerta, sacó las llaves. Ya estaba haciendo un inventario mental de todos los lugares de la casa donde esconder una maleta. Primero miraría en el armario de las maletas, en la habitación de invitados. Abrió la puerta, marcó el código de la alarma, después ENTRAR, después DESCONECTAR y después ENTRAR.

Entró y, mientras cerraba la casa, percibió un movimiento. Se volvió. Allí estaban los Turner. Lo habían estado observando mientras entraba, desde el ángulo bueno de las escaleras. Cada uno llevaba una pistola, de modo que Carl colocó las manos donde pudieran verlas, y no a los lados.

—Paul. Sylvie. ¡Vaya! Me habéis asustado. ¿Ha llegado ya Scott?

—No. No está aquí —dijo Paul—. ¿Sabes dónde está?

—Por eso no esperaba encontrarme a nadie. Salió de la ciudad el viernes para asistir a una conferencia de fin de semana con otros peces gordos. Se suponía que tenía que regresar esta mañana, pero le han retenido. Es uno de los problemas de trabajar con gente importante, que están ocupados. Ya os acostumbraréis.

—¿Dónde está nuestro dinero, Carl? —preguntó Sylvie.

—Lo tiene Scott. Estoy seguro de que lo tiene preparado para vosotros, pero no sé dónde.

—Una lástima —dijo Paul.

—Una verdadera lástima —añadió Sylvie.

Carl levantó las manos.

—Esperad. Dejadme que lo llame y se lo pregunte.

—De acuerdo —respondió Paul.

Carl sacó el teléfono y marcó en la memoria el número de Scott. Oyó un tono, otro, y otro… tenía el corazón en la boca. Oyó otro tono y saltó el contestador.

—Scott, soy Carl —dijo—. Llámame enseguida. Es muy importante —colgó, y probó con el siguiente número, el del despacho.

Saltó el contestador. Una grabación con la voz de Tiffany decía: «Por favor, deje su mensaje», y Carl dejó el mismo mensaje que antes. Vio que Paul lo estaba observando de cerca, con la pistola preparada.

—Parece que ahora mismo está ilocalizable. Está en Santa Fe, así que no es extraño. Pero tengo una ligera de idea de dónde puede haber dejado el dinero. Echemos un vistazo.

Paul analizó la propuesta durante unos segundos.

—Está bien. No estará de más.

Carl se dirigió hacia la escalera. Estaba casi seguro de que el dinero estaría en una de esas maletas y estaba llevando a los Turner hasta allí. Se había hecho la ilusión de que saldría de allí con un millón de dólares, pero se había engañado a sí mismo. La gente como él no se hacía rica; acababan conduciendo un taxi hasta los setenta y cinco años.

Tenía miedo y se odiaba a sí mismo por ello. Estaba seguro de que sabía dónde estaba el dinero, y llevaba una pistola en el bolsillo de la chaqueta, pero podía haber sido perfectamente un saco de arena. No tenía el valor de intentar sacarla. Subió las escaleras deseando tener el valor. Avanzó por el pasillo y abrió la puerta de la habitación. Se acercó al armario, con Paul y Sylvie un paso por detrás de él, uno a cada lado.

De repente, Carl lo vio todo claro. Se dio cuenta de que no tenía que sacar su pistola y disparar a dos personas. Si pudiera abalanzarse sobre Sylvie, podría hacerse con su pistola y apuntar a Paul al tiempo que la utilizaba a ella como escudo. Alargó el brazo hacia la puerta del armario, giró sobre sí mismo e hizo un intento desesperado por agarrar a la mujer.

Ella se volvió y saltó hacia atrás. En cuanto sus pies tocaron el suelo, lo estaba apuntando con la pistola.

Carl notó cómo las balas le penetraban el torso, como si estuvieran disparando a puntos concretos en una práctica de tiro. Había algo vergonzoso en hacerle eso a alguien. Sacó la pistola del bolsillo, pero no llegó a dispararla. Se desplomó.

Paul le alejó la pistola de la mano con el pie y luego abrió la puerta del armario. Dentro, había tres grandes maletas negras. Abrió la primera, luego la segunda, y al final la tercera.

—Mierda —dijo—. Aquí sólo hay maletas vacías.

43

Jack Till se asomó a la puerta entreabierta del pequeño despacho. Claire, la retratista de la policía, levantó la mano derecha, con el lápiz entre los dedos, se apartó la larga y grisácea melena de la cara y volvió a bajar la mano. Mientras trabajaba, escuchaba la descripción de Olivia, hacía correcciones y nuevos trazos con una metódica e imperturbable paciencia. Till miró la hoja de papel unos segundos, y luego se alejó. Bastó para comprobar que la memoria de Olivia reproducía una imagen que concordaba con las que recordaban Eric y Wendy. La cara de Kit Stoddard lo miró desde el papel y tuvo la sensación de que era una persona real.

Pasó por delante de dos despachos más y entró en la zona de homicidios. Wendy seguía allí, hablando con Poliakoff, pero cuando éste lo vio, lo llamó.

—Wendy, ¿por qué no descansas un rato? —le pidió el sargento cuando Till se acercó—. Tengo que hablar con Jack un momento.

—De acuerdo. ¿Tardará mucho?

—No. Podréis marcharos en diez minutos. En la salita hay café recién hecho.

Ella se dirigió a la salita y Poliakoff indicó a Till que se sentara.

—Hasta el momento he conseguido mantener la identidad de Linda Gordon en el anonimato —dijo el sargento—. Lo único que se ha filtrado es que la herida es una mujer de treinta y pico años que será identificada cuando se lo notifiquemos a su familia.

—Gracias, Max.

—No me des las gracias. Un par de periodistas han descubierto la verdad a través de la fiscalía del distrito. O sea que cuando el francotirador vea el telediario de las once de la noche sabrá que le disparó a la rubia equivocada.

—Mierda —refunfuñó Till—. Y eso que creíamos que ya había pasado lo peor.

Poliakoff lo estudió detenidamente.

—¿Por qué no me has dicho que Wendy y tú estáis liados?

—No lo sabe ni mi madre.

—Tu madre está muerta. Y no está al cargo de una investigación criminal. ¿Por qué no me lo has dicho?

—Es muy reciente. No sé muy bien qué decir todavía.

—Deberíais hablar más. Ella me ha dicho que no es reciente. Que intentó seducirte hace seis años, pero que no mordiste el anzuelo.

—Era una clienta que me había contratado para huir de la ciudad porque había unas personas que querían destrozarle el cráneo con bates de béisbol. No me pareció el mejor momento para iniciar una relación.

—¿Y ahora es el mejor momento?

—Quizá. Pero eso no cambia nada del caso.

—Claro que no. ¿Por qué no me has preguntado qué encontré en la casa de Linda Gordon cuando te fuiste?

—No encontraste nada o no habrías podido esperar a explicármelo.

Poliakoff suspiró.

—Tienes razón.

—¿Pudiste echar un vistazo?

—No. El teniente apareció justo después de que te fueras, así que no tuve tiempo.

Till vio que Poliakoff dirigía la mirada hacia la puerta y, cuando se volvió, vio a Wendy esperándolo.

—¿Hay algún motivo por el que no pueda esconderla antes de las noticias de las once?

—Que yo sepa, no —respondió Poliakoff—. En cuanto os vayáis, iré al hospital a ver si puedo entrevistar a Linda Gordon. A veces, que te disparen sirve para que te replantees tus alianzas. Y luego me iré a casa. —Miró a Till unos segundos—. Es demasiado tarde para volver a casa de Linda Gordon. Ya he dicho a todos mis hombres que lo dejaran por hoy.

—Gracias, Max —dijo Till.

A las diez y media, Jack salió de la autopista por Coldwater, avanzó por Ventura Boulevard hasta la calle donde vivía Linda Gordon y pasó por delante de la casa.

—Los encargados de analizar la escena del crimen han terminado su trabajo y la casa está vacía —comentó—. Echemos un vistazo al barrio para ver si estamos solos.

Recorrió las calles del vecindario, comprobó que nadie estuviera vigilando la casa, aparcó a una manzana de distancia y, del maletero, sacó dos linternas y dos pares de guantes.

—¿Guantes?

—Olvidé decírtelo. Nunca olvides los guantes cuando vayas a cometer un delito grave.

—¿Un delito grave? ¿También se te dan bien?

—Tengo algunos conocimientos profesionales.

Fueron hasta la parte de atrás de la casa y se detuvieron. Wendy le susurró:

—¿Cómo vamos a entrar?

—Previsión. Antes de irme, dejé abierto el pestillo de una ventana de la despensa —se puso los guantes y le dio el otro par a ella.

—¿Y la alarma?

—Estos días no dejarán de entrar y salir agentes, con lo que estoy casi seguro de que la han desconectado —se acercó a un ventana cercana a la esquina de la casa, la abrió y entró. Fue hasta la puerta de la cocina y dejó entrar a Wendy.

Cuando estuvieron los dos dentro y con la puerta cerrada, ella le preguntó:

—Dime una cosa. ¿Por qué hemos vuelto?

—Porque es nuestra oportunidad para comprobar una sospecha que tengo.

—¿Y lo que buscamos es…?

—No lo sé. Algo que nos diga quién es Scott.

—Dame una pista.

Till encendió la linterna.

—Empieza buscando una agenda o una lista de teléfonos… Algo así. Si ves un grupo de cartas o tarjetas, míralas todas. Algunas personas guardan las tarjetas todas juntas en el mismo sitio. Busca el nombre «Scott».

—Es un nombre bastante común.

—Lo sé. Si conoce a cincuenta o a sesenta Scotts, los comprobaré todos.

Empezaron por la cocina y luego fueron a una habitación que servía de despacho. Wendy encontró un fichero Rolodex, lo dejó en el suelo para poder leer los nombres sin que los vecinos vieran la luz de la linterna por la ventana, y comenzó a pasar cartulinas una a una. Till registró los cajones, que estaban llenos de papeles, en busca de nombres.

Encontró archivos relacionados con inversiones e impuestos, pero no descubrió cifras exorbitantes para el salario de una ayudante del fiscal del distrito. No había ninguna señal de lo que Till esperaba hallar. No había cuentas al descubierto, ni grandes reintegros, ni nada que hiciera sospechar que, de repente, hubiera ingresado una gran cantidad de dinero.

—¿Algún Scott?

—No. Quizá no está aquí. Quizá te equivocas con ella.

—No creo. Hay algo extraño.

Fueron al dormitorio principal y empezaron a buscar.

—Pues a mí no me parece extraño que culpara a Eric de asesinato, teniendo en cuenta las pruebas que tiene.

—Eso no es extraño. No me cae bien, pero no pensé que pudiera pasar algo raro hasta estos últimos días. A todos les quedó bastante claro que estabas viva, pero ella seguía negándose a retirar los cargos. Y hoy, cuando Jay Chernoff tenía pruebas suficientes para solicitar al juez que retirara los cargos sin contar con ella, ha cambiado el discurso. Quería retenernos por fraude. Quería retenernos en la ciudad y saber exactamente dónde estábamos.

—Quizás era por despecho. Mi desaparición de hace seis años ha provocado que perdiera mucho tiempo y dinero acusando a Eric.

—Todo es posible, pero si realmente vas a procesar a alguien, lo haces. Los fiscales del distrito no van por ahí advirtiendo a personas que no están acusadas de nada que están bajo una especie de arresto domiciliario. Y parece que tanto ella como Jay sabían que no podía hacerlo; entonces, ¿por qué lo intentó?

—No lo sé —Wendy empezó a abrir cajones.

Till se arrodilló junto a la cama y deslizó la mano entre el colchón y el somier. Tocó algo, levantó el colchón, sacó la mano y encendió la linterna.

—Interesante —dijo—. Debió de tener el tiempo justo para esconderlo antes de que llegáramos.

—¿El qué?

—Mira esto —dijo. Con la linterna, iluminó una fotografía enmarcada. En ella, aparecía un hombre de pie junto a un Maserati azul.

—¡Dios mío! —exclamó ella.

—¿Quién es? ¿Es Scott?

—No.

—Pues, ¿quién es?

—El que me golpeó. El del bate.

44

Scott Schelling, sentado en el asiento trasero de un taxi, observaba por la ventana cómo los edificios, los coches, las calles se deslizaban ante sus ojos. Estaba más que agotado. Cuando había bajado del avión, había encendido el móvil, había visto que tenía mensajes y volvió a apagarlo, algo que no hacía casi nunca. Le gustaba saber las últimas noticias, estar alerta; le gustaba tener información, digerirla y proponer una solución para cada problema, tener una respuesta para cada pregunta.

Sin embargo, esta noche era distinta.

Wendy Harper estaba muerta. Había soportado el largo periodo de miedo y lo había utilizado para trabajar de forma intensa y concentrada, para fundamentar pausadamente su poder y conocimiento. Había dejado que otros compartieran los méritos para convertirlos en sus aliados. Siempre había elegido cuidadosa y conscientemente a esas personas: a quién quería impulsar a posiciones de prominencia y a qué adversarios quería debilitar y derrotar. Había estudiado y planeado, y ahora había conseguido llegar hasta Jill Klein. Iba a ser, de hecho ya lo era, alguien importante para él. Esta mañana de sábado, cuando Ray Klein había subido a un avión rumbo a Nueva York para volver a ponerse al mando del grupo empresarial, Jill había vuelto a la habitación de hotel de Scott en Santa Fe llena de ideas y planes para que él ascendiera profesionalmente.

A primera hora de la mañana, había empezado a recibir llamadas de agradecimientos por la cena de la noche anterior de parte de sus amigos, miembros de la junta de directores y sus mujeres, y de los principales accionistas. Había aprovechado la ocasión para mencionar lo impresionada que se había quedado tal o tal persona con Scott Schelling. Era demasiado lista para mencionar que había hablado a solas con él; sólo repetía las impresiones que algunos invitados le habían transmitido a ella como anfitriona. A esas alturas, ya había empezado a generar un consenso. Quienquiera que no se hubiera preocupado por conocer a Scott Schelling seguro que estaba pensando que tenía que conocerlo. Era un pequeño paso, pero era el correcto, y se tenía que dar ese día, el día después de que muchos de los invitados vieran a Scott por primera vez y todavía fuera posible que se convirtiera en tema de conversación. Los años de Jill como esposa del jefe le habían enseñado qué hacer y cuándo hacerlo, y Scott era el nuevo beneficiario de sus esfuerzos.

Las casas cada vez eran más grandes y los coches más nuevos y caros. El taxi estaba entrando en su barrio. Las calles y las aceras estaban limpias, los árboles eran altos y viejos y los jardines, anchos y verdes.

Dormiría unas horas y después iría al despacho para empezar a poner en marcha la maquinaria. Convocaría una reunión para el domingo con los directores de publicidad y relaciones públicas y les encargaría un nuevo proyecto. Lo habían hecho cientos de veces antes, y ahora lo harían por él. Ya tenía planeada la campaña. Habría un artículo en una revista: una entrevista con el modesto genio de la música pop, Scott Schelling de Crosswinds. Sería una campaña con un progreso lento y sutil. Los de publicidad podían proporcionar al entrevistador citas de todos los artistas de Crosswinds acerca de lo brillante que era. Funcionaría porque siempre funcionaba.

Después le ofrecerían aparecer en televisión. Los responsables de relaciones públicas comunicarían a los canales por cable que estaba disponible para hablar de música, tendencias populares y famosos. Ya no tenía ningún motivo para preocuparse por la visibilidad: Wendy Harper estaba muerta. Daría fiestas e invitaría a la *crème de la crème* del mundo de la música, y luego haría llegar las imágenes a las revistas de fans. Cuando las fotografías de las estrellas «en la fiesta de Scott Schelling» empezaran a aparecer con cierta frecuencia, su cara comenzaría a ser conocida entre el núcleo demográfico de fans.

Scott interrumpió esos pensamientos. No era el momento y, en cualquier caso, tampoco era su trabajo. El equipo de publicistas de Crosswinds era el mejor, e incluso habían mejorado desde que Aggregate los había adquirido. Él les había conseguido más dinero para trabajar. La música era un negocio que se basaba, eminentemente, en crear estampidas, pero sus anteriores jefes, a los que él había sustituido, no habían sabido verlo y no habían dedicado medios a la publicidad. Ray Klein tenía una visión más amplia y no había titubeado ante las peticiones de ampliación de presupuesto de Scott.

Por décima vez en los últimos dos días, se dio cuenta de que realmente respetaba a Ray Klein. Era un excelente hombre de negocios y no era difícil trabajar para él. El problema era que a Scott no le gustaban los jefes, ninguno. Ray Klein tenía poder sobre él y eso le hacía temer que algún día podía perder lo que tenía. Klein se interponía en su camino para conseguir más.

Vio su casa. La verja estaba abierta y, a un lado del edificio, distinguió el coche de Carl. El taxi se detuvo junto a la verja, pero él le dijo:

—Entre. Déjeme en la puerta.

El taxista retrocedió unos metros y luego entró por el camino de adoquines y se detuvo delante de la puerta. Scott salió y le dio un billete de cincuenta dólares, lo que significaba una propina de al menos veinte dólares que no se había ganado.

—Quédese el cambio —dijo. Cuando dentro de unos meses estuviera en el ojo del huracán, no quería leer entrevistas a taxistas que dijeran que era un tacaño. El taxista sacó la maleta del maletero, estiró el asa metálica, volvió a entrar en el coche y se marchó.

Scott se tomó unos instantes para mirar su casa. Carl le había dejado la verja abierta, lo que significaba que debía de haber llamado al hotel y sabía que estaba de camino. La presencia de Carl en su casa significaba que todo había ido bien. Sacó las llaves y abrió la puerta, la empujó y arrastró la maleta hasta el oscuro recibidor.

Lo primero que vio fue la silueta de una mujer. ¿Era posible que Jill hubiera volado a Los Ángeles en lugar de a Nueva York para darle una sorpresa? La mujer se le acercó y entonces vio la pistola. La voz era distinta de la de Jill. Era más dura y seca.

—Tú debes de ser Scott.

—Correcto. ¿Y tú quién eres?

—Soy Sylvie Turner. Y justo detrás de ti está Paul.

Cuando éste habló, Scott descubrió que lo tenía casi pegado a la espalda.

—Encantado de conocerte, Scott. Bienvenido a casa. El viernes por la noche, tu secretaria nos dijo que estabas en una reunión, pero no dijo que era en otro estado.

—Sí. Tenía una reunión de negocios en Santa Fe.

—Imagino que ya sabrás a qué hemos venido. —Sylvie se le acercó un poco más. Era más alta que él y bajó la cabeza para lanzarle una mirada de ave de rapiña que le incomodó, pero no se atrevió a retroceder.

—Supongo que habéis venido a cobrar —dijo.

El coche de Carl estaba fuera. ¿Dónde estaba él?

—Si estás preparado para pagarnos, tan pronto nos dés el dinero nos marcharemos —dijo Paul tras él.

Sylvie se le acercó. Su cara era como la de un fantasma en la casa del terror de un parque de atracciones.

—Porque tienes el dinero, ¿verdad, Scotty?

—Sí —respondió él—. Claro que lo tengo. Está aquí, en casa. Voy a buscarlo ahora mismo.

Se volvió y dio un paso.

—¡Quieto! —El grito de Paul fue intenso como un latigazo. Más tranquilo, añadió—: No te muevas, Scott. ¿Dónde vas?

—El dinero está fuera. En el garaje. Sólo iba a buscar el mando a distancia.

Paul apoyó la mano izquierda en el hombro de Scott y éste notó el cañón de la pistola pegado al omoplato derecho.

—Tienes que tener cuidado con nosotros, Scotty. Sé que estás acostumbrado a rodearte de gente que confía en ti, pero nosotros no confiamos en ti. El viernes dejaste muy claro que querías pagarnos un millón de dólares por este trabajo. Y esa noche tu secretaria nos envió a un lugar para reunirnos contigo, pero, en tu lugar, aparecieron dos tipos que intentaron matarnos.

—Lo siento mucho —dijo Scott—. No fue culpa de nadie. Se suponía que esos dos hombres tenían que traeros hasta aquí y entonces yo los llamaría, les diría dónde estaba el dinero y ellos os pagarían. Supongo que me equivoqué. Debían de querer robarme el dinero.

—Ahórrate las excusas. Sólo nos interesa cobrar el dinero y marcharnos —rugió Sylvie.

—Es exactamente lo que quiero. Tengo que ir al garaje a recogerlo. Está en una maleta.

—Espero que no te importe que te acompañemos —dijo Paul—. Si vemos lo que haces, nadie se pondrá nervioso ni tenso.

—De acuerdo. ¿Puedo salir?

—Adelante.

Scott avanzó por el pasillo, cogió el mando a distancia y apretó un botón. Oyeron el zumbido de la puerta del garaje. Dejó el aparato y dijo:

—Voy a sacar las llaves —y metió la mano en el bolsillo.

Ahora los vio a los dos. Eran altos, aunque ella era unos diez o quince centímetros más baja que él, pero sus cabezas casi rozaban los marcos de las puertas, cosa que acentuaba todavía más la impresión de que no encajaban en ese entorno. Su presencia era una invasión en su refugio y su altura era imponente. Estaba impaciente por perderlos de vista.

—Voy a entrar en el garaje. No tengo preparada ninguna sorpresa. Ni pistolas ni nada.

—Perfecto —dijo Paul—. Sólo queremos que juegues limpio.

Scott salió al exterior de la casa. Al ver el coche de Carl volvió a preguntarse dónde estaría. Quizás había visto algo extraño y había decidido no entrar en la casa. Tal vez había oído a los Turner y se había escondido en algún sitio. Seguro que Carl no quería encontrarse con esos dos y no tener el dinero para pagarles.

Mientras lo pensaba, se dio cuenta de lo mal que había gestionado aquel asunto. Debería haberse ocupado de que los Turner cobraran inmediatamente después de matar a Wendy Harper. En definitiva, es lo que iba a pasar ahora, y habría podido arreglarlo para que Carl les pagara el mismo viernes y evitarse todo este lío: tener a dos personas a sus espaldas apuntándolo con pistolas. Si uno de ellos tropezaba, él sería hombre muerto.

Eso había sido un acto del viejo Scott, no del nuevo. El viejo Scott estaba demasiado ocupado con maniobras escurridizas para mantenerse a salvo y conservar su millón de dólares. Desde entonces se le había caído la venda de los ojos. Hacía unos días, un millón de dólares parecía mucho dinero, pero ahora sabía que era una pequeña inversión que le iba a reportar grandes beneficios. Tenía que pensar como un ganador.

Scott Schelling entró en el garaje y se acercó a la parte trasera de un Maserati azul. Era el único coche que conducía. Casi siempre iba sentado en el asiento trasero del Town Car y conducía Carl. Ahora se sentía culpable, pero había guardado allí la maleta porque no confiaba del todo en Carl.

Y no era porque alguna vez él hubiera sido desleal o deshonesto. Sin embargo, gran parte de la confianza que tenía en Carl descansaba en que era un hombre sin imaginación ni ambición. Era demasiado perezoso para aliarse con los enemigos de Scott o idear algún plan para robarle el dinero. Pero ¿y si había encontrado la maleta Tumi negra y la había abierto? Era imposible saber cómo podría reaccionar Carl ante todos esos billetes de cien. Carl era su chofer. Un billete de esos suponía una cena para él y su novia rubia. Ella trabajaba para el ayuntamiento, así que seguramente ganaba todavía menos que él. Dos billetes de cien suponían una noche loca. Era mucho dinero para él y lo estaría mirando desde la maleta. Quizá Carl lo habría cogido y se habría marchado sin pensar. De modo que Scott se había cubierto las espaldas y simplemente había guardado el dinero en el maletero del Maserati, del que Carl no tenía llaves.

Abrió el maletero. Por un segundo, tuvo la premonición o la sensación de que las cosas no iban a salir bien. Pero la maleta estaba allí, donde la había dejado. Con los pulgares, deslizó y quitó los seguros. Luego la abrió y dejó a la vista impolutos fajos de billetes de cien.

Se volvió hacia Paul y Sylvie y lanzó una mirada triunfante.

—Muy bien, ciérrala —le ordenó Paul.

Obedeció.

—Éntrala en casa.

Scott levantó la maleta, cerró el maletero y se dispuso a entrar en su casa. Aquella reacción lo había decepcionado. ¿De verdad querían sentarse en su salón y contarlo?

Cerró la puerta y le ofreció la maleta a Paul. A Scott le pareció que un hombre que pagaba un millón de dólares a otro por lo que fuera debía de tener un porte regio, una superioridad natural. Paul tomó la maleta, pero la dejó en el suelo.

—Mirad, estoy seguro de que sabéis que no he contado billete por billete —dijo Scott—. Si hay más dinero de la cuenta quedároslo. Si hay menos, os pagaré lo que falte. Podéis contarlo en casa.

—Me parece razonable —aceptó Sylvie.

Con gran alivio, Scott Schelling observó cómo ella se encaminaba hacia la puerta.

Y una vez que Sylvie estuvo fuera, Paul disparó a Scott por la espalda, a la altura donde calculaba que debía estar el corazón.

45

Jack Till estaba con Wendy en el asiento trasero del coche en el que Max Poliakoff los llevaba hasta la casa de Scott Schelling.

—Estamos a la altura del número dos mil novecientos ocho. La casa de Schelling está en el tres mil doscientos seis. Estará en la tercera manzana, a la derecha.

—Estoy nerviosa —dijo Wendy.

Poliakoff volvió la cabeza hacia ella.

—No lo estés. Llamaremos a la puerta para hablar con él. No diremos quién eres. Si es el Scott que buscamos, sólo tienes que asentir y lo detendremos. Si no es él, menea la cabeza y le diré alguna estupidez tranquilizadora sobre la vigilancia vecinal.

—Supongo que he pasado demasiado tiempo pensando en él. Al principio, Olivia y yo recorrimos la ciudad buscándolo para asegurarnos de que Kit estaba bien. Pero luego, después de la paliza, a las últimas personas que quería ver eran a él y al hombre del bate.

—También detendremos al que te golpeó. Cuando le tengamos, organizaremos una rueda de reconocimiento y lo identificarás formalmente. Y después lo encerraremos.

—No parece tan seguro con Scott —dijo ella.

—Porque puede que demostrar que él es el asesino requiera un poco más de tiempo, nada más —comentó Till—. Nadie lo vio hacer nada a Kit Stoddard. Pero habrá alguna relación entre él y los otros. La encontraremos.

—Tengo a Horton en el despacho del fiscal —dijo Poliakoff—. Si es el Scott que buscamos, sólo tengo que hacer una llamada y nos traerá una orden de registro. Además, ¿cómo no va a ser el mismo Scott? El Maserati azul de la fotografía está registrado a su nombre.

Mientras llegaban a la última manzana no dijeron nada. Till vio que la casa de Schelling era distinta a las demás en el diseño. Era un edificio alargado y de dos plantas, con las paredes blancas y ventanales apasaidos, muy alejada de la calle. Era un estilo que contrastaba, porque la mayoría de los vecinos habían derribado sus casas y habían construido enormes villas de estilo toscano que estaban más cerca de la calle aunque más elevadas, de modo que las visitas tenían que subir unas escaleras para llegar a la puerta.

El coche cruzó la verja, que estaba abierta, y se detuvo frente a la casa. Till y Poliakoff bajaron del vehículo.

—Wendy, si tienes miedo, puedes quedarte aquí —le dijo Jack por la ventanilla—. Desde aquí podrás verlo.

—No. Quiero que me vea —salió y se quedó de pie junto al coche.

—Max —llamó Till.

—¿Qué?

—El garaje. Las luces.

La puerta del garaje estaba abierta y había dos coches dentro. Las luces estaban encendidas, a pesar de que ahora el sol ya lo iluminaba por completo.

—Sí —dijo Poliakoff—. Muy extraño.

Till se acercó un poco más.

—Es el Maserati de la fotografía que hemos encontrado.

Se volvió y comprobó que dos coches patrulla habían llegado. Uno aparcó frente a la verja y el otro junto al coche de Poliakoff, delante de la casa. Dos agentes bajaron del vehículo y acompañaron al sargento hasta la puerta principal.

Éste llamó al timbre, esperó un momento y volvió a llamar. Luego sujetó el pomo y dio tres golpes en la puerta con los nudillos. No obtuvo respuesta. Los agentes se intercambiaron miradas. Poliakoff sacó una pequeña radio del bolsillo y dijo:

—Dave, soy Max. ¿Puedes acercarte a la verja y llamar al interfono para que sepan que estamos aquí?

Una voz dijo: «Recibido». Desde la puerta, oyeron el timbre del interfono en el interior de la casa, pero no parecía que nadie fuera a responder.

Till se acercó a la ventana más cercana en la parte delantera de la casa.

—¿Max?

—¿Sí?

—Veo a alguien tendido en el suelo del recibidor. Mira.

Poliakoff se acercó a Till y colocó las manos a ambos lados de la cara para que no le molestara la luz del sol.

—Tienes razón —se volvió hacia los agentes—. Tenemos que entrar.

Uno de los policías se dirigió al maletero del coche mientras los demás fueron a la puerta. Poliakoff se acercó al porche y, en el último momento, se le ocurrió girar el pomo de la puerta.

—Quietos —dijo—. No hay que derribarla. Está abierta.

Acabó de girarlo y empujó la puerta con el pie.

Till entró con él. Al cabo de un momento, el sargento salió para reunirse con los demás, y todos entraron en la casa. Estuvieron dentro un buen rato, y luego Till y Poliakoff salieron. El sargento llevaba dos carnés de conducir de California. Los colocó en el techo del coche para que Wendy pudiera verlos bien.

—¿Reconoces a alguno de estos hombres? —le preguntó Till.

Ella tuvo que parpadear muy deprisa para reprimir las lágrimas.

—Son ellos.

Till la abrazó y, muy despacio, le dijo:

—Entonces, cuando me expliques el resto, todo habrá terminado.

Ella lo miró, y luego a Poliakoff, como si tuviera miedo de que lo hubiera oído.

—Si queréis privacidad, sólo puedo ofreceros mi coche —le sugirió el sargento a Till.

—Gracias —respondió el detective. Se sentó con Wendy en el

asiento trasero del coche y ambos se quedaron callados unos instantes. Al final, Jack preguntó:

—¿Cómo lo conociste?

—¿Qué estás diciendo? No lo conocía. Sólo lo vi una vez, y ya te lo he explicado.

—Has visto dos carnés de conducir seis años después y has dicho: «Son ellos». Tú la pusiste en contacto con él, ¿verdad?

Los ojos de Wendy estaban llenos de incredulidad y rabia.

—¿De qué estás hablando?

—Por eso te sentías responsable de Kit cuando desapareció. Pensabas que era culpa tuya.

Se le llenaron los ojos de lágrimas.

—No conocía a Scott Schelling. Sólo conocía a Carl. Era uno de esos chicos atractivos que se pasean por los clubes de noche. Esos chicos que ves varias veces y que, aunque no los conoces, parece que sí. Una noche me preguntó sobre un par de amigas mías, y Kit era una de ellas.

—¿Cómo sabía que estabas metida en ese negocio?

—Por Dios —protestó ella. Se dejó caer en el asiento como si todos sus músculos se hubieran relajado—. No funcionaba así. No era un negocio, sólo eran amistades. La primera vez fue en el Banque, cuando un hombre llamado Jerry me preguntó por Olivia. Era un buen cliente, un abogado, y solíamos bromear. Dijo que me daría mil dólares si le presentaba a Olivia. A mí me pareció un tipo agradable, así que me reí y alargué la mano, y él me dio el dinero…, así tal cual. Me llevé a Olivia a un rincón entre la cocina y el comedor, le enseñé el dinero y señalé a Jerry. Nos reímos porque era un cumplido muy bonito y ella le siguió la broma. Se sentó a su mesa, hablaron y quedaron para una cita. —Se encogió de hombros—. Y con Kit pasó lo mismo. Carl me pidió que se la presentara y me dio dinero. Y ya está.

—No está. Estás hablando conmigo, por si no lo recuerdas.

—Vale. De acuerdo. Hubo otros. Unas cuantas veces más.

—Y aceptabas dinero de esos hombres.

—Puede que una o dos veces. Sé que suena sórdido, pero no lo era.

—Aparte de Jerry y de Carl, ¿quién más había?

—Un hombre de negocios que se llamaba Bryce, que al principio sólo nos sonaba de cara. Solía venir con clientes suyos y me pidió que le presentara a varias amigas mías atractivas para que animaran una fiesta.

—¿Sólo una vez?

—Bueno, no. Fueron varias veces. No conocía a nadie y necesitaba un favor. Yo conocía a chicas..., algunas que trabajaban para mí y otras que aceptaban encantadas la posibilidad de ir a una buena fiesta y conocer a hombres nuevos. Incluso una vez fui yo. Me dedicaba a hacer lo que cualquier anfitriona: invitar a personas que sabía que animarían la fiesta. Lo que ellas decidieran hacer después ya era asunto suyo.

—Y se corrió la voz.

—No. Tampoco fue así. Había poca gente y tampoco duró tanto. En realidad, nadie lo sabía.

—Pero Carl se enteró y te pagó para que le presentaras a Kit.

Wendy estaba llorando y lo miraba casi suplicante, pero no dijo nada. Él espero y, al final, ella dijo:

—Sí.

—Y por eso mentiste a la policía, y luego me mentiste a mí.

—No mentí. ¿No lo ves? Si alguien se enteraba de que había cobrado, se harían una idea totalmente equivocada. Sólo evité que pensaran algo que no era verdad.

—¿Tenías miedo de quedar en ridículo delante de todos?

—Es algo más que el ridículo, Jack. Daría a toda la ciudad una idea equivocada del Banque, después de lo duro que habíamos trabajado para convertirlo en el mejor restaurante y atraer a los mejores clientes. Los hombres importantes no se pueden permitir que los vean en un lugar donde se paga por sexo. Y ninguna mujer quiere ser sospechosa de venderse. El dinero habría desaparecido. Los críticos nos habrían abandonado. Y seguro que algún periodista habría descubierto quién era mi padre y me convertiría en noticia. Tenía derecho a evitarlo.

—¿Qué sabía Eric de todo esto?

—Nada. Todo esto sucedió después de romper nuestro compromiso y ya no hablábamos de nuestras vidas sociales.

—¿Y Kit Stoddard? ¿Quién era?

—No lo sé exactamente.

—Sí que lo sabes.

—Creo que ahora sí, pero al principio no lo sabía. Pensaba que Kit Stoddard era un nombre real, pero encontré varias cartas en su casa cuando Olivia y yo fuimos al piso. Los sobres iban a nombre de Katherine McGinnis y la dirección del remitente era de Hamilton, en Ontario, Canadá.

La ira de Till era visible, pero mantuvo la voz calmada.

—¿Y no se te ocurrió que esa información sería útil si se la facilitabas a la policía? ¿O a mí?

—Quería hacerlo. Y lo habría hecho si con eso la hubiera salvado. Pero a esas alturas ya sabía que debía de estar muerta. Confesar todo lo que sabía después de aquello lo habría empeorado todo cien veces. La gente diría que era una puta sin que ella pudiera defenderse, y que yo la había lanzado a los brazos de un psicópata que la había matado.

—O sea que tenías miedo de que te detuvieran, ¿no?

—No lo sé. Sabía que algunas de las cosas que había hecho parecerían mucho peores de lo que eran en realidad.

—Por eso Olivia se fue, ¿verdad? Ella también había aceptado dinero. Era una de las mujeres que enviabas a las citas con esos hombres.

—Sí. Ninguna supo nunca qué le había pasado a Kit o por qué. Olivia tenía miedo de estar sola y de ir a trabajar. Y se fue. Y entonces Carl vino a por mí.

Till apoyó la mano en la manecilla de la puerta.

—Bueno, ahora ya ha terminado todo. Estás a salvo.

Ella alargó el brazo y lo tomó de la muñeca.

—Hice lo que pude.

—No voy a fingir que me creo tu versión. Entiendo que tuvieras miedo de decírselo a la policía, pero podrías habérmelo dicho a mí.

—Ojalá lo hubiera hecho, y siempre me arrepentiré de no haberlo hecho. Pero lo que hice fue una estupidez, no un crimen.

—Y eso lo empeora todo. Sabías que había sido policía el tiempo suficiente para entenderlo todo. Deberías haber sabido que, a mis ojos, lo que habías hecho sólo sería un error. Pero no decirlo fue importante. Me mentiste.

Wendy lo soltó y se apartó.

—¿Y tú, qué? ¿Me has dicho siempre la verdad? Durante los últimos días, lo único que has hecho ha sido interrogarme. Has dicho y hecho todo lo que pudiera provocar que te cogiera cariño para que te explicara lo que querías oír. Bueno, pues felicidades, Jack. No has dejado que me guardara nada. Eres un héroe.

—Intentaba ayudarte a hacer lo que debías. Cuanto más te conocía, cuánto más me acercaba a ti, más seguro estaba de que guardabas un secreto.

—Era mi secreto y era la única que sufría las consecuencias. Cuando supe que ya no sólo se trataba de mí, hice lo que pude. —Sollozó—. Y fui muy valiente, joder. Me arriesgué. No estaba haciendo lo mejor para mí, sino lo correcto.

—Fuiste valiente. En eso te doy la razón.

Ahora Wendy sí que estaba enfadada.

—Muchas gracias. Y tú eres un santo. Has dejado muy claro que preferirías cortarte el brazo antes que hacer algo poco ético, pero ¿no has estado nunca en una situación donde no sabías qué hacer y has tomado la decisión incorrecta? En todos esos años de policía, ¿nunca has tenido una conversación que después quisiste no haber tenido, o no te has preguntado si golpeaste a alguien demasiado fuerte?

Till se puso tenso y notó que apenas podía respirar. Se quedó sentado en silencio unos segundos, con la mirada perdida. Volvió a ver la cara de Steven Winslow; no la cara presa de la ira mientras intentaba golpearlo con el martillo, sino la de después de que él lo golpeara:

un chico tirado en una calle solitaria, muriendo solo en la oscuridad. Habían pasado más de veinte años, pero todavía lo recordaba. No podía decirle a Wendy por qué obligarla a confesar su secreto era tan importante para él, no podía contarle que estaba tratando de evitarle un odio indescriptible hacia sí misma que podía acompañarle toda la vida. Tomó consciencia de su presencia física, de su respiración, del olor de su jabón, su proximidad. Fue consciente del paso de los segundos y tomó una decisión. Abrió la puerta y salió.

Ella se acercó a la puerta.

—Me parece que hace tiempo que los dos sabemos que no soy el ser humano perfecto. Sólo soy la persona que te quiere. Si no merezco que me rescates, supongo que deberías irte.

Till mostró su sorpresa.

—No te estaba dejando —dijo—. Tienes razón. He sido muy injusto y lo siento. Sólo iba a decirle a Poliakoff que nos vamos.

—¿Juntos?

—A menos que ya no quieras.

Ella se encogió de hombros.

—No sé qué pasará con nosotros, pero creo que deberíamos intentarlo.

—Estoy de acuerdo. Vamos.

Ella salió del coche de policía y se acercó a él. Le cogió la mano y Jack no hizo nada para evitarlo. Subieron las escaleras hasta la puerta, donde Poliakoff estaba bosquejando la escena del crimen mientras dos agentes uniformados efectuaban diversas comprobaciones.

—Max, he dejado mi coche en la comisaría —dijo Hill—. ¿Te importa si el agente de la verja nos lleva hasta allí?

—No, tranquilo. Su misión era evitar que éstos se escaparan —dijo Poliakoff—. Aunque ya no parece probable. Gracias a los dos por vuestra ayuda. Ya os llamaré.

Mientras se dirigían al coche aparcado delante de la verja, Till se volvió hacia Wendy.

—Tengo que ir a ver a una persona, y me gustaría que me acompañaras. Se llama Holly.

46

Paul y Sylvie Turner salieron del taxi que los había dejado justo delante de la terminal de la Southwest Airlines y contemplaron cómo el taxista sacaba las maletas del maletero. Él le dio una propina mientras Sylvie se volvía y arrastraba su maleta atravesando las puertas automáticas de la terminal. Paul se reunió con ella y se quedaron allí medio minuto, el tiempo suficiente para que el taxista se perdiera en el tráfico y desapareciera. Entonces los dos salieron con las maletas y se dirigieron hacia la terminal internacional Bradley. Paul había insistido en fingir que iban a tomar un vuelo corto hasta Las Vegas o San Francisco, en lugar de uno internacional, igual que había insistido en que esperaran al taxi en una parada de autobús y no frente a su casa, para que el taxista no supiera qué casa habían dejado vacía.

Sylvie estaba cansada e irritable. Para ella, el dinero que habían ganado había empezado a ser una maldición, un peso muerto. Después de una noche y un día en casa de Scott Schelling sin apenas poder dormir, había tenido que ir a casa, ducharse, vestirse, ingresar dinero en efectivo en cuatro bancos, meter el máximo dinero posible en cuatro cajas de seguridad y ayudar a Paul a esconder el resto del dinero por la casa.

El dinero no compensaba los problemas, riesgos y el cansancio que había afrontado en ese trabajo. Al principio, todo este asunto de Wendy Harper parecía increíblemente sencillo, pero se había acabado convirtiendo en una pesadilla. El dinero que al final habían conseguido sacar a Scott Schelling era una recompensa a ser los últimos supervivientes. Era más una herencia indeseada que una paga.

Y allí estaban, de camino a la terminal internacional para tomar un vuelo a España, pero no estaba contenta. Llevaba semanas
soñando con ir a España y además había obtenido un éxito muy
trabajado, pero el viaje ya estaba estropeado. Todo ese dinero sólo
le provocaba inseguridad. El dinero adicional contribuía a la volati-
lidad de su relación con Paul. Durante una o dos semanas, le había
estado enviando todas las señales de que la estaba engañando o de
que lo haría a corto plazo. Su matrimonio sólo pareció recuperarse durante las breves horas en que decidieron abandonar el trabajo, irse a Madrid juntos y olvidarse del dinero. Sin embargo, hoy,
mientras estaban en casa vistiéndose, se había mostrado impaciente
con ella. «Ponte algo, lo que sea, y vámonos ya.» Mientras visitaban bancos para ingresar dinero en efectivo y guardarlo en cajas de
seguridad, había estado seco con ella. Sylvie le había preguntado:
«¿Cuál es el siguiente banco?», y él le había espetado: «Por Dios,
Sylvie. Ya te lo he dicho. El de Pasadena». Y cuando había cogido
su maleta, había puesto los ojos en blanco y había fruncido el ceño.
«¿Qué coño has metido aquí? ¿Pistolas y munición?» Aquello había sido particularmente delator, porque Paul había cogido las maletas antes de ir a casa de Scott Schelling y entonces no le habían
parecido tan pesadas. ¿Qué podía haber cambiado sus sentimientos
desde entonces? El dinero.

Siempre habían tenido dinero suficiente. La casa que había heredado de Darren, su primer marido, su casa, al menos valía dos
millones de dólares. Darren le había dejado cuentas bancarias, acciones y bonos. Y, desde entonces, Paul siempre había ahorrado lo
que les habían pagado. Sin embargo, este dinero era peligroso. Era
un dinero del que no tenía que rendir cuentas. Podía invertirlo en
aventuras amorosas. Podía comprar regalos para otras mujeres, lle-
varlas a sitios y nunca arriesgarse a que Sylvie descubriera ninguna
factura que lo delatara.

—¿Sabes una cosa? —comentó él—. Todo esto de Madrid me
parece una mala idea. Los dos estamos agotados y estamos dejando
una casa llena de dinero sin ningún método adecuado para man-

tenerla a salvo. No tenemos ningún plan para cuando lleguemos a España o para cuando volvamos.

—La casa está bien. Las luces se encenderán y se apagarán, el jardín se regará de forma automática y los jardineros cortarán el césped. El encargado limpiará la piscina y hace días que pedimos que no nos trajeran más correo.

—Eso es secundario. Ni siquiera sé por qué nos vamos —dijo—. No hay ningún motivo para marcharnos del país justo ahora.

—Voy a España porque es uno de los lugares más bonitos del mundo, quiero verlo y aprender algunos bailes nuevos. Y tú vas porque me quieres y porque quieres hacerme feliz. Y también porque acabo de sufrir lo insufrible con este trabajo para hacerte feliz. ¿Entendido?

—No lo niego, sólo digo que ahora es un inconveniente, y poco práctico.

—Las mujeres somos poco prácticas, Paul. Salimos caras, ponemos demasiada ropa en las maletas y somos exigentes, pero que vengas a España conmigo no me parece que sea pedirte demasiado. Además, fue idea tuya.

Ahora ya tenía las pruebas que necesitaba. Había al menos una mujer, y seguramente más de una. Mindy, la profesora de baile, seguro que era una. Debía de llevar con ella un tiempo. A juzgar por cómo había estado comportándose con Sylvie, no había ninguna duda. Y ahora Paul no podía soportar marcharse de la ciudad unos meses porque en Los Ángeles lo tenía todo.

Sylvie se había negado a aceptar esa realidad durante semanas, pero era la única explicación a su reticencia para irse de viaje. De repente, llegó al siguiente nivel de comprensión. Paul no debía de querer que cancelara el viaje, sino que ella subiera al avión y dejar que él se quedara. Le diría «Adiós» en el aeropuerto e iría a ver a todas sus amantes. Al cabo de uno o dos días, se las llevaría a casa y dejaría que durmieran en su lado de la cama, una tras otra. Notó cómo se hundía en un humor oscuro y desesperado.

Las siguientes horas iban a ser muy difíciles para ella. No podía permitir una pelea ahora, porque entonces Paul tendría una excusa para irse y negarse a subir al avión. Sylvie tendría que obligarlo a que la acompañara a España. Una vez que estuviera allí con ella, tendría que actuar antes que él. Seguramente, para un turista era ilegal comprar una pistola en Europa. Siempre existían los cuchillos, pero no se hacía ninguna ilusión de poder matar a Paul con uno. Podía quitárselo y usarlo contra ella. Tendría que ser con veneno.

Sí, tenía que ser veneno, Europa era mejor que Estados Unidos porque las autoridades de allí no se preocuparían demasiado por lo que le pasara a un turista estadounidense, y ni siquiera se molestarían en hacerle pruebas si la desconsolada viuda no lo solicitaba. Lo enterraría en el extranjero. No, lo incineraría. Haría que incineraran a Paul.

Él se colocó a su lado y la tomó por la cintura.

—Sólo digo que podríamos pasárnoslo de fábula aquí con todo ese dinero.

Ella lo miró, con los ojos muy abiertos y la sonrisa cómoda y segura.

—España es uno de los países más románticos del mundo. Te prometo que no te dejaré tiempo para que eches de menos lo que dejas aquí.

Paul sonrió y le dio un beso detrás de la oreja.

—Te quiero.

Era absolutamente inútil tratar de convencerla de que cancelara el viaje. Tendría que ir a España e intentar encontrar la mejor forma de matarla allí sin que lo descubrieran.

Visite nuestra web en:

www.umbrieleditores.com